北京师范大学
中国社会管理研究院社会治理智库丛书·论坛系列（2019）

中国社会治理现代化：
70 年回顾与前瞻

魏礼群　主编

中国言实出版社

图书在版编目（CIP）数据

中国社会治理现代化：70年回顾与前瞻/魏礼群主编. --北京：中国言实出版社，2019. 11

ISBN 978 - 7 - 5171 - 3235 - 6

Ⅰ. ①中… Ⅱ. ①魏… Ⅲ. ①社会管理 - 现代化管理 - 研究 - 中国 Ⅳ. ①D63

中国版本图书馆 CIP 数据核字（2019）第 252568 号

出 版 人 王昕朋
总 监 制 朱艳华
责任编辑 肖 彭
文字编辑 赵 歌
责任校对 张 朕
出版统筹 冯素丽
责任印制 佟贵兆
封面设计 杰瑞设计

出版发行 中国言实出版社
地址：北京市朝阳区北苑路 180 号加利大厦 5 号楼 105 室
邮编：100101
编辑部：北京市海淀区北太平庄路甲 1 号
邮编：100088
电话：64924853（总编室） 64924716（发行部）
网址：www.zgyscbs.cn
E - mail：zgyscbs@263.net
经 销 新华书店
印 刷 北京中科印刷有限公司
版 次 2019 年 12 月第 1 版 2019 年 12 月第 1 次印刷
规 格 710 毫米 ×1000 毫米 1/16 22.25 印张
字 数 363 千字
定 价 68.00 元 ISBN 978 - 7 - 5171 - 3235 - 6

代　序

以人民为中心推进社会治理现代化

李金华①

　　中国社会治理论坛是社会治理领域的高端交流平台和重要学术阵地，是一年一度的社会建设与社会治理领域的盛会。2019 年是中华人民共和国成立70 周年，第九届中国社会治理论坛以"中国社会治理现代化：70 年回顾与前瞻"为主题，回顾新中国 70 年社会治理不平凡的历程和辉煌成就，展望新时代前进的方向与任务，充满了厚重的历史感与鲜明的时代感。

　　（一）坚持和发展中国特色社会主义是当代中国发展进步的根本方向。首先，要正确认识改革开放前 30 年和改革开放后 40 年的关系。这决定着能否正确评价中国共产党的百年历史，能否正确评价新中国的 70 年历程，事关中国特色社会主义事业的兴衰成败。这不仅是一个历史问题，更是一个政治问题。习近平总书记指出："这是两个相互联系又有重大区别的时期，但本质上都是我们党领导人民进行社会主义建设的实践探索。"这是对新中国70 年来不同历史时期的科学判断和正确引领。其次，要全面评价社会主义在中国的实践与发展。社会主义经过 500 年的发展，从空想到科学、从思想到实践，经过艰辛探索和努力，已经成为人类社会的一大主流思潮。中国特色社会主义实践是世界社会主义实践的重要组成部分，中国特色社会主义是其最新、也是最为成功的实践，是中华民族对人类文明进步作出的重大贡献。

---

　　①　李金华，第十一届全国政协副主席，中国人口福利基金会会长。本文原刊载于《社会治理》杂志 2019 年第 7 期。

最后，要奋力谱写现代化强国新征程。新中国成立 70 年来，中国共产党带领全党和全国人民，披荆斩棘、风雨兼程，创造了举世瞩目的中国奇迹，走出了中国特色社会主义现代化发展道路。展望未来，在现代化强国建设新征程上，我们要增强"四个意识"、坚定"四个自信"、做到"两个维护"，以习近平新时代中国特色社会主义思想为指引，继续艰苦奋斗，一步一个脚印地把前无古人的伟大事业推向前进。

（二）牢固树立正确的历史观、大局观、角色观，积极应对世界格局的变化。当今世界正面临着百年未有之大变局。面对复杂的国际局势，特别是中美经贸摩擦，中国须沉着应对。我们相信，有党中央坚强领导和全国人民的共同努力，有新中国成立 70 年发展积累的坚实基础，我们的经济社会发展有韧性、潜力和回旋余地，我们有能力应对各种风险挑战。但我们也要看到世界政治经济格局的变化，会对我国经济和社会发展带来多方面影响，包括企业改革发展、就业创业、人民生活和社会稳定等，这些与社会治理息息相关。在经济下行压力加大、外部环境深刻变化的情势下，要做好相关的民生工作、要做好"三农"工作、要坚决打好三大攻坚战，让广大人民有更多实实在在的获得感、幸福感和安全感。

（三）坚定不移地以人民为中心推进社会治理现代化。党的十八大以来，以习近平同志为核心的党中央对加快推进社会治理现代化作出一系列重要决策和部署，取得了显著成效。2019 年 1 月，习近平总书记在中央政法工作会议上强调，要贯彻好党的群众路线，坚持社会治理为了人民，善于把党的优良传统和新技术新手段结合起来，创新组织群众、发动群众的机制，创新为民谋利、为民办事、为民解忧的机制，让群众的聪明才智成为社会治理创新的不竭源泉。我们党的根基在人民、血脉在人民、力量在人民。新中国成立70 年的光辉历程启示我们，立党为公、执政为民的宗旨使我们从人民群众中汲取了巨大的物质力量和精神力量。正是这种力量让我们创造了中国奇迹、书写了中国震撼、找到了中国道路。因此，我们要以人民为中心推进社会治理现代化，以此构建富有活力和效率的新型社会治理体系，打造人人有责、人人尽责的社会治理共同体，进而建成共建共治共享的社会治理格局，向着全面建设社会主义现代化国家的宏伟目标迈进。

探索高校新型智库建设新路子
推动国家治理现代化

程建平①

尊敬的李金华副主席，

各位来宾，老师们，同学们：

大家上午好！

今天，"第九届中国社会治理论坛"隆重召开。我代表北京师范大学，向莅临论坛的各位领导和来宾表示热烈的欢迎，向大家一直以来关心与支持北师大发展表示衷心的感谢！

本届论坛以"中国社会治理现代化：70年回顾与前瞻"为主题，具有重大理论与现实意义。当今世界，不稳定不确定因素日益增多，新领域、新行业、新业态不断涌现，对有效进行社会治理提出了新的挑战。新中国成立70年来，我国把加强和创新社会治理作为推进国家治理体系和治理能力现代化的重要内容，探索出了一条符合中国国情、体现时代要求、顺应人民期待的社会治理现代化之路。对70年来的经验进行回顾和总结，对未来发展之路进行研讨和展望，进一步提高多样化条件下的社会治理水平，是时代交给我们的重大课题。

北师大是我国人文社科理论研究和实践探索的重镇，积极融入服务国家战略，不断推动各项工作迈上新台阶。当前，学校正着力构建"高原支撑、高峰引领"的学科发展体系和以北京校区、珠海校区为两翼的一体化办学格

---

① 程建平，北京师范大学党委书记、中国教育与社会发展研究院院长。本文系作者在"第九届中国社会治理论坛"上的发言。

局，不断深化综合改革，向着建设世界一流大学的目标稳步迈进。在强化特色发展和内涵发展的同时，学校依托优质学术资源，创新体制机制打造高端智库，积极发挥"思想库""智囊团"的作用。作为国家高端智库培育单位，北师大中国教育与社会发展研究院以推进中国特色教育现代化和社会建设为使命，围绕改革开放和经济社会发展中的重大问题与热点、难点问题，全面履行智库功能，取得了丰硕的成果，探索出了高校建设新型智库的新路子。

"中国社会治理论坛"是该高端智库的重要品牌活动，是我国教育与社会治理领域重要的学术研讨与思想交流平台。中国社会治理论坛已经成功举办了八届，每一届都汇聚了众多知名专家和相关部门的领导，围绕社会治理领域的重大理论现实问题积极研讨、贡献智慧，产出了许多重量级的研讨成果，是在相关领域具有强大号召力和影响力的高端论坛。

今天，北师大又一次高朋满座、群贤毕至，我们衷心地希望各位专家学者在本届论坛上，各抒己见、深入交流，为推进中国社会治理现代化发表真知灼见，以精彩的研讨、丰富的成果迎接新中国 70 华诞！

最后，预祝论坛圆满成功！谢谢大家！

目　　录

第二篇　城乡融合发展与市域社会治理

第三篇　乡村振兴与社会治理

第四篇　老龄化社会建设与诚信社会建设

中国社会治理现代化：
70 年回顾与前瞻

坚定不移推进社会治理现代化

——新中国 70 年社会治理现代化历程、进展与启示

魏礼群①

在迎接中华人民共和国 70 华诞之际，我们举办第九届中国社会治理论坛，以习近平新时代中国特色社会主义思想为指导，回顾新中国成立 70 年来推进社会治理现代化的历程、成就，总结宝贵经验与启示，对于我们在新时代深入推进社会治理体系和治理能力现代化，全面建设社会主义现代化国家，具有重要的意义。这里简要讲几点个人的初步思考与认识。

一、新中国 70 年推进社会治理现代化的壮阔历程

新中国成立 70 年的历史，是中国共产党领导全国人民坚持探索、完善和发展中国特色社会主义的历史，也是不断开拓、推进和发展中国特色社会主义现代化事业的历史。在这个光辉历程中，持续推进社会领域变革、坚定走向社会治理现代化，是一个十分重要的方面。大体经历了三个历史时期：即新中国成立后的前 30 年社会主义革命和建设时期，改革开放和社会主义现代化建设新时期，党的十八大以来中国特色社会主义新时代。新中国成立后的前 30 年这一时期，为中国社会治理现代化建设提供了基本社会制度前提和进行了艰辛探索；后 40 年两个时期是在前 30 年基础上进行的深刻变革与广泛创新。

新中国成立后的前 30 年社会治理的基本特征，是以建立巩固新生的人

---

① 魏礼群，国务院研究室原主任，北京师范大学中国社会管理研究院/社会学院院长。本文系作者 2019 年 7 月 6 日在"第九届中国社会治理论坛"上的主旨演讲。

民政权和进行社会主义革命为动力，最大限度地把全社会组织和整合起来，形成了最广泛社会共同体；以开展大规模社会主义建设，最大限度地感召和凝聚全体人民的意志和行动，改变国家一穷二白的落后面貌；国家以强大的社会管控能力、组织能力和动员能力，成功地应对和抵御了各种困难与考验，在较短时间内奠定了独立的比较完整的工业体系和国民经济体系，这为后来社会主义现代化建设的全面推进创造了重要的物质技术基础。

1949 年 10 月 1 日，中华人民共和国的成立，开辟了中国社会发展的新纪元，广大劳动者由奴隶变成了国家和社会的主人。劳动人民掌握了国家政权，主宰了自己的命运，这为当代中国一切发展进步奠定了根本政治前提和社会制度基础。

新中国成立后，百废待兴，面对的首要问题是迅速地把人民群众组织起来，彻底结束旧中国四分五裂、一盘散沙的状态，凝聚起建设新中国、实现民族复兴的磅礴伟力。我们党领导人民有步骤地实现从新民主主义到社会主义的转变，有步骤地进行对农业、手工业和资本主义工商业的社会主义改造，在迅速恢复国民经济和开展有计划的经济建设的同时，大力革除旧社会弊制，建立新社会秩序，完成土地制度改革，开展"三反""五反"运动，巩固新生的政权，禁烟禁毒，实行男女平等。同时，大力加强人民民主制度和法治建设。1954 年颁布了第一部《中华人民共和国宪法》；在此前后，制定了《全国人民代表大会组织法》《国务院组织法》《人民法院组织法》《土地改革法》《婚姻法》，等等。从 1949 年到 1957 年，全国人大常委会、国务院及其部委颁发重要法规性文献 1261 件，一系列法律法规的出台为人民行使民主选举、民主决策、民主管理、民主监督权利提供了制度保障。随着"一化三改造"过渡时期总路线的实施，农村集体经济组织普遍建立，城镇职工以单位或企业形式组织起来、居民在居委会中有序参政议事，夯实了城乡基层社会运行的组织系统与制度基础。

1956 年，我国社会主义改造基本完成以后，开始转入全面的大规模的社会主义建设。随着实行计划经济体制，形成了国家全面管控社会和高度组织化的治理模式，对社会进行自上而下的整合与管控。在城市，实行单位制和街居制的社会管理模式。在农村组建合作社和人民公社，实行政社合一制度。社会资源以计划配置为主，社会整合以行政手段为主，社会事业发展由国家或集体包办，实行严格的户籍制度规范和管理人口流动。在城市依托企业建立了包括医疗、教育、住房、养老、工伤、抚恤等在内的社会保障和公共服务制度；在农村建立了基础教育和合作医疗、五保户等保障制度。这些制度有力地避免了西方国家在工业化早期付出的巨大社会代价。特别是在全社会大力提倡集体主义精神，在各条战线树立典范，使先进事迹如春风化雨般滋养人们的灵魂，形成甘于奉献、积极向上的社会心态和氛围。这个历史时期社会治理道路的探索，显示了重要的历史作用。

新中国成立后的前 30 年在探索中推进社会治理的主要问题是：权力过分集中，国家管得过多、统得过死，政企不分、政社不分，社会缺乏活力，特别是一段时期内片面追求"一大二公三调四平"，长期以"阶级斗争为纲"，往往以群众运动代替群众路线，使我国社会主义建设的成就没有达到本来应该达到的高度。特别是 1966 年 5 月至 1976 年 10 月开展的"文化大革命"，使国家和人民遭受严重挫折和损失，延缓了包括社会治理现代化在内的中国社会主义现代化建设的历史进程，这是极为深刻的历史教训。

以 1978 年 12 月党的十一届三中全会为鲜明标志，中国跨入改革开放新的伟大历史时期。这次全会决定实行改革开放的重大决策，果断抛弃"以阶级斗争为纲"的治国理政理念，把党和国家工作重心转移到经济建设上来，中国社会主义现代化建设进入历史新时期，社会治理现代化建设也步入发展新阶段。这一历史时期社会治理的基本特征是：以改革开放为动力，解放和发展社会生产力、改善人民生活和促进社会全面进步；以发展社会主义市场经济、推进全方位对外开放为目标取向，重视发挥市场和社会作用，让全社会活跃起来，让一切创造财富的源泉涌流，但一度放松了社会管理，某些社会领域不适当地过度市场化，社会矛盾增多。党的十八大之后，以习近平同志为核心的党中央，把握正确航向，以全面建成小康社会为目标，推动党和国家事业发生历史性变化和历史性变革，逐步使社会运行转入活而有序的状态，推动社会治理现代化建设进入又一个新阶段。随着改革开放的深入，社会活力不断增强，国家对社会治理也逐步变革和创新。1982 年 12 月，第五届全国人民代表大会第五次会议修改《中华人民共和国宪法》，对国家的基本制度、根本任务、治理结构和主要原则等都作出了新规定，包括实行法治原则、尊重和保护人权原则，也包括改变农村人民公社政社合一的体制，推进乡村政权建设。同时，通过改革生产流通体制、劳动人事制度，放松城市"单位制""街居制"，有力地推动了社会流动，特别是人口在城乡之间、农村之间、城市之间以及企业之间的流动。1992 年党的十四大之后，在建立社会主义市场经济体制的新形势下，明确提出各级政府要注重履行"社会管理""公共服务"的职能。2002 年党的十六大及 2004 年十六届四中全会上，提出并系统阐述了构建社会主义和谐社会的重大思想和决策部署。2003 年抗击非典斗争加快了国家应急管理体系建设。这一时期，社会领域变革和现代化建设在一些重要方面都取得了重要进展。

2012 年 11 月党的十八大以来，随着中国特色社会主义进入新时代，开拓了包括社会治理现代化在内的全部现代化建设崭新局面。在习近平新时代中国特色社会主义思想的指引下，全面推进社会治理变革和现代化建设。党和国家采取了一系列举措，大力推动社会治理领域改革创新。包括：全面加强党对社会治理的领导，全面从严治党、惩治腐败，以党风政风好转带动社会风气好转；筑牢改善和保障民生工程，大力实施脱贫攻坚战，积极促进就业和完善社会保障制度；推进社会治理基础性制度改革创新，改革户籍制度，深化教育、卫生领域改革；确立总体安全观，构建国家安全体制，健全公共安全体系，广泛开展平安中国建设，加强社会治安综合治理，深入开展扫黑除恶斗争；加快社会诚信制度建设，加强社会信息基础设施、基础制度建设，积极探索守信激励和失信惩戒制度；加强城乡社区治理，着力提升治理水平；创新社会治理方式，不断提高社会治理信息化水平；加大环境保护与治理力度，着力解决影响人民群众身心健康和社会稳定的环境问题。我国社会治理现代化进入加快发展的新阶段。

"人间正道是沧桑。"纵观新中国 70 年社会治理变革的历程，是中国共产党带领全国人民义无反顾、坚定不移地探索、开拓和推进社会主义社会治理现代化的过程。在这一进程中既有高歌猛进，也有徘徊曲折，更有变革飞跃，走出了一条中国特色社会主义社会治理现代化之路，开拓了马克思主义社会治理理论的新境界。当然，我们也要看到，70 年社会治理变革和现代化道路是不平坦的，如同其他领域的变革和现代化建设一样，经历了艰辛探索，甚至挫折，走了不少弯路，遭受了损失。目前，社会发展和治理领域还有不少问题需要解决，包括城乡、区域和收入分配差距依然较大，贫富悬殊现象突出；民生领域还有不少短板；一些地方违法乱纪行为比较严重，社会文明程度亟待提高；公共安全还有不少难题。这些问题都应引起高度重视。展望未来，道路已经打通，基础已经奠定，随着社会主义现代化事业的不断发展，中国社会主义社会治理现代化的道路一定会越走越宽广。

二、新中国 70 年社会治理现代化建设的重大成就

新中国成立 70 年来，中国社会治理现代化建设取得了历史性进展和重大成就，概括起来，可从以下七个方面来认识。

（一）从治理理念看，逐步从社会管控、社会管理向社会治理转变

社会治理现代化首先在于社会治理理念和价值的现代化。新中国成立 70 年来，我国社会治理理念随着整个国家发展所处的历史阶段和现代化的进程，不断与时俱进，经历了从社会管控到社会管理，再到社会治理的两次历史性飞跃。改革开放之后，随着社会经济日趋活跃和各种矛盾增多，国家管控型理念被社会管理型理念所替代。为适应建设社会主义和谐社会和现代化发展的要求，又将社会管理转变为社会治理。从管理到治理虽然是一字之差，却体现了党和国家社会治理理念的深刻革命，体现了社会治理的目的、主体、内容、方式进一步向社会治理现代化的要求转变，体现了进一步向民主化、法治化、制度化、科学化的轨道转变，这将更好地使社会主义制度优势转化为现代社会治理的优势，转化为人民群众的思想自觉与行动自觉。这是从传统的社会管控、社会管理理念和思维向以人民为中心的现代社会治理创新思想的重大飞跃，为推进社会治理体系和治理能力现代化提供了宝贵价值和全新理念引领。

（二）从制度体系看，逐步从分散型向整合性转变

社会治理现代化是现代社会治理制度体系逐步建立和完善的过程。新中国成立 70 年来，我国社会治理制度体系经历了从碎片化到不断发展再到有力整合创新的全面性建构。改革开放特别是近些年以来，经过不断实践探索和制度建设，逐步建立了现代社会治理的基础制度体系，包括民主制度体系、法治建设体系、社会组织体系、社会管理体系、公共服务体系、社会保障体系、公共安全体系、城乡社区体系、社会治安防控体系、社会信用体系、应急管理体系和国家安全体系，基本构筑了符合当代中国国情的新型社会治理制度体系，各方面社会治理制度体系建设相互联系、整体推进。

（三）从社会体制看，逐步从国家一元管理向多元社会主体共建共治转变

社会治理现代化是社会体制的现代化。新中国成立后实行计划经济体制的时期，国家是经济、社会生活的统一计划者和管理者，是社会管理的唯一主体，包揽社会秩序管理、社会事业发展和各类公共服务。改革开放以后，以往统得过死、管得过宽的社会管理体制被打破，国家作为社会治理主体之外，还重视发挥各种社会力量的作用，逐步形成在党的统一领导下，政府、社会、市场、公众多元主体共建共治共享的社会治理格局，同时逐步发挥法制保障和科技支撑作用，现代社会治理体制框架基本建立。

（四）从方式手段看，逐步从单纯行政手段向多种手段综合并用转变

社会治理现代化是社会治理方式的现代化。新中国成立后的前 30 年，国家主要通过行政措施来实现社会的整合发展。改革开放之后，逐步重视综合运用经济、法治、科技和必要的行政手段等多种手段，加强和创新社会治理，不断推进源头治理、系统治理、依法治理、民主治理、综合治理。重视运用现代信息技术，逐步打造"互联网＋"社会治理模式，把体制机制变革与现代科技应用深度融合起来。目前全国城乡社区普遍推行网络化、网格化、精细化管理，现代社会治理能力与成效不断提升。

（五）从社会结构看，逐步从传统社会向现代社会转变

社会治理现代化是适应和推动社会不断全面进步的现代化。新中国成立 70 年来，我国经历了传统社会结构分化重组向现代社会结构演变的历史性跨越。新中国成立后相当一段时间，我国基本处于传统社会形态，人们被旧有的社会分工固化在劳动场所，社会化、专业化、工业化、城市化水平低。改革开放和市场经济发展，推动了我国政治、经济、文化领域的变革与发展，社会结构中的阶层结构、人口结构、就业结构、收入结构、城乡结构等都发生了深刻的变化。中国社会已从农民占人口绝大多数的农业社会、乡村社会，逐步向工业社会和现代社会转变，城市化水平大幅提升；由封闭半封闭型社会向开放型社会转变。就业规模不断增加，就业结构持续优化，中等收入群体逐步发育和成长起来；我国已经进入人口老龄化社会，整个社会日益呈现多元化、复杂化、现代化的特征。

（六）从运行状态看，逐步从社会高度稳定向秩序与活力相统一转变

社会治理现代化是构建社会运行秩序与活力相统一的现代化。新中国成立后一段时期，主要依靠政治动员、行政命令来达到社会组织和社会成员思想上的一致和行动上的统一，以维护社会秩序高度稳定，但窒息了社会生机与活力。改革开放后一个时期，社会活力迸发，但也出现社会无序运行状态。党的十八大之后，强调社会治理讲究辩证法，既要管理又要防止管得太死，刚柔相济、宽严适度，有力地推动社会迸发活力又和谐有序运行，现代社会治理趋于规范化、制度化、常态化。

（七）从社会景象看，逐步从贫困向全面小康社会转变

社会治理现代化建设的根本目的和重要标志，是提高全体人民生活水平和质量，是推动社会全面发展进步。70 年特别是改革开放以来，我国国民经济保持快速发展的同时，人民生活水平显著提高，经历了从贫困逐步到温饱以至全面小康的沧桑巨变。新中国成立之初，国家一穷二白，民不聊生。新中国逐步建立起独立国民经济体系的同时，建立了社会保障体系和民生保障体系。特别是近 40 多年来，随着现代化事业的全面推进，人民生活不断改善，人民安居乐业，就业相对稳定，教育、卫生等社会事业快速发展，我国已建成世界上最宏大的社会保障体系，人民健康水平普遍提高。精准脱贫成效显著，全面脱贫目标即将实现，全体人民正朝着实现共同富裕的目标迈进。和谐社会建设、平安社会建设、法治社会建设、信用社会建设、幸福社会建设的成效日趋显著，全面建成小康社会的美好景象日益清晰地展现在世人面前。

我国在长达 70 年广泛和深刻的社会大变革中，始终保持社会大局的稳定，创造了人类社会现代化建设史上的伟大奇迹。70 年中国社会治理领域变革和现代化建设的重大进展与成就，充分体现了中国特色社会主义制度优越性，充分显示了中国社会主义现代化建设的伟大进程与辉煌成就。但社会治理现代化建设还会遇到许多新问题和新挑战，实现既定目标，仍任重道远。

三、新中国 70 年推进社会治理现代化的经验与启示

新中国成立 70 年来，我国社会治理现代化建设走过了不平凡历程，积累了正反两方面宝贵经验，从中可以得到一些规律性认识和深刻启示。

（一）推进社会治理现代化，必须始终坚持党的全面领导

中国共产党领导是中国特色社会主义最本质的特征，是中国特色社会主

义制度的最大优势。新中国成立 70 年来的历史充分证明，中国共产党是领导各项事业前进的核心力量，中国社会治理变革始终是在党的领导下进行的。党的政治领导为社会治理指引了正确方向和价值体系，增强了社会治理的方向感和凝聚力；党的组织优势为社会治理提供了严密有效的组织结构和制度体系，确保社会治理的统一性、有序性；党的优良传统和品格，既勇于探索创新、开拓前进，又敢于坚持真理、修正错误。新中国成立后的前 30 年，正是在党的领导下建立了社会主义基本制度，为中国社会治理现代化建设奠定了根本的社会制度和政治条件，在探索中逐步建立起一套社会管理制度；改革开放以来，又是在党的领导下，开拓了中国特色社会主义道路，总结以往经验教训，逐步建立健全与社会主义市场经济相适应的社会治理制度体系；特别是党的十八大以来，突出以党建引领社会治理现代化建设，坚持党要管党、全面从严治党，以党的先进性和纯洁性建设不断提升党的社会治理领导能力和水平。

在新时代深入推进中国社会治理现代化，必须更加自觉地坚持党的全面领导，把加强和完善党的领导贯穿于社会治理的全领域、全过程、全环节，并要以彻底的自我革命精神不断增强党的政治领导力、思想引领力、群众组织力和社会号召力。我们要坚决维护习近平总书记党中央的核心、全党的核心地位，坚决维护党中央权威和集中统一领导，确保社会治理现代化的正确航向，更好发挥党总揽全局、协调各方的领导核心作用，充分发挥基层党组织的战斗堡垒作用。

（二）推进社会治理现代化，必须始终坚持以人民为中心

我国是社会主义国家，人民群众是国家和社会的主人，是决定国家前途和命运的根本力量。社会治理必须以人民为中心，坚持人民利益至上，一切为了人民；必须坚持尊重人民、依靠人民；必须坚持党的群众路线，相信群众，发动群众。新中国成立 70 年来的历史充分证明，什么时候什么地方全面贯彻以人民为中心，什么时候什么地方社会治理就顺利推进；什么时候什么地方损害人民权益，强迫命令，脱离群众，社会治理就会出问题，事与愿违。只有一切从人民利益出发，充分发挥人民的主体作用，坚持群众路线，社会治理才会真正有效。"知屋漏者在宇下，知政失者在草野。"要牢固树立人民群众是社会的主人和推动历史前进真正动力的思想，注重从人民群众的实践中汲取智慧。

在新时代深入推进社会治理现代化，必须更好坚持以人民为中心，全面把握人民群众对美好生活的新期待新要求，尊重人民群众情感，倾听人民群众呼声，切实解决好人民群众最关心最直接最现实的利益问题。要真正把人民满意不满意、拥护不拥护作为社会治理成效的根本标准。坚决反对和制止各类违背人民意愿，搞强迫命令、劳民伤财的所谓政绩工程。

（三）推进社会治理现代化，必须始终坚持充分体现中国基本国情

新中国成立70年来的历史充分证明，社会治理现代化建设必须坚持从中国国情出发，这也是最为深刻的经验启示。我们国家大，发展不平衡，仍处于社会主义初级阶段，又是具有悠久历史文明的东方大国。这些都是中国的基本国情，是现代中国的最大实际。什么时候脱离这个国情、脱离这个实际，就会犯错误、走弯路，甚至遭遇严重挫折。社会治理要充分考虑地区和城乡间的差异，因地制宜，突出特色，不搞一刀切、一个模式。中华文化是我们民族的根基和魂魄，我们必须从延续民族文化血脉中开拓前进，要使中华文明、红色文化成为社会治理现代化中最突出的优势和最鲜明的特色。中国特色社会主义进入新时代，我国社会主要矛盾已经转化为人民日益增长的美好生活需要和不平衡不充分的发展之间的矛盾。推进社会治理现代化要有利于解决这个社会主要矛盾。

在新时代深入推进社会治理现代化，必须坚持立足基本国情，坚持从各地实际出发。当前，要全面贯彻乡村振兴战略，坚持分类指导，推动各地立足自身资源禀赋、基础条件、人文特色等实际，确定社会治理的发展思路和推进策略。要妥善解决一些村庄空心化、产业空洞化问题，切实纠正一些地方违反客观规律，违背群众意愿，急于求成，盲目搞大拆大建，强迫农民集中上楼居住以制造乡村兴旺表象的错误做法。要大力弘扬和传承中华民族优秀传统文化，继承和传播革命文化、先进文化，特别是要脚踏实地实践社会主义核心价值观，着力提升全社会的文明程度。我们要以世界眼光和宽广胸怀学习借鉴国外社会治理的一切有益经验。但是，绝不能照抄照搬别国做法、别国模式，必须自觉抵制各种错误思想和主张的影响，确保社会治理现代化始终沿着中国特色社会主义道路前进。

（四）推进社会治理现代化，必须始终坚持全面深化社会领域改革开放

新中国成立70年来的历史充分证明，改革开放是决定当代中国命运的关键一招，是社会发展进步的活力之源，也是推进社会治理现代化的根本动力。新中国成立后的前 30 年，实行国家和集体包办、政事不分的社会管理模式，不仅给国家和集体组织带来沉重负担，而且窒息了社会发展活力，束缚了社会事业发展。改革开放 40 年来，在深入推进经济体制改革的同时，持续深化城乡二元结构改革，推行户籍制度改革、农村土地改革，推进就业、分配、教育、医疗、社会保障、住房等制度改革，规范发展社会组织，城乡基层引进和推行社区制度，通过转变政府职能创新社会管理，重视发挥市场和社会力量的作用，加快了我国社会治理现代化步伐。

改革开放只有进行时，没有完成时。在新时代深入推进社会治理现代化，必须坚持以深化改革开放为动力，坚决破除一切妨碍社会治理现代化建设的体制制度，进一步解放和增强社会活力，进一步探索和创新科学的治理制度，不断开拓社会治理现代化更为广阔的道路。

（五）推进社会治理现代化，必须始终坚持社会建设和其他建设协同发展

新中国成立 70 年的历史充分证明，社会治理现代化建设是一个巨大的社会系统工程，必须与经济建设、政治建设、文化建设、社会建设和生态文明建设融为一体、相互适应、相互促进。关键是在工作部署和政策措施上统筹安排、协调推进。改革开放以前的 30 年，社会建设和社会治理同其他方面变革和建设不协调，尤其是社会结构演进长时期滞后于经济结构的变革，一度影响了社会治理现代化的进程。改革开放以来，逐步重视社会建设和社会治理与经济建设、政治建设、文化建设、生态建设密切联系、相互作用和相互支撑，经济建设为社会建设和社会治理现代化提供了必要的物质条件；政治建设为社会建设和社会治理现代化提供了正确方向引领；文化建设为社会建设和社会治理现代化提供了强大的思想文化支撑；生态建设为社会建设和社会治理现代化、实现人与自然的和谐共生拓展了广阔空间。

在新时代深入推进社会治理现代化，必须更好地统筹社会建设和其他建设、社会领域治理与其他领域治理，使各个领域建设与治理协同发展。特别要按照贯彻新发展理念、建设现代化经济体系、发展社会主义民主政治、推动社会主义文化兴盛、建设美丽中国的要求，积极调整社会阶层结构、社会组织结构、就业结构、城乡结构、分配结构、消费结构，不断促进社会结构现代化。要始终坚持"一手抓物质文明、一手抓精神文明"，坚持"一手抓民主、一手抓法治"，坚持"一手抓改革开放、一手抓打击违法犯罪"，坚持"一手抓制度文明、一手抓社会文明"，始终坚持两手抓、两手都要硬。在今后推进社会治理长过程中，要牢固树立现代化建设的整体观、系统观、协同观。

（六）推进社会治理现代化，必须始终坚持打造现代社会治理新格局

打造共建共治共享的现代社会治理格局，是社会治理体制制度建设的重要任务，是实现中国社会治理现代化的基本目标。新中国成立70年来的历史充分证明，构建符合我国国情的现代社会治理格局，是实现有效社会治理的关键。新中国成立后的前30年，我国确立社会主义基本制度，从上到下普遍建立党组织，通过探索人民公社制和单位制，形成了适应当时历史条件的社会治理系统和组织体系。改革开放40年来，随着社会主义市场经济发展带来社会利益格局的分化，社会主体多元化，社会治理中党组织、政府组织、市场组织、社会组织和人民群众共同发挥作用，逐步形成共建共治共享社会治理新格局。但是这种新格局还不完善，需要积极推进创新发展。

在新时代深入推进社会治理现代化，必须坚持推进社会治理体制创新，继续打造完善的共建共治共享的现代社会治理格局。要进一步完善党委领导、政府负责、社会协同、公众参与、法治保障的社会治理体制，坚持在党的统一领导下，政府和社会多元主体共建共治，最大程度激发社会创造活力，形成人人参与、人人尽力、人人共享的社会共同体。鉴于科技手段愈益重要，还应突出科技支撑在社会治理体制中的重要作用。尤其重要的是，社会治理的重心必须向基层下移，健全完善城乡社区体系，通过优化投资、财政、金融等政策，把更多资源、服务、管理放到社区，为群众更好提供精细化服务，实现政府治理与社会调节、居民自治良性互动。

（七）推进社会治理现代化，必须始终坚持提高现代社会治理能力

推进中国社会治理现代化，需要创新和健全社会治理制度体系，也需要大力提升现代社会治理能力。新中国成立70年来的历史充分证明，社会治理能力关乎社会治理制度的执行状况和总体效果。多年来，我们党和国家的社会治理能力不断增强，治理社会的水平明显提升。但是，还有许多亟待改进的地方。

在新时代深入推进社会治理现代化，必须适应国家现代化总进程，提高党领导现代社会治理的水平，提高国家机构的履职能力，提高人民群众依法管理国家事务、经济社会文化事务、自身事务的能力。要在提高社会治理能力上下更大的气力，以提高党的领导力为重点，尽快把各级干部、各方面管理者的思想政治素质和科学文化素质、工作本领都提高起来，尽快把党和国家机关、企事业单位、人民团体、社会组织等的工作能力都提高起来，并尽快提高社会协同力、公众参与力和法治保障力，特别要创新社会治理方式，持续提高社会治理社会化、法治化、智能化、专业化水平。要通过各种形式动员和组织广大人民群众参与社会治理，切实发挥好基层群众组织的自我治理功能，让人民群众成为社会治理现代化建设的坚定支持者和积极参与者。要以法治理念、法治制度引导社会治理创新，加快社会法治建设，用法律规范社会治理中的各种权利和义务关系。特别要顺应互联网时代的发展趋势，积极利用好大数据、云计算、人工智能等高新技术，推进社会治理工作科学化、精细化、高效化。要按照专业化标准化要求，创新和规范社会治理，特别要加快打造一支规模宏大、专业化的社会工作人才队伍和专业群众工作队伍，用科学态度、先进理念、专业知识服务现代社会治理。

（八）推进社会治理现代化，必须始终坚持正确处理社会治理过程中的几个基本关系

习近平总书记指出："社会治理是一门科学。"这个重要论断深刻揭示了社会治理的内涵和社会治理现代化建设的方向。新中国成立 70 年的历史充分证明，要提高现代社会治理水平，必须把握社会治理的功能、目标和方法。社会治理的主要功能和目标是维护社会秩序、防范社会危机、化解社会矛盾、促进社会和谐，激发社会活力、发挥各方面积极性，推动社会全面进步、彰显社会公平正义，建设社会主义和谐社会。新中国成立后的前 30 年，社会治理偏重管控、管理，并以行政手段为主、政治动员为主，社会缺乏活力和进取精神。改革开放之后一度偏重放开搞活，放松管理和思想道德建设，产生了不少消极社会后果。党的十八大之后，我们党纠正了某些偏差，使社会建设和社会治理沿着正确方向前进。

在新时代深入推进社会治理现代化，要进一步确立创新思维、辩证思维、底线思维，更加讲究科学方法，正确把握与处理社会治理过程中的一些基本关系。一是处理好治理与民生的关系。提高社会治理水平必须从源头上预防和减少社会矛盾。因此，更好保障和改善民生是提高社会治理水平的根本之计。必须注重解决好直接关系人民群众根本利益和现实利益的问题，使人民群众在经济发展的基础上不断增强获得感、幸福感、安全感，这样才能更好实现天下大治，建设和谐社会。二是处理好维稳与维权的关系。一般地说，维权是维稳的基础，维稳的实质是维权，只有把人民群众合理合法的利益诉求解决好，才能真正实现社会的长期和谐稳定。三是处理好活力与秩序的关系。一个好的社会，既要充满活力，又要和谐有序。既不能管得太多，一潭死水，也不能放得太开，波涛汹涌，务求实现社会有序运行与社会活力迸发相统一、相协调。四是处理好法治德治自治的关系。法治是社会现代化的根本保障和主要标志，必须全面加强社会法治建设，强化法治保障。道德是社会现代化的灵魂和根基，必须加强社会道德建设，弘扬社会正气。自治是社会基层运行的基本方式和依托，必须完善城乡基层社会自治制度，增强社会活力。要使法治、德治、自治密切联系、良性互动、相互促进。只有正确认识和处理好这些基本关系，才能使社会治理现代化建设得以持续、健康、顺利发展，实现既定的任务和目标。

回顾新中国成立 70 年推进社会治理现代化的非凡历程，我们可以清晰地看到，尽管前进道路上有不少风雨、坎坷、曲折，但毕竟取得了中国几千年历史上前所未有的巨大进步。党的十八大以来，随着中国特色社会主义进入新时代，全面建成小康社会的宏伟目标即将实现，中华民族迎来了从站起来、富起来到强起来的伟大飞跃，迎来了实现中华民族伟大复兴的光明前景。同时，应当看到，我们正处于世界百年未有之大变局，面临的国际国内环境愈益错综复杂。国外一些不愿看到中国由大变强的势力渗透加剧，给我国社会治理增加新压力；全面深化改革开放和现代化建设已进入滚石上山爬坡过坎的关键阶段，特别是传统社会向现代社会转变步伐加快，给社会治理提出许多新挑战；以信息化为代表的现代科技迅猛发展，给社会治理增添新变量；许多社会矛盾和社会问题交织叠加，给社会治理增加新难度；社会主要矛盾转化，人民群众向往更加美好的生活，给社会治理提出新要求。这些是社会治理理论研究者、实务工作者面临的重大课题，也为我们提供了施展才华、大有作为的广阔舞台。我们愿与大家携手并进、团结合作，共同为推进新时代中国特色社会主义社会治理现代化、实现中华民族伟大复兴的中国梦，贡献智慧和力量！

以社会治理现代化新理念为指引的中国之治

张雪樵①

　　2013 年，党的十八届三中全会部署全面深化改革，提出了"完善和发展中国特色社会主义制度，推进国家治理体系和治理能力现代化"的总目标。2019 年，习近平总书记在中央政法工作会议上强调，加快推进社会治理现代化。国家治理和社会治理两个层面的现代化，它们的定位和关系是什么？有的人认为两者是从属关系，有的人认为是整体与局部的关系。我们认为国家治理现代化与社会治理现代化存在以下几个关系。

　　首先，国家治理现代化与社会治理现代化是载体与主体的关系。国家治理现代化强调的是国家制度与制度的执行，有了制度和制度的执行才构建了社会秩序，有了社会秩序才有了社会稳定。而社会治理现代化是国家治理现代化的主体，国家的制度说到底是社会多元主体之间的利益分配和利益协调。比如扶贫路上一个不掉队，需要的是各个层面广泛的参与，要发动人民群众。正如毛泽东同志所讲，春风杨柳万千条，六亿神州尽舜尧。然而，我们最近调研发现，有不少贫困户跟子女是分户的，子女的收入已经数倍于城乡的平均收入，子女很富裕，但是父母却是贫困户，逼着政府去帮困，老百姓觉得很不公平。这个问题实质上反映了社会治理的重要性。

　　其次，国家治理现代化与社会治理现代化是标志与内涵的关系。国家治理体系应当包含体制、法律、制度、标准等形式意义上的要求。而社会治理现代化则更侧重于人民群众对民主、法治、公平、正义、环境、安全等需求的内涵。扶贫路上仅仅有制度行吗？依照婚姻家庭法，父母对于不尽赡养义务的子女可以提起民事诉讼。但是在我们国家，由于受传统文化思想的影

---

① 张雪樵，最高人民检察院副检察长。

响，就算有这个条款，问题就能迎刃而解吗？

最后，国家治理和社会治理虽然维度不同，但是实现现代化是共同的发展目标。"现代化"的愿景到底是什么？或者它的标志是什么？我们国家最早提出"现代化"是在 20 世纪 60 年代，习近平总书记在十九大报告当中提出本世纪中叶我们要建成现代化强国，前后有 100 多年的时间跨度，这是很漫长的。所以现代化的标志不是一两句话、一个概念的问题。按照习近平总书记的指示，社会治理是一门科学，要讲究辩证法，在标志的长期性与阶段性的关系上、在根本性标志与体系性标志的辩证关系上，在显性标志与隐性标志的辩证关系上，在实体标志与程序标志的辩证关系上，在治已病与治未病的辩证关系上应该有一个科学的把握。那么中国司法现代化的标志或者愿景是什么样的呢？

第一，司法现代化应该从对抗的诉讼文明迈向双赢共赢的无讼文明。

孔子有句话说："听讼，吾犹人也，必也使无讼乎。"没有官司、没有诉讼是最好的境界。诉讼是西方的文明，律师最早产生在西方，现在我们国家引进了律师，有较完备的诉讼制度，我们的官司也越来越多。现在全国法院审理的民商事纠纷有一千多万起，而且还在增长，有的法官一年一个团队要审理两千起案件，苦不堪言。这么多的纠纷是司法"现代化"的标志吗？应该不是。现代化的治理应该是追求少讼、无讼，没有纠纷才是一种理想的社会。那么能不能做到？我国 2017 年修改民诉法和行政诉讼法，首先推出的是检察公益诉讼，就是一个很好的典范。我们去年办理的案件，全国检察机关办理的行政公益诉讼案件 7 万多起，大部分案件没有起诉，发出检察建议得到了政府的理解和执行。这种不起诉就解决了问题，也是我们中国新时代新的司法文明的一个标志，得到了国际司法界高度的认同。

第二，司法现代化应该是从依赖亲历性的原始办案方式迈向依托现代科技的互联网办案方式。

传统的办案方式依靠法官，我们中国以前是县太爷审理纠纷依靠"五听"，讲究"词听"是看他说话的节奏，"色听"是看他说话的脸色和变化，"气听"看他呼气的节奏，"耳听"看他是不是心神贯注，"目听"是看他眼睛是不是很集中，这是很原始的亲历办案。但是现代科技与司法结合起来，新的审理方式应运而生，利用人工智能、大数据、智能技术来辅助法官、检察官办案，让案件办得既公正又轻松，才是司法文明的一种体现。

第三，司法现代化应该是从法官、检察官为主体的官员办案迈向让律师代表、人大代表、政协委员、公民广泛参与的人民司法。

司法权是国家公权力，司法办案办的是当事人的人身，决定的是当事人的命运。法官、检察官谁办案谁决定，但谁能保证从高校毕业的、没有丰富人生阅历经验的法官、检察官能把每个案子都办好？列夫·托尔斯泰有句话说，幸福的家庭是相似的，不幸的家庭各有各的不幸。不同的案子都刻板一个标准，那能叫公正和公平吗？所以只有让人民群众作为主体，真正参与司法裁判的实质性运行过程，才能将法律的专业判断与老百姓的朴素正义融合起来。只有让老百姓自己应用、参与司法，办好自己的事情，才能真正实现让人民群众从案件中感受到公平正义的司法现代化。

我们深信，到本世纪中叶，中国之治不仅是经济强国，也是法治强国，那时候不仅是举世来学习中国的经济，而且应当像唐代一样，让各国来学习中国的司法文明，那时候我们是真正的现代化强国。

乡村治理是乡村振兴的重大任务

尹成杰[①]

社会治理是中国现代化建设的重要任务。乡村治理是社会治理的重要组成部分。搞好乡村治理,对于推进乡村振兴、实现国家的现代化意义十分重大。2019 年 6 月,中央下发了《关于加强和改进乡村治理的指导意见》重要文件,对新时代乡村社会治理提出了新任务新要求。结合"中国社会治理现代化:70 年回顾与前瞻"的论坛主题,我谈几点体会和思考。

第一,认真贯彻中央对乡村治理连续作出的重大部署。

乡村治理是乡村振兴、农村全面建成小康社会的重大任务。党的十九大以来,中央对乡村治理工作连续作出几次重大部署和安排,工作力度不断加大,体制机制不断完善。这充分表明中央对乡村治理高度重视,周密部署,精准施策,务求实效。

一是作出了乡村治理的总体部署。2017 年 10 月,党的十九大提出的乡村振兴战略总体要求中有五句话、"20 个字",即产业兴旺、生态宜居、乡风文明、治理有效、生活富裕。这里面着重强调了"治理有效",从管理到治理、再到治理有效,说明了中央在乡村振兴的总体部署和总体要求中,加大了对乡村治理的要求力度,强调建立健全自治、法治、德治相结合的乡村治理体系。

二是 2018 年中央"一号文件"对乡村治理作出具体部署。2018 年年初下发的中央"一号文件"《中共中央国务院关于实施乡村振兴战略的意见》,主题就是"推进乡村振兴"。而在部署乡村振兴工作中,有很大一部分强调抓好乡村治理。这一重要文件,对贯彻党的十九大提出的乡村振兴战略和乡

---

① 尹成杰,原农业部党组副书记、常务副部长。

村治理作出了一系列具体部署和安排。

三是中央关于乡村振兴战略规划进一步对乡村治理作出安排。2018 年 9 月，中共中央、国务院印发《乡村振兴战略规划（2018—2022 年）》，部署了一系列重大规划和重大行动。特别是对健全现代乡村治理体系及治理体制提出明确要求，包括对加强农村基层党组织建设、健全以党组织为核心的组织体系、加强党的组织及带头人队伍建设、加强党员队伍建设、发挥党员先锋模范作用、强调其责任和保障建设等一系列重大问题作出具体安排，提出明确要求。

四是 2019 年中央"一号文件"对完善乡村治理机制进一步作出安排。2019 年年初下发的中央"一号文件"《中共中央国务院关于坚持农业农村优先发展做好"三农"工作的若干意见》，突出强调要完善乡村治理机制，保持农村社会和谐稳定，强调要加强乡村治理能力、加强农村精神文明建设，推动平安乡村、幸福乡村建设。

五是 2019 年 6 月中央下发的《关于加强和改进乡村治理的指导意见》对乡村治理工作作出全面、重要安排。《意见》是对乡村振兴战略实施的非常重要的配套性文件，就加强新时代乡村治理、改进乡村治理提出了指导思想、总体目标、主要任务和组织实施各方面的部署和要求，作出全面系统的安排。

上述这些重要部署和安排表明了乡村治理具有极为重要的战略地位，是习近平新时代中国特色社会主义思想的重要内涵，同时表明中央对乡村治理工作强调加强领导、狠抓实施、大力推进、重在实效。

第二，新时代乡村治理的重要性和必要性。

党的十九大提出乡村治理的重大议题，中央连续多次就乡村治理做出重大部署，这是由新时代我国国情、农情、乡情发生的积极、重大、深刻变化所决定作出的重大决策。面对这些年来国情、农情和乡情的变化，我们深刻地感受到加强乡村治理的重要性、必要性和迫切性。大国小农、乡村众多是我国国情的重要特色，我国现有接近 4 万个乡镇，58 万多个行政村，还有 2.3 亿农户。另外，我国人多地少，全国有 20.3 亿亩耕地，但是户均耕地面积只有 7 亩左右，相当于欧盟的 1/40、美国的 1/400。基于这样的基本国情农情，通过改革开放特别是党的十八大以来对农业农村工作的重大部署，推动新时代农业农村经济社会发生重大深刻变化，即农业从传统向现代转型、部分农民从农村居民向城市居民转移、农村社会从封闭向开放转变、城乡关系从二元分割向深度融合转化、农业经营从单一向多元转轨。面对这些重大变化，我们必须从国情农情出发，加大乡村治理力度，做好乡村治理工作。

一是新时代"三农"工作的新形势新任务，迫切要求实行乡村的有效治理。按照"三步走"的战略部署，到 2020 年全面完成精准扶贫、脱贫任务，全面建成小康社会；到 2035 年，基本实现农业农村现代化；到 2050 年，实现乡村全面振兴和建成农业农村现代化。面对这样艰巨繁重的任务，各地基层党政组织及其领导的农村各级各类组织，必须要通过有效治理来建立健全治理体系，提高治理能力和治理现代化水平。

二是新时代社会主要矛盾的重大转变，迫切要求搞好乡村的有效治理。新时代的社会主要矛盾是人民日益增长的美好生活需要和不平衡不充分的发展之间的矛盾。现在城乡发展的不平衡是最大的不平衡，农业农村发展的不充分是最大的不充分，农业农村现代化建设滞后是最大的短板。要解决这三个最大不平衡、最大不充分和最大短板的问题，必须通过有效治理建立健全强有力的、现代化的农村领导班子、组织体系、干部队伍，健全提升乡村新型经营主体。并采取有效措施，解决广大农民对收入、生态、社会保障等方面的新需求。

三是新时代我国农村生产力水平的明显提升，迫切要求提高乡村治理现代化水平。改革开放以后特别是党的十八大以来，我国农业农村的生产力发展取得了长足的进步，主要表现在农业的综合生产能力明显提高，农业科技进步贡献率稳步提升，农业科技应用和农业现代化管理不断加强。我国粮食产量连续 15 年丰收，党的十八大以来连续 6 年稳定在 1.2 万亿斤的阶段性水平。2018 年，农业的科技贡献率由 2012 年的 53.5% 提高到 2018 年的 57.5%，农业的综合机械化水平达到了 65%，特别是智慧农业、数字农业、数字乡村的建设加快推进。现代信息技术进入农村，在一些地方手机已成为农民的生产工具，农业和农村生产力发展的新业态、新模式、新机制在不断形成。农业科技革命给农村领导管理体系、经营体系和工作方式提出新课题、新要求、新挑战，我们要通过有效的治理推动生产关系变革，更加适应农村生产力发展的需要。

四是新时代我国农村社会的组织结构、人口结构发生深刻变化，迫切要求实施乡村的有效治理。目前我国农村有 2.8 亿劳动力进城务工。8000 多万农村人口在城市落户成为新市民，这是改革开放取得的重大成就。但是随着农村劳动力的加快转移和城镇化的加快，在一些地方也出现了一些新情况、新问题、新矛盾，需要我们转变治理方式来加以解决。比如在一些地方，农村人口老龄化的比重较高；有的农村村委会和部分村民长期见不着面，处于一种城乡分离状态，耕地的发包方和部分承包方也是互相分离，村集体性组织和其部分成员也处于一种分离状态；还有一些空巢老人和空心村现象。这些新问题新情况要求我们转变领导方式、组织方式和管理模式，才能够实行有效的乡村治理。

五是新时代新型城镇化加快推进和城乡关系融合发展，迫切要求实现乡村的有效治理。诺贝尔奖得主约瑟夫·斯蒂格利茨先生说过，21 世纪对世界影响最大的两件事，一是世界的科技革命，二是中国的新型城镇化。当前，我国城镇化率已达到 59.58%，新型城镇化促进了三个融合，即城乡融合、功能融合、一二三产业融合。特别是以工促农、以城代乡、工农互惠、城乡一体的新型城乡关系正在形成之中。这些深刻变化，要求我们切实转变乡村治理的方式。习近平总书记强调，实现城乡发展一体化，目标是：城乡居民基本权益平等化、城乡公共服务均等化、城乡居民收入均衡化、城乡要素配置合理化、城乡产业发展融合化。这"五化"将从根本上打破维系城乡二元结构及其传统的农业产业结构布局，改变调整城乡资源要素配置及就业状况，改革现行传统乡村治理理念、体制和机制。

六是新时代乡村民主法治建设发生的深刻变化，迫切要求加强乡村的有效治理。要坚持以人民为中心的思想，维护广大人民群众的利益和权益，满足广大农民对生产、生活、生态的诉求，对公开、公正、公平的诉求，加强农村的党风廉政建设，加强村委会和村经济组织的建设，特别要整肃"小官巨贪"，"扫除"黑恶势力。所有这些任务，都需要通过加强乡村的有效治理去完成。

第三，新时代乡村治理的制度性安排。

党的十九大以来，中央连续部署并明确提出了乡村治理的指导思想、总体目标、体制机制、制度体系、主要任务和组织实施，作出了一系列重大制度性安排。

一是明确提出新时代乡村治理的指导思想。以习近平新时代中国特色社会主义思想为指导，通过"一个紧紧围绕"（紧紧围绕统筹推进"五位一体"总体布局和协调推进"四个全面"战略布局)、"一个按照"(按照实施乡村振兴战略的总体要求)、"四个坚持"(坚持和加强党对乡村治理的集中统一领导,坚持把夯实基层基础作为固本之策,坚持把治理体系和治理能力建设作为主攻方向,坚持把保障和改善农村民生、促进农村和谐稳定作为根本目的)、"两个建立健全"(建立健全党委领导、政府负责、社会协同、公众参与、法治保障、科技支撑的现代乡村社会治理体制,建立健全党组织领导的自治、法治、德治相结合的乡村治理体系),构建共建共治共享的社会治理格局,走中国特色社会主义乡村善治之路,建设充满活力、和谐有序的乡村社会,不断增强广大农民的获得感、幸福感、安全感。

二是明确提出乡村治理的总体目标。到 2020 年,现代乡村治理的制度框架和政策体系基本形成,农村基层党组织更好发挥战斗堡垒作用,以党组织为领导的农村基层组织建设明显加强,村民自治实践进一步深化,村级议事协商制度进一步健全,乡村治理体系进一步完善。距离这一目标实现还有不到两年的时间,所以任务也很艰巨。到 2035 年,乡村公共服务、公共管理、公共安全保障水平显著提高,党组织领导的自治、法治、德治相结合的乡村治理体系更加完善,乡村社会治理有效、充满活力、和谐有序,乡村治理体系和治理能力基本实现现代化。

三是明确提出我国现代乡村社会治理的体制机制。建立健全党委领导、政府负责、社会协同、公共参与、社会保障、科技支撑的现代乡村社会的治理体系,以自治来增强活力,以法治来强化保障,以德治来弘扬正气,加强对乡村治理的全面领导。

四是明确提出建立健全自治、法治、德治相结合的乡村治理体系。自治、法治、德治"三治结合",自治是基础,法治是保障,德治是支撑。"三治结合"治理体系是取得治理有效成果的有力保障;"三治结合"体现了全面性、综合性、创新性;"三治结合"既发挥自治的治理主体作用,又发挥法治、德治的保障作用。其三维的治理结构体现多角度、多元化、多层次的严格规范化治理,符合乡村治理规律,适应现阶段乡村治理实际,适合农民意愿和需要。要在"建立健全"上下功夫,把"三治结合"体系真正建立完善起来。

五是明确提出乡村治理的主要任务。主要包括:完善村党组织领导乡村治理的体制机制,发挥党员在乡村治理中的先锋模范作用,规范村级组织工作事务；增强村民自治组织能力，丰富村民议事协商形式，全面实施村级事务阳光工程；积极培育和践行社会主义核心价值观，实施乡风文明培育行动，发挥道德模范引领作用，加强农村文化引领；推进法治乡村建设，加强平安乡村建设，健全乡村矛盾纠纷调处化解机制，加大基层小微权力腐败惩治力度，加强农村法律服务供给；支持多方主体参与乡村治理，提升乡镇和村为农服务能力。

六是明确提出乡村治理的组织领导和实施要求。主要有四个方面：加强组织领导、建立协调推进机制、强化各项保障措施、加强分类指导。从各地实际出发，创造性地开展工作，大力推进乡村治理各项任务的落实。

积极应对人口老龄化　加快发展养老服务业

侯云春①

我国人口老龄化形势严峻。去年我国 60 周岁及以上人口占总人口的比例达 17.9%，15 岁及以下人口占比为 17.8%，老年人口第一次超过年轻人口，老龄化正在成为越来越严重的社会问题。

我国人口老龄化的特点：一是基数大。60 周岁及以上人口为 24949 万人，占总人口的比重为 17.9%，其中 65 周岁及以上人口为 16658 万人，占总人口的比重为 11.9%，都相当于一个大国的人口。二是来势猛。据联合国预测，1990 年至 2020 年世界老年人口的年均增速 2.5%，同期我国则为 3.3%。我国即将步入深度老龄化社会（已有 6 个省市提前进入），2040 年将进入超老龄化社会。三是负担重。我国目前大约 3.6 个劳动力赡养 1 个老人，随着我国老龄化与少子化长期并存，老年人口继续增多，养老压力还将进一步加大。四是未富先老。我国人均收入低，老年系数高于同等收入国家。五是空巢、失独现象严重。这与多年实行只生一个的计划生育和农民工进城的半拉子城市化密切相关。六是健康状况堪忧。我国老年人口的患病率较高，身心健康水平低。如城市老年人心理健康率只有 30.3%，农村老年人心理健康率仅为 26.8%。七是养老服务业发展滞后。我国老龄事业和老龄产业数量少、水平低、供需矛盾突出。

人口老龄化是日益突出的社会问题，同时也是社会进步的一个重要标志。我国人口老龄化既是挑战也有机遇。老龄人口数量大、增长快、问题多，是沉重的社会负担，同时也有相当部分老龄人口是宝贵的人力资源和人才资源；老龄人口是消费者，也有不少可以是生产者、创造者。我国银发经

---

① 侯云春，国务院发展研究中心原副主任。

济潜力很大，前景广阔，有利于推动经济增长和社会发展。

适应我国人口老龄化新形势，迎接新挑战，积极应对老龄化，加快包括各项老龄事业和产业在内的养老服务业发展。

第一，要高度重视人口老龄化问题。要把积极应对老龄化作为新时代经济社会发展的重大战略问题和基本国策，作为推进社会治理现代化的重要内容，统筹兼顾，远近结合，加强顶层设计和制度建设，创新体制机制，完善政策和法律法规，积极开展中国特色的应对人口老龄化行动。

第二，要转变观念，用好老龄人力人才资源。改革退休制度，允许和鼓励有条件的老年人"再就业"发挥余热；根据劳动力供需状况，适时推出可选择的平滑延迟退休举措，实行弹性退休制度。

第三，加快养老服务体系建设。努力形成以居家为基础、社区为依托、机构为补充、医养相结合的中国特色养老体系，重点发展居家＋社区的养老模式，采取"大分散、小集中"，建立社区养老服务中心，为居家养老提供及时、周到、便捷的社会化服务。动员社会力量、挖掘社会资源，举办多种形式的"托老所"，政府给予资助并加强监管。对在社区提供日间照料、康复护理、助餐助行等服务的机构给予税费减免、资金支持、水电气热价格优惠等扶持。

第四，加快推进老龄事业和产业供给侧结构性改革。采取政府＋市场以政府为主发展老年事业，市场＋政府以市场和企业为主发展老年产业，促进老年事业和产业融合发展，增加投入，提高质量，采用先进技术，增加老龄产品和服务的有效供给。

第五，弘扬优秀传统文化，共建良好社会环境。努力构建养老、孝老、敬老政策体系和社会环境，特别要为困难老年群体提供社会关爱。建议给计划生育独生子女的父母特别是失独老人酌发补贴，为他们优先提供养老服务。增加重阳节为法定假日，让家有老人的职工陪伴老人，彰显孝亲敬老传统文化。

在社会治理现代化进程中强化历史思维

洪大用①

历史是一面镜子，既能照清当下的状况，也能启示未来的方向。历史思维是科学思维的重要内容。无论对于自然现象还是社会现象的研究，都应关注历史过程，考虑时间维度，把当下纳入历史与未来的连续统中。推进社会治理现代化，既要着力当下，着眼未来，也要回望历史。甚至说，正确的历史思维，有助于更好地把握当下，更好地面向未来。

一般意义上，社会治理作为一种社会实践，与人类社会相始终，自从有了人类社会就有了治理实践。人类社会在发展过程中形成了不同的治理理念和各具特色的治理实践。在"现代化"的情境中提出社会治理，是一种反思性的概念，这样一种治理理念是晚近时期的产物。党的十八大以来，中央提出加强和创新社会治理，这是新时代中国特色社会主义的伟大创造之一，包含了非常丰富的内容。推进社会治理现代化需要更加系统地研究社会治理，为社会治理实践提供更好的学理支撑。而更加系统的研究和更好的学理支撑意味着很多方面的要求，强化社会治理的历史思维就是其中的重要方面。

一、强化社会治理历史思维，要求我们对当代中国社会巨变进行更加深入准确的分析

当今中国社会正在经历着深刻而广泛的社会变革。整个人类世界面临着百年未有之大变局，中国巨变是整个世界巨变的重要组成部分。对于中国现

---

① 洪大用，教育部学位管理与研究教育司司长、国务院学位委员会办公室副主任。本文原刊载于《社会治理》杂志 2019 年第 7 期。

代化以来的社会巨变，可以从很多方面做分析。比如人口流动、城镇化、产业变化，以及社会组织、社会阶层、社会结构、社会交往和基层社区等方面的变化，我们加强和创新社会治理要着眼这些变化，研究这些变化，因应这些变化。但是值得强调的是，我们要特别关注当代中国社会巨变的实质。这里有两种代表性观点：一是认为中国社会巨变是西方现代化的扩展或在西方现代化冲击下的反应；二是强调中国社会巨变的内生性，认为中国社会巨变是中国传统社会的延续发展。

习近平总书记在 2016 年哲学社会科学工作座谈会上的讲话中明确指出，当代中国的伟大社会变革既不是简单套用马克思主义经典作家设想的模板，也不是国外现代化发展的翻版，不是其他国家社会主义实践的再版，也不是简单延续我国历史文化的母版，不可能找到现成的教科书。这种沧桑巨变是中国共产党领导中国人民，充分运用马克思主义思想和中华优秀传统文化智慧，在正确认知变化了的世界基础上的一种伟大创造。这样一种创造是空前的，是史无前例的。我们运用正确的历史思维，而不是戴着各种已有的眼镜来看中国社会巨变，就会对中国社会巨变有一种更加深刻、更加本质性的把握。而这种更加深刻和本质性的把握，恰恰是推进社会治理现代化的重要前提。我们不能盲目借鉴照搬什么模式，也不能再简单地回到过去时代的传统式的社会治理，我们只能创造。

二、强化社会治理的历史思维，要求我们对人类社会治理的历史实践有充分的研究和自觉

一般意义上看，社会治理与人类社会密切相关，自从有了人类社会，就有了社会治理的实践需要。人类历史在演进过程中，不同地域、不同国家和不同文明都发展出各具特色的治理模式。在中国历史上，长期基于农业社会发展出来的是静态的、伦理的、宗法的治理模式，这样一种治理模式曾经延续很长时间。新中国成立之后，我们实行计划经济体制，快速推动工业化，采取了高度组织化的带有行政命令特征的方式来推动社会治理，这种治理在一定程度上具有刚性和封闭性，但在特定历史时期也发挥过积极作用。我们在改革开放过程中走过弯路，以为经济发展和市场经济能够自发带来新的社会秩序，一些社会领域过度市场化和失控导致了一系列社会问题。

我们在 20 世纪 90 年代后期，开始强调调整政府职能，把扩大公共服务和加强社会管理列入政府重要职能。21 世纪以来，我们越来越强调社会建设和社会治理，强调在市场经济发展基础上要同时重视政府和市场两个主体，更好发挥政府的作用，改善公共服务，推进社会治理。很明显，在社会治理的不同历史阶段，其实都有各具特色的治理实践。现在很多人关注西方文化，特别是西方现代化过程中的社会治理实践。自从 20 世纪 90 年代以来，西方公民社会和西方治理模式受到很多人关注，这对于中国社会治理政策和实践也产生了很重要的影响。今天要推进中国社会治理现代化，我们需要对历史上不同类型的社会治理实践及其背景进行更加深入的分析，保持充分自觉。唯有如此，才能直面中国社会实际，确立我们创新社会治理的出发点和立足点。

三、强化社会治理的历史思维，要求我们对新时代创新社会治理保持充分的自信

今年是新中国成立 70 周年，70 年来取得的成就是举世瞩目的。中国在经济快速发展的基础上，人民生活不断改善，整体上保证了社会的持续安全稳定，促进了社会公平正义，即将全面建成小康社会，国际影响力快速提升，这个成就是史无前例的。新中国社会治理 70 年取得了伟大成就，我们对在新时代推进社会治理现代化应充满自信。这种自信的基础就在于党的正确领导、社会主义制度不断完善、以人民为中心的治理立场和不断朝着中华民族伟大复兴奋斗的宏伟目标，这些都是引导全体中国人民积极投身于社会主义现代化建设实践的重要保证。我们相信新时代在党的全面领导下，坚持以人民为中心，不断巩固和发展中国特色社会主义制度，推进治理体系和治理能力的现代化，更加坚定地朝着中华民族伟大复兴中国梦的目标奋进，将会更加充分地调动广大人民自觉参与社会治理的积极性，保证社会即充满活力又安定有序。只要我们认真总结新中国开创中国特色社会治理道路的重要经验，只要我们坚持这些经验并不断发展完善，那么我们完全有信心加快构建现代化的社会治理体系并提升社会治理能力。勿忘历史，正确看待历史，是我们对新时代创新社会治理保持充分自信的源泉。

四、强化社会治理的历史思维，要求我们对加快推进社会治理现代化的历史责任保有充分的自觉

在中国特色社会主义现代化实践中，我们每个人都是当事人，都是推动者，不能做旁观者。作为学术研究者，我们要努力做到知行合一。特别是面对中国现代化前无古人的伟大实践，我们很多的实践经验，很多的制度设计，很多的治理模式，都是不断摸索创造出来的。在这个意义上讲，我们推进社会治理现代化的根本在于创造，在于以目标为导向，问题为导向的创造，不是简单的借鉴和复制。我们要更多地深入基层，广泛开展调研，认真倾听人民群众的声音，尊重人民群众的首创精神。人民群众是历史的创造者，中国人民有着丰富的实践智慧。我们对巨变的社会实践保持充分自觉，对人民群众的创造保持充分尊重，在此基础上，系统性、学理性地总结推广，提炼中国特色社会主义社会治理体系和模式，发展中国特色社会治理理论和思想，对社会治理现代化提供有效指导，同时也发展社会治理学科，这是我们学者的责任。

总而言之，我们在新时代推进社会治理现代化，必须要强化社会治理的历史思维，这就意味着对当代中国社会巨变要有更加深入的分析，对社会治理的历史实践要有更加充分的自觉，对新时代创新社会治理要有充分的自信，对加快推进社会治理现代化的历史责任要有切实的履行。最终，在新时代强化社会治理的历史思维，意味我们要不忘初心，牢记使命，意味着自觉、自信、自为。对于研究者来说，我们要更加系统、更加科学地研究社会治理实践，创新社会治理理论，更好地服务于新时代加强和创新社会治理的伟大实践，服务于广大人民的福祉，服务于社会全面发展。

我国基本公共服务体系建设的现状、问题和思考

欧晓理①

党的十九大报告指出，要"完善公共服务体系，保障群众基本生活，不断满足人民日益增长的美好生活需要，不断促进社会公平正义，形成有效的社会治理、良好的社会秩序"。社会治理是国家治理的重要领域，保障基本公共服务和改善民生是社会治理的重要组成部分，也是推动实现共建共治共享的社会治理格局的重要基石。进一步建立健全我国基本公共服务体系，对加强和创新社会治理、提高保障和改善民生水平具有重要意义。

一、我国基本公共服务体系建设的总体进展

基本公共服务是由政府主导，保障全体公民生存和发展基本需要，与经济社会发展水平相适应的公共服务。基本公共服务范围，一般是指保障基本民生需求的教育、就业、社会保障、医疗卫生、住房保障、文化体育等领域的公共服务。广义上还包括与人民生活环境紧密关联的交通、通信、公用设施、环境保护等领域的公共服务，以及保障安全需要的公共安全、国防安全等领域的公共服务。通常我们所说的基本公共服务是狭义的概念，也就是社会领域基本公共服务。

党中央、国务院高度重视基本公共服务体系建设。早在 2006 年，党的十六届六中全会就提出要逐步形成惠及全民的基本公共服务体系。此后，国家先后印发了《国家基本公共服务体系"十二五"规划》《"十三五"推进

---

① 欧晓理，国家发展和改革委员会社会发展司司长。本文原刊载于《社会治理》杂志 2019 年第 7 期。

基本公共服务均等化规划》《关于建立健全基本公共服务标准体系的指导意见》等文件，各地区、各有关部门也在持续推动落实。目前，我国已经初步构建起覆盖全民的国家基本公共服务制度体系，各类基本公共服务设施不断改善，基本公共服务项目有效落实，服务范围持续拓展，保障能力不断增强。

（一）基本公共服务水平显著提升

近年来，随着国民经济持续增长和党中央、国务院对改善民生工作重视程度的不断提高，基本公共服务领域财政投入呈现出稳定增长态势。2018年，国家财政性教育经费支出 3.69 万亿元，同比增长 8.13%，占 GDP 的比例连续 7 年保持在 4% 以上；人均基本公共卫生服务经费财政补助标准提高到 55 元，人均城乡居民医保的补助标准提高到 490 元。国家发展改革委负责的教育现代化推进、全民健康保障、文化旅游提升、公共体育普及、社会服务兜底等五大公共服务工程，年均安排中央预算内投资 500 亿元左右，2019 年更是达到 600 亿元以上。这些中央投资大都重点向贫困地区、革命老区、民族地区和边疆地区倾斜，并带动更大规模的地方投资，各地基本公共服务的能力建设得到了有效提升，贫困落后地区的改善更为显著。

（二）基本公共服务均等化程度不断提高

在推进基本公共服务体系建设过程中，我国一直坚持将推动城乡均等化和区域均等化放在突出位置。一是推动城乡公共服务整合衔接。促进农村基本公共服务制度向城市制度靠拢、转变，力求缩小城乡之间的制度性差异。比如，新型农村社会养老保险与城镇居民社会养老保险整合，形成了城乡居民基本养老保险。新型农村合作医疗与城镇居民医疗保险整合形成了城乡居民基本医疗保险。同时，采取有效措施推动基本公共服务常住人口全覆盖。2010—2017 年，九年义务教育的城镇在校生比例从 53.1% 增至 76.5%，显著高于同期的城镇化率，这说明大量农村户籍学生在城镇学校就读，享受到相对更好的教育资源。二是加强对欠发达地区的支持力度。随着财政转移支付和中央预算内投资力度的不断加大，中西部地区、贫困地区的设施条件持续改善，服务供给能力不断增强。比如，床位和人才等医疗卫生资源配置的区域差距显著缩小，从每千人口医疗卫生机构床位数来看，中、西部地区的增长速度明显快于东部地区，2012 年人均床位数全面追平东部，到 2017 年，中、西部已经比东部分别高出 0.4 张和 0.47 张。

（三）社会力量参与机制不断健全

近年来，国务院先后印发了《关于政府向社会力量购买服务的指导意见》《关于创新重点领域投融资机制鼓励社会投资的指导意见》《关于进一步激发社会领域投资活力的意见》等文件，鼓励社会力量参与公共服务供给，取得了良好的政策效果。总体来看，社会力量的参与规模不断扩大，结构逐步优化，服务范围不断拓展，呈现出良好的发展势头。尤其是最近，国家发展改革委正在会同有关部门推进城企联动普惠养老专项行动，目的就是发挥中央预算内投资的引导作用，带动地方政府提供政策支持包，引导企业提供养老服务包，为更多普通老年人提供普惠性养老服务。2019 年，首批下达中央预算内投资 14 亿元，覆盖 64 个城市、100 多个项目，支持建设 7 万张养老床位，吸引了大量民间资本参与，在普惠性公共服务方面取得了突出进展，也在全社会引起了积极反响。

二、当前基本公共服务体系建设存在的主要问题

（一）基本公共服务和非基本公共服务界限不够明晰

目前，由于基本和非基本的界限不清，政府在提供公共服务时缺乏科学的选择依据，很多时候是依据地方行政长官的意志或特定时期特定行业的受重视程度等，自行选择公共服务供给的重点和水平，这也是各地公共服务不均等的重要原因之一。与人民群众日益增长的公共服务需求相比，财政投入总是有限的，如果将有限的资源无差别地投入到基本和非基本公共服务，不但基本公共服务难以保障到位，而且在非基本公共服务方面，为市场和社会留出的参与空间不足，多元供给的局面也难以充分形成。

（二）公共服务的提供主体之间不平等现象仍然存在

近年来，虽然社会力量参与提供公共服务的规模有所扩大，但公办机构"一股独大"的格局并未改变。公办机构能够得到大量财政补贴，而社会力量得不到或仅得到较少补贴。在服务定价或收费方面，公办机构可以在财政投入保障下进行低价竞争，从而将社会力量排挤出公共服务市场。公办机构天然拥有占有市场的优势，如果不对公办机构的无序扩张进行管理引导，社会力量有效参与公共服务供给的局面就会很难实现。

（三）公共服务绩效评估制度需要进一步健全

公共服务供给必须实行绩效评估，以提高公共服务资源的使用效率和效益。绩效评估体系的建立必须以明晰的组织目标为前提，还要有合格的责任主体和规范的运行流程，以及独立的第三方评估机构。目前，我国公共服务供给还没有建立明确的分类标准和科学的动态调整机制，责任主体不明、流程不规范的现象还普遍存在，加上第三方评估机构还没有培育成熟，绩效评估机制还未能充分建立健全。

三、"十四五"时期新形势对基本公共服务和社会治理的新要求

"十四五"时期，是"两个一百年"奋斗目标的历史交汇期，是全面建成小康社会后迈向基本实现社会主义现代化的关键阶段，也是进一步推进国家治理体系和治理能力现代化的重要时期，这对推进基本公共服务体系建设、创新社会治理都提出了更高的要求。"十四五"时期面对的新形势、新变化尤其值得我们高度重视。

（一）人口结构变化

近年来，我国老年人口总量及比重持续上升，同时劳动年龄人口总量及比重却持续下降，人口老龄化程度不断加深。这将进一步增加养老金支付和医疗保障的压力，同时加剧养老服务的供需矛盾。随着高龄老人的增多，半护理和全护理需求的比重将明显上升，这不仅要求增加养老服务的供给量，也要求调整养老服务的供给结构，进一步提升养老服务的质量，在保障基本的同时更好满足多层次的养老服务需求。

（二）城乡结构变化

"十四五"期间，城镇体系结构重心将持续上移。部分超大城市可能成为世界城市，而部分资源型城市、转型难的城市可能会收缩，部分乡村由于青壮年劳动力持续外流可能出现衰落。随着工业化中后期向服务型经济的加快转型，人口向大城市集中的速度还会进一步加快，这将加剧流入地医疗卫生、教育、养老等公共服务供给和财政支出的压力。这就要求我们进一步推进城乡公共服务制度和政策的衔接整合，逐步建立起"财随人走"的转移支付机制，同时强化跨区域统筹治理，促进服务项目和标准水平衔接。

（三）社会阶层结构变化

当前，我国社会阶层多元共存的特征越来越明显，各群体的生活状况均有大幅改善，但不同阶层的公共服务需求仍存在着异质化特征。广大农村地区、老少边民地区和低收入群体对公共服务补短板的需求强烈，部分中产阶层则面对着较大的生活压力和社会地位"明升实降"的情况，对高质量的教育、医疗和社会保障非常关注。"十四五"期间，群众对基本公共服务需求仍然强烈，对个性化、专业化的非基本公共服务也会提出更高要求，从而形成多层次、多样化的社会服务需求格局。同时，中等收入群体和新生代群体的利益诉求更加多元，参与意识更强，也需要构建和完善更加公平公正的民生保障制度和基本公共服务体系。

四、推进基本公共服务体系建设的初步考虑

（一）建立健全基本公共服务标准体系

按照中办、国办《关于建立健全基本公共服务标准体系的指导意见》要求，坚持"尽力而为、量力而行""兜住底线、保障基本""统筹协调、动态调整""政府主导、多元参与""创新机制、便民利民"五大原则，研究制定《国家基本公共服务标准》，进一步明确基本公共服务项目的质量要求，同时推动完善重点行业领域标准规范，指导地方制定本地区基本公共服务具体实施标准，推动基层服务机构标准化管理。

（二）持续推进基本公共服务均等化

重点是做到城乡、区域、人群三个"均等"。城乡均等方面，主要是加强城乡基本公共服务规划一体化，强化城乡制度整合衔接，加大对农村基本公共服务支持力度。区域均等方面，主要是加大对欠发达地区设施建设、人才配备的支持力度，鼓励发达地区开展定向援助和对口帮扶。人群均等方面，主要是加强对弱势群体的兜底保障，同时健全以流入地为主的流动人口基本公共服务制度，保障符合条件的外来人口与本地居民平等享有基本公共服务。

（三）推动公共服务高质量发展

要立足于中国特色社会主义进入新时代和社会主要矛盾发生转化的大背景，顺应人民对美好生活需要的新变化、新趋势和新要求，重点做到"四个

着眼"：一是着眼于保基本兜底线，加强顶层设计规划；二是着眼于丰富供给，完善运行保障机制；三是着眼于提升质量，健全标准和监管体系；四是着眼于供需对接，构建协同治理格局。其中，在协同治理方面，主要是加强政府部门间的统筹协调，推进政策衔接和标准兼容，促进跨行业、跨地区、跨行政层级的资源整合共享。推动公共服务决策由"政府配餐"向"百姓点菜"转变，建立公众常态化反馈评价机制，促进双向互动。同时，还要进一步引导公共服务机构完善现代法人治理结构，牢固树立服务理念，健全内部质量控制机制。

新中国 70 年贫困治理的历程和经验

李忠杰[①]

中华人民共和国成立以后，中国走过了 70 年贫困治理的历史进程。党的十八大以来，以习近平同志为核心的党中央把扶贫开发摆到治国理政的重要位置，提升到事关全面建成小康社会、实现第一个百年奋斗目标的新高度，纳入"五位一体"总体布局和"四个全面"战略布局，打响了一场新的脱贫攻坚战，迎来了历史性的跨越和巨变。

一、70 年贫困治理的历史进程

（一）新中国成立后解决贫困问题的努力

新中国成立时基本上是一个贫穷落后的国家。特别是由于长期战争的破坏，生产力非常落后，人民生活非常困难。1949 年，城镇居民的人均现金收入不过 100 元，农村居民家庭人均纯收入只有 44 元。新中国《共同纲领》规定：经济建设的根本方针是，"以公私兼顾、劳资两利、城乡互助、内外交流的政策，达到发展生产、繁荣经济之目的"。

1949—1977 年，党和国家通过多种方式努力解决民生问题，提高人民生活水平。1950—1953 年，通过土地改革，使 3 亿多无地少地农民（包括新老解放区在内）无偿获得 7 亿亩土地和其他生产资料；免除了农民每年给地主交纳的 3000 万吨以上粮食的地租；获得经济利益的农民约占农业人口的 60% 到 70%。土地改革基本完成后的 1953 年，农民净货币收入比 1949 年增

---

① 李忠杰，中央马克思主义理论研究和建设工程咨询委员会委员，原中央党史研究室副主任。本文原刊载于《社会治理》杂志 2019 年第 7 期。

长 123.6%，每人平均净货币收入增长 111.4%。1953—1957 年，成功地实施了第一个五年计划，不仅建立了比较完整的国民经济体系，也在一定程度上改善了人民生活。1957 年，全民所有制职工的年平均工资达到 637 元，比 1952 年实际增长 30.3%；5 年中全国农民的收入增加 30%。1957 年城乡居民的储蓄存款比 1952 年增长 3.1 倍。全国居民的平均消费水平达到 108 元，按可比价格计算，比 1952 年提高 24.5%；其中非农业居民为 222 元，比 1952 年提高 31.7%；农民为 82 元，比 1952 年提高 16.8%。"一五"期间安置旧社会遗留的失业人员 1300 多万人；基本建立起公费医疗制度和劳动保护制度，绝大多数国家公职人员、高等院校学生和工矿企业职工都能享受到有病就医的经济保证；在农村，对那些严重危害健康的流行性疾病的治疗，采取了减免费用的办法。

除此之外，20 世纪 50—60 年代，国家通过大规模的农田水利建设，改善了农业生产条件；通过建立农村集体经济组织，大致拉平了农村贫富差距；通过发展交通和其他基础设施建设，提高了农村物质生活水平；通过发展教育卫生事业，提高了广大农民的文化和健康水平；通过城市支援农村、工业支援农业，改善和发展了农村生产力；通过建立农村供销合作系统，维持了农村基本生活消费品的供应。同时，形成了以"五保"制度和特困群体救济为主要内容的社会基本保障体系，从而一定程度上减少了农村贫困的程度。

从 20 世纪 50 年代开始，党和政府逐步提出把我国建设成为社会主义现代化国家。但是"文化大革命"的发动，打断了现代化的进程。由于"左"的错误的发展，农村生产力一度受到很大破坏，农村贫困问题没有得到真正解决。从 1957 年到 1978 年的 21 年间，农业生产总值只增长了 83.97%，农民人均纯收入只从 72.95 元增加到 133.57 元，平均每年只增加 2.88 元。到 1978 年改革开放前，农村绝对贫困人口仍有 2.5 亿之多，占农村人口总数的 30% 左右。

（二）改革开放后走出扶贫开发之路

改革开放以来，党和政府坚持以经济建设为中心，大力解放和发展生产力，全面提高广大人民的生活水平。同时，为解决部分地区贫困人口的温饱问题，有计划、有组织地进行了大规模的扶贫开发，极大地改变了中国农村的面貌。

1978 年，按中国政府确定的 100 元贫困标准统计，农村贫困人口为 2.5 亿人，占全国人口总数的 25.97%，占世界贫困人口总数的 1/4。针对这种状况，党的十一届三中全会制定了一系列加快农业发展的政策措施。此后，农村改革的推进极大地促进了农业生产的发展，使农村贫困现象大幅度缓解。从 1978 年到 1985 年，农民人均纯收入增长 2.6 倍；没有解决温饱的贫困人口从 2.5 亿减少到 1.25 亿人，贫困人口平均每年减少 1786 万人。

1984 年 9 月 29 日，中共中央、国务院联合发出《关于帮助贫困地区尽快改变面貌的通知》，要求集中力量解决十几个连片贫困地区的问题。从 1986 年起，中国的扶贫工作进入新的历史时期。中国政府采取一系列重大措施，在全国范围内开展了有计划、有组织、大规模的扶贫开发工作。国务院成立专门工作机构，安排专项资金，制定专门的优惠和扶持政策，并对传统的救济式扶贫进行改革，确定了开发式扶贫的方针。1991 年 3 月，召开了全国扶贫开发工作会议。到 1993 年底，全国农村没有解决温饱的贫困人口减少到 8000 万人。

1994 年 3 月，《国家"八七"扶贫攻坚计划》开始实施，明确提出集中人力、物力、财力，用 7 年左右时间，也就是到 2000 年末，力争基本解决 8000 万农村贫困人口的温饱问题。中国的扶贫开发进入攻坚阶段。攻坚计划提出继续坚持开发式扶贫方针，明确了扶贫开发的基本途径和主要形式，制定了信贷、财税、经济开发方面的优惠政策，并对资金的管理使用、各部门任务、社会动员、国际合作、组织与领导等作出规定。根据这一计划，扶贫工作迅速形成全党动手、全社会动员、合力扶贫的新局面。经过广大干部群众的艰苦努力，扶贫开发取得了显著效果。到 2000 年底，"八七"扶贫攻坚的目标基本实现。根据中国政府当时的贫困标准，农村绝对贫困人口减少到约 3000 万人。

2001 年 5 月，我国政府制定并颁布了《中国农村扶贫开发纲要（2001—2010 年）》，提出低收入标准，进一步明确了 2001—2010 年扶贫开发总的奋斗目标：经过努力，到 2007 年底，中国绝对贫困人口减少到约 1400 万，低收入人口减少到约 2800 万；到 2010 年，按低收入贫困线衡量的农村贫困人口为 2688 万人。

2008 年 10 月，党的十七届三中全会通过的《中共中央关于推进农村改革发展若干重大问题的决定》，明确提出实行新的扶贫标准，对农村低收入人口全面实施扶贫政策，不再实行对绝对贫困和低收入人口区别对待的政策，扶贫对象覆盖 4007 万人，这标志着我国扶贫开发进入一个新阶段。

2011 年 5 月，中共中央、国务院印发《中国农村扶贫开发纲要（2011—2020 年）》。同年 11 月，召开中央扶贫开发工作会议，决定将国家扶贫标准由 2009 年的 1196 元提高到 2300 元（2010 年不变价）。中国扶贫又进入了新的阶段。

（三）党的十八大以来打响扶贫攻坚战

党的十八大以来，以习近平同志为核心的党中央把扶贫开发摆到治国理政的重要位置，提升到事关全面建成小康社会、实现第一个百年奋斗目标的新高度，纳入"五位一体"总体布局和"四个全面"战略布局，打响了一场新的脱贫攻坚战，迎来了历史性的跨越和巨变。习近平总书记提出了包括科学扶贫、精准扶贫、内源扶贫等在内的新时期中国扶贫开发战略思想。

2015 年，党的十八届五中全会提出贫困人口全部脱贫、贫困县全部摘帽的目标任务。同年 11 月，中央召开扶贫开发工作会议，会上中西部 22 个省区市的党政主要负责同志向党中央签署了脱贫攻坚责任书。此后，省、市、县、乡、村也层层签订脱贫攻坚责任书。2015 年底，中共中央、国务院印发关于打赢脱贫攻坚战的决定，成为指导脱贫攻坚的纲领性文件。

2016 年 3 月，《"十三五"规划纲要》将党中央脱贫攻坚的决策部署变为国家意志和可操作的规划，对全力实施脱贫攻坚总体目标作出战略部署。打赢脱贫攻坚战的总体目标是：到 2020 年，稳定实现农村贫困人口不愁吃、不愁穿，义务教育、基本医疗和住房安全有保障；实现贫困地区农民人均可支配收入增长幅度高于全国平均水平，基本公共服务主要领域指标接近全国平均水平；确保现行标准下农村贫困人口实现脱贫，贫困县全部摘帽，解决区域性整体贫困。

为实现这一目标，党和政府根据 2014 年底贫困人口统计数据，分别制定了不同的脱贫方案。第一，通过产业扶持，帮助有劳动能力和生产技能的 3000 万贫困人口脱贫；第二，通过转移就业，帮助 1000 万贫困人口脱贫；第三，通过易地搬迁，帮助"一方水土养不起一方人"地区的约 1000 万贫困人口脱贫；第四，通过全部纳入低保覆盖范围，实现社保政策兜底脱贫。在 2015 年已经完成 1442 万人脱贫的基础上，从 2016 年起每年都要完成 1000 万以上贫困人口的脱贫任务。2016 年 4 月 23 日，中共中央办公厅、国务院办公厅印发《关于建立贫困退出机制的意见》，明确贫困人口、贫困村、贫困县在 2020 年以前有序退出的标准和要求。

在党的十八大以来的扶贫攻坚中，习近平总书记提出了一个战略性要求：精准扶贫、精准脱贫。并把精准扶贫、精准脱贫作为扶贫攻坚的基本方略。

党的十九大进一步分析了扶贫形势，要求作为决胜全面建成小康社会补短板的关键一仗，坚决打赢脱贫攻坚战，确保到 2020 年我国现行标准下农村贫困人口脱贫，贫困县全部摘帽，解决区域性整体贫困，做到脱真贫、真脱贫。党的十九大之后召开的中央农村工作会议进一步落实党的十九大部署，要求打好精准脱贫攻坚战，走中国特色减贫之路。

二、中国贫困治理的主要特点和经验

通过新中国成立以来特别是改革开放以来组织大规模有计划的扶贫开发，共有 7 亿多农村贫困人口摆脱贫困。这一成绩举世瞩目，也受到了世界普遍好评。联合国《2015 年千年发展目标报告》显示，中国极端贫困人口比例从 1990 年的 61%，下降到 2002 年的 30% 以下，率先实现比例减半，2014 年又下降到 4.2%，中国对全球减贫的贡献率超过 70%。中国成为世界上减贫人口最多的国家，也是率先完成联合国千年发展目标的国家，为全球减贫事业作出了重大贡献，得到了国际社会的广泛赞誉。

第一，从根本上制定和坚持正确的路线方针，通过经济发展消除贫困是最重要原因。社会主义制度的建立为从根本上进行贫困治理奠定了基础。"为人民服务"的根本宗旨决定了中国共产党始终关注解决中国的贫困问题。在不同时期实行什么样的治国方略和路线方针政策，对贫困治理的路径和效果发挥着决定性的影响。以党的十一届三中全会为标志，党和国家抛弃了以阶级斗争为纲的指导方针，把工作重点转移到经济建设上来，通过改革开放大力解放和发展生产力，增强社会发展的动力和活力，鼓励人民群众自主创造更多的社会财富，一心一意建小康、奔小康，全面建设小康社会，从根本上增加了社会财富，增强了综合国力，不仅全面提高了人民的生活水平，大面积消除了贫困现象，而且为解决农村和城市的绝对贫困现象提供了基础条件。这是改革开放以来中国贫困治理取得如此大成就的根本原因和经验。

第二，党和国家高度重视，始终把减贫扶贫作为重大任务来抓。70 年来，党和国家一直高度重视贫困治理问题。特别是改革开放以来，全力解决中国人民的温饱问题，同时不断加大扶贫开发的工作力度。整体上，制定了"三步走"发展战略。同时，在不同阶段，制定了多个扶贫开发的规划，如2015 年底，中共中央、国务院印发关于打赢脱贫攻坚战的决定，国务院印发《"十三五"脱贫攻坚规划》。

第三，将救济式扶贫发展为开发式扶贫，走出一条中国式扶贫道路。改革开放以来，中国扶贫的最大特色就是开发式扶贫。鼓励贫困地区广大干部、群众发扬自力更生、艰苦奋斗的精神，在国家的扶持下，以市场需求为导向，依靠科技进步，开发利用当地资源，发展商品生产和市场经济，从解决温饱进而脱贫致富。国家加大产业扶贫力度。实施贫困地区特色产业提升工程，因地制宜加快发展对贫困户增收带动作用明显的种植养殖业、林草业、农产品加工业、特色手工业、休闲农业和乡村旅游，积极培育和推广有市场、有品牌、有效益的特色产品。坚持开发式扶贫和保障性扶贫相统筹。把开发式扶贫作为脱贫基本途径，针对致贫原因和贫困人口结构，加强和完善保障性扶贫措施，造血输血协同，发挥两种方式的综合脱贫效应。

第四，坚持多方面多方式综合扶贫，全面消除贫困现象及其根源。中国式贫困治理，不是单纯救济，也不是单一解决生活问题，而是实行综合扶贫。始终坚持产业扶贫，全力推进就业扶贫，推动易地扶贫搬迁，加强生态扶贫，实施教育脱贫攻坚，深入实施健康扶贫，加快推进农村危房改造，强化综合保障性扶贫，开展贫困残疾人脱贫行动，开展扶志教育活动，加快实施交通扶贫行动，大力实施电力和网络扶贫行动，大力推进贫困地区农村人居环境整治。

第五，加强对口援助扶贫，实行东西互助和部门帮扶。在开发式扶贫中实行了东西互助对口支援的方式。这种方式于 20 世纪 50—60 年代开始萌芽，70 年代末正式提出和实施，是邓小平"两个大局"思想的具体体现和生动形式。1979 年，中央全国边防工作会议确定了东部发达省市对口支援边境及少数民族地区的具体方案。中央第一次确定了我国内地省市对口支援少数民族地区的具体对口安排，即北京支援内蒙古，河北支援贵州，江苏支援广西、新疆，山东支援青海，上海支援云南、宁夏，全国支援西藏。1984 年通过的《民族区域自治法》，首次以国家法律的形式明确规定了上级国家机关组织和支持对口支援的法律原则。随着援藏援疆、三峡工程移民安置，唐山、汶川地震灾后重建，对口支援发展成三种主要模式：一是边疆地区对口支援，二是灾害损失严重地区对口支援，三是重大工程对口支援。在扶贫开发中，沿海共有 6 个省、3 个直辖市、4 个计划单列市对口扶持西部的 10 个省区，对口扶贫工作要求落实到县一级。目前，东部发达地区 267 个经济较强县市区结对帮扶西部地区 406 个贫困县，并实现对 30 个民族自治州全覆盖，增强了扶贫的针对性有效性。各级机关事业单位也有对口支援任务。全国 17.68 万个党政机关、企事业单位参加，帮扶覆盖全国 12.8 万个建档立卡贫困村；68 家中央企业开展"百县万村"行动，全国工商联动员 2.65 万家民营企业开展"万企帮万村"行动。对口支援是在我国政治环境中产生、发展和不断完善的一项具有中国特色的政策模式，也是中国特色社会主义制度优越性的重要体现。

第六，发挥举国体制作用，运用多种政策措施开展扶贫。"十三五"规划第一次把贫困人口脱贫作为五年规划的约束性指标。国务院印发《"十三五"脱贫攻坚规划》，细化落实中央决策部署。中办、国办出台 11 个配套文件。中央和国家机关各部门出台 118 个政策文件或实施方案。全国各地相继出台和完善"1 + N"的脱贫攻坚系列举措。实行脱贫攻坚责任制，中央统筹、省负总责、市县落实、合力攻坚。实行最严格的考核评估制度。采取产业扶贫、易地扶贫搬迁、劳务输出扶贫、交通扶贫、水利扶贫、教育扶贫、健康扶贫、金融扶贫、农村危房改造、土地增减挂钩、水电矿产资源开发资产收益扶贫等多种脱贫攻坚方法。每个贫困村都有驻村工作队（组），每个贫困户都有帮扶责任人。

在第四次产业革命背景下推进社会治理体系和治理能力现代化

赵白鸽①

目前，我们正处在第四次产业革命时期，这次产业革命与社会治理的关系密切。习近平总书记讲到，我们面对的是百年未有之大变局。什么是主导这个变局的因素，面对这种变局我们应该做什么？其中社会治理就是一个非常重要的内容。这个变局的重要方面就是第四次工业革命。第一次工业革命是以能源作为基础；第二次是以电力作为基础；第三次工业革命就是第三次浪潮的时间，以信息作为重要的支点。但是第四次工业革命，一个非常大的变化就是以数据和智能化作为基础。

第四次工业革命主要有以下特点。一是规模。第四次工业革命的规模和前几次比较起来涉及全社会每一个家庭和每一个人。我们在谈社会治理的时候，如果不考虑每一个人和每一个家庭，如果不考虑新技术使用的全局性，就会有所偏颇。二是速度。第四次工业革命呈现一个指数级，而非线性的发展速度。指数级的增长速度，时间窗口非常短。这也是5G和华为受到阻击的一个很重要原因。三是广度和深度。第四次工业革命将给人类带来前所未有的改变，不仅改变我们的生活工作、生产方式，甚至改变人类自身。基因编序、基因重组和基因的使用，这些东西都将可能影响到我们的生存和发展，并且将重塑人类赖以生存的环境，这个环境不仅仅指自然环境，还包括人文环境和社会环境。对于第四次工业革命，我们应该对它的紧迫性和重要

---

①　赵白鸽，中国社会科学院"一带一路"国际智库专家委员会主席，蓝迪国际智库专家委员会主席，第十二届全国人大外事委员会副主任委员。

性有充分的认识，应该把科技先导作为社会治理一个非常重要的内容加以研究。

我们中国在整个社会治理过程当中，特别在新时代治理过程中有一个非常好的案例，叫智慧城市。所谓智慧城市，人们常常会想到网格化管理、人的控制、眼部识别、指纹等，这些都很重要。但是智慧城市有一个很重要的特点，就是它把所有的先进技术跨界和跨产业融合。智慧城市的概念是什么？它指的是所有技术的应用，包括人工智能，大数据、智慧交通、智慧安全、智慧产业等全部在内。换句话说，就是以大数据为资源的一场革命。实际上，中国不仅仅创造了国家治理体制，而且创造了国家的综合体制，华为科技的进步就是其中一个例子。我们现在正在做军民融合的技术分析，大部分技术是由我们中国的企业做先导。可以肯定，不仅一个华为，将来有无数个华为将主导全世界的工业浪潮。

提升社会治理能力现代化，需要注意以下几个问题。

一是加强法制建设。以法治理念和法治制度引领社会治理的创新，这一任务担子很重。现在这么多先进技术，比如生物技术，新技术带来了伦理、道德、技术、反垄断等问题，引发了新一轮的公平和平等问题。本人在英国学习过很长时间，个人认为现在是到了这个时候，我们要站在世界的最前沿来考虑技术引领的问题，加快法制建设的步伐。

二是要顺应互联网时代的发展趋势，利用好大数据、云计算、人工智能等高新技术，推进治理工作的科学化、精细化和高效化。经过对"一带一路"沿线国家的调研发现，很多国家，包括巴基斯坦、乌兹别克斯坦和东南亚的国家，他们都不希望把传统第二、第三世界的工业革命技术拿过来，他们都希望超越，这些思路都是很值得我们学习的。当然，利用好技术，推进治理工作的能力首先我们中国自己要实现。

三是加快打造一支规模宏大、专业化的人才队伍和专业群众工作队伍，以科学态度、先进理念和专业知识服务现代社会治理。这个团队很不容易，但是年轻人应该成为这个队伍的主力军。比如，现在用北斗、大数据进行数据处理的大部分都是 80 后。我们都在努力的学习，每一个时代的人都有他们重要的历史责任。因此，需要加强对年轻人的培养。

推进社会治理体系现代化是一项庞杂的系统工程，需要综合施策，特别是要着力解决好以下问题。

一是研究任务非常紧迫。比如以人民为中心，以民众需求为导向，这个民众需求到底是什么？特别是 10 年后，甚至 30 年后，民众需求是什么，这个需要深入调查。比如人口政策制定过程中有一些争论。很多人认为不能放开人口政策，担心政策口子放大了，无法控制。结果现在这个政策放开以后，连生二孩的意愿都很低。我觉得新时期的需求需要研究。要研究在世界治理框架下中国能做什么，真正的可以引起世界关注的经验又是什么？这个也是我们特别值得来做的。

二是现代化治理经验需要向全球推广。我们中国有 14 亿人口，是占世界人口 1/5 的大国，治国实践中产生许多中国经验和中国故事。比如智慧城市，涵盖有技能，有管理，有前瞻，有队伍建设等的经验。如果我们能够把这样的经验推广出去，对全球也将会产生非常大的影响力。

三是充分发挥智库作用。现在看来是非常重要的，本人要在大会上对宋贵伦同志表示致敬，其实民间智库有很大的发展前途，他们支持了蓝迪、蓝天救援队，现在看来，"一带一路"建设中这些机构都是发挥了很重要的作用。

因此，个人认为，21 世纪的成功不是属于拥有者，而是平台和资源的组合者。在此，特别希望北师大能够充分发挥能力、资质、人才优势，把这个智库平台越办越大。

加强社会工作队伍专业化建设

王济武①

　　我代表中国社会工作联合会以及宫蒲光会长，向本次大会的召开表示热烈的祝贺，向各位专家、学者致以崇高的敬意。

　　今年是中国社会治理论坛举办的第九届，我从去年开始参加这个论坛，我个人的感受是规模越来越大，层级越来越高，参会领导和专家的领域也越来越广泛。这显示了我国社会工作正在呈现新的趋势：一是社会工作的规模越来越大；二是社会工作越来越科技化、专业化、国际化。

　　社会工作是伴随着改革开放而产生的产物，随着改革开放的深入，越来越多的人从原有的单位人转向社会人。社会主体已经向一个社会人的方向转型，这也给我们社会治理工作提出了新的更高的要求。可以看到，现在整个中国的社会管理和社会治理工作都取得了巨大进展，根据中国社会工作联合会的统计，我们下属已经建立了 19 个专业委员会，有近 300 万的社会工作者，近 8000 家的社会工作机构。

　　目前，我们已经和很多国家的社会工作者建立起了广泛的联系。2018年，我会成功举办了第一届"一带一路"社会治理工作论坛，目前我们正在争取承办 2022 年全球社会治理工作论坛。社会工作是一个很细致的工作，也是一个促进社会和谐、人民满意的伟大工作，有很多重要的人物就来自于社会工作领域，比如美国前总统奥巴马，香港特首林郑月娥等。现在的社会工作越来越专业化，1988 年北京大学创办了社会工作专业的学科教育，现在包括北京师范大学在内，已经有近 330 所高校开办了社会工作专业，每年有

---

　　① 王济武，中国社会工作联合会副会长。本文系作者在"第九届中国社会治理论坛"上的发言。

3 万多名社会工作专业的毕业生从各大院校毕业。社会工作师也已经成为一个热门的新兴职业，现在大概每年有四五十万人报考社会工作师。从 2017 年开始，每年以 10 多万人的速度递增报名参加考试，今年和去年的录取率还不到 25%。这也显示了社会工作正在得到越来越多人的高度关注。

北京师范大学在我国社会工作的专业化教育和理论研究过程中一直发挥着非常重要的阵地作用，特别感谢北师大的领导，为社会工作的发展提供了大力支持，也非常感谢北师大的各个院系，为社会工作理论水平的提升贡献了力量。我所在的清华大学也广泛参与社会工作的研究，同时注重加强国际合作，和美国、欧洲的院校正在扩大社会治理方面的教学合作与研究。我们也期待和今天到会的各位专家学者联手，共同促进我国社会治理水平的提高。

科技的基因就是社会公益，科技也正在成为社会工作越来越重要的推动力。今天，我想特别给大家介绍一个关于科技加入社会工作的体会。随着我国社会情况越来越复杂，越来越多样化，数据科技、芯片科技以及云平台智能科技等在社会治理工作中会发挥越来越重要的作用。举一个案例，3 年前，中国社会工作者联合会开始推动和各地合作，推进垃圾分类和回收，当时选用的方法，就是通过中国社会工作者联合会发动各地的社工，从社区入手，发动群众参与。相对单一的政府往下推，这是一种社会治理的思路，以一种社区的思路开始推动垃圾分类和治理。除了从社区发动，还有就是把科技引进来，我们联合了多家清华的单位，引进一些重要的技术，在安徽蚌埠、北京朝阳、东城以及浙江进行试点，取得了很大成功，老百姓在积极参与中获得了实惠与美好，非常满意。举这个例子是想告诉大家，专业化科技型的社会工作不仅是政府的好帮手，而且在很多复杂细微的工作中越来越重要。今天在座的各位都是社会工作志同道合者，我们所从事的工作规模越来越大，越来越丰富，越来越需要更多的人积极地参与。

不忘初心，牢记使命。让我们共同为建成制度配套、功能齐全、层次多样、功能优良、覆盖城乡健全的社会服务体系努力奋斗，让我们共同为 2020 年全面建成小康社会努力奋斗。

最后，祝愿本届论坛取得更大的成功，也祝愿这样专业的论坛一年一年地办下去，长盛不衰，越办越好。

第一篇

全面建成小康社会与社会风险防范

未来我国社会发展面临的两大问题

刘应杰[①]

我国"十三五"规划还有一年多时间即将完成，国家已开始研究"十四五"期间经济社会发展问题。从我国未来社会发展来看，带有根本性和长期性的重大问题，我认为主要是两大问题：一个是人口与老龄化问题，这涉及中国经济社会的长期可持续发展；一个是收入差距扩大问题，这涉及社会公平正义和社会稳定。

一、关于人口与老龄化问题

我国人口发展已经出现了重要转折：这就是由人口数量的快速增加，转变为人口数量增长的快速下降。其中出现了几个重要拐点。

一是劳动适龄人口由增加转为下降。2010 年我国 15—64 岁人口占比达到最高点 74.5%，之后不断下降，目前已经下降到 70% 左右。劳动年龄人口在 2014 年达到最高峰 9.97 亿人。我国从 2005 年开始，东部沿海部分地区春节过后出现"民工荒"现象，现在一些地方已经出现普遍缺工，当然也存在大学生找工作难的问题。美国经济学家刘易斯提出的"二元经济理论"认为，在发展中国家存在着现代工业部门和传统农业部门这种二元经济形态，在传统农业部门存在着大量剩余劳动力，这种无限供给弹性将推动工业化发展，直到工业部门把这些剩余劳动力全部吸收。在这个过程中，农村无限供给的剩余劳动力将逐步变为有限供给的劳动力，出现所谓的"刘易斯拐点"。我国农村劳动力向城镇的大规模流动已面临一个转折点，劳动力供求关系正

---

① 刘应杰，国务院研究室信息司原司长、研究员。

在发生历史性的变化，无限供给已经转变为有限供给。去年我国农民工总量达到28836 万人，增长只有0.6%。现在农村青壮年劳动力已所剩很少，在农村找人干活变得困难，每天工资达到100 元左右甚至更高。

二是总和生育率不断下降。人口总和生育率即平均一对夫妇生育子女数量，2.1 个为正常替代水平。我国2014 年部分放开生育政策之前，总和生育率只有1.5—1.6 个，属于严重少子化。2014 年实行"单独二孩"政策，2016 年推行"全面二孩"政策，总和生育率大约恢复到1.7。放开"全面二孩"的效果远低于预期，2016 年我国新增人口809 万人，2017 年新增人口737 万人，2018 年新增人口下降为530 万人。可见，家庭生育意愿大幅降低，晚婚少育成为一个发展趋势。日本已成为严重少子化的国家，政府采取了许多鼓励生育的政策，但人口总和生育率仍然只有1.44。日本总人口2008 年见顶，达到1.28 亿，预测到2050 年将降至1.02 亿，比峰值时减少约20%，人口形势相当严峻。我国预计到2030 年，人口将达到峰值14.5亿，之后出现绝对下降。联合国发布世界人口展望报告，预测2027 年印度人口总数将超过中国，成为世界第一人口大国。

三是人口老龄化加速到来。1999 年我国60 岁以上老年人口首次超过10%，开始进入老龄化社会。到2018 年，我国60 岁以上老年人口达到2.5亿，占比达到17.9%；其中65 岁以上老年人口有1.67 亿，占比达到12%。据联合国预测，中国65 岁以上人口到2025 年将达到2.55 亿，占比上升到14.2%；2035 年占比将上升到20.9%。中国人口老龄化呈现出发展速度快、规模大和未富先老的特点。

总体来看，我国人口发展面临着严峻形势，生育率快速下降，劳动年龄人口持续减少，劳动力优势不断下降，人口红利趋于消失，人口老龄化快速发展，人口抚养比大幅提升，这些都对我国经济社会发展带来深远的影响。

人口是一个重大而持续的慢变量，一旦形成惯性趋势就难以改变。因此，必须迅速采取重大政策措施，解决我国面临的人口与老龄化问题。

第一，尽快实施更加积极的鼓励生育的人口政策。实践证明，应该采取比"全面两孩"更加积极的鼓励生育的人口政策，以提高总和生育率。我国的生育意愿现实是，城市家庭一般不愿意多生，而越是贫困落后的农村地区生育意愿越强，为了不使人口数量增加出现"逆淘汰"现象，还是要对生育实行"封顶"限制。比如，放开生育，最多不超过3 个孩子。同时，采取积极鼓励生育的配套政策，如延长生育妇女产假，发展公共托幼服务，甚至给予育儿津贴补助等优惠支持。

第二，加快健全养老保障体系。科学预测未来养老保障发展趋势，做好养老保险精算，制定有效应对方案，确保养老金可持续发展。现在我国人口抚养比，平均是 2.66 个人养 1 个人。大家比较担心的是未来养老金发放缺口问题，会不会出现"穿底"？目前来看，总体上是有保障的。全国社保基金有 2 万亿元的战略储备，今后继续加大国有资本划转力度。去年底全国企业养老保险基金累计结余达到 4.78 万亿元。今年实施大规模减税降费，其中一项就是降低企业社保缴费率到 16%，降费后如何保证养老保险收支平衡？采取的措施主要有：中央财政安排企业养老保险的预算资金达到 5285 亿元，同比增长 9.4%，地方财政也相应做出资金安排；加大基金中央调剂力度，今年调剂比例提高到 3.5%，规模达到 6000 亿元，以后每年提高 0.5 个百分点，2022 年提高到 5%。以上这些综合性措施，就是为了保证养老保障不出问题。与此同时，要实行渐进式延迟退休年龄政策，大力发展养老服务业，特别是适合中国国情加快发展社区养老服务，更大程度放开民间资本市场准入，采取多元化投资和多元化服务的方式，加快发展以社区支持家庭养老为主的多层次养老服务。

二、关于社会收入差距扩大问题

当今世界，一些国家民粹主义兴起，出现政治右倾化现象。这些社会政治现象的背后，实质上是下层群众的普遍不满，究其原因，主要是收入差距扩大，贫富分化严重，导致社会矛盾尖锐化，甚至引起政治极端化和社会动荡。

世界上有两个国家很能说明问题，一个是巴西，一个是日本。拉美现象"中等收入陷阱"最典型的特征，就是贫富差距严重和社会不平等，基尼系数普遍超过 0.5。我们去年到巴西考察，里约热内卢是一个沿海风景秀丽的大城市，但有 40% 的人口生活在贫民窟，许多盘踞山头的成片贫民窟成为滋生犯罪的温床。我们本来想到贫民窟去看一下，但接待我们的人说里边被黑社会所控制，外来的人进去以后很危险，无奈只好取消了想法。这里犯罪率高，持枪盗抢案件经常发生，人们外出缺乏安全感。而作为世界上发达国家的日本，社会相对比较公平，收入差距不大。人们不管是从事哪行哪业，工资收入非常透明，没有工资外的灰色收入。要知道日本人的收入很容易，只要知道他大学毕业时间和年龄就可以了。日本实行严格的个人所得税和遗产税，遗产税率从 10% 到 70%，这些都成为调节收入分配的有效手段。日本的基尼系数比较低，不到 0.3，属于世界上收入差距最小的国家之一。

我国随着经济快速发展，收入差距呈现扩大的趋势，突出表现在几个方面：一是基尼系数扩大。我国居民收入的基尼系数，2000 年首次超过警戒线 0.4，近年来逐步扩大，目前大约是 0.467 左右。二是财富分配差距扩大。北京大学发布的《中国民生发展报告》显示，顶端 1% 的家庭占有全国约 1/3 的财产，底端 25% 的家庭拥有的财产总量仅在 1% 左右。中国目前的收入和财产不平等状况正在日趋严重和扩大。2019 年 3 月招商银行报告显示，全国 2% 的人掌握 80% 的财富。三是亿万富豪快速增加。福布斯公布的全球富豪榜显示，中国拥有的富豪数量仅次于美国，居全球第二位，而且都是在较短时间内达到的。2018 年全球拥有 10 亿美元以上新上榜富豪 259 位，来自中国大陆的新上榜富豪最多达 89 位，其次是美国 45 位。瑞士联合银行最新报告显示，全球共有 1542 名亿万富豪，居位第一的美国拥有 563 位，居位第二的中国大陆拥有 318 位。中国成为世界上亿万富豪增加最快最多的国家。

以上情况说明：一方面，亿万富豪的快速增加，一定程度上体现中国经济的快速发展，创造了巨大的创富机遇，增强了国家经济实力。另一方面，收入差距扩大引起人们的高度关注，特别是与房地产行业相关形成巨大的财富黑洞，加上一些行业、职位等不合理的过高收入，造成社会的不满情绪。收入差距扩大，已成为关系我国社会稳定和长治久安的重大问题。

社会主义的本质要求就是共同富裕，公平正义是社会主义核心价值观的重要内容。今后在全面建成小康社会基础上，在全面建设社会主义现代化国家过程中，要更加重视社会公平，促进共同富裕，下大力气解决收入差距扩大的问题。

第一，加大力度保障和改善民生。加快完善社会保障体系，从根本上解决贫困问题，保障低收入群众的基本生活，推进基本公共服务均等化。这方面中国可以提供反贫困和消除贫困的重要经验。

第二，加强国家对收入分配的宏观调控。国家对收入分配的调节，应该成为宏观调控的重要内容。通过分配和再分配的手段，建立起促进收入分配公平合理的重要机制，不断发展壮大中等收入群体，形成经济社会发展稳定的中坚力量。

第三，有效调节过高收入。建立起包括个人所得税、房地产税、遗产税等有效调节收入分配的税收体制，解决收入差距过大问题，促进社会公平正义，实现国家的长治久安。这些都是推进社会治理体系和治理能力现代化的基本要求和重要内容。

殡葬领域突出问题与深化体制机制改革

王金华①

　　殡葬是人类自我意识觉醒、走向文明的重要标志，也是记载历史、传承文明的重要载体。我国的殡葬改革是新中国成立后党和国家基于人多地少基本国情的深刻认识，为顺应时代发展和社会文明进步而采取的一项重大社会习俗改革。殡葬改革推行 60 多年来，在节约资源、保护生态、服务群众、移风易俗等方面取得了巨大成就，但殡葬领域存在的供给不足、管办不分、监管执法滞后、社会共识不足等问题仍然存在并深刻影响着殡葬改革进程，亟待研究解决。如何破解体制机制障碍，解决这些突出问题，办理好群众身后事，实现"逝有所安"，已成为重大时代课题、群众重大关切、党和政府重要工作。

一、殡葬改革的成绩来之不易

　　党中央、国务院历来高度重视殡葬工作。党的十八大以来，以习近平同志为核心的党中央把殡葬工作作为保障和改善民生、生态文明建设、精神文明建设和党风政风民风建设的重要方面予以推动，2013 年底，中办、国办印发《关于党员干部带头推动殡葬改革的意见》，为新时代殡葬改革提供了强大动力和根本遵循。多年来，各地从葬法与葬礼、管理与服务、监管与执法同步推进，具有中国特色的殡葬管理制度初步建立，殡葬事业取得了长足发展。

---

　　①　王金华，民政部社会事务司司长。

（一）牢牢把握殡葬改革方向不动摇

各地遵循积极、有步骤的原则，根据人口、耕地、交通等状况，划分火葬区和土葬改革区。在火葬区，推行遗体火化，倡导以不占地或少占地的方式安置骨灰。在土葬改革区，推行遗体在公墓或农村公益性墓地集中安葬，避免散埋乱葬。目前，全国火葬区覆盖人口约 8 亿人，覆盖国土面积约占总面积的 52.4%。2018 年共死亡 993 万人，火化遗体 501.7 万具，火化率达到 50.5%，并且逐年稳步提升。

（二）广泛推行惠民殡葬政策

全国普遍实施了面向优抚对象、城乡生活困难群众减免或补贴遗体接运、暂存、火化、骨灰寄存等基本殡葬服务的惠民政策，一些地方将惠民范围覆盖到辖区所有居民，有效减轻了群众丧葬负担。"十三五"期间，中央财政资金首次专项支持地方殡仪馆、公益性骨灰堂建设，共投入 23 亿元补助 609 个殡葬项目，许多地方也在加大财政投入，群众治丧条件得到改善。截至目前，全国共有殡仪馆 2016 个，公墓 2353 个，骨灰堂 13570 个，殡仪服务站 1757 个，殡葬职工 8 万余人。

（三）大力倡树现代文明丧葬理念

各地从殡、葬、祭各环节推进移风易俗，文明节俭治丧、节地生态安葬、文明低碳祭扫等殡葬新理念、新礼仪得到推广。2016 年民政部等 9 部门印发《关于推行节地生态安葬的指导意见》，许多地方对节地生态安葬采取了奖补激励措施，实行骨灰格位存放、树葬、海葬等节地生态安葬的人数逐年增多。各地强化党员干部在殡葬改革中的模范带头作用，并以殡葬服务机构为宣传引导主阵地，注重发挥乡镇（街道）、基层组织、红白理事会等作用，在遏制盲目攀比、大操大办等陈规陋习上取得了成效，服务了脱贫攻坚、乡村振兴大局。

（四）殡葬法规政策逐步完善

1997 年国务院颁布《殡葬管理条例》，标志着殡葬改革步入依法治理轨道。民政部先后会同有关部门就行业监管、服务收费、公墓管理、遗体运输、惠民殡葬、生态安葬、重大突发事件遗体处置等方面出台多项政策措施，加强突出问题专项治理和督查。各地也积极出台配套法规政策及标准，规范殡葬改革、服务和管理，依法推进殡葬工作的格局初步形成。

二、殡葬改革中存在的突出问题

殡葬改革是重大的社会习俗改革，虽取得了很大成绩，但受经济社会发展水平、传统习俗观念等多方面因素影响，仍存在与群众需求不相称、与生态文明不相符、与社会进步不相融等问题，亟待研究解决。

（一）基本殡葬服务供给严重不足

《殡葬管理条例》明确要求县（市）政府"应当制定实行火葬的具体规划，将新建和改造殡仪馆、火葬场、骨灰堂纳入城乡建设规划和基本建设计划"，"将公墓建设纳入城乡建设规划"，但一些地方党委政府对殡葬工作还不够重视，未摆上议事日程，相关规划和设施至今没有落地。据统计，目前，全国尚有 53 个地（州）和 463 个划为火葬区的县级行政区域没有殡仪馆，有 21％的现有殡仪馆竣工时间在 20 年以上，许多殡仪馆还是 20 世纪七八十年代建设的，有的甚至是五六十年代建设的，设施设备陈旧落后且远离市中心，服务可及性差，便民治丧场所难落地。在安葬环节，农村虽然有公益性墓地可以安葬骨灰或遗体，但因缺乏资金投入和人员维护，多数处在失修、破败和饱和状态。在城镇，居民群众要么在骨灰堂安放，要么到价格高的经营性公墓安葬，没有公益性公墓可供选择。许多地方因没有规划建设公墓，老百姓只好将骨灰或遗体埋在自留地或承包地里，有的到处乱埋乱葬，南京等地的"住宅式"墓地就是在这种背景下产生的。受"入土为安"等传统观念影响，一些居民对骨灰存放、海葬等方式认同度不高，一些公墓经营者刻意迎合这种心理，使用高档石材建造大墓、豪华墓，墓位价格节节攀升，"坟地产"暴利由此产生。

（二）殡葬管理和服务"管办不分"

全国近 80％的殡仪馆属于公益类事业单位，肩负提供公益性基本殡葬服务的职责，但经费保障方式却是差额拨款或自收自支，基本服务项目政府定价低，不足以维持机构运转，只能通过拓展市场延伸服务或"以墓养馆"增收增效，造成逐利性增强、公益性弱化、过度依赖市场化运作。据调研，受当地经济状况、遗体火化量、群众治丧习惯等影响，全国 80％以上的县级殡仪馆处于亏损状态。有的地方政府为甩包袱，直接把殡仪馆交由民营企业投资运作，却又缺乏必要的约束和监管，高收费、乱收费问题突出，影响了殡葬公共服务供给的稳定性和可靠性，也放任了大操大办、迷信低俗等不良风气滋生蔓延，进一步加大管理难度。一些由政府主导建设的殡仪馆虽然是事业单位性质，但完全按市场化运作，进一步加剧了市场乱象。因殡葬执法缺乏人员编制和经费保障，近40%的殡葬管理机构与服务机构"两块牌子一套人马"，长期处于"政事不分""管办不分"状态，监管主体与监管对象叠位错位，很容易产生利益均沾、矛盾均推、执法不公等问题。

（三）立法和执法监管严重滞后

《殡葬管理条例》已施行了22年，许多条文已滞后于工作实践，无法适应新时代殡葬工作需要，许多规定过于原则化，可操作性不强，对殡葬服务及公墓性质定位不清，对经营行为规范不够，处罚力度弱、违法成本低。殡葬管理涉及规划、用地、建设、审批、价格制定、运营监管等诸多环节，涉及民族宗教、卫生健康等不同领域，需要多个职能部门密切协作、合力共治，但目前尚未形成顺畅有效的联合监管执法机制。特别是在公墓、殡葬服务中介及丧葬用品等市场参与程度相对较高的领域，民政部门监管缺乏必要的执法力量和手段。《行政强制法》颁布实施后，国务院于2012年取消了民政部门对违规安葬强制执行的权限后，申请当地法院执行又不受理，殡葬执法形同虚设。一些宗教活动场所未经批准擅自设立骨灰安放设施，以认捐等隐性方式高收费，甚至炒卖骨灰格位，造成不良社会影响。

（四）思想认识不到位，社会共识不足

一些地方党政领导对殡葬工作重视程度不够，有的担心习俗改革影响干群关系甚至社会和谐稳定，有的认为殡葬工作不属于中心工作，甚至存在忌讳心理，改革积极性不高，推进工作迟缓。有些地方则把殡葬改革简单理解为推行遗体火化，火葬区划分不科学，片面追求火化率，忽视骨灰处理，放任骨灰装棺再葬、乱埋乱葬行为，也影响了群众对殡葬改革的理解与认同。此外，传统丧俗根深蒂固，攀比、从众等社会心理以及殡葬特有的精神消费特征，影响着殡葬活动取向。一些党员干部特别是领导干部不但没有自觉抵制陈规陋俗，反而大操大办、超标建墓，产生"上行下效"的不良影响。对社会公众缺乏生命文化教育，殡葬这一涉及千家万户的行业只有在与民政相关的三所院校中设置了殡葬专业，在其他高校中则难见踪影。严重的社会歧视致使殡葬行业难以吸引和留住高素质人才，殡葬从业人员大专以上文化程度的仅占三成，远低于其他行业和民政其他领域，师徒相传、父子相继的现

象大量存在，专业化、职业化程度较低。殡葬改革过程中破多于立、堵多于疏，方法过于简单，缺乏对优秀殡葬文化的发掘利用，殡葬文化出现断层，殡葬服务缺乏礼仪传承和人文关怀，道德教化功能未得到有效发挥，群众在殡葬活动中的精神需求未得到满足。

三、深化殡葬制度改革的政策思路和建议

如何办好群众身后事、实现"逝有所安"已成为重大民生关切和亟须回答的时代课题。新时期深化殡葬改革，必须以习近平新时代中国特色社会主义思想为指引，牢固树立以人民为中心发展思想，践行新发展理念，推进殡葬管理体制机制改革，坚持堵漏洞、补短板、保基本、强服务、严监管，解决好群众在殡葬方面的操心事烦心事，让人民群众共享殡葬改革发展成果。

（一）加强党对殡葬工作的全面领导

我国是一个人口大国，每年的死亡人口数量庞大，接近 1000 万，而且随着人口老龄化程度加深，年死亡人数还会增长。殡葬工作是关系每个家庭的大事，涉及群众的切身利益，是保障和改善民生的重要方面，同时，人们的殡葬活动和行为蕴含着敬祖、尽孝、家和等丰富的伦理观和价值观，与推进移风易俗、传承弘扬优秀传统文化密切相关，与节约资源、保护环境、建设生态文明密切相关。殡葬改革实践反复证明，全面加强党对殡葬工作的领导是做好殡葬改革的根本政治保障。一是把"逝有所安"理念鲜明纳入民生保障链条，写到党的决议中，作为民生保障、生态文明和精神文明建设的重要内容摆到更加突出位置，列入各级党委、政府重要议事日程。二是成立中央推进殡葬改革领导小组，综合协调、统筹推进殡葬改革工作，部署开展国家殡葬综合改革试点，明确相关部门职责，并纳入政府绩效、民生实事、综合治理等考核范围。三是压实地方党委和政府责任，特别是在规划、土地、设施、财政保障等方面的主体责任，分级建立殡葬工作领导协调机制，明确地方党委和政府领导责任及属地管理责任。四是纪检、监察和组织部门将党员干部治丧情况列入监督范围，纳入个人重大事项报告内容，充分发挥党员干部在殡葬改革中的示范引领作用。

（二） 改革殡葬管理服务体制机制

由政府或民政部门主办的殡仪馆、公墓和骨灰堂、殡仪服务站是承接殡葬公共服务职能的重要载体和服务机构，保持其公益属性乃题中应有之义。但随着形势发展，迫切需要厘清政府、市场、社会三者之间的边界，改革现有体制机制，再造殡葬服务流程和服务模式，推进殡葬事业单位的自我革命，解决殡葬领域政事不分、管办不分的问题。一是加快殡葬领域"放管服"改革，推动殡葬事业单位分类改革，按照公益的归公益、市场的归市场，把行政管理和监管执法职能回归政府或民政部门，经营服务职能交给殡葬事业单位或企业，实现人、财、物脱钩和政事分离、管办分开。二是优化殡仪馆、公墓、骨灰堂、殡仪服务站等殡葬设施审批制度，统一公墓审批权，经营性公墓审批权由省一级下放到设区的市一级，进一步明确申请主体、审批主体、审批条件、程序和期限等，规范权力运行，提高审批效率。禁止在医疗卫生机构内销售丧葬用品和开展有偿殡仪服务活动。三是深入研究殡葬公共服务的特点和特殊性，区分基本与非基本、营利性与非营利性服务，强化政府基本殡葬服务保障职能，探索公办服务机构引入竞争机制，加强与社会资本合作，推动竞争性领域和环节进一步向市场放开。

（三） 强化基本殡葬服务供给

设施不足和服务短缺是各地普遍存在的突出问题，也是影响和制约殡葬改革的最大短板和瓶颈。一是把殡仪、火化、安葬、祭扫纪念等殡葬设施作为城乡公共服务设施的重要组成部分，科学编制与落实殡葬设施规划，实现与国土空间规划有效衔接。国家层面编制"十四五"殡葬设施专项规划，加大中央与地方资金投入力度，相关部门研究制定殡葬设施用地专项政策，对公益性设施以划拨等方式有效保障用地，鼓励复合利用林地、草地等实施生态安葬。划分为火葬区的每个市、县建设一座殡仪馆，加快建设公益性公墓或骨灰堂，每个乡镇（街道）或覆盖5万人口的区域至少有一处公益性公墓或骨灰堂，从严控制经营性公墓，形成公益性为主导、营利性为补充、节地生态为导向的安葬服务格局，尽快实现公益性安葬设施和安置服务城乡全覆盖。二是将基本殡葬公共服务纳入国家基本公共服务范围，明确遗体接运、暂存、火化、骨灰存放和生态安葬等基本服务项目，制定服务标准，实行政府定价并适时调整。优先对军人、优抚对象和城乡困难群众实施基本殡葬服务免费政策，逐步实现基本殡葬服务均等化。三是改革基本殡葬服务提供方式，坚持殡葬事业单位的主体责任地位，对于无法通过事业单位提供基本服务的，可以通过政府购买服务或委托合法运营主体提供，通过派驻公务人员等方式强化监管。四是大力推进"互联网＋殡葬服务"，强化部门间信息共享，逐步提高殡葬服务管理网络化、规范化、透明化和便利化水平。

（四）加快殡葬法治化建设

殡葬改革涉及千家万户，利益关系、人情习俗错综复杂，必须依法予以推进。一是立足当前，尽快研究制定深化殡葬制度改革的政策文件，明确改革目标和近期重点任务，推进殡葬领域关键环节改革，解决群众最为关切的问题。二是着眼长远，加强顶层设计，加紧修订出台《殡葬管理条例》，完善配套规章及相关标准体系，在此基础上研究制定《殡葬法》。三是强化执法监管，充实基层执法力量，将殡葬执法纳入市县综合执法事项，不具备条件的则建立民政综合执法队伍，形成由民政牵头，市场监管、自然资源、公安、卫生健康、民族宗教等部门参与的联合执法机制。加强殡葬中介管理，强化殡葬行业管理。创新监管手段，将殡葬违法信息纳入信用监管体系，建立守信激励和失信惩戒机制。落实"谁执法、谁普法"普法责任制，强化法治观念和法律意识，推进殡葬领域科学立法、严格执法、全民守法进程。

推进丧葬礼俗改革和生命文化教育。殡葬改革本质上是一场社会成员广泛参与的特殊文化活动。深化殡葬制度改革，必须尊重逝者、尊重习俗、体现人性，从单纯追求遗体处置（火化）向推行葬法与葬礼改革并重转变，从注重物质和厚葬向注重精神和文化传承转变。一是积极推进丧葬礼俗改革，规范丧葬礼仪，推行集中治丧，遏制封建迷信、大操大办、盲目攀比、薄养厚葬等陈规陋习，培育文明现代、节约环保的殡葬礼仪和治丧模式，让每个人有尊严、体面地告别人世，引导在丧葬活动中体现良好家风、文明乡风、淳朴民风。二是着力加强殡葬人才队伍建设，尽快在高校设置殡葬管理服务或生命文化教育院系或专业，制定出台殡葬行业特殊岗位津贴政策，建立殡葬从业人员职业能力水平评价制度，健全殡葬领域人才培养与激励机制。三是强化宣传引导，利用广播、电视、网络等媒体广泛宣传殡葬改革的重大意义，理性、客观地介绍和评价我国的殡葬改革，引导群众理性消费，自觉参与殡葬改革，更多地选择以不占地或少占地的方式处理骨灰或遗体。以殡仪馆、公墓、殡仪服务站等为平台，举办"开放日""体验日"，开展生命文化教育，引导人们树立正确生死观、殡葬观，深入思考人去世后到底应该留存什么、不需要留存什么，从而引导群众能够以更加文明理性的方式寄托哀思、弘扬孝道、传承精神。

社会治理遭遇"三大陷阱"与"三个失灵"

杨宜勇　蔡潇彬①

中国社会治理呈现出典型的二元特征，城乡社会治理各具特点，从总体看，当前城市社会治理面临"三大陷阱"，乡村社会治理存在"三个失灵"。针对当前城乡社会治理出现的问题，我们必须深入分析，分类施策。

一、城市社会治理面临"三大陷阱"，治理提质增效难度大

1. 人口城镇化率差距大，城市社会治理面临"二元陷阱"

随着新型城镇化的深入推进，我国人口城镇化率越来越高，2017 年末中国大陆总人口逾 13.9 亿人，其中城镇常住人口 81347 万人，常住人口城镇化率为 58.52%，但户籍人口城镇化率仅为 42.35%，常住人口与户籍人口城镇化率差距大。常住人口与户籍人口城镇化率的较大差距导致社会治理面临"二元陷阱"，即非户籍常住人口与户籍常住人口间易因"同城不同权、同城不同待遇"而产生冲突，严重影响城市社会治理。各地非户籍常住人口与户籍常住人口间冲突事件屡见不鲜，如 2018 年曹远航辱骂北京人引发群体事件便是一例，对城市社会治理构成挑战。如何处理非户籍常住人口与户籍常住人口间的利益冲突是未来城市社会治理重要议题之一。

2. 城镇居民收入差距加大，城市社会治理面临"中等收入陷阱"

从总体看，我国城镇居民收入增速处于较高水平，但是高收入者愈来愈高，中低收入者增长缓慢，收入分配严重失衡。行业间收入差距大，金融、

---

①　杨宜勇，国家发展和改革委员会社会发展研究所所长、研究员；蔡潇彬，中国宏观经济研究院社会发展研究所助理研究员、博士。

IT 及影视行业收入高速增长，而教育、医疗卫生、文化体育及科研等基础性行业收入增长缓慢。行业间收入差距持续扩大导致中低收入群体相对剥夺感持续强化，极易导致各类社会事件，如 2018 年金融行业 P2P 平台持续爆雷引发群体上访事件便是一例，严重影响城市社会治理，形成社会治理领域的"中等收入陷阱"。如何让城市跨越社会治理的"中等收入陷阱"是未来值得关注的重要议题。

3. 社会负面事件持续增加，城市社会治理面临"塔西佗陷阱"

各类社会负面事件持续增加，深圳佳士公司工人"维权"事件、重庆公交车坠江事件、郑州空姐被害事件、昆山宝马男反杀事件、北京宣师一附小砍人事件等恶性事件频发，既凸显了我国纠纷化解机制不足，也反映了底层民众不满情绪持续累积。此外，当前信息传播渠道日益增多，各类传播渠道交互作用，民众对社会事件的负面感知不断强化，信息监管不足又导致各类"反转"与"反反转"现象频繁出现，不断消费大众注意力，进一步加剧民众不满情绪，社会治理领域"塔西佗陷阱"初现，是社会不稳定因素的重要来源。

二、乡村社会治理面临"三个失灵"，治理现代化任重道远

1. 传统农耕机制失灵，乡村空壳化现象严重

农耕机制是乡村社会的稳定器，透过农耕机制农民依附于乡村土地及乡村集体。当前，乡村社会面临农耕机制失灵问题，表现为：一是乡村农田大面积荒废，农民普遍不愿从事农耕；二是乡村集体经济凋零，普遍未形成规模化乡村集体经济。农耕机制失灵直接导致乡村空壳化现象，主要表现为乡村劳动力外流，劳动力外流可归因于乡村既未形成规模化的集体经济，也未形成现代产业体系，不能就地吸纳农村剩余劳动力就业。此外，乡村学龄儿童亦呈外流趋势，在乡村小学撤并潮影响下，越来越多农村儿童因就学外流到城镇。乡村的空壳化给乡村社会治理带来诸多难题，突出表现为乡村居民参与少、治理体系建设难、共建共治共享格局弱。

2. 委托代理机制失灵，乡村有效治理难实现

当前，乡村社会存在委托代理机制"双重失灵"问题，表现为：一是村民委员会选举的委托代理机制失灵，村民对村委会选举普遍持不关心、不参

与、不支持态度，导致村委会选举难、运作难、治理难；二是日常村务治理的委托代理机制失灵，村中青壮年大部分外出务工，既无法直接参与村务治理，也无委托代理人参与意识，导致村务治理的居民参与度低，共建共治无从谈起。委托代理机制的"双重失灵"一方面导致村委会成员的老年化，另一方面导致村务治理的低效化。村委会成员在年龄结构、学历结构、专业结构方面的结构性不良问题导致村干部治理能力整体弱化，难以有效治理乡村。

3. 传统家庭机制失灵，乡村留守儿童问题多

当前乡村外出务工人口多，且呈现举家外出特点，乡村仅有老幼留守，传统家庭机制趋于失灵，不利养老育幼。就乡村儿童抚育而言，留守儿童在父母外出的情况下通常由其爷爷奶奶代为看管，隔辈管教特别容易让留守儿童走偏，尤其是在互联网和移动终端日益普及的今天，留守儿童沉迷网络游戏及手机游戏而荒废学业的情况屡屡发生，自制能力较强且受到严格管教的小孩尚能正常成长，但自制能力偏弱又缺乏管教的小孩则极易成为问题小孩。问题小孩不学无术、游手好闲，极易成为乡村治理的不稳定因素。

三、综合应对社会治理领域问题的对策建议

（一）城市社会治理方面

1. 多措并举，切实做好非户籍常住人口治理工作

针对城镇化进程中不断涌入的非户籍常住人口，一是要加大该人群的社会化力度，让该群体尽快适应城镇生活方式和工作方式，适当引导预期，缓解非户籍常住人口在面对城市生活及户籍常住人口时的焦虑与不满情绪；二是切实推进"同城同权、同城同待遇"，在公共教育、医疗卫生、住房保障、社会服务、文化体育等基本公共服务供给方面同等对待非户籍常住人口；三是为生活及就业存在困难的非户籍人群提供基本救济服务，协助其重建信心，尽快实现就业，防止该类人群成为城市社会治理的不稳定因素

2. 统筹谋划，努力实现收入分配科学化合理化

首先，要调节过高收入，针对高收入行业，强化企业工资总额和工资水平双重调控政策，缩小行业工资收入差距，发挥税收在调节过高收入方面的积极作用，适时推出房产税，研究开征遗产税和赠与税，调节过高财产性收

入;其次,要提升中等群体收入,建立反映劳动力市场供求关系和企业经济效益的工资决定及正常增长机制,促进中等收入群体工资持续增长;再次,要提升最低工资水平,根据经济发展、物价变动等因素,适时调整最低工资标准,到2020年绝大多数地区最低工资标准达到当地城镇从业人员平均工资的50%以上。最后要引导预期,让民众充分认识收入分配的复杂性,认识到劳动、资本、技术、管理等要素在行业间及个体间不均衡分布的特性及各要素按贡献参与分配的基本原则,引导民众形成合理预期。

3. 积极引导,强化监管与有效疏通双管齐下

针对日益频发的社会事件,要积极引导,强化监管与有效疏通双管齐下。首先要强化社会事件监测预警机制建设,充分利用大数据云计算等高新技术手段,对重点人群实施监测,构建科学的预警研判机制;其次要强化纠纷调解机制建设,构建人民调解、行政调解、司法调解相结合的多元调解体系,积极化解社会纠纷,维护社会稳定;再次要畅通社会公众利益表达渠道,允许社会公众表达合理利益诉求,疏解社会公众不满情绪。在信息传播方面,要强化网络监管,提升政府公信力,严厉打击造谣传谣信谣行为,从源头上净化网络空间。

(二)乡村社会治理方面

1. 畅回流,大力发展乡村集体经济吸引外出劳动力回流

倡导外出农民工回流乡村,畅通回流渠道,一是鼓励、引导和支持农民工返乡创业就业,大力推进农业现代化,繁荣乡村集体经济,壮大乡村经济组织,让外出农民工从离土离乡务工向离土不离乡务工转变,最后在乡村集体经济组织实现本乡本土就业。二是大力推进农村"三变"改革,鼓励各村通过入股或参股农业产业化龙头企业、村与村合作、村企联手共建等多种形式发展乡村集体经济。三是发挥乡村能人带头作用,注重在乡村集体经济组织及一般乡村经济组织发展进程中发挥乡村能人的示范作用,以能人示范带动外出农民工回流乡村,破解乡村空壳化难题。

2. 强基层,多措并举推进乡村治理体系与治理能力现代化

乡村有效治理离不开村委会,要加大村委会建设力度,多措并举强基层。一是要鼓励回流青壮年积极关心、参与和支持村委会选举、运作及治理工作,充分调动本地村民参与村务治理积极性,破除委托代理机制失灵问题,形成共建共治良好局面;二是要大力招才引智,引导高素质人才到基层

任职，要构建干部到乡村任第一书记的长效机制，着力保障乡村治理和乡村振兴的领导人才供给；三是要继续大力推进大学生村官制度建设，构建大学生村官制度化和长效化机制，促进乡村治理人才更新换代，让乡村干部成为年轻化、知识化、专业化的干部群体。

3. 重家庭，建立健全乡村家庭支持服务体系

要高度重视乡村家庭建设问题，强化家庭在乡村治理中的重要角色，建立健全乡村家庭支持服务体系。一是要引导外出民工返乡就业创业，强化家庭在乡村社会的核心地位，维护乡村家庭的完整、和谐，明确家庭在养老育幼方面的主体责任，探索建立养老育幼基金，以基金为依托，出台奖励政策鼓励农民工返乡照顾老幼；二是要全面实施乡村家庭关爱工程，不仅要经济上帮助困难乡村家庭，更要在思想上行为上引导乡村家庭养成积极向上的良好心态和努力拼搏的行为导向；三是要针对缺失家庭关照的留守儿童，建立专门面向问题留守儿童的行为矫正体系，科学矫正问题留守儿童思想和行为，帮助问题留守儿童回归乡村回归社会；四是要丰富乡村文化资源供给，为乡村家庭及留守儿童提供优质精神食粮，助力乡村家庭及留守儿童健康发展。

重视创新风险　推动可持续创新

赵延东①

一、引言

在中国经济社会发展进入新时代的今天，创新已经成为时代主旋律，党和政府相继提出了落实创新驱动发展战略，建设创新型国家，推动大众创业、万众创新等政策目标，创新更是在五大发展理念中列于首位。人们日常生活的方方面面也正以前所未有的速度因创新改变。对创新的重视并非当今中国所独有，在现代社会中，"创新"无疑是一个充满着积极和正面含义的概念，它被认为是解决社会问题的"万用灵药"，是促进社会发展的不竭动力，甚至已经成为一个口号。但如果我们回溯历史，就会发现这并不是一种自古皆然的现象。② 我们的祖先们对创新这个概念似乎并没有特别的喜好，反倒更多持有一种疑惧和排斥的态度。

加拿大学者戈丁在 Innovation Contested 一书中系统回顾了西方社会文化史中创新概念的内涵是如何演变的，他指出，创新这个概念早在古希腊时期就已出现，但直到 19 世纪之前，创新一直具有一种消极、负面的情感色彩。例如，古希腊语中"创新"的含义是以一种打破常规的方式在稳定秩序中引入变化，而这是不受社会欢迎的，也是被禁止的。即使到了文艺复兴与宗教改革的年代，"创新"概念仍然与异端、灾难与邪恶等概念紧密相连，带有强烈的负面色彩，大家对创新避之唯恐不及。只是在经历了法国大革命之

---

① 赵延东，中国人民大学社会与人口学院教授。本文原刊载于《中国社会科学评价》2018 年第 4 期。

② 张卜天：《为什么古人不喜欢创新》，《科学文化评论》2018 年第 3 期。

后，人们才开始为"创新"赋予较为积极的意义。此后随着工业革命和科学革命的展开，创新从政治和社会领域进入了科学技术和商业领域，其内涵也更多地与"进步""功用"和"发展"等概念相联系，作为一个积极的概念被纳入社会的主流话语体系。①

创新这一概念的情感内涵在历史上经历了从负面逐步转化到正面的过程，这种变化的原因何在？戈丁的解释是因为古代社会崇尚秩序和稳定，而近现代社会则强调个人力量、崇尚进步所致。但我们或可从另一个角度对此历史变迁加以解读：创新是一种打破常规、导致变化的活动，它在带来巨大收益的同时，也会给社会带来难以预期的风险，收益有多大，风险也就有多高。这就对社会承受化解风险的能力提出了高要求，因为一个社会享受创新收益的程度，与其承受创新风险的能力是成正比的。我们可以推测，古人之所以对创新存在强烈拒斥的心理，或许与他们当时的低下的风险管理能力有关，既然无力把控创新的风险，也只好忍痛割爱，把创新的收益也拒之门外了。只有在社会承受风险能力提高后，社会才能更积极地接受和鼓励创新。由此可见，创新和风险密不可分，在讨论创新时，绝不能忽略创新的风险及其治理问题。

二、创新是一个充满风险的过程

如前所述，创新曾经是一个含义宽泛的概念，包含了政治、经济、社会制度等各个领域内的变化，进入现代社会后，创新的范围逐步收窄，主要集中于科学研究、技术开发和商业应用的范围之内。而创新的风险问题也一直为研究者所关注，现代创新理论的鼻祖熊彼特即认为，创新的三个主要方面之一，就是创新具有根本的、内在的不确定性。②

创新的风险可以分为两大类。一类是创新失败的风险，也就是创新活动无法达到预期目标的可能性及偏离程度，其具体形式有：创新活动终止或撤

---

① Godin B. Innovation Contested：The Idea of Innovation Over the Centuries. London：Routledge，2015.

② 法格博格：《创新：文献综述》，载法格博格、莫利、纳尔逊（主编）：《牛津创新手册》，北京：知识产权出版社，2009 年。

销、创新未能达到最初的目的，以及企业经营失败等①。导致创新失败的原因是多方面的，包括环境的不确定性、创新活动自身的复杂性，以及创新者的能力局限和行为偏差等。由于创新是一项突破现有知识体系和市场框架的活动，其过程和结果都具有高度不确定性。创新正是在一次次的"试错"中，不断从失败中总结经验教训，从而最终走向成功的过程。因此，创新失败也是难以避免的大概率事件。仅以创业为例，据美国人口调查局对1989—1992年间新创企业的统计，有34%的新创企业"存活"期不超过两年，五年内的死亡率为50%，六年内死亡率高达60%②。中国的研究也表明新创中小企业的失败率在75%—95%之间。③

创新的另一类风险更为复杂，指的是由创新带来的"副作用"或"未预料后果"所导致的风险。社会学家指出，人类有意图的社会行动往往会导致超出原初意图的结果，特别是在现代社会中，科学技术的快速发展与社会复杂程度的不断提高，使得创新带来的"未预料后果"越来越多、影响范围也越来越大，成为现代社会风险的主要来源。④ 这些风险包括：

1. 政治风险

科学技术和创新往往会对现行的政府管理模式和政治运行方式带来新的机遇和挑战，并从根本上改变政府与市场、国家与社会的关系。在当今社会，互联网和大数据等新技术不断创造出新的"政治空间"，大大增加了国家管理社会的难度，削弱了政府管理能力。近年兴起的大型新技术公司给政府监管的模式、公共服务的提供、国家权力的运行等都带来了巨大变化。它们已经不满足于为政府提供服务和咨询，正在更为积极地加入政府管理过程，试图影响政府的决策。⑤ 这些都为国家的政治治理带来了新的、难以预测的风险。

① 袁泽沛、王琼：《技术创新与创新风险的研究综述》，《经济学动态》2002年第3期。

② Hayward, M., Sheperd, D. and Griffin, D. 2006. A hubris theory of entrepreneurship, *Management Science*, vol. 52, no. 2.

③ 于晓宇：《知难而退还是破釜沉舟：转型经济制度环境背景下的创业失败成本研究》，《现代管理科学》2011年第2期。

④ 吉登斯：《现代性的后果》，南京：译林出版社，2000年；贝克：《风险社会》，南京：译林出版社，2004年。

⑤ 樊鹏：《利维坦遭遇独角兽：新技术的政治影响》，《文化纵横》2018年第4期。

2. 经济风险

科技创新在不断打破现有市场结构、将生产要素组合为新的生产函数的同时，也自然地引入了潜在的经济风险。以劳动就业为例，创新从来就是一个不断创造新的就业机会，同时也大量摧毁旧的就业机会的过程。近年来，大数据、云计算、智能终端等技术的快速发展，催生了以电子商务、共享经济、互联网金融等为代表的新业态。它们创造了新的价值、提供了新岗位，但也对传统产业造成了巨大冲击，引发大规模失业的风险。虽然各机构给出的数据有较大差异，但研究者近乎一致认为，大量常规性的、操作性的岗位将在不远的将来被机器人或智能系统取代。2016 年花旗银行和英国牛津大学联合发布报告指出，未来 10—20 年中，美国 47%、OECD 国家 57%、印度 69%、中国 77% 的现有就业岗位面临被自动化技术替代的风险。[1] 当技术进步导致大量普通劳动者成为"结构性失业者"，并且在就业和收入增长方面遭遇结构性天花板时，整个社会经济系统的稳定就有可能会出现严重问题。

3. 社会风险

人类历史上每次重大科技创新和产业技术革命都会带来社会结构的重大调整。以阶级阶层结构的变化为例，以蒸汽机的发明为主要标志的第一次工业革命推动了农民向产业工人转变，在向所谓"后工业社会"转变过程中，很多发达国家的白领阶层规模又超过了蓝领阶层。近几十年来，技术的迅速发展导致了组织结构的巨大变化，包括工厂中低层管理岗位、办公室行政岗位等在内的一大批白领工作岗位消失，造成了所谓的"中产阶层衰落"。2008 年金融危机后，主要由科技创新、货币政策驱动发展的欧美国家出现"无就业复苏（增长）"，中产阶层的收入减少、规模缩小，高收入阶层和低收入阶层规模扩大，社会结构正发生着深刻变化。同时，在新一轮技术革命的推动下，资本增值的逻辑将发生深刻变化，"赢家通吃"的范围将变得更加广泛，而这可能使社会不平等问题变得更为严重。麦肯锡全球研究所的最新研究表明，那些在人工智能技术方面占据先机的公司、个人和国家都更有可能在未来竞争中处于优势，在国家层面，2030 年在人工智能方面处于领先

---

① Citi GPS：Global Perspective and Solutions. 2016. Technology at Work v2. 0：the Future Is not What It Used To Be. https：//www. oxfordmartin. ox. ac. uk/downloads/reports/Citi_ GPS _ Technology_ Work_ 2. pdf.

地位的发达国家与今天相比将额外获得 20%—25% 的收益，而新兴经济体的增长将只比现在高 5%—15%，未来人工智能技术的推广将进一步加大"数字鸿沟"和社会不平等。[1]

4. 伦理风险

科学技术的发展也总是在不断地冲击着调节人与人之间、人与自然之间关系的伦理道德规范体系。当前，以信息技术、人工智能、生物技术为代表的一批新技术的快速发展和广泛应用强烈冲击了在原有技术条件下形成的伦理、安全、健康和隐私等社会价值观念。例如，基因编辑技术在治疗重大疾病、根除某些基因决定的遗传病方面有广泛的应用前景，但该技术也引发了人类能否设计后代的遗传生理性状、将婴儿作为工程产品加以"定制"等涉及人类尊严和权利的巨大伦理争议。再如，信息技术、大数据和人工智能技术的发展，引发了人们对于隐私、安全、监管等一系列问题的争论。科技创新所可能导致的资源耗竭与生态破坏，以及全球气候变化等环境风险，更是引发了对人类未来世代发展可持续性的忧虑。

三、对创新风险认识不足将危及创新的可持续性

创新是一项充满风险的事业，如果不能正确认识创新的风险，并对其形成有效治理，就可能对创新本身带来危害，甚至导致创新不可持续。这些危害的具体表现有：

1. 缺乏对创新失败风险的宽容，将导致创新动力不足

既然科技创新过程中出现失败是大概率事件，为鼓励创新，就应对创新失败给予充分的宽容。宽容失败既应该体现在科技创新的管理制度中，也应该体现在全社会的文化之中。但不可否认的是，当前我国在正视创新失败风险、建设宽容创新失败的制度和文化等方面还存在诸多不足，在一定程度上也导致了科技界学风浮躁、全社会创新创业动力不足等问题。

虽然我国科技创新事业已经有了长足的发展，但此次中美贸易摩擦仍暴

---

① Bughin, A, and Zeebroeck, N. 2018. The Promise and Pitfalls of AI. https：//www. project – syndicate. org/commentary/artificial – intelligence – digital – divide – widens – inequality – by – jacques – bughin – and – nicolas – van – zeebroeck – 2018 – 09.

露出我国科技界原始创新能力不强、核心关键技术受制于人等"瓶颈"问题。在讨论导致这些现象的原因时，人们常常会批评当前中国科学界学风浮躁、急功近利。但同时也应该认识到，缺乏宽容保护创新失败的社会文化氛围正是导致学风浮躁的一个重要原因。

中国科协近年来进行的全国科技工作者调查发现，多数科技工作者认为我国创新环境中"宽容失败的氛围"不佳，2008 年的调查中有 48% 的人认为一般，28% 的人认为不好；2013 年的调查中情况有所改善，但仍有 37% 和 22% 的人认为一般或不好。① 有不少研究者表示，当前的科研评价体系重数量轻质量、重短期轻长远，科技管理体制又过于严格，对于创新失败没有承认和保护。在这样的评价和管理体系下，科研人员宁愿去做一些成功把握较大的"短平快"项目，而不愿去开展颠覆性、突破性的研究。

创新如此，创业亦如此。当人们缺乏足够的社会保障，一旦创业失败就有可能衣食无着时，其创业动机自然会大打折扣。在 2015 年中国科技发展战略研究院对全国科技工作者的一次调查中，询问了那些表示不愿意创业的科技工作者为什么不想创业，其中有超过 1/3 的人表示原因就是"风险太大，没有安全感"。

2. 不正视创新的社会风险，将导致公众对创新的抵制与怀疑

人类历史上不乏对创新太快、太激烈的担心和恐惧，各种版本的反创新思潮总是周期性地出现，各种伪科学、迷信思想也时常沉渣泛起。比如工业革命时期英国出现的卢德运动，以及近年来在世界各地出现的各种反"Uber"运动等。尤其是当创新者忽略了创新可能导致的社会风险，或是与公众缺乏有效的风险沟通时，人们对科技创新的态度就可能偏向怀疑和反对。

以基因技术为例，中国的系列调查结果显示，近年来公众对转基因的接受度呈现持续下降的趋势。2006 年的调查发现，当时我国城市消费者对转基因食品的接受比例约为 65%，而在 2016 年的调查中，仅有 25.7% 的受访者明确表示支持在我国推广种植转基因水稻，65.2% 的受访者则明确表示反对；18.9% 的受访者明确表示愿意吃转基因食品，72.8% 的受访者则明确表

① 中国科协调研宣传部、中国科协发展研究中心：《第三次全国科技工作者状况调查报告（2013）》，北京：中国科学技术出版社，2015 年。

示不愿意吃。分析发现，对转基因食品风险的认知是影响公众对转基因态度的重要因素。认为转基因食品会危害人体健康的受访者中，78.0% 的人反对在中国推广种植转基因水稻，91.8% 的人不愿意吃转基因食品；与之相比，认为不会危害人体健康的受访者中，反对种植转基因水稻的比例只有50.0%，不愿吃转基因食品的比例只有 52.7%。①

英国科学协会主席哈利利担心未来人工智能技术发展也面临与转基因技术发展同样的危险，他指出，如果缺乏透明度和公众参与，人工智能的潜力有可能被恐惧主导的公众反应所扼杀。② 一旦某项创新技术无法获得足够的社会接受，公众对其持怀疑和抵制态度时，即使在技术层面上有再大的突破，也无法真正推广应用，达到创新的目标。

3. 对创新社会风险的忽视，还将导致创新社会环境的逐步恶化

如果不能正确理解创新的未预料风险，就创新风险形成有效的社会共识，还会使得公众对一些有利于创新的社会制度产生怀疑，从而导致创新环境的恶化，最终危及创新的可持续性。

这首先表现为对收益分配机制的怀疑。历史证明，市场经济体制是人类社会迄今最为高效地激励创新活动、分配创新收益的制度。但作为一种"创造性破坏"的创新，其收益从来不会在各社会群体中平均分配，创新必然会破坏现有利益格局，产生相对受益者和受损者。同时，人们对创新收益社会分配的认知有很强的社会建构性，在分配创新收益时，人们参照的可能不是过去的自己，而是旁边的人。很多情况下，某些人反对创新并非由于它给自己造成了绝对损失，而是因为这些人认为自己在创新调整后的利益格局中"分少了"，相对地位较以前下降了，产生了强烈的"相对剥夺感"的缘故。无论是绝对和相对受损群体，都不会自动承受创新的冲击并进行自我调适，强大的利益集团还可能通过影响政府政策阻碍创新对现有利益格局的冲击，拒绝市场机制对创新收益做出的分配。

其次表现为对全球化和对外开放的怀疑。科技创新的全球化、知识和人才的国际流动是当今世界的趋势和潮流，中国科技创新事业的飞速发展，很

---

① 何光喜、赵延东、张文霞、薛品：《公众对转基因作物的接受度及其影响因素：基于六城市调查数据的社会学分析》，《社会》2015 年第 1 期。

② 《英科学领袖警告：人工智能威胁基于恐怖主义》，《参考消息》，2018 年 9 月 12 日第 7 版。

大程度上得益于中国更加紧密地融入全球创新网络。但当前世界各国都不同程度地出现了保护主义、民粹主义抬头的问题，全球化正在遭遇波折，中国也不例外。值得注意的是，人们对创新风险治理的错误认识往往与其对全球化的认识和接受交织在一起。例如，在围绕转基因技术的公共讨论中，就不乏将转基因技术贴上"西方侵略中国的工具"的污名化标签，进而加以抵制和反对的例子。甚至在作为新技术、新业态发展的主要参与者和引导者，以及社会思潮引领者的科技工作者当中，也存在一些怀疑对外开放的思想苗头。中国科学技术发展战略研究院 2014 年对全国科技工作者的一项调查显示，接近两成（19.1%）的科技工作者认同"强调科研伦理是西方国家束缚中国的科技进步的手段"这一论述。这种将科技创新问题意识形态化，进而怀疑对外开放政策的思潮是值得警惕的。

最后表现为对政府治理能力的怀疑。政府既是创新的资助者和推动者，同时也是市场的监管者，这种双重角色使得政府在新技术、新产品和新业态争论面前不可能置身事外，而且其态度和作为会直接影响公众对政府的态度。比如在转基因争论中就有一种动向值得警惕，即把对技术本身的争论转到对政府管理能力的质疑。很多转基因的反对者喜欢说："我同意转基因的风险在理论上是可控的，但怀疑管理部门实际上能否真正管理得好。"中国科学技术发展战略研究院 2016 年进行的公众对转基因技术态度的调查结果显示，这种论调在公众中很有市场。在转基因问题上，只有 33.1% 的受访者愿意相信政府官员提供的信息，有 66.6% 的人认为我国关于转基因管理的制度规定还不健全。此外，27.2% 的人认为政府在管理公共事务方面的能力不值得信赖，明确表示值得信赖的只占 39.1%。[①] 近十多年来，我国公众抗议 PX 工厂、垃圾焚烧站等项目建设的"邻避（Not In My Back Yard）"运动时有发生，虽然具体的原因复杂多样，但公众对政府管理能力的不信任是重要的推动因素。近年来的实践表明，科技创新带来的社会风险如果处理不当，会在相当程度上对政府形象造成负面影响，削弱政府在公众心目中的公信力，进而可能对政府的总体管理能力和执政能力形象构成挑战。而这最终也会反过来侵蚀创新发展的社会基础，破坏创新发展的社会环境。

---

① 何光喜，廖苗，石长慧，张文霞，赵延东：《我国公众对转基因的认识与态度》，《社会蓝皮书：2017 年中国社会形势分析与预测》，北京：社科文献出版社，2016 年。

四、倡导负责任的创新化解风险

为有效地应对创新风险，保证创新的可持续性，人们在不断地探索新的方法和制度。近年来在欧盟国家兴起并逐步蔓延世界各国的一个相关理念就是"负责任的研究与创新"（responsible research and innovation），它不仅是一个学术概念，也是一套政策理念和一场社会运动。负责任的研究与创新要求在创新的进程中，"社会行动者和创新者相互反馈，充分考虑创新过程及其市场产品的（伦理）可接受性、可持续性和社会可取性，让科技发展适当地嵌入我们的社会中"①。其核心内涵是通过公共协商的方式确定科技创新的目标和价值，并依此塑造创新的方向和路径，从而达到缓解创新风险、促进科技创新与社会协调发展的目标。要在科研创新过程中实现负责任创新，就需要贯彻"预测—反思—协商—反馈"的原则，对科研创新活动所带来的各种可能后果（包括风险）做出充分的预测和评估，参与科研和创新活动的行动者要不断反思自己的行动、目标和承诺，同时要求所有与创新有利益相关的主体都参与到创新治理过程之中，通过对话讨论和协商识别创新中可能出现的风险和问题，经集体协商后，重新调整和确定创新的目标、方向和路径。②

负责任研究与创新特别强调，创新不仅仅是科学家和企业家的责任，所有的利益相关者都应积极行动起来，参与到创新过程之中，承担起相关的责任。

科研人员和企业家是创新活动的主体。他们首先要承担尽力完成创新、避免创新失败的责任。不仅如此，他们还须充分考虑创新的社会与伦理后果，使可能发生的不良后果最小化。为此，科研人员要自觉遵守科研伦理原则，企业家要充分履行社会责任。同时，他们应与相关利益主体，包括政府官员和公众等充分交流，一方面要针对科技风险争论中公众的误解和疑惑，

---

① VonSchomberg, R. Prospects for technology assessment in a framework of responsible research and innovation// DUSSELDORP M, BEECROFT R. Technikfolgenabschätzenlehren：BildungspotenzialetransdisziplinärerMethoden. VS Verlag fürSozialwissenschaften, 2012, 39 – 61.

② Stilgoe, J., Owen, R., and Macnaghten, P. 2013. Developing a framework for responsible innovation. Research Policy. Vol42：1568 – 80.

给出权威性解释，破除谣言，引导公众正确认识新技术、新业态的发展，另一方面也要充分听取利益相关者的意见和需求，通过协商将其纳入创新的路径设计，以保证创新的社会及伦理可接受性，降低创新的社会风险。

政府在创新中扮演着重要的角色，作为创新资源投入者，政府承担着加强对科技发展战略性投入的责任。作为创新活动管理者，政府应在创新管理制度上加强弹性，在严格管理的同时做到宽容创新失败，鼓励创新者不畏风险，大胆尝试。作为创新市场维护者，政府要注重对市场机制的保护。作为创新收益分配协调者，政府还要提高创新收益社会分配的法治化水平，通过积极的政策手段保证创新收益在更大程度上为公众所共享。政府既要勇敢地破除利益藩篱，旗帜鲜明地为创新代言，也要积极建立创新收益社会分配的协调机制，着力提高法治能力，努力减少创新过程中的社会震荡，减少创新遇到的社会阻力，提高创新的可持续性。

社会公众既是创新的受益者，也是创新风险的承担者。在负责任研究与创新的框架中，公众不再是创新的"局外人"，他们不仅要积极参与到营造宽容失败、鼓励创新的社会文化的实践之中，还要积极参与创新政策的制订、创新路径的选择、创新收益的分配和创新风险的治理决策之中。

负责任研究与创新的实践有一系列具体方法，其中比较成熟的"技术评估"（technology assessment）方法，通过组织公众代表参加共识会议，听证会议和焦点组讨论等方式，就有争议的科技创新问题与科学家或创新者进行对话，充分讨论科技创新的社会后果及风险并尽可能达成共识，并在此基础上形成相关的技术发展政策。技术评估在欧洲许多国家被用于对新技术社会影响的评估与预测，在创新与社会间搭建起沟通的桥梁，取得了良好的效果。[1]

在我国科技创新事业高速发展的今天，由创新引发的风险问题已经引起决策者和公众的高度重视，创新的责任问题也被正式提上了议事日程。在国务院颁布的《"十三五"国家科技创新规划》中明确提出："倡导负责任的研究与创新，加强科研伦理建设，强化科研伦理教育，提高科技工作者科研伦理规范意识，引导企业在技术创新活动中重视和承担保护生态、保障安全

---

[1] Decker, M. & Ladikas, M. 2004. Bridges between Science, Society and Policy: Technology Assessment-Methods and Impacts. Springer.

等社会责任。"随着公众教育水平和权利意识的迅速提升，他们的科技风险意识也日益加强，对于科技创新的责任提出了更高的要求。对此，我国的科技界和企业界也做出了积极响应。① 负责任创新在中国创新事业的发展中正发挥着越来越重要的作用。

　　有人担心在当前中国经济社会的发展阶段，过分强调创新的风险和责任，有可能给创新增加不必要的负担，减缓创新的速度。但负责任创新的目标并非在创新这辆飞驰的快车上踩下"刹车"，而是希望为它装上"方向盘"，引导创新朝着满足人民对幸福美好生活的需求，实现更加充分、平衡、可持续发展的方向前行。

---

　　① 　赵延东、廖苗：《负责任研究与创新在中国》，《中国软科学》2017 年第 4 期。

我国行政事业性收费的分类管理研究

冯俏彬①

当前我国经济运行的外部环境发生了明显变化，为此要做好应对惊涛骇浪的准备。各方公认，当前国际形势急剧变化的主要应对之策是进一步深化改革、扩大开放，做好自己的事。2013 年以来，国家力推"放、管、服"改革，清理收费是其中的重要内容之一。几年来，从中央到地方，都对本级的收费特别是涉企收费进行了全面的清理整顿。据统计，中央设立的行政事业收费已经由 185 项减少到 51 项，减少的幅度达到 70% 以上，其中涉企收费由 106 项减少到 33 项，减少的幅度接近 70%。各省设立的行政事业性收费项目，也在大幅减少。除了收费项目的减少，相关管理也有所强化。这主要表现在实行了"收费清单公示制度"，各级政府网站上都能查到清理后的本级政府的收费清单目录。另外，国家发改委于 2018 年 6 月 29 日发布了《行政事业性收费标准管理办法》，对各项收费标准给出了程序性规定。虽然前几年清理收费工作取得了重大成绩，但目前看收费项目仍然偏多，且一些深层次的体制机制问题并未完全理顺，需要进一步深入研究。

一、推进行政事业性收费分类管理的重大意义

有利于降低企业负担，优化我国营商环境。放眼当今世界，各国经济竞争在很大程度上表现为营商环境的竞争。通过多年的不懈努力，2018 年我国营商环境的世界排名已上升到 32 位，其上升速度之快令各方惊叹。但同时

---

① 冯俏彬，国务院发展研究中心宏观经济研究部副部长，教授、博导。本文原刊载于《社会治理》2019 年第 10 期。

也要看到，目前影响排名的主要因素之一是税费负担，2018 年这一数值为 64%，高于世界平均水平 45 个百分点。对行政事业性收费进行分类管理的研究，能从根源上发现企业负担的形成机制以及相关的解决办法，有利于从本源上消除企业负担增加的根子，彻底优化我国营商环境。

有利于理顺税费租价体系，规范政府收入行为。从财政理论上讲，任何一国的政府收入均包含税费租价四个方面，每个部分性质不同，管理迥异。但由于历史原因，我国政府收入体系比较混乱，甚至表面上是一个类别，但实际上是税费租价并存。行政事业性收费也是这样。这种一锅粥的状态，往往使得相关管理规则游离、模糊，甚至不适用，不仅减弱了国家的整体财政能力，而且给有些部门的不当行权形成了空间。对行政事业性收费进行研究，有助于分清类别，在此基础上各归其道，各归其管，形成良好的政府收入秩序。

有利于行政事业性收费定价方法与定价制度的科学化。改革开放以来，我国市场化程度极大提高，97% 的商品和服务的价格形成都由市场决定。目前，政府定价的范围仅限于基础设施、公用事业、公共服务等几个方面，对其中的价格形成机制问题，社会各界高度关注，但又极其复杂，不仅需要进一步深化相关领域的改革，而且也需要进行深入的理论研究。对行政事业性收费进行分类管理的研究，正是这一宏大研究工作的有机组成部分。

二、行政事业性收费管理的研究现状

行政事业性收费作为国家财政收入的重要形式，一直是社会热点问题，但是同税收管理研究方面研究成果丰富、著作多的研究情况相比，国内关于行政事业性收费管理的研究相对来说还较少。从收集的文献来看，国内关于行政事业性的研究思路多以"问题—对策"式的结构为主，采用的分析方法均为定量分析。其主要视角和研究成果主要体现在以下几方面。

（一）对行政事业性收费概念和性质的界定

一是程行云、吴晓宁、支玉强（2014）、张娟（2011）等人认为，行政事业性收费是指国家机关或代行政府职能的事业单位、社会组织根据法律规定，在实施社会公共管理以及向公民、法人提供特定公共服务过程中，向特定对象收取的费用。这也是目前最为主流的对于行政事业性收费的定义①②。二是毕井泉（1996）认为，行政事业性收费是政府行政机关和事业单位在为社会提供公共服务过程中，按照国家规定向服务对象收取费用，以补偿服务成本消耗的一种价格行为。（1）收费的主体是行政机关和承担社会公益事业的单位。（2）收费主体实施收费的原因是向收费对象提供了特定服务。由于服务对象是特定的，这部分开支不应由全体纳税人承担。（3）收取的费用是补偿性的，而不是盈利性的。（4）收费单位是按照政府批准的收费项目和标准收费，而不是各收费单位自行确定。行政事业性收费虽然具有强制性，但是不等同于税收。把行政事业性收费按照价格管理，可以综合考虑物价总水平控制需要、财政和收费单位状况，以及社会各方面的承受能力来控制收费的规模和治理各种乱收费③。三是许昆林（1993）将行政事业性收费一分为二，行政性收费是国家行政机关和国家授权行使行政职权的单位，社会、经济、技术和资源管理过程中按照特定需要依据国家规定实施的收费。其具体表现形式主要有管理费、登记费、证明费和证照费等，主要特点是具有特定性和强制性。事业性收费是指事业单位向社会提供有效服务，依照国家规定实施的收费。如教育收费、产品质量检验费、各种检疫费和各类事务所收费等都属于事业性收费，具有补偿性的特点④。

（二）行政事业性收费标准的制定原则

一是许昆林（1993）指出，证照收费应严格按工本费核定，不得收取任何形式的管理费。涉外证照可参考国际上同类证照的收费标准制定⑤。二是诸素雅（2013）认为，应当科学调整收费标准。调低过高收费，对于消费具有较强外部效益及需求弹性较大的公共服务，应按照低于或接近边际成本的原则定价，以免造成消费者负担；对于消费外部性较弱及需求弹性较小的公共服务，可视情况使相应的收费标准高于边际成本，以免引起较为严重的公共部门亏损。调高过低收费，对于环境处理方面的收费如污水处理、城市垃

---

① 程行云、吴晓宁、支玉强：《改革完善我国政府税费管理制度的思路》，《价格理论与实践》2014 年第 9 期。

② 张娟：《浅谈行政事业性收费管理》，《经济视角（中旬刊）》2011 年第 9 期。

③ 毕井泉：《行政事业性收费改革思路》，《价格理论与实践》1996 年第 11 期。

④ 许昆林：《行政事业性收费及其管理现状》，《中国物价》1993 年第 1 期。

⑤ 许昆林：《行政事业性收费及其管理现状》，《中国物价》1993 年第 1 期。

圾等，可适当提高收费标准①。

（三）行政事业性收费分类研究

一是冯俏彬（2016）在对收费的历史沿革重新梳理的基础上提出了对我国收费体系的再分类。按照政府身份划分可分为行政性收费、各类中介组织收费、事业性收费、与各类职业资格取得有关的培训与考试考务费；按收入的性质划分为"准税收"类（包括行政性收费、政府性基金中的文化事业建设费、地方教育附加费等）、"租"类（指政府因出租、出让国有资源所产生的收费等）、"使用者付费"类（各类公用事业性收费和与各类职业资格取得有关的培训与考试考务费等）②。二是贾小雷（2017）将政府性收费大致分为行政规费、使用费和负担金三种类型。我国行政事业性收费将具体按照其内容分别归属于行政规费或者使用费，政府性基金收入归属于负担金类别，国有资产（资源）有偿使用收入归入使用费，而国有资本经营收入单独设定为一类收入，形成一个相对合理的非税收入格局，有利于行政事业性收费位置的相对清晰和独立，从而可以在制度体系设计上提升其法治化水平③。三是诸素雅（2013）提出应当采取保留、取消、转型、改革、拓宽的方式，对现有项目进行清理整顿，以更加科学地进行非税项目的征收。应保留难以实行"费改税"及其他合理、合法且暂不需清理的项目，并同时予以规范；取消地方或部门非法越权设立的收费项目、征收期已满的事业发展或工程建设基金；对咨询费、培训费等可通过市场调节、征收的项目，转型为由市场定价依法纳税；对凭借政府权力收取的与税收性质相同的项目，改革为以税收形式进行征管，如交通、水利等领域的非税项目变为燃油税、水资源税等；拓展一批具有发展潜力项目的管理，如以政府名义接受的捐赠、财政资金产生的利息收入、彩票公益金、特许权收入等。

（四）行政事业性收费管理面临的问题

一是程行云、吴晓宁、支玉强（2014）认为，税费管理立法滞后，目前收费管理依据主要是国务院文件，没有一部政府收费方面的统一法律规范。

---

① 诸素雅：《规范行政事业性收费管理的思考》，《中国财政》2013 年第 9 期。

② 冯俏彬：《供给侧改革视角下的我国收费制度研究》，《中共中央党校学报》2016 年第 3 期。

③ 贾小雷：《论我国行政事业性收费清理的法治化》，《中国矿业大学学报（社会科学版）》2017 年第 5 期。

社会上对政府收费合理性的认识也有偏差。税费结构也不尽合理，政府收费特别是政府性基金规模偏大①。二是罗顺霞（2017）认为，行政事业性收费管理中存在两大问题，即公共资源交易制度不完善和财政管理制度不健全②。三是汪文安（2007）认为，现行收费的三种运行模式，即对乱收费行为企业或群众有权拒缴、企业或群众可向价格主管部门投诉举报、价格主管部门例行监督检查均无法对乱收费起到有效地遏制作用③。四是章彩云、赵小平（2006）、朱琴（2016）认为，在行政事业性收费存在收费项目政策制定不规范、收费行为缺乏有效约束性、收费资金管理制度不健全等问题④⑤。五是冯俏彬（2016）提出了当前收费管理中存在行政性收费的合法性存疑、公共定价制度不健全等问题。

（五）行政事业性收费的改革思路

一是毕井泉（1996）提出了行政性公共服务收费将仅限于行政机关为特定对象服务而费用不应由全体纳税人负担的审批费、登记费、证照工本费等少数收费。在分清政府和消费者应承担的责任的基础上，明确各类公益服务收费的作价原则，逐步理顺公益服务收费标准，促进公益事业的健康发展。二是程行云、吴晓宁、支玉强（2014）提出应该抓紧推动政府税费立法工作、理顺价费关系、进一步清理规范收费的改革思路。三是冯俏彬（2016）提出可以通过推动行政零收费、建立完善公共定价机制等推进收费改革。四是罗顺霞（2017）提出了进一步规范收费体制、更新收费理念等建议，并认为目前收费的主要理由是规范市场经济秩序、营造良好商业环境及扩大开放程度等，整个过程中要树立"不收费才是正常"的改革理念。五是贾小雷（2017）提出政府部门在决策提供公共服务的具体项目时必须研判好政府与市场关系的发展动向，并根据情势变化及时加以调整。能够由市场机制提供

---

① 程行云、吴晓宁、支玉强：《改革完善我国政府税费管理制度的思路》，《价格理论与实践》2014 年第 9 期。

② 罗顺霞：《探讨行政事业性收费改革现状》，《财会学习》2017 年第 4 期。

③ 汪文安：《现行行政事业性收费管理制度的局限性与改革设想》，《价格与市场》2007 年第 7 期。

④ 章彩云、赵小平：《行政事业性收费管理存在的问题及对策》，《财政与发展》2006 年第 10 期。

⑤ 朱琴：《新时期行政事业性收费管理体制改革》，《低碳世界》2016 年第 25 期。

的准公共服务，其对应的经济负担或交易对价属于市场自主价格调整范畴，只有落入非市场领域的准公共产品与服务，才涉及行政事业性收费的问题。而对于真正处于应当由政府及其相关组织提供的公共事业性服务，应当根据行政事业性收费的具体目的不同，对各种具体收费类型加以界定。

三、行政事业性收费分类管理的理论框架

（一）理论基础：公共产品的技术标准与政治标准

一般认为，政府的职责是提供公共产品和公共服务，在我国可以进一步具体化为宏观调控、市场监管、公共服务和社会管理四个方面。理论研究表明，公共产品的确定有两个标准。一是技术标准，判断依据是"非竞争性"和"非排他性"，据此可将所有产品和服务分为四个大类：纯公共产品、公共池塘物品、俱乐部产品、私人产品（如图1所示）。二是政治标准，即政治决策或称为集体选择，一项产品是不是公共产品，除了看其是否具备收费条件，还要看其所在的社会决定怎么做，背后的决定因素同期普遍公认的某种政治伦理与公民权益。技术标准回答的是能不能收费（只要能确认受益主体和受益程度，就具备收费的技术条件），政治标准回答的是要不要收费、或者收多少。

	排他性	非排他性
竞争性	纯私人产品 苹果、鞋子、书本	混合产品（公共池塘物品） 公用绿地、公共渔场
非竞争性	混合产品（俱乐部产品） 剧院、公园	纯公共产品 国防、环境保护

图1

技术角度看，政府提供的大量的公共产品和公共服务中，都属于或多或少具备收费条件的准公共产品，其中既包括公共池塘物品，也包括俱乐部产

品。特别是随着技术进步，越来越多原来不具备收费条件的公共产品，完全可能因具备了收费条件而或多或少地带有私人产品的性质。反过来，也有一些原本是收费的，但因为人们价值观念的变化和政府伦理的变化，而改为不收费或少收费的准公共产品。这就是公共产品理论中广为人知的"边界漂移"说。因此，即使在技术上具备了收费条件，也不意味着政府都要收费、都能收费，到底收不收、收多少，还要看同期社会上普遍持有的行政伦理与公民权益观念，以及政府角色的多重性，即到底是权力主体，还是产权主体。这是研究收费问题的思维起点与思想基础。

（二）以两维度坐标法对现有收费项目重新进行分类

总体而言，现有 300 多项中央及全国性行政事业性收费中，绝大部分是既能确认受益主体也能确认受益程度，因而具备了收费条件的准公共产品。这也是相关文件中对于行政事业性收费定义中的"两个特定"的主要意思。但如上所说，一项收费是不是成立，除了技术要具备收费条件，还要在政治上具备某种收费认同。我们认为，新的历史时期，对于现有收费项目的分类应从以下两个维度进行考虑：

第一，付费强度。即按当时条件与背景下，需要收费的必要性大小。

第二，政府管理强度。从相当大的程度上讲，收费的背后是职能，因此一项收费到底需不需要，还要看这项收费背后的职能到底是政府的，还是社会的、市场的？即使是明确的政府职能，也还要看政府应该在其中哪些环节、以哪种方式发挥作用。（如图 2 所示）

图表中纵轴是指付费强度，从下到上表明收费的必要性从弱到强，横轴代表政府责任强度，从左到右表明政府责任从强到弱。据此，我们将现有行政事业性收费分成以下五个类别：

1. 税收

即政府作为全社会的管理者，出于提供普遍性公共服务需要而收取的收入，其中政府责任强度大，面向社会主体以税收的形式普遍收取，不需要针对个体单独收费。

2. 行政性收费

即政府机构在履行其应尽职责时，出于抑制过度使用公共资源目的而收取的费用（类似于公共池塘物品）。包括办理证照、许可、实施罚没、监管、诉讼以及涉外等几个子类别。但涉及初次与基本的部分应由公共财政保障，

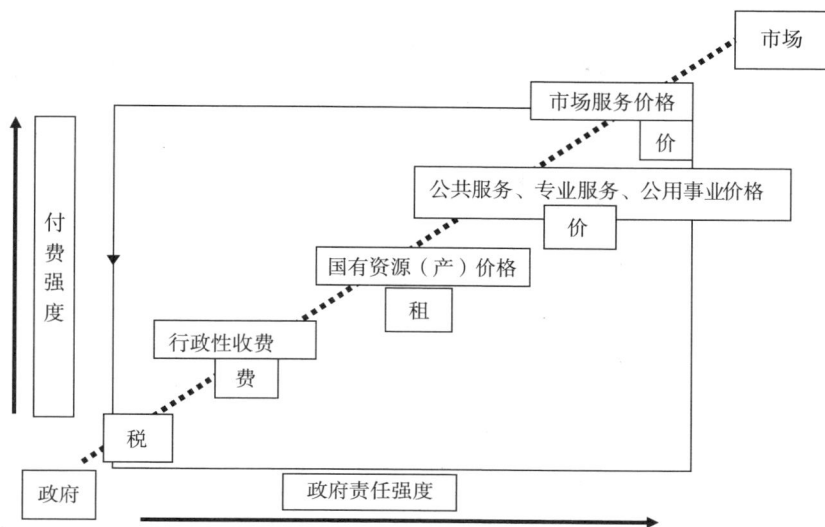

图 2

政府不应当另行收取费用。在此，政府的角色是社会管理者。

3. 国有资源价格（含补偿、出租、出让）

即政府作为国有资源（产）的所有者，在管理、出租、出让其使用权时收取的费用。依情况不同，可能包括资源补偿收入、出租收入、出让收入、特许使用收入等。

4. 公共服务、专业服务、公用事业价格

即由事业单位、企业单位为主体提供的某种特殊服务的价格，包括水、电、气、教育、医疗、考试及其他公用、公共服务。这些服务的提供主体不是政府（政府是社会管理者），但由于存在自然垄断现象或明显的公共利益，需要政府对其进行一定的规制。

5. 市场服务价格（社会组织、中介机构）

即由企业、社会组织、中介机构提供的某种与政府管理有一定关联的服务收费，属于市场价格的一类，政府负有普遍管理责任。

四、对现在行政事业性收费项目的重新分类

根据上述原理，我们对现有 300 多项行政事业性收费重新分类如下。

1. 行政性收费

包括以下几类，第一，证照类。第二登记类，含不动产登记、药品注册费、医疗产品器械注册费、商品注册费、专利收费、集成电路布图设计保护收费。第三，监管、诉讼类，含银行业监管费、保险业监管费、证券、期货业监管费，诉讼费、仲裁收费、适航审查费等。第四，罚没类，含社会抚养费等。第五，涉外类，含认证费（含加急）、签证费、驻外使领馆收费、证照费、外国人签证费、外国团体来华登山注册费、专利收费等。

2. 国有资源价格

包括两类：一是补偿类，含土地复垦费、土地闲置费、耕地开垦费、水土保持补偿费、渔业资源增殖保护费、草原植被恢复费、挖掘修复费、航空业务权补偿费等；二是经营类，包括城市道路占用、车辆通行费、无线电频道占用费、电信网络号码资源占用费等。

3. 公共服务、专业服务和公用事业价格（或统称"使用者付费"）

包括三类：一是公共服务费，含各类学费。公办幼儿园保教费及住宿费、普通高中学费及住宿费、中等职业学校学费及住宿费、高等学校学费及住宿费，委托培养费、函大电大夜大短期培训费、国家开放大学收费，还有预防接种服务费、造血干细胞配型费等。二是专业服务类，在此主要指各类职业、职称考试考务类。三是公用事业费，含污水处理费、城镇垃圾处理费、殡葬收费、长江干线船舶引航收费等。

4. 市场服务价格

在此主要是鉴定类，即根据法律法规规定，行使或者代行政府职能强制实施检验、检测、检定、认证、检疫等收取的费用，包括农药实验费、鉴定费、特种设备检验检测费等四类。

五、我国行政事业性收费分类管理的现状分析

管理是一个系统，包括目标、过程、方法、主体等多个要素。好的管理应当清楚陈述所要达到的目标，并基于目标来确定是以过程管理为主还是结果管理为主，单一主体为主还是多主体为主以及相应的管理方法。换言之，管理需要一种系统、综合、全面的视角。以是观之，可以对我国行政事业性收费管理作几点评价。

（一）从目标看：目标已经变化

资料分析显示，早期（20世纪90年代）我国行政事业收费所要达到的目标是为了解决行政事业单位经费不足的问题。从相当大的程度上讲，这也是收费项目主导权最终归于财政部门的主要原因。目前看，这一目标已经有所变化，主要是随着我国经济社会的发展，财政收入多年持续增长，1995年，我国财政收入仅为6242.20亿元，到2017年已经达到172592.77亿元，增长了27.65倍。因此财政部门在保障各政府部门履职需要的费用方面，已不存在问题。进入2013年以来，随着各方面形势的变化，我国收费方面的主要目标已转为降低制度性交易成本，优化营商环境，减轻社会尤其是企业负担①。在目标已改变的情况下，相关管理架构就需要及时调整。

（二）从过程看：事前严格，事中缺乏落实，事后缺乏评估，持续优化不足

简要地讲，可将任何一个管理过程分为事前、事中、事后三个阶段，每一阶段应匹配与之相适应的要求与制度。以行政事业性收费而论，事前阶段主要是涉及一个收费项目由谁来确定？如何确定？收费标准是多少？即收费项目和收费标准的问题。事中阶段主要涉及谁来收？如何收？以及围绕这一要求所进行的公示、目录清单、监督、投诉、申诉等机制。事后阶段，主要涉及收费效果的回顾、评估、调整，即反身评估和持续优化。

以是观之，可以看出，长期以来，我国关于行政事业性收费的管理主要集中在事前阶段，即收费项目和收费标准的确定上面。事中阶段也有详细的文件规定，但似乎缺乏落实与检查机制。最缺的是事后，基本上没有看到已落实的、常态化的评估与调整机制。现实中，变革往往源于问题倒逼。从相当大的程度上讲，这既是收费项目逐年累加以至尾大难掉的原因，也是收费标准调整频次非常稀疏的原因。

（三）从主体看：以政府主体为主，企业与公民，付费人相对隐形和失声

收费问题，至少关系到管理主体、收取主体、付费主体多方，从决策和监管的角度看，还要包括相对第三方的社会或专业人士。但目前看，主体只

---

① 需要指出的是，即使在营商环境已经很好的国家或地区，也不是说没有费就是最好，任何时候政府出于管理的需要，都有一些收费项目的存在。关键在于"度"，我们要注意不能把孩子连同洗澡水一起泼出去。

有两个，即财政、发改和执收单位，管理的关系线主要是政府部门之间的内循环。作为付费主体的企业与公民，则基本上处于隐形和失声状态。由于政府事务千头万绪，而且每一阶段的工作重点都不相同，因此很难有内在持续的动力对于几百项收费进行一一的回顾与评估，这也是对于收费，平常觉得是个小事，但经年累积之后就变成了影响营商环境、人民满意的大事，受到各方面的质疑甚至责难。

（四）从方法看：程序性多于技术性

总体而言，现在关于收费的管理方法不仅有，而且很多。比如，在收费项目和收费标准的提起、审核、批复方面都有明确的规定，有些还十分具体。目前的不足主要在于，一是有些规定还比较原则，细化程度不够，操作有模糊性。二是权威性不够，这主要体现在收费项目的确定，多为政府文件。三是科学性不够，这主要体现在收费的定价标准上，比较原则，没有科学合理、清楚明白的定价公式。四是执行的程度、效果缺乏落实、核查、评估以及惩戒机制。

六、主要政策建议

根据前面的分析，课题组对推进我国行政事业性收费分类管理提出的主要建议可以总结为三句话，一是"正本清源，分流归位"，即按税、费、租、价重新对现有行政事业性收费项目进行分类；二是"各归其道，各归其管"，即在分类的基础上，按其性质制定分类管理办法；三是"科学定价，适时调整"，即针对每一类项目，要明确其定价原则，有条件的要给出定价公式，同时引入后评估制度，适时调整。

（一）各归其道，各归其管

由于历史原因，现有 300 多项的中央级行政事业性收费项目中，几乎包含了税、费、租、价四类。这种混成一团的"一锅粥"局面很不利于推进分类管理，必须分流归位，精准锁定。在前面的部分我们已经进行了重新分类，在此我们进一步建议：

1. 取消行政事业性收费的笼统说法，分别使用含义准确、让人一望而知的"行政性收费"、"国有资源价格"、"公共（专业）服务价格"（或称使用者付费）、"市场服务价格"等名称。同时严格管控各类以费之名行调价之实的、价费不分的行为。

2. 保留正当的行政性收费部分，共计 153 项，这是今后收费工作管理的真正对象。

3. 取消一批。主要有 2 项。取消"防空地下室易地建设费"。一来此项费用属于典型的纯公共产品（国防），应当由财政预算安排支出，再则这项收费时间已经过长，早已不符合时代需要。取消"社会抚养费"，主要原因是我国新增人口已转为负增长，原有以人口控制为目标的计划生育政策已经严重过时，操作上需要与人口与生育政策同步进行。

4. 转出一批。这又分为四种情况：

转入"税"部分主要有："海洋废弃物倾倒费"，转入环保税收取。"水资源费"，转入资源税一并收取。计 3 项。

转入"公用事业和公共（专业）服务价格"部分，计 121 项。污水处理费、城镇垃圾处理费属于典型的公用事业价格，应从收费项目中转出，列为公共事业价格。殡葬、各类学费（含住宿费）属于典型的公共服务，可转入公共服务价格。考试考务类属专业服务类，共计 99 项。

转入"国有资源价格"部分，共计 21 项

转入"市场服务价格"部分，共计 7 项。

这样处理后，真正的行政性收费只有 153 项。其他的项目分别归于税、租、价等不同范畴，由此可以调整管理范围和管理机构，并依对象不同构建出相关管理机制。

（二）完善我国行政性收费管理制度

对于行政性收费项目，核心是要明确其财政资金的性质。在此基础上明确管理理念和基本原则。我们的主要建议有以下几个方面：

1. 改名

即将原来的行政事业性收费改名为"行政性收费"，其含义是指履行行政管理的政府部门，在面向企业或公众提供某些特定服务时，基于控制公共资源过度消费的目的而收取的费用。为了从思想上明确认识，还可进一步指出，对于政府提供的服务应进行两个层面的区分，一是其中的普遍和基本服务部分，如初次办理证照费、注册登记费、司法救济等，这部分属于政府基于本身天赋职能应当提供的部分，性质上接近纯公共产品，所需费用由财政预算统一安排，不再另行收取费用。二是超出普遍和基本的部分，这是为了

抑制对于公共资源的过度消耗而收取的费用，性质上属于公共池塘物品，应当通过收取适当费用的方式，辅以经济方式施加管理。

2. 政府定价，分类确立收费标准

即使都是行政性收费，各项目的性质仍然不尽相同。为此，还可以进一步做如下区分并确立其收费标准的一些基本原则。

（1）涉及企业和居民的证照费、注册登记费、诉讼费、仲裁收费这几类，应以变动成本定价为基准确定收费标准。所谓变动成本，是相对于固定成本（即在一定的范围内不随产品产量或商品流转量变动的那部分成本，如固定资产的折旧和维护费、办公费等）而言。在行政性收费的语境中，各相关政府部门的人员经费、办公经费、基本运行经费等就属于固定成本，这部分成本主要是由税收转化而来的公共财政承担的。变动成本是指成本总额随着业务量的变动而成正比例变动的成本，如在产品或服务的生产过程中所消耗的直接材料、直接人工等。这部分成本应由消费了超过基本公共服务部分的个体来承担。

在现行的收费标准的管理规定中，有"各种证件、牌照、簿卡等证照收费标准按照证照印制、发放的直接成本，即印制费用、运输费用、仓储费用及合理损耗等成本进行审核"之规定，总体上看，是条例变动成本定价法的基本精神的，可予以保留和完善。

可用公式表示如下：

收费标准 = 印制费用 + 运输费用 + 仓储费用 + 合理损耗 + 其他

（2）银行业监管费、保险业监管费、证券、期货业监管费、适航审查费这几类，由于存在明显的商业利益，同时相当于政府准入和许可，可以其预计三年内的平均收益为计算基数，按同期社会平均税率来核定收费标准。[1]

用公式表示如下：

收费标准 = 未来三年同行业的平均收益之和 × 同期社会平均税率

（3）罚没类收费另行确定。依有关法律规定。

（4）涉外类收费按国际对待原则确定。

---

[1] 在 2011 年国办《关于分类推进事业单位改革的指导意见》中有这样的规定：已认定为承担行政职能但尚未调整到位的事业单位，其履行行政职能依法收取的费用以及通过向社会提供其他服务取得的收入，全部纳入财政预算管理，收支彻底脱钩，各项经费由同级财政预算予以安排。这一规定完全符合对银、证、保监管费的处理思路。

3. 严格行政性收费的全过程管理

基于行政性收费的主要特征，即收取部门是履行行政管理职能的部门，所提供的公共服务即使是对象可识别，也是具有普遍性，是政府出于天职而应该提供的管理或服务。因此对这部分收费的管理应当：

（1）收费项目的确定要有明确的法律授权。行政性收费与税收一样，同为政府行使公权力所获得的收入，同为政府财政收入的组成部分。因此，与"税收法定"相同，确定行政性收费项目也应当在法治的原则之下进行，每一项收费都要有明确的法律授权。因此，要对现有的行政性收费进行一次依法依规方面的审查，如无明确法律授权的，应通过后续程序进行完善。今后如有新增项目，可保持现有管理部门提起收费的做法，由相关部门集中后报国务院统一批复，同时报人大备案。

（2）清单管理、全面公示。所有行政性收费项目，应当通过线上线下等各类方式予以公开、公示，同时实行正面清单管理。凡不在清单上的项目，一律不得收取。

（3）全面贯彻收、支、用、管相分离的原则。从经验上看，行政性收费出现"生复剪，剪复生"的怪圈的主要原因是因为收费收入与执收执罚单位的支出之间存在着或明或暗的利益勾连，在预算安排与收费收入之间存在着或明或暗利益勾连。因此，要想一劳永逸地清理、规范管理行政性收费问题，根本对策是彻底消除这之间的利益关联关系。为此，要全面消除收费收入是部门资金的观念与行为，并从制度设计上做到收、支、用、管相互分离、相互制衡，彻底消除其中可能存在的某种"合谋"机制。具体而言，可由执收执罚部门开具收费指令，税务部门负责收取，财政部门预算统一安排，经费使用部门对其规范性和绩效负责。现实地看，除监管费和诉讼费之外的其他行政性收费贯彻这个原则是完全可行的，基本上没有什么难度。但监管费和诉讼费在现体制条件下，则很难一步到位，可先在观念上予以明确，同时配合相关改革缓步推进。

（4）建立定期评估、调整制度。由于经济社会处于不断发展变化中，技术也处于不断的进步中，人们对于政府的观念以及行政伦理也始终处于不断变化之中，因此政府所提供公共产品或公共服务范围和程度以及由此而来的行政性收费完全可能因时而异。为此，应当建立定期或不定期的收费评估与调整机制。从主体上看，这种评估既可以由政府部门进行，也可进行第三方评估，也可以结合全面绩效管理的推进进行。从内容上看，可从收费必要性、收费标准、收费管理、效果等多方面进行综合回顾，在此基础上进行调整，该取消就取消，该新增就新增，该调价就调价，以达到持续优化的目的。从频次上看，倒也不必每年一次，可考虑以三年左右的周期进行，关键是要设定调价的触发条件。

（5）其他。结合当前行政事业性收费目录的情况，我们建议：一是单列"行政性收费"条目，与其他各类价格条目明确区分。二是明确今后"费"即指或主要指行政性收费，其他类别的尽量不使用"费"的名称。三是严格管控各类以附加费之名行涨价之实的行为，价格调整按相关机制执行，不可再以附加费的名目出现。否则，没几年又将面临遍地都是费的乱象。

（三）优化国有资源价格的管理制度

1. 定义与分类

在现行行政事业性收费项目中，有些属于国家作为国有资源的所有者，因出让、出租某种资源的使用权而获得的收入，属于经济学意义上的"租"。从另一角度看，这类"租"也可通俗地表达为国有资源价格，即政府作为国有资源的所有者，向开采、利用自然和社会公共资源的企业或居民所收取的费用。

从现有目录看，主要涉及水、土、草、道路、空域等。其中又可分为补偿类和经营类两种。

补偿类：土地复垦费、水土保持补偿费、渔业资源增殖保护费、草原植被恢复费、土地闲置费、挖掘修复费等。

经营类：耕地开垦费、城市道路占用、车辆通行费、航空业务权补偿费、水资源费、无线电频道占用费、电信号码资源等。其中水资源费未来的发展方向是纳入资源税，目前已有部分省份正在进行试点。因此在未将其全面纳入之前，可仍然按经营类国有资源进行管理，今后在资源税将其纳入时同步取消。

2. 管理原则

基于国有资源价格的"租"性质，可以逻辑地推断出这部分收入属于全民所有，应当纳入财政大账。具体而言，有以下要点：

（1）所有基于非公共利益对国有资源的使用，均应收取费用。

（2）收取国有资源价格的主体是相关管理部门，如国土、农林、交通等。

（3）所有国有资源的出租出让收入，均是国家财政收入的一部分。因此同样就应当执行收、支、用、管相分离的基本管理原则，相关收入与收取部门的预算安排之间不存在实质性联系。

3. 实施价格管制，分类确定价格标准

由于国有资源的国有性质，其出租出让的价格如何确定是一个世界性的难题。我们认为，可基于某项资源的具体用途和时限，即长期的还是短期的，商用的还是民用、公用，分别考虑。

（1）补偿类国有资源价格的确定：影子价格法＋成本补偿。水、土、草、道路等国有资源的价格，受到地理位置和经济发展程度、市场价格等的严重影响，因此很难给出不同时间、不同区域、不同品类的价格标准。现在文件中"资源补偿类收费，即根据法律法规规定向开采、利用自然和社会公共资源者收取的费用，收费标准参考相关资源污染或者其他环境损坏的，审核收费标准时，应当充分考虑相关生态环境治理和恢复成本"的规定比较原则，并不能作为可操作的定价规则。事实上对于这类"价格"情形，最可行的办法还是引入市场机制来形成价格和发现价格。但是，由于水、土、草、道路等均具有所有者主体（国家或政府）的单一性，换言之只有一个卖家，在这种情况下，价格发现机制仍然会失灵，表现为价格畸高。对此有两个解决法，一是引入"影子价格"，比如，各地都有公共资源交易中心，理论上水、土、草、道路等资源曾经有过交易记录，这就是一个很好的参考标准。二是成本因素，即使用资源所造成的污染、损坏的治理和恢复成本，这也可以从当地上年度的财政资料上发现。基于这样一个思路，补偿类国有资源价格的确定方式为：参照影子价格，参照相关成本作为定价基准。

（2）经营类国有资源价格的确定：竞价＋价格管制。这部分国有资源具有双重性，一是通常具有自然垄断性，二是经营具有盈利性。政府在此的角色也是双重的，一是国有产权的出让者，二是公共利益的代表人或者说社会管理者。此时国有资源产生的收入也是双重的，一是政府在出让其使用权时所产生的收入，二是在经营过程中产生的收入。对于前者，可通过各地公共资源交易中心公开、公正、公平地出让出租使用权，这是政府作为所有权主体产生的租金收入。对于后续经营过程中的价格，可予以一定程度的规制。以城市道路占用费为例，可分为两个步骤，一是以竞价的方式出让路权，政府获得一部分收入；二是根据当地的经济发展水平、人民收入水平等因素来确定最高限价。再以车辆通行费、航空业务权补偿费为例，企业可用全成本加合理利润的方式来定价，但政府要定期对其的成本费用信息进行核查，并向社会公开，即企业有定价权，但政府有管制权。

（四）关于"使用者付费"项目

1. 定义与分类

此处的公共服务、专业服务、公用事业，属于典型的使用者付费项目，是真正的面向特定群体提供的某种特定服务。具体包括以下三个方面。

一是公共服务，在此主要指教育、殡葬、预防接种等，即超出基本公共服务之外需要使用者付费的部分，出于信息不对称等原因，需要政府对其价格进行监管。在现行目录中，主要有两种：一种是各类学费，包括公办幼儿园保教费及住宿费、普通高中学费及住宿费、中等职业学校学费及住宿费、高等学校学费及住宿费、委托培养费、函大电大夜大及短期培训费、国家开放大学收费。另一种是殡葬收费、预防接种服务费、造血干细胞配型费等。

二是专业服务，是指涉及特定人群的某种专业性服务。在此主要指各类职业、职称、技能的考试考务类。

三是公用事业，一般是指服务于城市生产和居民生活的各项产业，包括水、电、气、热、公共交通等。在现行目录中，属于标准公用事业的主要是污水处理和城镇垃圾处理，居第二的是长江干线船舶引航。

2. 管理原则：价格管制 + 政府监管

上述公共服务、专业服务和公用事业，属于典型的使用者付费项目。其生产主体要么是企业，要么是公益二类的事业单位，不完全属于政府。但由于公共服务、专业服务和公用事业要么存在显著的信息不对称，要么具有自然垄断特征，因此政府通常都会介入，或直接举办，或给予一定程度的财政资助或政策许可。无论哪种情况，政府都要对其实施监管，且监管的内容涵盖多个方面，包括价格、服务质量、市场准入、投资、财务管理等，其中价格监管是核心。

3. 科学确定公共服务、专业服务价格

基于使用者付费的基本特征，现行目录中的各类学费、殡葬、预防接种、考试考务等公共服务和专业服务，理论上应当适用全成本定价法，即应当由使用者负担全部成本。但在我国，提供以上公共服务或专业服务的主体，按 2011 年国办《关于分类推进事业单位改革的指导意见》中对于事业单位的划分，大多属于公益二类。其基本特征是：主要从事的是不由政府保障的非基本公共服务，二是部分由市场配置资源，即可通过收费的方式部分地弥补其成本。换言之，这些事业单位的收入构成包括两部分：财政拨款 + 收费收入。因此理论上讲，其服务价格的制定应当遵循以下逻辑：一是该单位的全成本是多少？二是某一时期的财政拨款是多少？三是以上两项的差额是多少？据此可得到某种公共服务的单位价格。

公式：单位价格 =（全成本 – 同期财政拨款）/人次

要将以上定价逻辑落实下来，政府要做到以下几个方面，一是掌握准确的拨款数据；二是对相关成本的信息能够全面、清楚且动态地掌握；三是有一套关于公共服务质量监管、公民投诉、价格调整的相关机制。这实质上是现代社会政府对公共服务管理的全面转型，任重而道远，需要结合相关方面的改革缓步推进。

另外，由于这些单位所提供的服务具有某种公益性或涉及较多人群（或称非营利性），因此政府应当对其进行价格规制①。但价格规制也应当基于现实成本，而非某一固定标准。举例而言，现行考试考务费中有规定最高上限的做法，根据我们的调研，还是存在标准过低、不符合现实情况（更不用说国际比较了）的问题，由此导致的结果很可能是或明或暗的管理或质量问题，或牺牲长期效应掩盖短期矛盾的问题。对此可结合相关领域的改革，徐徐推进。与此同时，在一些领域和环节可以考虑积极引入政府购买服务的方式，交由一些具备资质的社会主体来承办。

4. 公用事业价格重在科学化定价方法

我国公用事业牵涉面广，情况复杂，改革到位尚需相当时日。综合而言，现有关于公用事业的研究，围绕价格这一核心问题是不充足的，而且各行业情况不同，更难有一个一统天下的普遍准则。当务之急是要对不同行业采用的不同定价方法进行研究，并在实践中陆续采用。综观起来，现有研究中对公用事业进行政府定价主要有以下几种方法：

（1）边际成本定价法（marginal cost pricing rule）。是使产品的价格与其

---

① 这当中涉及对事业单位的定性问题，有研究认为，应当明确其"非营利组织"的性质，以此进行管理定位。

边际成本相等，即 P = MC。经济学理论认为，此时将实现资源配置的帕雷托最优。但是，边际成本定价法通常伴随着企业亏损，因此在实际中却较少用到。

（2）拉姆士定价法（Ramsey，1927）。这是对边际成本定价法的一种修正。为了保证企业在生产过程中不致亏损，要优先考虑公用事业生产过程中所产生的固定成本，提出一组次优价格的定价方法，以达到社会福利的最优化标准，即：$\dfrac{\dfrac{P_1 - MC_1}{P_1}}{\dfrac{P_2 - MC_2}{P_2}} = \dfrac{\varepsilon_1}{\varepsilon_2}$。

（3）资本收益率管制定价。资本收益率管制定价法是 19 世纪末以美国为代表的西方国家对自然垄断产业价格管制所产生的定价方法，它是由政府事先规定一个合理的公用事业生产的收益率来限制企业盲目追求利润的行为，重点在于确定资本收益水平和资本回报计算基数。

（4）价格上限管制法。这是由 Vogelsang – Finsingetr（1979）与 Sappington（1980）研究提出的，是指政府为了实现社会福利最大化和生产效率最优化的目标，根据前期的经验数据对本期产品进行合理定价而实行的最高限价管制。

（5）综合间接管制定价法。这是我国学者苏素提出，其基本思路是将公用事业的定价分为三个阶段进行：新增项目公用事业的定价模型，已有公用事业产品但公用事业产品尚未进入使用的定价模型，已有部分公用事业产品进入使用的定价模型。

如果落实到现在目录中的三个项目（污水处理和城镇垃圾处理，长江干线船舶引航），可以在资本收益率管制定价和价格上限管制这两种方法中选用。长期而言，污水处理和城镇垃圾处理还需要加大市场化改革力度，让市场机制在定价中发挥决定性作用。

（五）市场服务价格管理：放开、竞争、市场定价

所谓市场服务类，是指虽然与政府行使特定职能有关，但可以由市场主体或中介组织提供的服务。这类属于市场服务，与其他商品或服务市场一样，政府负有普遍管理责任，如适当的市场准入、资质管理、公平竞争的市场环境等，但既无须直接定价，也无须进行价格管制。结合我国在这方面的实际情况，政府主要要做的工作是放开服务市场，让更多的市场主体平等进入，以此引入竞争机制，发挥市场机制在价格发现和价格形成中的决定性作用。

关于鉴定类市场服务。这类服务是根据法律法规规定，行使或者代行政府职能强制实施检验、检测、检定、认证、检疫等收取的费用，包括：农药实验费、鉴定费、特种设备检验检测费等四个大类。其主要管理要点是加快各类中介组织、行业协会、经营性事业单位等与政府脱钩的步伐，禁止政府官员在这类机构中任职或兼职，剥离它们与政府机构、官员的联系，将其推向市场，自主经营、自负盈亏。长远而言，则是放开市场，形成竞争，充分发挥市场机制在价格发现和价格形成中的决定性作用。

总之，从我们研究的结果上看，我国现行 309 项收费中，真正属于行政性收费的仅占其中 1/3，另外 2/3 多属于形形色色的价格。这是我国漫长的计划体制以及政府对于社会、市场长期替代的结果。值此全面深化改革之际，应当借行政事业费这一具体领域的问题来实质性地调整政府与市场、政府与社会的关系，借由"收费"改革来推动和深化相关领域的改革，真正发挥市场配置资源的决定性作用和更好地发挥政府作用，切实推进国家治理能力和治理体系的现代化发展进程。

"无讼社区"建设的实践和意义

——以四川大邑县为案例

余　涛①

"无讼"一词源自孔子所言："听讼，吾尤人也，必也使无讼乎。"中国著名社会学家费孝通先生在《乡土中国》一书中，阐释中国传统社会的"无讼"，是在差序格局下依靠"礼治"来调节社会关系，即通过教化的手段维持礼治秩序，而非"折狱"、诉讼的路径来解决纠纷。今天针对诉源治理的"无讼社区"建设，就是结合新时代新思想，取传统的"无讼"之精华、去其糟粕，使城镇化进程中社区新居民在婚姻家庭、邻里纠纷中和谐相处，让老百姓少跑路、不花钱，把矛盾纠纷在基层社区解决，既解决了问题，司法性资源又得到有效节约和利用。

"无讼社区"建设，是四川省成都市大邑县以习近平新时代中国特色社会主义思想为引领，在地方党委领导下，整合辖区行政、司法、人民调解资源，在村（社区）、居、自治组织等共同参与下，依托矛盾纠纷多元化解平台，以矛盾纠纷源头治理为切入点，强化法院司法确认，促进法治、德治、自治有机融合，探索实现共建共治共享的基层社会治理新模式。

一、从诉源治理到"无讼社区"建设

随着成都市经济社会的转型，社会利益格局多元化，社会矛盾纠纷频发，人民群众司法需求不断增长。立案登记制实施后，诉讼案件数量逐年增

---

①　余涛，四川省成都市大邑县人民法院党组书记、院长。本文原刊载于《社会治理》2019 年第 5 期。

加，案结事未了、办案任务重等成为尤为突出的问题。成都市两级法院案件不断增加，市中院统计数据显示，2015 年到 2017 年成都全市法院受理的诉讼案件量达到 88.54 万件，增幅约高达 81%；2018 年成都全市法院受理的诉讼案件为 39.47 万件，一年受案数量约占 2015—2017 年三年总量的 45%。法院"案多人少"问题反映出越来越多的司法需求与相对不足的司法供给之间的突出矛盾。2016 年 8 月成都法院制定了《关于全面深入推进诉源治理的实施意见》，提出了"标本兼治、重在治本，内外并举、善借外力"的工作思路，并要求辖区内 21 个基层法院结合当地实际就诉源治理工作进行创新探索。

大邑法院为贯彻落实诉源治理工作，经过调查研究率先提出"无讼社区"建设，即在地方党委领导下，主动融入基层治理，充分整合社会资源和民间智慧，开启了以法治思维和法治方式参与基层矛盾纠纷多元化解、融入社区发展治理工作的新格局，从源头上预防和减少涉法涉诉矛盾纠纷，将矛盾源头化解着力点锁定在基层社区。

大邑县地处成都远郊地区，辖 3 乡、16 镇、1 街道，面积 1327 平方公里，现有 52 万人。乡镇社区较多，人口流动性小于主城区，群众通常生活在一个"熟人"圈子里，习惯用传统协商方式化解社会纠纷，为诉源治理的"无讼社区"建设提供了相对良好的实践基础。

2016 年 7 月底，大邑法院召开专门会议，正式确定将构建诉源治理"无讼社区"作为司法改革中的一项重要工作。2016 年 8 月 10 日，大邑法院向大邑县委政法委提出《关于无讼社区构建的意见和建议》，8 月 15 日，大邑县委政法委在沙渠镇组织召开"无讼社区"创建工作现场会，县人大、法院、公安、司法、综治等十余部门及相关乡镇参加会议，提出了"搭建平台、促进共治共赢，加强社区构建、推动无讼建设，加强人民调解指导、发挥人民调解一线优势和加强效力确认、提供有力法律支撑"工作方针。2016 年 9 月 26 日，县委政法委出台《关于开展创建无讼社区活动试点的指导意见》，确定了沙渠镇、安仁镇等四个试点乡镇，并将无讼社区创建工作纳入 2017 年全县综治考核目标，逐步确立了"党委领导、政府主导、司法推动、部门参与、社区自治"为原则的探索方向。

二、搭建"无讼社区"建设三大智慧平台

2016 年 1 月，四川省委政法委综治办将大邑县列为全省首批、全市唯一的"雪亮工程"试点示范县，采取"政府主导、以租代建、租金共担、资源共享"的模式，充分利用和整合视频监控资源，接入数字电视终端，实现实时监控、一键求助等功能，满足群众群防群治无缝覆盖的治安防控体系需求。依托"雪亮工程"，"无讼社区"的平台建设借助"大联动·微治理"信息系统、网格员矛盾纠纷"随手调"等信息系统，充分融入县综治中心的信息化平台，提升了创建平台的信息化水平。一方面，利用信息化手段，开发运用远程视频法律咨询服务系统，让乡镇（街道）、村（社区）、各级人民调解组织及各援助工作站可远程咨询法律事项，群众在家中即可视频联系法学法律工作站，让法制建设的成果惠及群众。另一方面，深度运用成都市中院开发的"和合智解"e 调解平台。通过利用互联网信息技术与纠纷解决机制深度融合的新型互联网调解平台，设立案件选择、纠纷引导、纠纷调解、纠纷确认、调解员评价、案例指导等窗口，让当事人根据自身情况，在全市调解资源库中在线匹配对应专业纠纷类型的调解员，进行远程视频咨询、调解、确认。2018 年"和合智解"e 调解平台融入"天府市民云"，更加提升了公共服务水平，为人民群众提供了更加便捷的司法服务。

2017 年 9 月，中共成都市委城乡社区发展治理委员会正式设立，诉源治理"无讼社区"建设又有了新发展机遇。大邑县委、县政府制定《关于深入推进城乡社区发展治理建设高品质和谐宜居生活社区的实施意见》，根据《城乡社区发展治理重点任务分工》，在推进平安社区创建工作项目中要求由大邑法院牵头建立"无讼社区"创建工作机制，"无讼社区"建设正式在党委领导下由大邑法院牵头实施。2017 年，为完善和夯实相关配套制度机制，大邑法院联合县司法局制定了《关于建立诉非对接中心，深化"无讼社区"建设的实施方案》，并以"无讼社区"建设领导小组名义进行发布，明确了以调解平台建设为抓手，整合"和合智解"e 调解、人民调解、律师调解、公证调解、劳动仲裁调解五大调解工作，打造一个走进社区的综合性调解平台，并形成了《建立诉非对接中心、深化"无讼社区"建设推进方案》，就工作项目、具体任务、牵头单位、责任部门、完成时限进行了规定，明确县

级相关部门和各乡镇（街道）具体任务。

随着"无讼社区"建设的不断深入，"1＋N"综合调解平台、"诉调对接"三级联网平台、信息资源共享平台"三大平台"步入实体化运行阶段。

第一，"1＋N"综合调解平台，以开放理念实现多元解纷。"1"就是一个调解平台，"N"就是多元解纷调解组织。自2016年以来，"1＋N"综合调解平台广泛吸收整合人民调解、法院"和合智解"e调解、律师调解、公证调解、劳动仲裁调解等多种调解资源，同时，广泛吸纳积极参与"无讼社区"建设、具有一定调解能力的群众自治组织及个人，实现不同调解方式在同一平台联动解纷，真正形成解纷的多元化。目前已吸纳73个调解组织入驻。2018年，实现了公调对接、访调对接的资源整合，更加丰富和完善了综合调解平台的力量。构建起人民调解为第一道防线、行政调解为第二道防线、司法调解为第三道防线的多元解纷机制，把"非诉讼"纠纷解决机制真正挺在了前面。2018年1—12月通过"1＋N"综合性调解平台调解案件6271件，调解成功5749件，涉及人数17743人。

第二，"诉调对接"三级联网平台，提升法院诉讼服务的实效性。2017年11月，在基层法院、人民法庭、乡镇（街道）社区设立诉调对接中心、分中心、工作站三级联网平台。2018年，大邑县矛盾纠纷多元化解协调中心、"无讼社区"建设诉调对接中心与综治中心（B区）入驻法院并实体化运行。通过建设金字塔式布局、织密基层社区一线解纷网络，提高法院诉讼服务和参与矛盾纠纷多元化解的能力，充分发挥司法功能，引导当事人选择最便捷、最经济的纠纷解决渠道，让人民群众拥有更多选择权，提升解纷过程的体验感和满意度。2018年1—12月，"诉调对接"三级联网平台收案569件，调解成功275件，涉及人数1327人。

第三，信息资源共享平台，以智慧方式实现社区解纷便捷性。积极运用现代科技发展成果，提高"无讼社区"信息化与智慧化水平。依托县综治中心的信息化平台，充分运用"9＋X"网格化服务管理信息系统、"大联动·微治理"信息系统、网格员矛盾纠纷"随手调"等信息系统，广泛倾听群众声音、搜集社情民意，对各类纠纷做到早发现、快调处，及时进行诉调分流、息讼止讼。创新运用"雪亮工程＋"，搭建"智慧社区"服务平台，实现本社区信息发布屏、电脑屏、电视屏、手机屏多屏同传，实现远程法治宣传、法律咨询与法律服务，群众在家即可远程预约接受法律专家服务，让法治建设的成果惠及群众。拓展法院"和合智解"e 调解平台应用，将其接入"1 + N"综合调解平台，让人民群众在家门口就能享受到"和合智解"e 调解平台提供的咨询辅导、诉求申请、调解及司法确认等在线司法服务。

三、由点到面不断深化"无讼社区"建设

（一）高标准打造"无讼社区"工作站试点示范

自 2016 年 9 月开始，大邑法院在沙渠镇、安仁镇等四个乡镇开始了诉源治理"无讼社区"工作站建设的试点工作。一是调解力量不断充实。在政法委的领导下，为解决调解人才和调解专家的缺乏、社会组织参与度不高等问题，在试点过程中，沙渠镇加大对社会组织参与的组织和引导，成立了人民调解联合会，形成了以沙渠调解联合会、金秋社会服务中心为示范的社会调解组织品牌。二是资金保障不断充实。2018 年底，在地方党委政府的领导下，增加司法行政机关指导人民调解工作经费和人民调解个案补贴经费，根据"以事定人、以案养人"原则，人民调解个案补贴经费增加至 170 万元/年，通过提高个案补贴标准，充分调动基层人民调解员的工作积极性和主动性。三是阵地建设不断完善。沙渠镇东岳花苑是大邑县建成的第一个近13000 人集中居住安置小区，主要安置沙渠镇 5 个村 1 个社区及沙渠工业区拆迁农民，涉及邻里纠纷、婚姻家庭纠纷、房产纠纷较多。东部新城则是兼具"产业功能区"和"服务性社区"双重属性的产业社区，涉及企业纠纷、劳资纠纷、土地纠纷较多。2017 年 12 月，无讼社区"试点示范"点位——沙渠镇东岳花苑、东部新城正式竣工，硬件设施的到位，为"无讼社区"工作站实体化运行提供了实践场所。一方面，在东岳花苑、东部新城等示范点位打造了"无讼空间""乡贤和解室""智慧安防"等配套设施，在示范点形成人民调解培训现场教学点，为"无讼社区"建设实体化运行搭建起了框架；另一方面，各类人员入驻工作站增强阵地建设软实力，人民调解员、公安民警、巡回法官、法律服务工作者、社会志愿者等人员入驻社区，为"无讼社区"建设实体化运行夯实了软实力。

（二）人民调解——人民的问题人民来解决

人民调解是指人民调解委员会通过说服、疏导等方法，促使当事人在平等协商基础上自愿达成调解协议，解决民间纠纷的活动。人民调解委员会是

依法设立的调解民间纠纷的群众性组织，而人民调解员是由人民调解委员会委员和人民调解委员会聘任的人员担任。人民调解队伍的规范性、人民调解员水平的高低很大程度上影响解决问题的效果。

只有打造一支适应新时期化解社会矛盾纠纷新需求的规范化、专业化、信息化的"三化"人民调解员队伍，才能更好解决群众的矛盾。为此大邑县委政法委、县法院、县司法局联合成立大邑县人民调解员培训学校，并于2018年7月20日正式开学。一是不断规范人民调解员队伍。县综治办、县人民法院、县司法局共同组建了资深法官、金牌调解员、律师、心理咨询师等构成的人民调解工作培训师资库，对全县各乡镇（街道）、各村（社区）、各行业人民调解委员会中的专职和兼职人民调解员开展培训。二是提升人民调解员的专业化水平。加大培训力度，通过集中培训、网络在线培训、旁听庭审等方式，侧重提高人民调解的实务技能。三是加强人民调解学校的信息化建设。将网络培训中心设在县综治中心（A区），通过网络连接与县综治中心（B区）、各乡镇综治办实现信息交换与资源共享。推动完善信息化应用相关机制，充分整合不同部门的软件、客户端、APP等，构建信息共享机制。目前开展实务培训9轮次5007人。2019年1月，人民调解学校转型升级为大邑矛盾纠纷多元化解培训学校，由第三方进行专业管理。

四、诉源治理"无讼社区"建设的阶段性成效

（一）"无讼社区"建设工作将司法服务的触角延伸到镇、村（社区）

依托"无讼社区"工作站，整合社区民警、巡回法庭、调解员等力量，在群众身边、家门口为群众提供看得见、摸得着、便于接触的司法服务。通过发放宣传资料、加强媒体宣传报道等推送"无讼社区"典型案例，开展巡回审判，组织社区干部、群众等旁听庭审等多种形式，形成了党委政府肯定、人民群众喜欢、法治引领、多方参与的制度机制。"无讼社区"运用三大平台为基层社区群众提供高效便捷不花钱的矛盾纠纷化解方式，使司法服务的触角延伸到社会神经末梢的镇、村（社区），将矛盾纠纷化解阵地送到群众身边，充分发挥司法规范、引导、服务和保障作用。

（二）"无讼社区"建设强调非诉讼低成本化解矛盾纠纷

"无讼社区"建设通过做实第一道防线、做大第二道防线、做优第三道

防线的多元解纷机制，在"无讼社区"工作站，吸收整合人民调解、法院"和合智解"e 调解、律师调解、公证调解、劳动仲裁调解等多种调解资源。一方面为群众提供更多可供选择的、低成本的矛盾解决方式，节约了纠纷化解的经济成本；另一方面通过人民调解、行政调解等非诉讼方式化解矛盾纠纷，相对于诉讼而言，减少纠纷的对抗性，程序更为简单、便捷、高效，也更容易达到案结事了的效果。同时，经司法确认后的调解协议具有强制执行力，也为人民调解和行政调解提供了司法保障。大量的矛盾纠纷通过非诉讼方式解决，可以让法院有更加充足的时间和精力做精做细审判执行工作，解决人案矛盾突出问题。2016 年 8 月"无讼社区"建设以来，诉前分流 16358 件，同期全院民事受案数 6974 件，70.11% 的矛盾纠纷在镇、村（社区）得以化解。2016 年以来，全院司法确认案件 806 件。近两年大邑法院成功化解了 6 批次群体性纠纷，特别是两个楼盘历时多年、涉及 1472 名业主、共 753 件房屋产权办证纠纷，通过"无讼社区"得到妥善化解，低成本解决了群众实际困难，通过联合相关部门提升了处置群体性案件非诉讼化解的能力和水平。

（三）"无讼社区"建设中婚姻家事案件、侵权类纠纷案件明显下降

"无讼社区"建设近 3 年来，大邑法院的新收案件数由 2016 年的 3877 件增长到 2018 年的 5945 件，持续处于增长态势。3 年来，新收案件数增长 0.53 倍，年平均增长幅度为 18.02%，其中，2018 年新收案件数增长幅度约为 14.44%，仍在同比两位数的高位范围，但增长幅度下降，远低于 2017 年 33.93% 的增长幅度。虽然全院新收案件数持续增长，但是在"无讼社区"建设工作开展的重点领域呈现两个下降趋势：一是刑事案件数量的下降，同比下降 23.65%；二是民事案件中，婚姻家庭案件、权属纠纷类案件下降，同比下降 13.99%、21.64%，"无讼社区"建设成效显现。

五、"无讼社区" 建设有力地推进了城乡治理现代化进程

习近平总书记在《求是》杂志 2015 年第 1 期发表的《加快建设社会主义法治国家》一文中强调，在坚持和拓展中国特色社会主义法治道路这个根本问题上，要树立自信、保持定力。必须坚持依法治国和以德治国相结合，既要发挥好法律的规范作用，又要发挥好道德的教化作用，坚持从中国实际

出发，突出中国特色、时代特色。诉源治理"无讼社区"建设正是以三治融合的方式在实践过程中坚持先行先试、总结完善和全面推进三个阶段，整合各方资源，形成了共建共治共享的大邑实践样本。

"无讼社区"建设工作经历了由法院提出到政法委试点再到党委主抓的过程，参与"无讼社区"建设的相关部门与社会组织逐渐增多，群众参与度也逐渐提高。"无讼社区"建设是在"党委领导、司法推动、部门参与、行业自律、社区自治"的共同参与下开始的共建局面。一是建机构。随着成都市、县两级社区发展治理委员会的先后成立，通过城乡社区发展治理的小切口，探索特大城市治理能力和治理体系现代化，从机构设置上为社会治理找到了着力点，诉源治理"无讼社区"也从单一的矛盾纠纷多元化解功能转变为融入基层社会治理。二是建机制。根据中央、省、市和县政法委矛盾纠纷多元化解的工作安排部署，在实践过程中，先后制定了《关于建立诉非对接中心、深化"无讼社区"建设实施方案》《关于开展"无讼社区"建设工作的实施意见》等10余项相关配套文件，建立完善了矛盾纠纷多元化解机制。三是建平台。建立了通过整合人民调解、公证调解、劳动仲裁调解、法院"和合智解"e调解等各方调解资源为一体的"1+N"综合调解平台。夯实以人民调解为主的第一道防线，充实人民调解队伍，建立了金秋调解室、老吴工作室等73个调解组织，由司法局统一管理，增强法律知识、典型案例、调解方法的培训，加大培训力度，切实发挥人民调解组织抓早抓小、抓苗头的作用；做实行政调解第二道防线，各职能部门在治理主管领域违法乱象的同时，加强在本行业系统的矛盾纠纷排查、预防、调解能力，提升行政调解的实际效果；强化司法调解为第三道防线，深化多元解纷机制，扩大司法确认程序适用范围，引导更多民商事纠纷以非诉讼方式解决。

大邑的"无讼社区"建设，不仅实现了"法治、德治、自治"的三治融合，还体现了"政治""智治"，即实践了基层治理的"五治"融合效果。第一，坚持正确的政治方向。诉源治理"无讼社区"在建设过程中始终坚持党的领导，发挥党总揽全局、协调各方的领导核心作用，统筹依法治国各领域工作。一方面，确保了党的主张贯彻到"无讼社区"建设的全过程和各方面；另一方面，不断提高党领导依法治国的能力和水平，并在实践过程中将依法治国的政策方针落到了实处，扎根在基层、扎根在社区。第二，法治、德治、自治的三治融合。以法治为保障，德治为引领，自治为核心。依托

"无讼社区"工作站，整合了社区内部力量和外部资源，建立集社区依法自治、法治教育指导、社区治安防控、纠纷预防解决、重点人群帮教等功能于一体的平台。一旦发现社区纠纷，利用社区调解队伍，及时将邻里、家事等居民之间的纠纷预防化解在社区内；对社区自身力量解决不了的纠纷，利用社区"和合智解"e 调解等平台，进行引导分流，促使纠纷在初期有效化解。加强社区问题人物帮教，对接协同相关部门和社会力量对社区内的刑满释放人员、社区矫正人员、缠诉缠访人员等重点问题对象进行帮教，引入心理干预机制对矛盾突出、生活失意、心态失衡、行为反常的特殊人群加强心理辅导。第三，加强社会治理"智治"。一方面，社会治理过程中，拓展"雪亮工程"的内涵和外延，采用"APP + 固定监控探头"双向互动模式，通过综治干部和广大群众在智能手机上安装具有视频监看功能的 APP，既有利于规范乡镇、社区等干部的社会治理，又便于群众随时了解家乡周围情况，随时随地上传的功能也增加了群众的参与度；另一方面，引入"智慧小区"建设和治理模式，按照"政府 + 公司 + 农户"的共建模式在农民集中居住区开展平安智慧小区建设。借助安装智能门禁、智能周界防护、公共区域"紧急求助"和小区广播系统等载体，提高社区智能化服务水平。从社区这一小切口着手，利用智慧治理手段，让法治建设的成果惠及群众，提升城市治理体系现代化建设水平。

大邑的"无讼社区"建设，实现了各渠道之间的资源共享和力量整合。在大邑县综治中心依托"雪亮工程 +"，融合天网、水务局、城管等资源，通过跨部门的大数据分析和研究，形成了各职能部门之间信息共享，增强了各责任主体、各条块之间的联动运行，形成了各职能部门之间的资源共享。将成都中院开发的"和合智解"e 调解平台植入到社区，运用远程网络调解平台，集合了包括司法调解、行政调解、人民调解、行业调解、民间调解等组织和特邀的专家学者、律师、优秀陪审员、退休法官等调解员在内的各种社会调解力量，实现了第一、二、三道防线的资源的网络共享。通过远程视频调解、调解诉讼对接等在线纠纷解决方式，通过多层面、多方式的共享为群众提供更为便捷、高效的服务。

社会治理变迁及其潜在风险

杨华锋　杨　峻①

中国自古以来就有应时而变的思想。《周易·系辞下》有"穷则变,变则通,通则久",《孟子·万章下》亦有"伯夷,圣之清者也;伊尹,圣之任者也;柳下惠,圣之和者也;孔子,圣之时者也"。应时而变展露出的智慧,在改革开放 40 年来的社会治理变迁中也多有体现。

一、问题提出

改革开放是中国社会治理发展的重要节点,它既是对经济贫困、政治闭塞、社会羸弱过往历史的宣战,也是对社会治理发展的现实的反馈和回应。新中国成立之后逐步形成的国家计划体制、偏好运动式的政府治理格局,经济发展动力持续低迷,社会活力长期受到抑制。

一方面,社会面临严峻的生存危机,"面临被开除球籍"的风险。1948—1978 年,中国人均 GDP 从世界第 40 位下滑到倒数第 2 位,仅是印度人均 GDP 的 2/3。从人民生活水平看,1976 年全国农村每个社员从集体分得的收入只有 63.3 元,农村人均口粮比 1957 年减少 4 斤;1977 年全国有 1.4 亿人平均口粮在 300 斤以下,处于半饥饿状态;1978 年全国有 2.5 亿绝对贫困人口。整个国家及人民的发展和生活水平极其低下,大多数发展和生活指标排在世界国家和

---

① 杨华锋,国际关系学院公共管理系副主任、副教授。杨峻,国际关系学院政治学理论硕士研究生。

地区的 170 位以外，处于联合国和世界银行等组织划定的贫困线之下。① 另一方面，政治社会生态依然有着严重的"左倾"和"保守主义"倾向。在 1976 年以后几年的拨乱反正时期，教条仍然统治着人们的头脑，因此改革开始时期，允许非公有制经济的发展只能抓住适当的时机，采取迂回渐进的方式进行。② 1978 年，安徽全省遭遇百年未遇的特大干旱。安徽省委采取"借地度荒"：凡集体无法耕种的土地，可以借给社员种麦、种油菜，每人借三分地，谁种谁收谁有，国家不征粮，不分配统购任务。这个决定直接引发安徽全省农民包产到户的行动。不仅在安徽，贵州、四川、甘肃、内蒙古、河南等省或自治区的贫困生产队也实行了这种生产责任制。虽然"包产到户"得到干部群众的热烈拥护和一些省级领导人的支持，反对的力量依然强劲有力，而且在政治上占据优势。1978 年 12 月党的十一届三中全会虽然否定了"两个凡是"，但是其"不许分田单干""不许包产到户"的规定还是明确的。直到 1982 年 1 月，第一个关于农村经济政策的"一号文件"出台，才给予"包干"正式的政策依据。可见，思想观念上的转变确实是一缓慢的过程。

与之相较的是，改革开放逐次展开，取得巨大成效，经济社会情况全面改善，综合国力显著增强，居民生活水平显著提高。1978 年全国 GDP 为 3650 亿，到 2017 年 GDP 为 82 万亿，增长 225 倍。即使我国国内生产总值按不变价计算，依然比 1978 年增长了 33.5 倍，年均增长 9.5%，平均每 8 年翻一番，远高于同期世界经济 2.9% 左右的年均增速，在全球主要经济体中名列前茅。而当年全国居民人均可支配收入 25974 元，扣除价格因素，比 1978 年实际增长 22.8 倍，年均实际增长 8.5%。③ 这样的成果印证了经济社会发展 40 年来的光辉历程。不过在全面深化改革的历史进程中，社会发展与国家治理体系依然面临众多风险。新的科技革命蓄势待发，5G、人工智能等新兴技术对国内治理提出了新的挑战；中美经贸摩擦全面向政治、科技、

①　周天勇：《三十年前我们为什么要选择改革开放》，《党建文汇》2008 年第 10 期，第 47 页。

②　吴敬琏：《中国经济改革进程》，北京：中国大百科全书出版社，2018 年，第 83 页。

③　国家统计局：《波澜壮阔四十载 民族复兴展新篇——改革开放 40 年经济社会发展成就系列报告之一》，http://www.stats.gov.cn/ztjc/ztfx/ggkf40n/201808/t20180827_1619235.html。

文化领域蔓延，国际形势的趋紧也对我国的社会治理提出了新的要求。在此情境下，通过对治理观念、治理行动和制度范式历史变迁的回顾与分析，讨论其内在演变规律及其发展脉络，探究现在乃至未来的挑战与风险可谓适逢其时。在"观念—行动—制度"三者的分析视角下，观念的转变是最难、最重要的。它是治理系统变革中的慢变量，是治理系统能否实现自我变革的关键变量。如王阳明所言，"知是行之始，行是知之成。"哲学层面的知行关系反应在社会治理中便是"观念—行动—制度"三者的辩证关系。改革开放前的社会治理危机引发了观念上的反思，观念上的反思则带来了治理行动的变化，而治理行动的不断变化则最终导致了治理制度范式的变革，继而反馈回流后，再次引导与强化行动偏好，并使观念之更新持续化。

二、社会治理的观念变迁：核心议题

诚如韩震所言，"改革开放就是以自觉而强烈的变革精神推动中国发展，只有打破思想的牢笼，才能挣脱陈规旧俗的束缚，如对计划经济的膜拜，对市场经济的排斥，对商品经济的恐惧。理论是认识世界和改造世界的工具，而教条主义是束缚我们思想的桎梏。在改革中思想持续得到解放，解放了的思想成为进一步改革的推动力量。"[1] 在观念改革的推动下，通过反思政党及政府行为的边界，变更或调整政府与市场、政党与政府以及政府与社会的关系，从而划定不同主体的职权范围，并对其行为进行法律规范，进而形成一系列新的制度安排。

其一，政府与市场关系：从"发展型政府"迈向"监管型政府"。政府与市场的关系调整大致经过了从最初的"发展型政府"到"引导型政府"，再到"监管型政府"的阶段。"发展型政府"指的是政府与市场融合在一起，政府既是组织者，又是裁判者，更是参与者，身兼多职，它的目的在于发展经济，集中表现就是它既是产业管理者，也是产业经营者。此阶段，由政府决定资源的配置，市场自主性较差，对应的时间大致在 1978—1992 年十四大以前。"引导型政府"指的是政府开始与市场有所分离，开始发挥市场配置资源的基础性作用，但政府仍然扮演着引导者的角色，市场自主性需

---

① 韩震：《改革开放的历史变迁与理论变革》，《中国社会科学》2018 年第 11 期。

要在政府的引导下不断提升。1992 年党的十四大提出我国经济体制改革的目标是建立社会主义市场经济体制，使市场在国家宏观调控下对资源配置起基础性作用。① 因此将这一时间作为"引导型政府"的起点，对应的时间大致是 1992—2013 年党的十八届三中全会以前。"监管型政府"则是指政府与市场分离，发挥市场配置资源的决定性作用。2013 年党的十八届三中全会提出使市场在资源配置中起决定性作用，并更好地发挥政府作用，② 这实现了我们党在理论和实践上的又一次突破，也是从这一阶段开始政府与市场的关系完成了关键性的变化。党的十九大进一步完善了如何加快完善社会主义市场经济体制的相关论述。完善的市场秩序是市场配置资源的保障，政府建立公平、开放、透明的市场规则，实行统一的市场监管。2018 年新颁布的改革方案中，设置统一的国家市场监督管理总局就是加强市场监管的一项例证。通过这三个阶段的调整，政府与市场的关系逐渐被理清，政府不再是全包全能的"大政府"，它将资源配置的决定权逐步还给市场，只是在市场配置资源的基础上用宏观调控的方式，调节一些市场失灵时产生的问题。这样，政府从市场的管理者变成了监管者，负责提供市场难以供给的公共物品和公共服务，以确保其行为和责任的"不缺位"和"不越位"。

其二，巩固党的全面领导地位，重塑党政关系。中国的政党与政府关系与西方有着本质的区别，这与双方政治制度建立的顺序相关。有别于西方先建立现代化国家再形成政党制度的政治顺序，中国经历的是先有中国共产党，后有新中国的进程。因此，现代中国的政治制度实则是在中国共产党的机体上衍生出来的，所以考察中国的政党与政府的关系并不能套用西方的政党理论。也正是从这个角度出发，中国的政党与政府的关系同中国共产党自身的执政观念的转变息息相关。如果以改革开放为基点，则改革开放前的"文革"时代，由于对国内外形势的错误估计，党的执政观念被激进的表达为"以阶级斗争为纲"。这一观念体现出的是一种典型的革命党的观念，即：具有革命化、泛政治化和意识形态化的行为特征，政府以军事化或准军事化

---

① 《中国共产党第十四次全国代表大会报告》，http：//cpc. people. com. cn/GB/64162/64168/64567/65446/4526308. html。

② 《中国共产党第十八届中央会员会第三次全体会议公报》，http：//cpc. people. com. cn/n/2013/1112/c64094 – 23519137. html。

的方式来组织社会生产和分配，对社会实施计划和运动的集中式管理。① 随着"文革"的结束，从 20 世纪 70 年代末开始，中国共产党提出了"以经济建设为中心"的新观念。由于自身定位的转变，党的执政理念也随着实践的发展和需求做出了许多调整和改变，邓小平同志关于"社会主义本质"的论述，赋予了社会主义更多的内涵，成为中国特色社会主义的基础。"三个代表"对于党组织和党员身份的重新审视，又为党本身的发展开辟了渠道。在这一系列的变化中，我们党认识到"党的执政地位不是与生俱来的，也不是一劳永逸的"，为了确保执政地位不动摇和执政的合法性不丧失，就必须坚持"科学执政、民主执政、依法执政"，通过增进"党内民主"，促进社会民主事业的发展。这也就意味着随着党的自我认知和执政观念的转变，党与政府的权责关系逐渐清晰。党与政府之间关系的调整，实际上是在党与政府之间预设了一个安全网。行政治理因为其面临的社会问题的复杂性和不确定性，有时会产生一些治理困境，如果党政关系不清晰，则对行政治理困境的不满也会直接转化为对党的执政的不满，对党的执政合法性造成冲击。在党政关系调整后，政府成为行政治理的主体，职权更加清晰，行为边界更加明确，如果出现治理困境，那么相关责任的追究也能更加具体，党也能从更客观的角度对困境的治理进行调整，不会成为直接的连带责任者。这样就在社会公众与执政党之间形成一个缓冲带，避免行政治理困境直接对党的执政合法性构成冲击和挑战，为解决相关困境或问题提供政治空间。

再者，政社关系从管制逐步走向服务。随着政府与市场、政党与政府关系的调整，政府与社会的关系也发生了变化。长期以来的"国家—单位—个人"的体制结构下，单位组织渗透到个人生活的方方面面，国家通过对单位的管理，从衣食住行等各个方面将个人组织起来。由于各种资源几乎完全被国家机器掌握，因此"社会"不具备存在的物质基础，虽然人情社会依然存在，但能发挥的功效极其有限。改革开放后，特别是在政府与市场关系调整后，国家不再管制所用资源，也不再对公众生活的方方面面进行管控，随着资源的流动性增强，社会发生效用的物质条件逐渐丰富，其功能得以慢慢复苏，形成了"国家—社会—个人"的新的运行体系。这一体系下，政府与社

---

① 燕继荣：《中国改革的普遍意义——40 年中国政治发展的再认识》，《浙江社会科学》2018 年第 9 期。

会的关系逐渐从管制走向服务，1998 年《国务院机构改革方案》将"公共服务"确立为政府的基本职能之一，2005 年《政府工作报告》则正式将"建设服务型政府"确认为政府目标。同时，党在政府与社会关系的调整中也发挥了重要作用，党的十七大后，进一步明确了服务型政府的基本内容和政策体系，明确"人民本位"和"社会本位"的政治方向；党的十八大又提出加快健全基本公共服务体系的要求，并在党的十九大时再次强调和落实。随着市场在经济生活中发挥决定性作用的深入，社会将变得更有活力。政府通过提供基本公共服务体系，和引导社会自组织的发展，将社会组织引入公共治理的环节，推动公众自治能力的提升，从而提供更加优质的公共产品和公共服务。而公众则可以通过参与社会自组织的发展，培养政治参与能力和现代公民素养，从而进一步激发社会公众的参与感和获得感，使得"个人—社会—国家"三者之间可以形成良性互动，共同推动解决社会发展中出现的种种问题，这是社会走向"和谐""有序""善治"的必由之路。

三、社会治理行动偏好的表征

随着治理观念的变迁，治理的行为和方式也发生了变化，这种变化主要体现在行动层面就是治理的法治化、市场化和社会化。

第一，法治化。治理行动的法治化与改革开放息息相关。从法治与改革的关系而言，改革需要法治的保障和巩固，市场经济本身对法律有着内在的需求，需要一整套与之相适应的法律规则。而政府面对社会利益的多元化和复杂化的变化趋势，需要不断地提升自己解决社会问题和处理社会矛盾的治理能力，因而也需要依法行政。因此，我们在改革中所碰到"不再主要是'是非'之争，而主要是'利益'之争"。[①] 计划经济条件下的意识形态的争论逐渐演变为社会中的物质利益矛盾，为了合理地处理这些矛盾，避免"文革"式的"运动治理"模式，就必须建立并完善相关法律体系，使政府和公众都能在法律的范围内各安其所，而不会出现行为失范导致的价值判断失准等一系列问题。

1992 年党的十四大之后，以社会主义市场经济为价值取向的改革目标逐

---

① 沈国明：《渐进的法治》，哈尔滨：黑龙江人民出版社，2008 年，第 77 页。

渐清晰，建设与社会主义市场经济相适应的法律体系的步伐明显加快。1997年，党的十五大提出，到2010年形成中国特色社会主义法律体系。经过40年的努力，全国人大及其常委会制定了包括宪法及相关法、民商法、行政法、经济法、社会法、刑法、诉讼与非诉讼程序法七个门类的现行有效法律270余件，国务院制定的行政法规900余件、地方性法规近万件，再加上自治条例和单行条例，以宪法为核心的中国特色社会主义法律体系逐渐形成。1999年，在总结20多年改革开放的经验教训的基础上，为了适应经济运行由计划向市场的转换、公民法治意识的初步确立等一系列变化，全国人大通过宪法修正案，将"依法治国，建设社会主义法治国家"确定为治国方略，在价值层面肯定了法治的意义。越来越多的人认识到法治的核心价值在于制约公权力，"依法行政，建设法治政府"成为对各级政府的基本要求。长期以来一直存在的"无法可依"的局面基本结束，"科学立法、严格执法、公正司法、全民守法"成为法治建设的新要求。在党的十六大上，依法治国提升到与坚持党的领导和坚持人民当家作主相一致的政治高度，三者的有机统一成为我国社会主义建设的指导方针，对于指导我国社会主义经济建设和民主政治的发展产生了深远影响。党的十八大进一步将全面依法治国作为"四个全面"总体布局的重要组成部分，党的十八届四中全会是党的历史上第一次以法治为主题的中央全会，全会通过的《中共中央关于全面推进依法治国若干重大问题的决定》明确全面依法治国的总目标是建设中国特色社会主义法治体系，建设社会主义法治国家。随着国家监察委的建立与运行，法治化的进程还将继续深化和发展，成为改革后治理方式的典型特征之一。

第二，市场化。一般来说治理的行动按照治理主体的不同，可以大致划分为三种，包括公民自治、市场化调配和政府治理。如前文所述，随着政府与市场关系的逐渐理清，市场开始发挥愈来愈重要的作用，从1992年党的十四大确定市场调配资源的基础性作用，到2013年党的十八届三中全会确定市场调配资源的决定性作用的20余年中，党和国家逐渐放宽了包括住房、教育、医疗、能源、金融等各个领域的政府管制。民营资本得以涌入并进行竞争，进而提高了各个行业的生产力和竞争力。正如吴敬琏先生所说："改革开放的40年中，凡是市场化、法治化的改革推进得比较好的时候，中国的经济增长质量和速度就表现得比较好，人民群众的福利也得到了比较大的提高，社会和谐的气氛就能够保持甚至改进。"[1]

市场化改革的效果毋庸置疑，但是在市场化的过程中也引发了一些问题，政府行为的市场化考虑便是其中之一。为了避免意识形态的束缚导致的各种问题，改革是在"不争论"和"摸着石头过河"的探索中开始的，由于改革初期顶层设计和总体布局的缺乏，因而不可避免地产生了考虑不周的问题。表现在政治生活中，就是部分地方政府出现唯经济指标是从的"市场化"行政取向。特别是在农村土地征收征用、城市房屋拆迁、社会保障等问题上，部分地方政府出现了为追求政绩而不顾社会民生，片面地强调经济发展而简单地动用暴力手段，以致激化社会矛盾，危害社会稳定的问题。除此以外，住房、教育、医疗等涉及民生领域的市场化也导致了普通民众的负担加重，特别是在这些领域改革的初期，由于配套措施的缺乏，公众的生活成本明显增加，使得公众对改革的"获得感"有所降低。近几年，随着政府在医疗保险和社会保障方面的投入增加、义务教育的普及以及对房地产市场的适当控制，相关问题有所缓和。但是在包括大病报销、高等教育焦虑、高房价预期等问题上，公众的负担及焦虑可能会长期存在。市场化虽然解决了社会生产的效率问题，但是却很难自发解决社会公平问题。因此，政府需要更多地承担起其维护社会公平的责任，避免唯经济指标是从的"政治市场化"倾向。对涉及住房、教育、医疗等民生领域的改革中，不仅需要重视市场的资源配置作用，也需要做好"二次分配"的适当调整，在满足公众的基本需求的基础上，尽量提升公平性。避免出现富者愈富，贫者愈贫的"马太效应"，否则将与邓小平同志所论述的"消除两极分化，实现共同富裕"的社会主义本质背道而驰，变成打着市场化改革旗帜的"权贵游戏"。

第三，社会化。治理行动的社会化与政府同社会的关系调整紧密相关。随着政府的简政放权和资源的市场化配置，社会得以恢复其功效和作用。市场化的流动性在带来生产力发展和竞争力增强的同时，也导致了剧烈的社会变化和分层，传统的熟人社会被打破，来自各个区域的人聚合在一起，形成陌生人社会。他们彼此的教育背景、思维习惯、生活方式互不相同，呈现出文化上的多元化倾向。这种文化理念的多元化意味着社会多元主体的不同思想在市场环境下自由交锋，通过自由的观点与理念的交流和对话，围绕特定

---

① 吴敬琏：《坚持市场化、法治化改革方向》，《中国总会计师》2018 年第 9 期。

的社会事务展开探讨与协调，并在此基础上谋求理念共识。这种文化交往需要在相互尊重、理解和互动的前提下实现沟通，又在沟通的基础上产生合作行为，并形成合作关系，进而推动社会多元主体的协同治理。① 除了文化上的多元性以外，市场化竞争中按劳分配的利益分配格局，加速了社会分层，公众开始形成多元化的群体组织，并为自身所代表的利益分配格局积极发声。社会行动者的组织架构、资源基础和文化差异这些条件具备之后，使得社会治理面临的问题也变得日益多元化和复杂化。不同群体间的治理策略和选择偏好的多样性，导致政府在行政治理中所采取的治理方式也呈现出多元化和社会化的特征。这是因为在很多社会问题上，政府的行政行为不再具备解决所有问题的可能性。因此，需要多元化的社会主体积极参与，和培育良好的社会环境。通过对社会环境的培育，和多元主体协同治理能力的提升，一方面可以推动一些从政府角度难以处理的问题得到解决，以保障和增进公共利益；另一方面，由于多元主体共同参与了政府政策的制定，既可以方便政府政策执行，也可以使公众更加了解公共问题的复杂性，即使出现在当前条件下难以解决的社会困境，也不至于出现公众与政府的对立情绪，这样可以保证社会的关注点始终集中在如何解决公共问题之上，避免因为彼此误判导致的社会矛盾激化。同时，治理行动的社会化也是对党提出的"建设服务型政府"的回应。党的十六届六中全会提出了"建设服务型政府"的任务，将服务型政府建设作为建设和谐社会的重要举措，并在之后的历次党代会上反复提及。特别是在党的十八届三中全会中，明确把服务型政府建设作为国家治理体系和治理能力现代化的重要组成部分。而服务型政府的建设，必然要求政府能针对公众的不同诉求做出更加精确化的回应，因此行政治理方式的多元化便成了政府行为的典型特征和必要选择。

四、社会治理主体范式的呈现

治理观念的变迁和治理行动的演变，自然也就需要与之匹配的组织框架和制度模式，此二者在治理体系中主要表现为主体范式的差异，具体来说：

一是党的全面领导进一步加强。改革开放前由于治国理政被理解为政治

① 张康之：《合作的社会及其治理》，上海：上海人民出版社，2014年，第138页。

统治与政治管理的简单叠加，致使党与政府之间的关系并不清晰，"党政不分""以党代政"影响下的分工不明，使得党的领导体制建设滞后于社会实践需要。随着改革开放中党与政府关系的调整，党的领导方式发生了变化。从以往无所不包的领导方式，逐渐演变为党的十九大以前的"三大领导"方式，即政治领导、思想领导和组织领导。但这一阶段也出现了过分强调"党政分开"而导致的弱化党的领导的问题。党的十九大在总结历史经验，直面现实问题的基础上提出了新时代党的建设总要求，将"坚持和加强党的全面领导"作为重中之重，并通过了《中国共产党章程（修正案）》，把"党政军民学、东西南北中，党是领导一切的"明确写入党章。相较于以前，表现出更加强势的政党领导态势，形成了"以党领政"的新模式，强调党的统一权威。在国家结构上呈现出一种"政党—人民结构"，即：国家治理的主体是人民，而执政党作为人民的选择，代表人民治理国家，呈现出无限责任政党的趋势。党领导一切这种自上而下的国家治理方式，容易导致治理的系统成本、运行成本和维护成本居高不下。自上而下的治理方式，必然会形成治理的"中心—边缘"结构，离政治中心近的地区与远的地区会存在天然的不平等，进而导致地区差距、城乡差距和贫富差距。国家治理的问题一般出现在基层，等到问题信息层层传导到高层，然后再反馈治理时，难免会出现信息失真和治理措施的滞后，而且会挫伤基层的创新动力与能力。

二是构建新型的人民满意的服务型政府。40 年的行政改革历程中，政府职责先后经历了简政放权——转变职能——治理现代化创新等阶段。1980 年 8 月邓小平同志在中央政治局扩大会议上发表《党和国家领导制度的改革》拉开了政府治理改革的序幕，1980—1988 的 8 年间政府改革以简政放权为核心，重点解决党政关系，以及中央和地方的"府际关系"问题。1987 年党的十三大提出建立"有计划的商品经济"后，1988 年政府开始进行机构改革，着眼于转变政府职能。1992 年面对经济提升乏力，政治环境趋紧的问题，邓小平同志的南方谈话再次为改革开放保驾护航，随后党的十四大确立建立社会主义市场经济体制的目标。因此，1988—2003 年政府改革的重点在于政府与市场关系的调整。2003 年 SARS 的肆虐，催生了公众对社会管理与公共服务的诉求，要求政府强化其公共服务职能。因此，2003—2013 年的十年间，政府的改革的重点转向政府与社会关系的调整。2013 年以后，随着市场在资源配置中起决定性作用的认知转变，新一届政府把深化行政审批制度改革作为转变政府职能的先手棋，不断推进行政体制改革向"深水区"前进，政府职能转变进入全面深化改革的新时期。40 年的变革过程中，传统的以行政管制为主体的政府管理方式已经发生了根本性变化，开始向构建以服务型政府为核心内涵的政府管理模式转变。政府管理从注重管制向注重服务转变，不仅涉及政府管理理念的更新、政府行为取向的重新定位、政府施政规则的重建，也包括政府职能和结构、政府施政方式、方法和运行机制的改变。政府治理层面的变革随着法治化的推进，许多优秀成果逐渐被以法律的形式规范和确定下来。党的十九大之后，随着"党领导一切"的提出，党政关系重新成为政府机构改革的重要导向。政府层面的转变其实是政府通过动态调整适应国家和社会发展需要的过程，其本质是党、政府、市场和社会等不同主体间边界的确定和关系结构的塑造。因此，随着政党与政府、市场和社会关系的不断调整，政府的治理行为表现得更加"中性"和"专业化"，政府不再是包罗万象的机构，它的作用是在党的领导下，对行政事务行使其职权，并在必要的时刻引导市场和社会的发展。

　　三是"共建共治共享"的社会协同治理格局。社会治理层面的变革与治理方式的社会化相对应，是社会治理主体多元化后的产物。新的社会环境下，政府不再是治理的唯一主体，社会组织、社区组织、企事业单位都可以各种形式参与到社会治理中来，而随着自媒体的兴起，公民自身的政治参与渠道也得到了拓展和提升。从历史进程来看，1993 年党的十四届三中全会首次使用"社会管理"概念，表明国家层面开始意识到社会作为独立主体在政治生活中的作用。1998 年的《国务院机构改革方案》将"社会管理"列为政府的基本职能，对政府与社会的关系进行了适当调整。党的十八届三中全会上，"社会管理"改名为"社会治理"，从管理到治理的转变，意味着社会的主体地位得到提升。党的十九大进一步提出了"打造共建共治共享的社会治理格局"，多元主体共同参与社会治理成为新的共识，学界也对此做出了积极的回应，"协同治理""合作治理"等概念成为高度集成的理论话语，流行于官方文本与学界论坛。回顾社会治理层面的变革，其原因大致可以表述为：改革开放首先为社会治理的变革提供了基本的物质基础，公众具备了参与社会事务的基本能力。其次，市场配置资源带来的利益分层又使得社会主体出现分化，不同群体为了维护自身利益积极参与社会事务，具备了参与的意愿，并形成了不同组织程度的社会自组织。再次，由于科学技术和网络的发展，公众参与社会事务治理的渠道更加丰富便捷，提升了公众参与的效果。最后，则是因为这些社会环境的变化，使得政府面临的社会问题越来越复杂化和多元化，为了回应公众的不同诉求和党关于"建设服务型政府"的目标，政府本身展开积极的变革，引入社会资源和组织共同参与到社会事务的治理工作中，逐步打造"共建共治共享"的社会治理格局。

五、社会治理发展面临的风险

回顾过去是为了更好地指引未来。过去的 40 年，我国的改革开放取得了举世瞩目的成就，在经济实力、社会生产力、综合国力和人民生活水平等方面都实现了巨大的提升，因此我们确乎有着自信的底气，不必妄自菲薄。但渐进式改革先易后难的特点，在改革迈入"深水区"的情境下，也迫使我们不得不慎重反思治理变迁过程中存在的风险。

一是公众无权少权的风险。"无权""少权"指的是当前阶段，相比于经济的高速发展，社会公众的政治权力和利益保障的制度建设、文化观念都相对落后，导致公权力对私人权益的侵犯等问题时有发生。前文提及过，由于我国经历的是先有中国共产党，后有新中国的历史进程。因此，现代中国的政治制度实则是在中国共产党的肌体上衍生出来的。而中国共产党的执政地位是在长期的革命斗争过程中形成的，为了取得革命的胜利，党的组织形式呈现出高度集中和统一的态势。其中，"下级服从上级、地方服从中央"等思想和作风，经过转化逐渐融入政府行政治理的逻辑中，成为政府行为的典型特征。"下级服从上级、地方服从中央"是行政系统运行的基本秩序，本身没有太大问题，但是其中也潜藏了一定的风险。由于下级及地方的政治权威和行为认同来自上级和中央，那么其在处理行政事务时会不自觉的出现"唯上是从""唯中央是从"的行为偏好，对公众的利益和权利的考量便显得无足轻重。如果中央或上级的政策制定合理，那么这种遵从可以收获不错的成效。如果遇到中央或上级政策制定与实际相矛盾，那么地方和下级面临的选择无非两种：一个是承担违背中央或上级政策可能带来的政治后果，坚持按照实际情况选择性的执行政策，等待政策效果再做安排；另一个则是坚决执行相关政策，甚至超额完成相关指标以换取"政治资本"。在政策成本由公众承担，政策责任有上级分担的情况下，相较于违背政策，执行政策的代价小、收益平滑，地方或下级自然会倾向于这种"不求有功，但求无过"的选择，从而造成"行政之恶"的蔓延。2016—2017 年京津冀区域的"煤改气"事件便是例证。"煤改气"执行的过程中，部分县市农村地区供暖管道铺设尚未完成、供暖设备尚不齐全，就被收缴散煤、燃烧工具，致使无法正常取暖。这种不考虑居民实际状况的贯彻上级政策的行为，就是典型的"行政之恶"，行政人员在用公权力对民众造成伤害时，依然可以将之归结于"行政命令"而自我开脱，根本意识不到自己的不当之处，事实上却构成了行政权力的社会伤害。① "行政之恶"作为现代性的副产品，其危害及原因已经被国外学者进行了广泛的研究和揭露。但是它在我国的危害程度相较于国外更甚，则是与公众的"无权"和"少权"相关联的。党的十八大以来，习近平同志围绕社会主义政治建设发表了一系列重要论述，将"人民当家作主"视为社会主义民主政治的本质和核心。但由于政治上的安排尚显不足，制度设计也不够完善，人民当家作主的实际效果并不能令人满意。当面对政府公权力以经济、政治、环境保护等各种理由的不当介入时，这种"无权"与"少权"的状态会影响到公众的生活体验，增加他们的焦虑感和不安全感。严重时甚至可能会激化一些社会矛盾，引发公众对政府和党的不满或不信任。

二是官僚主义和形式主义的风险。《辞海》释义："官僚主义"即脱离实际、脱离群众、做官当老爷的领导作风。如不深入基层和群众，不了解实际情况，不关心群众疾苦，饱食终日，无所作为，遇事不负责任；独断专行，不按客观规律办事，主观主义地瞎指挥等。具体包括命令主义、形式主义、文牍主义、事务主义等表现形式。关于官僚主义形成原因的分析比较多，既有封建残余思想的影响、官员自身认知偏差和堕落等思想层面的原因，也有体制机制不完善等制度层面的原因。这一问题在中国共产党历史上曾被多次提及。改革开放初期，邓小平同志在《党和国家领导体制的改革》一文中，将官僚主义的原因归结于"权力过分集中"，并由此开始了简政放权的体制改革。1990 年党的十三届六中全会通过《中共中央关于加强党同人民群众联系的决定》，江泽民同志把反对官僚主义与形式主义作为重中之重，着力强调"形式主义作风和官僚主义作风是党的一大祸害。全党上下，全国上下，必须

① ［美］艾赅博、百里枫：《揭开行政之恶》，白锐译，北京：中央编译出版社，2009 年，第 42－43 页。

狠刹形式主义、官僚主义的歪风"。党的十八大以后，习近平同志将党的作风建设提升到"事关党的生死存亡"的高度，并以贯彻落实中央八项规定精神为切入点，着力加强作风建设；把严整"四风"作为推进党的建设伟大工程的切入点和党风廉政建设的着力点，从严从细从实紧抓作风建设。①

在党的积极介入下，官僚主义作风有所收敛，地方风气得以改善。值得注意的是，虽然明面的风气得到了改善，官僚主义却依然暗流涌动，并呈现出一些新的形态和样式。根据中国青年报的报道，"2017 中国家庭医生论坛"曾宣称在 2017 年 11 月底，全国有 95% 以上的城市开展了家庭医生签约服务工作，总计有超过 5 亿人拥有了自己的家庭医生，人群覆盖率超过 35%，重点人群覆盖率超过 65%。这一数据报告引起了舆论的普遍不解和质疑，随后国家卫计委做出了"家庭医生签约服务一般人群签约率、重点人群签约率分别完成了 30%、60% 的工作目标。家庭医生不是私人医生，签约数字没有问题"的回应。这种将指标的完成作为工作成效，忽视实际工作效果的行为便是官僚主义的一种表现形式。指标是检验政府工作的一种工具，如果出现为了完成相关指标，忽视实际效果的"造假"行为，不仅会使得政府工作质量堪忧，还会导致指标本身的科学性降低，影响国家和领导人对形势的客观判断，造成更恶劣的影响及后果。因此，官僚主义的危险并没有随着作风建设的推进而销声匿迹，它只是以其他的形式潜藏了起来。未来还需要我们继续保持警惕，既需要加强作风建设，提高公职人员的品德和素质；又需要完善制度体制，消除官僚主义产生的制度基础；最重要的是建设良好的行政文化，落实公众的民主监督权力，防范官僚主义死灰复燃而带来的危害。

三是发展迟滞的经济风险。相较于前两种风险，发展迟滞的风险显得更加重要而紧迫。近年来，随着人口红利的逐渐消失和城市化运动进入中期，外延式发展的边界渐渐出现，以效率提升和技术创新为主题的转型升级已经势在必行。然而，庞大的人口数量和产业规模，又使得国家发展的路径依赖严重，潜在利益集团的博弈隐蔽化也增加了转型的困难。2014 年 5 月，中央提出"新常态"，认为中国 GDP 增速从 2012 年起开始回落，这是经济增长阶段的根本性转换，中国已经告别过去 30 多年平均 10% 左右的高速增长期。新常态下，我国的经济发展增速减缓，数量型增长无法持续，资本的边际收

① 刘红凛：《中国共产党加强作风建设的历史经验》，《紫光阁》2018 年第 11 期。

益率持续降低，传统的以政府投资基础设施建设为渠道的经济增长方式难以为继。劳动力成本和地价成本的提升，又使得服装、电子器具等外贸型工厂生存艰难。2018 年以来，随着中美贸易摩擦的持续升温，外贸对于经济发展的贡献能力进一步降低。受投资减少和外贸不振的影响，社会公众的消费水平也面临降级风险。作为拉动经济发展三驾马车的投资、消费、贸易相继受挫，又导致了市场信心受到冲击，自 2018 年 6 月起，股市震荡，上证指数下跌 23%，创业板指下跌 27%，深证成指下跌 33%，沪深两市市值缩水14.46 万亿，人均亏损 9.9 万。① 在这样的经济背景下，民营经济还遭遇了政策原因引发的"融资难""融资贵"等问题。② 种种因素的叠加，使得2018 年的国民经济发展经历了严峻的考验。经济下行压力的增强和不确定性的增加，使得改革的外部环境有所恶化，而随着改革迈入"深水区"，改革的任务难度不降反升。当前我国经济增长放缓，许多深层次的问题和矛盾可能会显得更加明显和突出，面对"新常态"下的各种新变化，需要国家层面引起高度重视，在改革与发展中取得平衡，避免国家发展陷入"中等收入陷阱"中，错失民族复兴的大好时机。

六、结 语

40 年风雨兼程，改革开放已经进入不惑之年。此刻，中国正以新兴大国的姿态站在历史的交汇点上，我们所面临的问题和环境与 40 年前已经大不相同。但是只要作为改革开放初心的"解放思想、实事求是"未曾变化；只要对内改革增强活力、对外开放开拓市场的基本方向不发生偏离，只要党、政府、市场、社会及公众之间的关系能顺利理清，保证多元主体能各安其所、各尽其能、各负其责，以中国人民的勤劳和拼搏，全面小康与民族复兴的"中国梦"必然可以实现，中华儿女的未来必然不可限量。《老子》云："慎终如始，则无败事。"世间之事，大抵如此，改革开放与治理变迁也需坚持始终如一，方能终获成效。

---

① 《2018 年股市生存现状：08 年后最惨之年，人均亏损 10 万》，搜狐财经．http://www.sohu.com/a/284870739_711825。

② 易纲："前期一些政策制定考虑不周、缺乏协调、执行偏离，强监管政策效应叠加，导致了一定的信用紧缩，加大了民营企业融资困难。"载《华夏时报》2018-11-6。

创新防灾减灾科普宣传教育体制机制的政策建议

张文杰[①]

一、从日本防灾减灾科普宣传教育谈起

日本是世界上地震灾害多发国之一，特别是 2011 年"3·11"特大地震及其引发的海啸与核泄漏事故灾害，给日本造成了巨大的灾难性后果，而让全世界更加震惊的是日本国民在遭遇地震灾难后始终保持着的高度冷静与严格自律，即使是在免费供应的超市，也不见惊恐、无序与贪婪，而是受灾民众镇定、秩序与礼让。能够如此冷静地应对重大地震灾害事件，这是日本国民防灾减灾科学普及成果的体现，也与日本多年坚持在全国范围内举办有首相参与的全国性防震演练及全民防灾减灾宣传教育活动的结果，培育了社会广大公众自觉应对地震灾难的意识，也成就了全体公民在灾难来临时维护社会和谐稳定的自觉性，大大降低了国家抗震救灾成本，有效减轻了灾害损失。国内外防灾减灾实践证明，通过长期的、全社会共同参与的防灾减灾科普宣教活动，显著提升全社会公民的防灾减灾意识，进而取得很高的减灾成效，提高国家整体防灾减灾能力。

二、我国防灾减灾科普宣传教育工作现状和存在的问题

我国自然灾害种类多、分布地域广、发生频率高，地震灾害等一系列自然灾害的发生对人民群众造成了极大的生命财产损失，成为严重影响我国区域经济社会可持续发展的风险因素，不断考验党和政府领导力和执行力。我

---

① 张文杰，中国地震局政策法规司副处长。

国防灾减灾科普宣教能力不足，是自然灾害造成我国人员伤亡和财产损失严重的主要原因之一。

党和政府历来高度重视防灾减灾工作。2016年7月，习近平总书记视察唐山时提出"两个坚持三个转变"，强调更加注重灾前预防，更加注重综合减灾、强化灾害风险管理，并对当前和今后一个时期的防灾减灾救灾工作做出部署，其中特别强调建立防灾减灾救灾宣传教育长效机制，凸显了防灾减灾宣传教育工作的重要性。为了进一步做好防灾减灾科普宣传教育工作，我国相应出台了一系列政策措施。2016年底，中共中央、国务院出台了《关于推进防灾减灾救灾体制机制改革的意见》（以下简称为改革意见）。同时，颁布实施《国家综合防灾减灾规划（2016—2020年）》（以下简称为规划），《改革意见》和《规划》相继出台，明确了当前和今后一段时期我国防灾减灾救灾工作的重大决策部署，两份重要文件对加强防灾减灾宣传教育提出了具体要求。2018年7月，应急管理部、教育部、科技部、中国科协、中国地震局联合印发《加强新时代防震减灾科普工作的意见》，提出到2025年，建成政府推动、部门协作、社会参与的防震减灾科普工作格局，实现防震减灾科普创新化、协同化、社会化、精准化，防震减灾科普主题更加突出，防震减灾科普产品更加丰富，防震减灾科普能力大幅提升，防震减灾科普工作机制更加健全。

我国防灾减灾科普宣传教育工作原则上是在各级党委宣传部门领导下，逐步形成了以各灾种行业行政工作主管部门为业务主导，教育、科技等有关部门协同配合，社会各界共同参与的协调联动机制。多年来，各部门致力普及传播防灾减灾科学知识、思想、方法，推进常态科普与应急科普相结合，取得了很好的社会效益。但也存在一些问题，包括顶层设计和统筹规划不够、领导机制还不健全、协调机制还不完善、政策措施还不到位、合力推动力度不够、公众参与不足等问题。为解决这些问题，应进一步加大制度供给，加快建章立制，进一步明确政府、相关部门、社会组织、媒体、企业及公民的责任、权利和义务，强化组织领导，完善协调机制，发挥规划、法律法规、标准对科普宣传教育工作的引领、规范、保障等方面作用，为科普宣教工作营造良好的政策环境和提供制度支撑。

三、创新全社会参与防灾减灾科普宣传教育的体制机制

开展防灾减灾宣传教育，能够增强公众的安全意识、社会责任意识和自救、互救能力，提高各类组织的应急管理水平，对于提高全社会防灾减灾能力，具有十分重要的意义，同时也是提升国家防灾减灾软实力的重要手段。因此，建议把防灾减灾科普宣传教育作为重要的基础工作摆在创新发展的战略位置上来推动，进一步明确防灾减灾宣传教育工作的新要求、新定位、新目标，按照"主动、稳妥、科学、有效"的原则，不断完善依法履责、多元共治、合力推进的防灾减灾科普宣传教育工作治理体系，构建科普宣传、新闻宣传、法治宣传融合互动、相互促进的工作机制，不断满足人民群众日益增长的安全需求，提升国家综合防灾减灾能力。

一是不断完善政府主导的防灾减灾科普宣教体制。党的十九届三中全会做出了深化党和国家机构改革的决策部署，组建应急管理部，为推动防灾减灾工作提供了重大机遇，为统筹多方面宣传教育力量提供了契机，有利于改变现行管理体制下防灾减灾科普宣传教育分行业管理的弊端。建议在应急管理部门内部，整合防震减灾、防灾减灾、安全生产、消防等方面科普资源，加强各方面科普宣传的协调配合，形成深度合作。同时建立由各级减灾委员会牵头，由各级党委、政府、行业、企业、媒体等全社会共同参与的防灾减灾宣传教育工作机制，将防灾减灾、安全生产、消防等方面科普宣传教育整体作为各级政府宣传教育工作协调联席会议制度的重要工作议题，推动这些方面的科普宣传教育建设整体列入各级政府的长远规划和年度工作计划，并纳入各级政府的目标考核体系。进一步强化各级政府及其有关部门和街道办事处等基层组织的法律责任，促使各级政府更加重视该项工作并加大支持、投资力度。应急管理部门要进一步发挥沟通协调作用，加强与宣传、教育、科技、科协等部门合作，加大与自然资源、生态环境、气象、水利、农业、交通等部门的科普资源共享力度，建立健全与科研院所和高校的合作机制。通过将防灾减灾宣传教育活动与气象、交通、卫生等相关行业的宣传教育相互融合，让社会公众在关注与日常生活息息相关宣传教育内容的同时，一并获得防灾减灾宣传教育，既可避免各行业单打独斗开展专项宣传教育时内容单调、形式单一、受众有限等现象，也可使各部门各行业有限的宣传教育活

动效益最大化。

二是加快建立社会力量参与防灾减灾宣传教育的激励机制。随着经济社会的发展，地震等自然灾害突发事件的关注度突显，社会组织、社会公众参与防灾减灾的积极性不断提高。要加快制定《突发事件应对法》《防震减灾法》等相配套的法律法规制度，进一步明确细化政府、社会组织、媒体以及公民在防灾减灾宣传教育中的责任、权利和义务。要充分利用社会资源，支持引导专业科普机构、社会团体、协会，企业和志愿者积极参与防灾减灾宣传教育，开展大众化、社会化的防灾减灾宣教活动。推动通过 PPP 模式联合投资兴建综合防灾减灾科普教育基地以及场馆，研究并推动出台鼓励市场主体参与地震科普的资金奖补、税收减免等政策，利用社会慈善捐助、公益众筹等方式实现科普投融资渠道多样化，发挥保险公司参与科普宣教工作的积极性，广泛吸纳境内外机构、个人的资金投入到防灾减灾宣教领域，为防灾减灾宣教产品的创作、创新和产出开通绿色通道。进一步完善科普志愿者激励机制，充分发挥志愿者渗透于各行业、各阶层的优势，以强化平时防灾减灾宣教和演练为突破口，使防灾减灾宣教融入居民生活常态中，形成人人尽责，人人受益的防灾减灾安全文化氛围。

三是搭建防灾减灾宣传教育全媒体传播平台。在"互联网＋"社会经济发展格局下，信息的获取与传递已经成为有效开展防灾减灾宣教工作的第一要素，特别是网络移动终端的快速发展，已经为灾害信息的快速发布与获取奠定了基础。要适应社会发展与公众需求，就必须顺应信息技术发展的新趋势，搭建起技术先进、传播快捷、覆盖面广泛的防灾减灾宣教全媒体传播平台，在巩固现有电视、广播、报纸等传统媒体宣传主阵地的基础上，进一步强化以互联网、移动互联网为基础的新媒体阵地，形成上下联动的官方微博微信矩阵，通过数字科普馆、科普动漫，科普 APP 扩大影响力，形成传统媒体与新媒体、部门内媒体与社会媒体交相呼应的立体式全媒体传播平台，使社会各界参与防灾减灾宣传教育立足有点、辐射有面、影响多元、快速高效，调动社会各方参与防灾减灾科普宣教的积极性。

四是加大防灾减灾科普宣教产品的供给侧改革，创新防灾减灾科普宣教产品制作机制。目前防灾减灾宣传教育产品内容单调，形式简单，缺乏趣味性，已经不能满足信息时代社会公众对防灾减灾宣教产品多样化的需求。要加大经费投入，创新防灾减灾宣教产品创作与制作机制，通过实施国家防灾减灾宣传精品工程，举办产品博览会、交易会，建立产品交易平台等形式，深入开展防灾减灾科普研究，推进防灾减灾科技成果转化，把握科学性、时代性、趣味性，紧紧围绕提升全民防灾减灾科学素质教育主题目标，推出适合于各类媒介的、满足各民族群众、不同年龄和不同群体的、系列化、高水平的影视、动画、图书等防灾减灾宣传教育产品，让社会公众能够通过各类载体接受防灾减灾知识的宣传教育。加大各部门科普资源开放力度，地震、气象、自然资源等部门在保证日常工作的前提下，策划并制订好每年的开放计划和科普活动，全方位满足各阶层社会公众对防灾减灾宣教产品的需求，从而提升社会公众防灾减灾意识和应急避险技能，增强全社会防灾减灾能力。

五是建立健全防灾减灾科普宣教合作交流机制。实践证明，学习国外先进的科普教育理念，引进国外先进的展教用品等优质科普资源，不仅能为社会公众提供优质防灾减灾宣教产品科普服务，也能带动我国防灾减灾科普宣教能力的提升。通过组织我国优秀的防灾减灾科普展品、作品走出国门走向世界，通过交流合作提升影响力，进而引导企业和个人参与防灾减灾宣教产品创作的积极性，形成互利共赢、相互促进、共同发展格局。此外，加强与"一带一路"国家的科技教具交流与互展活动，鼓励有关国家的防灾减灾科普人员进行学术交流与专题研讨，为防灾减灾科普宣教工作提供人才保障和智力支撑，提升防灾减灾科普宣教工作水平。

总之，建立健全政府主导、部门协作、媒体搭台、社会参与的防灾减灾科普宣教大格局，将极大促进防灾减灾科普宣教提质增效，从而不断提升国家防灾减灾综合能力，进一步增强人民群众的获得敢、幸福感、安全感。

第二篇

城乡融合发展与
市域社会治理

均衡一体发展推进城乡社会治理

许　晴①

嘉善是长三角核心区域一个 507 平方公里的平原小县，也是国家层面批复实施的唯一一个县域科学发展示范点。习近平总书记对嘉善发展给予亲切关怀，亲自作为联系点调研指导，希望嘉善"在推进城乡一体化方面创造新经验"。

多年来，嘉善始终按照习近平总书记的指引，以均衡性、一体化为抓手，统筹城乡经济社会发展，实现城乡全面融合，构建形成"共建、共治、共享"的现代社会治理格局。2018 年，全县城镇居民人均可支配收入 58654 元，农村居民人均可支配收入 34788 元，同比分别增长 8.3% 和 8.8%，城乡居民收入比为 1.69∶1。

在实践中，我们紧紧抓住主要问题主要矛盾，持之以恒地推进五大"协同"。

一、城乡规划布局协同推进

突出规划引领，着眼县域全局，科学谋划统筹发展总体思路，推动新型城镇化和新农村建设双轮驱动。

一是"一盘棋"抓规划。打破城乡界限，实现县域整体规划，编制城乡一体化发展规划纲要、县域总体规划，完善城乡空间布局、经济发展、交通建设、社会保障、生态保护、社会事业发展一体化。示范点建设以来，围绕建设产业转型升级引领区、城乡统筹先行区、生态文明样板区、开放合作先导区、民生幸福新家园"四区一园"功能定位，城乡一体，全域优化，进一

步增强规划的科学性、整体性。

二是"差异性"抓规划。遵循城乡发展差异性，不断完善县域村庄布点规划，将以前分散的1669个自然村，调整为249个规划布点，既注重城与乡的差异，彰显"城乡之别"；又注重村与村的差异，保护农村风貌、传统村落，推动城乡在差异化发展中实现融合，在全面融合中体现差异性。

三是"特色化"抓规划。根据嘉善面积小、人口密度高、交通便捷等特点，把中心镇建设作为统筹城乡的重要节点，实施行政区划调整，把原来的11个镇调整为6镇3街道，大力发展壮大中心镇，开展省市小城市培育，促进资源有效整合和合理配置，带动城乡融合，缩小"城乡之差"，形成了三个街道、三个小城市（两个省级、一个市级）和三个新市镇协调发展的格局。比如，我们从2008年开始，以农房集聚改造为突破口，探索建立城乡一体新社区，因村制宜引导农民自愿向城镇集中居住，目前全县农房集聚改造率达到43%。其中，姚庄镇已建成的桃源新邨，建有图书室、多功能厅、超市、便民服务中心等设施，并依托镇上医院、体育馆等公共配套设施，农民在家门口就享受到城市功能与服务，目前该新社区已集聚农户2342户、1万人，还有1300余户正报名排队。姚庄镇也在2010年被列为省级小城市培育试点，在8年考核中7年获得优秀。

二、城乡经济发展协同推进

产业发展是统筹城乡发展、创新社会治理的物质基础。我们坚持强村与富民相结合，优化资源配置，激活发展潜力，促进产业融合、城乡融合，以经济美带动社会美。

一是壮大村级经济。从2008年起连续实施"强村计划"，在土地指标、资金扶持上每年对经济薄弱村给予一定补助。同步推进村级经济转型提升，2016年创新实施"飞地抱团"模式，组织县内经济薄弱村，以股份合作的形式跨村、跨镇抱团投资，联合建设"两创中心"等可持续发展项目，并给以相应政策扶持，抱团村可获得10%的保底分红，到2018年底，已有13个飞地抱团项目给99个村分红5590万元，全县村均经常性收入达到256万元，全面消除了经常性收入100万元以下的经济薄弱村。

二是发展富民经济。积极引导发展纽扣、纺织、五金、电子、木业等块状经济和地方特色产业，以亩均、人亩、科技"三个论英雄"为主导理念，开展"退散进集"、"机器换人"、企业绩效评价等工作，通过进园入区、兼并重组、"飞地抱团"等有效措施，稳步推动村级工业点和"低散乱"企业腾退和整治，有序集中到工业大平台、小微园区，推动传统块状经济向现代产业集群转型。比如，电子产业发展成为电子信息产业，集聚了富鼎、富能等大企业，木业产业发展成为家具制造产业，引育了梦天、索菲亚、TATA等品牌企业，形成了完整的产业链，吸纳了大批配套企业、大量农村劳动力，提升了居民的经营收入、务工收入。

三是提升农业经济。依托粮食生产功能区、现代农业园区建设，大力发展精品农业、特色农业，形成了粮食、蔬菜、花卉、水果等特色产业带，涌现出中国"蘑菇之乡""黄桃之乡""雪菜之乡"等一批特色农业镇村，打造了嘉佑、一里谷等农业综合体。深入推进大众创业，培养现代农业人才，引导农村电商等草根创业，比如，罗星街道马家桥村，90%以上的村民从事甜瓜生产，自2015年入网销售后，每年户均增收3000余元，同时节省交易费用2000元。

四是推动产业融合。大力推动农旅结合、三产融合，发展乡村游、温泉游、采摘游、农家乐、家庭农场等特色产业，全县已有A级景区村庄28个、家庭农场643个。比如，魏塘街道三里桥村是一个县域边缘村，把产业发展与乡村旅游相结合，建设以生态农居、幸福农耕、绿色农田为主题的"品质微田园"，2018年仅黄桃、樱桃电商销售额达450万元、旅游收入达265万元，很多年轻人辞去城里工作，回到村里干起了"农业创客"。积极培育特色小镇，形成巧克力甜蜜小镇、归谷智造小镇、机器人小镇等梯度发展格局，其中，巧克力甜蜜小镇成为一、二、三产和生产、生态、生活融合发展的样板，吸纳当地400多名农民转移就业。

三、城乡基础设施协同推进

树立"绿水青山就是金山银山"理念，以完善基础设施为重要抓手，不断改善城乡居民生产生活环境，夯实统筹城乡基础保障。

一是城乡交通建设一体化。以打造县域智慧交通为抓手，从城乡路网建设、公交一体化、道路管护、物流发展四项工作入手，形成了以规划为龙头、项目为载体、政策为导向、体制为保障的统筹城乡交通发展格局，全县县镇村三级公路按照统一标准，实行统一设计、施工，实现全县指路标志体系完整统一、所有行政村公交线路全覆盖，构建了各镇 10 分钟上高速、20分钟到县城和村域之间 40 分钟互通的"102040"交通圈。

二是城乡管网建设一体化。加强城乡供水、供气、通信、排污、垃圾处理等基础设施建设，实现供水设施、天然气管网、宽带互联网、数字电视、污水处理设施等城乡全覆盖。比如，供水上，2006 年启动城乡供水一体化建设，2009 年底实现了城乡居民"同源同质同网同价"供水；垃圾收处上，建立了"户集、村（社区）收、镇（街道）运、县处理"的工作机制，全县生活垃圾无害化处理率为 100%，为当前正在全面推进的垃圾分类工作奠定了扎实基础。

三是城乡环境整治一体化。深入贯彻开展"千村示范、万村整治"工程，以创建全国文明城市、国家全域旅游示范区为重要契机，联动推进美丽县城、美丽城镇、美丽乡村、美丽通道"四美建设"，2016 年以来，已累计投入 101 亿元建设 83 个项目，扎实推进全域土地综合整治、全域土地流转、全域旅游，持续打好治水、治气、治污、拆违等组合拳，成功创建成为国家生态县、国家生态文明建设示范区，成为浙江省首个实现国家级生态镇全覆盖的县（市）、浙江省践行"绿水青山就是金山银山"十个样本县、浙江省首批"两美浙江特色体验地"、浙江省全域旅游示范县。

四、城乡公共服务协同推进

聚焦城乡居民关注的公共服务突出问题，大力发展均衡普惠的社会事业，努力实现城乡基本公共服务均等化，让城乡居民共享改革发展成果。

一是文化服务共享。依托地嘉人善的淳朴民风和劝善思想家袁了凡的理念传承，大力弘扬"善文化"，连续多年举办"善文化 微散文"大赛等主题活动，出版《生命的常数》《满城荡漾善文化》等书籍，成立嘉善"了凡·善基金"，建成遍布城乡的文化礼堂、文化庭院、书场书屋等，深入开展"十万农民种文化"等群众性文艺活动，推动"善文化"融入百姓生活，汇聚社会治理正能量，被中央文明办列为培育和践行社会主义核心价值观的重点工程。

二是教育均衡发展。开展义务教育学校教师流动国家级改革试点，推动全县名师、骨干向薄弱学校流动服务，推动农村教师向城区学校流动学习，实现城乡教育均衡发展，所有公办义务教育学校全部建成了省标准化学校。实施中小学教师"县管校聘"管理改革试点，从教师编制岗位、绩效评价、交流互动等方面，探索构建了县级"总量控制、动态管理"机制，健全教师流动长效机制，全县所有学校实现了名师全覆盖。

三是医疗卫生协同推进。深化县镇村卫生一体化管理，开展县镇医院结对合作，下沉医疗资源；建立乡镇智慧医疗平台"云诊室"，实现省市县多级资源共享；设立全国首个县级 12320 健康热线，涵盖政策咨询、公共卫生、健康科普、便捷就医、信息查询、投诉举报、服务评价等，构建指挥、服务、评估"三位一体"综合管理中心、一站式服务"窗口"，在全国卫生热线工作会议上作经验交流。

四是养老服务城乡一体。先后实施省级养老服务业综合试点和国家级养老服务业标准化建设试点，统筹推进城乡养老服务设施、服务机制建设，实现了养老机构、养老流动服务车、居家养老服务照料中心及社会化运营"四个全覆盖"，积极实施长期护理保险制度，基本形成以居家为基础、社区为依托、机构为补充的城乡一体养老服务体系。

五、城乡社会治理协同推进

坚持"寓治理于服务"的理念，找准基层群众矛盾诉求的痛点和堵点，统筹城乡资源，编织城乡一体社会治理网络，保障社会和谐稳定。

一是便民服务进村入户。大力推进"最多跑一次"改革，建立覆盖城乡的便民服务中心和政务服务平台，推行县镇村三级"红色代办"、"跑前"服务、政务服务"无差别全科受理"等机制，构建基层"一站式"政务服务体系。目前，在全县梳理确定的群众和企业办事事项中，98.66% 的事项实现网上办理。同时，积极推进长三角政务服务一体化，今年已实现 30 项企业和 21 项个人事项异地办理。

二是社情民意一网统筹。实行城乡一体的县域网格化管理，全县共划分445 个网格，每个网格内设立民情观测点，收集民意、反映民声，画好"民情晴雨表"，每个村（社区）都设立"民情工作室"，及时调处纠纷、化解矛盾。依托网格化管理架构和信息网络平台，建立"民情在线系统"，通过"收集、办理、研判、交办、督办、评价、反馈"全流程机制，实现民情民事件件有回音、事事有着落，切实打通联系服务群众"最后一公里"。

三是平安建设全民参与。大力推进平安创建，每年开展"万人进网格""平安进校园、进家庭"等活动，全县平安志愿者达 2 万多人。统筹城乡治安防控资源，进行统一规划布局，建立城乡、区域、所队、人机联防协作机制，实现中心城区、小集镇、新社区和重点村警务站点"全覆盖"，已连续14 年获得"浙江省平安县"称号。

关于优化政务服务改革的理论分析

沈水生[①]

深化"放管服"改革，大力简政放权、放管结合、优化服务，是党中央、国务院作出的重要决策，对于方便企业和群众办事创业、有效降低制度性交易成本、加快转变政府职能和工作作风、提升政府治理能力和水平，具有重大意义。近些年来，国家针对"放管服"改革出台了一系列政策措施，各地区、各有关部门结合实际探索出很多好的经验做法，对这些实践进行理论总结，提炼出"放管服"改革的系统化的理论框架，将有助于更好地领会和把握这项改革的目标、内容，促进工作落实；也有助于在理论指导下更好地探索新的改革措施。本文拟针对"放管服"改革中优化政务服务改革的实践进行一些理论分析。总的来看，目前关于优化政务服务改革的政策措施和经验做法基本上是围绕着以下框架进行。

一、明确政务服务项目

优化政务服务改革，首先要明确什么是政务服务，有哪些政务服务？从历史唯物主义的视角看，人类社会由农业社会到工业社会再到后工业社会，越是进步发达，则社会分工越细化，政府治理和社会治理越复杂。今天，政府及其部门的行政行为十分繁杂，从行政法角度来划分，包括行政立法、行政许可、行政给予、行政征收、行政确认、行政裁决、行政指导、行政检查、行政处罚等；从社会领域角度来划分，包括财政、税收、人力资源社会

① 沈水生，人力资源社会保障部农民工工作司副司长，江西省景德镇市委常委、副市长（挂职两年）。

保障、民政、教育、医疗卫生、住房和城乡建设等几十个领域；从基本职能角度来划分，包括宏观调控、市场监管、社会管理、公共服务等。公共服务，又包括加强城乡公共设施建设，发展教育、科技、文化、卫生、体育等公共事业等。在如此繁杂的行政行为中，哪些属于政务服务呢？公共服务与政务服务是什么关系呢？

目前实践中，政务服务指的是政府及其部门或履行管理职能的事业单位依社会组织或个人的申请而提供的服务，包括行政许可、行政给予、税费等行政征收、行政确认、公共资源交易、部分公共服务等；在公共服务中，学校、医疗机构、图书馆等文化设施、体育馆等体育设施通常不纳入政务服务。通俗地说，政务服务就是政府及其部门或履行管理职能的事业单位为依法提出申请的社会组织或个人办事。根据"中国政务服务平台"的划分，政务服务事项分为个人办事事项、法人办事事项，其中个人办事事项包括生育收养、户籍办理、民族宗教、教育科研、入伍服役、就业创业、设立变更、准营准办、抵押质押、职业资格、纳税缴费、婚姻登记、优待抚恤、规划建设、住房保障、社会保障、证件办理、交通出行、旅游观光、出境入境、消费维权、公共安全、司法公证、知识产权、环保绿化、文化体育、公用事业、医疗卫生、离职退休、死亡殡葬、其他等 31 类；法人办事事项包括设立变更、准营准办、资质认证、年检年审、税收财务、人力资源、社会保障、投资审批、融资信贷、抵押质押、商务贸易、招标拍卖、海关口岸、涉外服务、农林牧渔、国土和规划建设、交通运输、环保绿化、应对气候变化、水务气象、医疗卫生、科技创新、文体教育、知识产权、民族宗教、质量技术、检验检疫、安全生产、公安消防、司法公证、公用事业、法人注销、档案文物、其他等 34 类。截至 2019 年 6 月，中国政务服务平台公布了国务院 46 个部门的 1142 项政务服务事项，31 个省区市和新疆生产建设兵团的 171 万多项政务服务事项。中国政务服务平台在政务服务事项之外还划分了便民服务应用，主要是资质证书查询等，截至 2019 年 6 月，公布的国务院部门便民服务应用为 303 个、各地区为 501 个。

"明确政务服务事项"改革的内容包括：一是从实际需要出发，在必要性和可行性分析的基础上，合理设定、变更、取消政务服务事项，并且合理确定其服务内容。二是合理界定政务服务事项的内涵与外延。从系统论的观点来看，各类事物和事项都是一个系统，系统内又可分为下一层次的子系统，子系统还可再进行更低层次的细分。按照不同的划分标准，系统与子系统会有不同的划分结果。在政务服务工作中，何为一个事项（即一个系统或子系统），应予以明确。如办理工程建设项目行政许可，可以将启动立项到竣工的全过程作为一个事项，也可分为立项用地规划许可、工程建设许可、施工许可、竣工验收等多个事项。政务服务事项的具体划分应根据实际情况及需要来确定，但其趋势是不断扩大事项的范围，从而更加高效、便利地提供服务。三是动态地全面梳理列出各级政府及其部门设定的政务服务事项。四是对政务服务事项进行标准化建设，统一主项名称、子项名称、设定依据、受理条件、办理条件、办理流程、办结时限、办事表单等。五是编制统一的办事指南并向社会公布，便于服务对象周知。

需要指出的是，政务服务只是行政行为中的一部分，政府及其部门除此之外还需履行其他职责，采取其他行政行为，因此有的地方要求乡镇政府、街道全部入驻政务服务中心提供政务服务的做法是不科学的。

二、提升政务服务基本要求

这里所称的"政务服务基本要求"指的是针对政务服务所应当具备的基本特征提出的要求，是期望政务服务对象对其体验到的服务作出的评价。目前实践中，国务院对"放管服"改革的根本要求是"放要放出活力和动力，管要管出公平和秩序，服要服出便利和品质"，可见对政务服务的根本要求是"服出便利和品质"。各地提出的基本要求主要包括：一是依法，严格对照法律、法规和《行政权力事项清单》《公共服务事项清单》，依法办理公民、法人和其他社会组织依申请办理的政务服务事项，做到"法定职责必须为，法无授权不可为"。二是公正，为人民群众提供均等化的政务服务。依法全面公开所有政务服务事项的办理条件、办理流程、申报材料、办理时限，切实保障申请人知情权，加强监管，健全监督，让行政权力在阳光下运行，"法定职责阳光为，办事不用找关系"。三是优质，避免出差错，提高政务服务工作精准度、价值度和服务对象满意度。四是高效，用最快的速度、最短的时间办结事项。五是安全，加强对共享信息采集、共享、使用全过程的身份鉴别、授权管理和安全保障，运用技术和管理手段，强化政务数据全生命周期安全管理，确保数据存储安全、共享安全、应用安全，建立数据容灾备份体系。六是规范，不断完善办事标准、服务标准等。七是便利，让服务对象办事方便，避免费时费力费钱。八是暖心，营造和谐温馨的办事氛围，让服务对象在办事中感觉到温暖舒心。

"明确政务服务的基本要求"改革的主要内容包括：一是将对政务服务的根本要求和基本要求作为政府及其部门在提供服务时必须遵循的基本原则并予以考核评价。二是将其作为相关工作人员的行为准则并予以考核评价。三是将其作为设计政务服务其他改革措施和评价改革成效的基本标准。

三、合理确定政务服务的主体

政务服务的主体包括各级政府及其部门、有关事业单位。这些主体纵向上分为国家级、省级、市级、县级、街道乡镇级等不同层级，其中同一部门系统的上下级之间有的属于领导与被领导关系，有的属于指导与被指导关系，有的则属于当地政府和上级部门双重领导与被领导关系；横向上分为同一政府内部的不同部门，互不隶属的不同地方政府的不同部门。所有主体共同组成纵横交错的政府网络。在实践中，某项政务服务的供给主体的情形可以分为以下几类：一是由规定层级的单一主体提供服务，如工伤认定；二是由政务服务对象可选择的不同层级、不同地区的单一主体提供服务，如职业中介；三是纵向上由同一部门系统的上下级两个及以上主体共同提供服务，如技工学院设立许可；四是横向上由同一政府内部的两个及以上主体共同提供服务，如不动产登记；五是横向上由互不隶属的不同地方政府的两个及以上主体共同提供服务，如社会保险关系跨地区转移。

"合理确定政务服务的主体"改革的主要内容包括：一是在职能确定上，根据服务事项的特征以及各部门的特点，合理确定各项政务服务的主体。如为了办事便利，将工程建设项目的消防设计审核、人防设计审查等技术审查并入施工图设计文件审查，相关部门不再进行技术审查。二是在纵向上，对于由单一主体或者同一部门系统多个上下级主体提供服务的，要综合考虑服务对象办事的便利（一般来说越到基层的主体离服务对象越近，越方便服务对象就近申请服务），以及服务主体的人力、财力、能力、眼力（一般来说越到基层的主体则人员越少、财力和能力越弱，但了解服务对象实际情况的眼力越好），合理确定由哪一级主体来提供服务。三是在横向上，对于由同一政府多个部门或者不同地方政府多个部门共同提供服务的，要建立制度化的畅通高效的协作机制。

四、合理确定政务服务的对象

政务服务的对象总体上可以分为两大类，一类是企业或其他社会组织，另一类是居民个人或家庭。居民个人申请办事，既包括个人申请创立企业、个体经济组织，也包括申请就业服务、社会保障等。可见，政务服务的一部分属于优化营商环境工作，另一部分属于保障和改善民生工作。由于政务服务种类繁多、情况有别，并不是每项政务服务的服务对象都为全部的企业或其他社会组织、全部的居民个人或家庭，而是根据具体情况设定享受各项政务服务的条件，同时要求服务申请人提供材料证明自己符合设定的条件。证明材料可以分为三大类：第一类是服务申请人已经取得的各种证件，如身份证、驾驶证、社会保障卡、学历证书等；第二类是服务申请人在工作和生活中已经形成的材料，如劳动合同、租房合同；第三类是要求服务申请人首先向其他政务服务主体申请取得的材料，如前置行政许可、前置开具的证明。

"合理确定政务服务的对象"改革的主要内容包括：一是按照"基本公共服务均等化"的原则，合理确定享受各项政务服务的条件，将应该享受该项政务服务的企业或个人都纳入服务对象范围。如推进农民工平等享受常住地城镇基本公共服务。二是取消无谓证明，对现行规定的不必要、不应该、不可能由服务申请人获取和提供的证明材料，修改规定予以取消。三是对政府部门颁发的证件，通过建立电子证照库并直接从中查询的方式进行审核，而不要求服务申请人提供。四是对部分其他部门已经取得的证明材料，通过政府部门之间信息共享的方式进行审核，而不要求服务申请人提供。五是对确需保留的证明材料如果需要服务申请人向多个部门提供的，只要求其提供一套材料，政府部门之间通过信息共享的方式进行审核。六是对已经提供过的材料在后续办理中不再要求提供。

五、改进政务服务的提供方式

政务服务事项及其内容的繁杂决定了政务服务提供方式的繁杂。如设立职业培训机构行政许可服务的提供方式为审核申请人的条件是否符合规定，进而决定是否予以行政许可；就业指导服务的提供方式为与服务对象沟通，了解其兴趣、特长、个人和家庭实际情况，进而向其提出择业的指导意见；行政裁决服务的提供方式为听取争议双方的意见和诉求并进行调查，进而作出谁是谁非的裁决；社会保险费征缴服务的提供方式为审核申请人的工资总额等情况、收取其缴费并出具凭证；社会保险待遇申领服务的提供方式为审核申请人的条件是否符合规定、根据其实际情况确定待遇的数额，进而委托第三方机构或向其直接支付待遇；不动产登记服务的提供方式为审核申请人的房屋资料、取得途径，收取税费，进而颁发产权证书；汽车年检服务的提供方式为委托第三方机构对汽车的车况进行技术检测，进而决定是否予以通过，等等。各类政务服务事项的提供方式存在很大差别的同时，也存在一些共性的要素，如服务提供的基本途径、服务场所、服务的时间、服务的时限、服务的流程、服务的态度等。

"改进政务服务的提供方式"改革的主要内容包括：

一是服务途径多元化。除了传统的在服务场所提供的面对面的线下服务外，运用新的信息化手段提供不见面的线上服务，包括手机 APP 移动服务、自助终端服务、银行等第三方机构代办服务等，努力让服务对象"一次不跑"就能办成事。

二是服务场所"一门化"。在同一层级的行政区域内，政务服务主体包括几十个政府部门、有关事业单位，办公场所众多，有的可能还分布在城市的不同地方。传统的政务服务场所往往设在各部门办公场所，既不方便服务对象查找和前往，也不方便共同提供服务的部门之间沟通，开展"一窗"服务、"一链办理"更是缺乏基础条件。因此地方各级政府要设立政务服务中心、建设政务服务大厅，对于能够集中到一个政务服务中心的服务事项，应努力推动其入驻政务服务中心，实现"一门"服务、应进尽进。需要指出的是，有些政务服务事项对服务场所有特定要求，如汽车年检、职业介绍都需要独立的室内甚至室外场所，因此不宜入驻"一门"；超大、特大城市的市级以及部分区级政务服务因为辖区内人口数量庞大，也可能难以实现入驻"一门"，可以设立多个政务服务中心提供服务。

三是服务时间便民化。政务服务主体通常执行的是标准工时制度，即每周从周一到周五工作 5 天、每天白天工作 8 小时。由于很多服务对象也执行标准工时制度，其需要办理个人或家庭事项时有时难以向本单位请假，因此不方便办事。为此，在服务时间上可以推行延时、错时、预约服务，如在工作日中午、周末、法定节假日增加服务时间，推迟上班和下班时间，在服务对象预约的时间为其提供服务等。需要指出的是，推行延时、错时、预约服务也要考虑行政成本的可行性和经济性，避免造成人力和财力资源的浪费。有的观点提出在工作日中午、周末、法定节假日都要全员全时提供服务，这相当于增加了 1/3 的工作人员以及 2/3 的工资成本，而享受服务的对象数量较少，是不经济、不可行的。

四是服务时限最短化。服务时限指的是政务服务主体办理某项服务的最长期限，从受理服务对象的申请之时起，到服务提供完毕之时止。本着高效、便利的基本要求，政务服务时限应推行"办理时间减一半"，在客观可能的前提下不断缩短。实践中改革措施包括：第一种是将多个部门按次序先后串联办理改革为同时并联办理。第二种是对所有涉及市场准入的行政审批事项按照"证照分离"改革模式进行分类管理，其中对暂时不能取消审批，但通过事中事后监管能够纠正不符合审批条件行为的行政审批事项，实行告知承诺制，对申请人承诺符合审批条件并提交有关材料的，当场办理审批。第三种是推行"六多合一"集成审批模式，即多证合一、多规合一、多介合一、多评合一、多审合一、多测合一。第四种是对工程建设项目实施"四个联合"改革，实行联合办理，即多部门联合勘验、联合测绘、联合审图、联合验收。第五种是针对工程建设项目的行政许可推行由政府统一组织对地震安全性评价、地质灾害危险性评估、环境影响评价、节能评价等事项实行"区域评估"，不再对单个项目进行上述评估。第六种是调整工程建设项目的行政许可时序，将用地预审意见作为使用土地证明文件申请办理建设工程规划许可证，用地批准手续在施工许可前完成即可；将供水、供电、燃气、热力、排水、通信等市政公用基础设施报装提前到施工许可证核发后办理，在工程施工阶段完成相关设施建设，竣工验收后直接办理接入事宜。

五是服务流程最优化。服务流程指的是政务服务事项从开始到完毕的办理过程中的具体步骤，以及每一步骤中对服务主体、服务对象及其行为的要求。优化服务流程应遵循科学、高效、便利、经济的原则，就高效来说，优化服务流程也是缩短服务时限的重要举措。实践中优化服务流程的改革措施：第一种是针对服务主体及其内设机构、工作人员减少办事环节、下放决策权限。第二种是减少各步骤中对服务对象的行为要求，努力让服务对象办事"最多跑一次"。第三种是对于同一事项涉及多个主体共同办理的，不让服务对象多头申请，为此推行"一窗"服务，由一个前台窗口统一受理申请和提供办理结果，相关主体在后台加强沟通和协作进行处理。需要指出的是，对"一窗"服务也存在另一种理解，即认为"一窗"改革是将按照政务服务事项分别设立"社会保险登记""申请最低生活保障"等不同窗口并仅受理相应事项的做法，改革为统一前台窗口名称、实行无差别受理。比较有效的做法是对办事高频的多部门共同办理事项设置多部门联合办公的同类窗口（如设置多个"不动产登记"窗口），对办事高频的单一主体办理事项按照部门设置同类窗口（如设置多个"人社窗口"并平行受理各类人社领域的事项），对办事低频的事项不设置部门窗口而由政务服务中心设置多个"综合窗口"受理并分送有关部门后台处理。但是也有地方对"一窗"服务的理解偏于极端，提出将政务服务中心内所有窗口统一为"综合窗口"，平行受理所有部门的所有服务事项，再分送相关部门后台处理。由于政务服务事项的繁杂性，这种极端做法不必要地提高了对窗口工作人员业务能力的要求，有可能造成失误，而且增加了受理事项后分办的难度。第四种是推行关联事项"一链办理"。在实践中，对"一链办理"的含义存在两种理解，一种认为指的是把分散在不同部门的审批事项按链条进行优化整合，由"群众来回跑"变"部门协同办"；另一种认为指的是将与政务服务事项紧密相关的非政务服务事项引入政务服务大厅一并办理，以方便服务对象。前者定义实际上与"一窗"服务含义相同，因此后者定义更科学。如办理房产交易登记事项，不动产登记机构、住建部门、税务部门共同办理完毕后（属于政务服务"一窗"服务），再将水、电、气、热、网络、电视、电话等企业服务引入大厅一并办理（属于非政务服务"一链办理"）。

六是服务大厅布局合理化。从实践看，较好的布局特征包括：第一是按照不同大类将大厅划分为几个区域，服务对象根据事项径直到目标区域申请办事。大类的划分标准有的是按照办事部门的不同，有的是按照对企业及其他社会组织服务或对个人和家庭服务的不同，有的兼而有之。第二是服务的受理与处理分设。与银行窗口人员同时负责受理和处理业务的做法不同，政务服务事项往往分设前台与后台，前台负责受理申请、审核服务对象资料的真实性和完整性、办理完毕后向服务对象提供结果；后台负责实质性处理服务事项。需要指出的是，不宜将受理与处理分设作为绝对标准，对于能够即时办理的事项应该借鉴银行窗口的做法实行受理与处理一体化。第三是将前台窗口设置在大厅的四周而非中央，前台的后面设置后台办公室，便于前台与后台沟通，也避免前台工作人员过分紧张。第四是在大厅中央设置服务对象休息等候区，在门厅等地方设置布局图和引导牌。

七是服务态度规范化。政务服务态度指的是服务主体的工作人员为服务对象提供服务过程中，在言行举止方面所表现出来的一种神态，作用是满足服务对象的精神需求，使其不但能办成事，而且还要心情舒畅。服务态度规范化的改革措施：第一种是制定颁布工作人员行为规范，明确要求其应当认真负责、积极主动、热情耐心、细致周到、文明礼貌等。第二种是通过在服务窗口设置服务质量评价器等方式，让服务对象对工作人员进行评价。第三种是设置咨询引导岗位专门指导和引导服务对象办事。第四种是针对重大项目投资专门设立代办岗位，全程陪同和指导投资者办事。第五种是通过建立统一的网上中介服务超市等方式，努力建设统一开放、竞争有序、高效便捷的中介服务市场，让工程建设项目审批申请人等自由选择第三方评估机构。

八是特定服务个性化。指的是除以上政务服务方式共性要素的改革外，还要求、鼓励和督导各服务主体针对具体的特定服务的服务方式开展个性化的改革，不断优化其服务方式。

六、加强政务服务的保障

与开展其他工作一样，做好政务服务工作需要加强组织领导、强化队伍建设、予以经费保障、完善设施设备、健全工作制度。其中，有几个方面具有与其他工作不同的个性化特征，实践中正在改革探索。

一是完善管理体制。政务服务涉及几十个部门的成百上千个服务事项，如何进行高效管理，需要在实践中探索。总结各地做法，比较普遍、有效的管理体制是实行"两统一分"模式，即：统一平台，除少数特殊项目以外的政务服务事项全部入驻本级政务服务中心、连接政务服务网，做到统一线上线下两个平台，并且相互补充相互融合；统一监管，由政务服务中心管理机构统一监管各部门入驻本级政务服务中心的全部事项，并通过电子监察系统等方式予以监督；分头办理，各部门依照法定职能，在统一的线上线下平台上，分别履行各自领域行政许可及其他服务事项办理的主体职责，并接受管理机构监管。需要指出的是，部分地方在开展相对集中行政许可权改革试点时采取了大范围集中方式，设立行政审批局统一负责各部门领域的行政许可，"一枚印章管审批"。这种做法值得商榷：第一，从许可的科学性看，经过深化"放管服"改革、简政放权后保留的行政许可事项，一般具有专业性强、种类繁多、领域跨度大的特点，从特种设备运营、药品疫苗生产，到工程建设规划、金融机构设立，对每一许可申请的审核工作都很复杂，同一个机关尤其是市级、县级机关的工作人员，很难具有如此全面的法规政策水平和专业技术知识去科学行使行政许可权。第二，从加强监管看，行政许可法的基本原则是"谁许可、谁监管"，实现责权一致。如果将全部许可事项都集中到一个机关行使许可权，将割裂许可机关与主管机关的权责关系，可能导致许可不审慎与监管不严格。第三，从廉政建设看，将如此庞大的行政许可权赋予同一个机关却未相应赋予其责任，不利于防范廉政风险。第四，从政务服务的统一管理看，行政审批局难以有效管理行政给付、行政裁决、公共服务等其他政务服务事项。

二是服务手段信息化。打造便利和优质的政务服务，关键和难点是运用信息化手段，实现横向上各地区、各部门之间与纵向上本系统上下级之间的网络联通、信息共享、"一网通办"。目前各部门本系统上下级之间的网络联通基础较好，大多数部门实现了本系统全国上下联通，少数部门实现了省级范围内上下联通，只有个别部门存在市级、县级自有网络。但是，横向上不同部门、不同地区之间的网络尚未很好地联通，导致"信息孤岛"现象。改革的措施：第一是建立统一的政务服务网和一体化政务服务平台，作为各部门办事的入口以及政务服务中心管理机构电子监管的平台。第二是建立统一的数据共享交换平台，各部门自有业务信息系统与其对接后实现相互之间的数据共享，并通过与上级平台的联通实现各地区之间的数据共享。第三是建立全国统一标准的企业法人单位基础信息资源库、国家人口基础信息库、国家自然资源和空间地理基础数据库、电子证照数据库、社会信用信息数据库等通用信息数据库，并与一体化政务服务平台联通实现数据共享。

三是服务人员专业化。广义的服务人员包括前台、后台以及部门内参与政务服务事项办理的所有人员，但各地"放管服"改革中通常重点加强对入驻政务服务中心的前台和后台工作人员的专业化建设。改革的措施：第一是把好入口关，要求各部门选派优秀人员入驻中心，前台服务人员属于编外招聘的，要设定适当的招聘条件、给予适当的工资待遇。第二是开展制度化的培训，不断提高服务人员工作能力和作风。第三是通过表彰、奖励、处分、批评等方式建立对工作人员的激励和约束机制。

总的来看，在深化"放管服"改革中开展的优化政务服务改革与之前此项改革相比，一是配套性更强，将优化服务与简政放权、放管结合统筹谋划推进。二是宏观性更强，不仅从部门"条条"的视角优化服务，而且更注重从地方政府"块块"的视角优化服务，实现集中集约、资源共享、纵横交错、立体推进。三是协调性更强，各级政府都明确领导分管"放管服"改革，并且成立了政务服务管理机构统筹协调此项工作。四是系统性更强，从服务项目、基本要求、服务主体、服务对象、服务方式、服务保障等方面全方位推进改革。五是先进性更强，以信息化、互联网"一网"建设为龙头来带动政务服务的"一门、一窗、一套材料、一次不跑、最多跑一次、办理时间减一半"。当然，优化政务服务改革永远在路上，目前在"一网"建设等方面还未完全落实到位，而且改革主要还是围绕服务形式来开展，在推进基本公共服务均等化等服务内容方面的改革尚未纳入以强力推动，今后还需要继续努力。

"街乡吹哨、部门报到"
在首都功能核心区的实践创新

北京市西城区是首都功能核心区之一，处在首都治理的一线和前沿，肩负着重要的职责使命。西城区以习近平新时代中国特色社会主义思想和首都治理思想为指导，牢牢把握首都城市战略定位，把党建引领"街道吹哨、部门报到"作为抓好城市基层党建、新时代转型背景下超大城市基层治理机制的重大改革创新，作为树立鲜明的基层基础工作导向、巩固执政基础的重要举措，作为提升治理效率、有效解决城市治理实践难题的重要途径，探索总结特大城市党建引领基层治理的西城模式。

一、主要做法

（一）发挥党组织在基层治理中的引领作用，构建城市基层党建新格局

西城区在基层社会治理中，坚持把党建引领贯穿始终，深化区域化党建工作，积极构建各领域党建互联互动融合发展的城市基层党建工作新格局，促进党的政治、组织优势切实转化为城市治理优势。

一是构建"纵向同轴、横向同心"组织力建设模型，用党建统领基层治理。纵向同轴，就是街道工委、社区党委、基层各党支部纵向同轴响应，注重体制内力量联结，确保党的领导贯彻到各自最基层党支部。横向同心，就

---

① 李薇，中共北京市西城区委社会工委书记。本文原刊载于《社会治理》杂志2019年第8期。

是以街道工委，尤其是社区党委为核心，建立社会面党组织联系机制，把各级党组织团结到地区发展大局和中心任务上来。通过纵向完善三级党建责任体系、横向建立党建协调委员会等，把各领域党建要素凝聚到基层治理之中，形成一贯到底、强劲有力的"领导主轴"和上下联动的基层党建网络。

二是做实三级党建协调委员会，为推动基层治理和服务创新搭建平台。西城区 15 个街道、259 个社区成立了党建协调委员会，加强社区党建、单位党建、行业党建横向联动，推动实现事务共商、平台共建、资源共享。不断深化党员教育联管、思想工作联做、普法教育联抓、社会治安联防、公共设施联造、困难群众联帮、社区环境联治、社区文化联办、社区文明联创、和谐社区联建的"十联"区域化党建运行体系，形成了区域化党建合力。

三是创新基层党组织设置，使党建工作有效融入基层治理。成立 19 个区委党校分校，建立面向基层党组织和党员的学习机制，发挥宣传、教育、培训平台机制作用。把支部建在项目上，成立 411 个街巷治理临时党支部，在重大活动、重要工程项目、背街小巷的治理中加强党的领导。建立准物业临时党组织，改变物业管理企业党建虚化、弱化、边缘化的状态，强化物业管理单位思想建设、制度建设、作风建设。党的组织体系进一步向基层延伸，向群众贴近，基层党组织组织力进一步提升，党在基层职能基础进一步巩固。

四是有效引导资源整合，不断推动共建共治共享拓展深化。立足核心区职责，实施中央政务办公区和集中生活区等重点区域定期诊断评估机制，及时发现和解决问题。加强公共沟通互动，建立完善街道工委、社区党委定期向群众报告工作通报情况机制，让沟通联系渠道更加顺畅。引导驻区单位资源和社区精准对接，建立"资源清单""需求清单""项目清单"三项清单机制，设立驻区单位资源共享奖励项目，驻区 500 多家单位的活动场地、就餐、停车等服务资源向群众开放。开展区域化党建项目 920 项，参与党员29749 人次。推进"双报到"工作，已有 1003 家单位党组织、46353 名党员进行了报到，广泛开展了城市清洁日、月末大扫除、周末小巷当管家等主题活动，通过"双报到"活动服务群众 45940 人次，解决群众问题 556 个。通过区域化党建、资源共享、"双报到"等带动了更多的党员和群众共同参与到城市治理的实践之中，形成了共建美好城市家园的良好氛围。

（二）夯实城市基层治理基础，构建精简高效治理体系

立足新时代首都发展治理形势要求，坚持推动重心下移、力量下沉，推进街道管理体制机制改革，紧紧围绕"赋权、下沉、增效"，构建简约高效的基层管理体制，充分发挥街道和社区在基层治理中的基础性作用。

一是赋权明责，强化街道在城市治理体系中的基础地位。全面梳理街道职责清单，明确赋予街道六项权利，即：综合指挥权、决策建议权、考核监督权、干部任免权、准入审核权、财政自主权等，对街道在城市治理体系中的基础地位进行了制度化、规范化安排，推动形成全区上下集中力量支持基层治理、共同服务群众需要的新型治理导向。发挥好街道作为基层政权具体代表者、政策措施实施执行者、居民群众直接服务者、社会力量组织协调者的基础地位作用。

二是下沉聚力，增强街道服务管理力量。配强街道人力资源，增加街道事业单位机构数量、机关科级领导职数，街道事业编制人数。实行街道统筹的综合执法机制，加强属地化管理力量，将城管执法队、统计所、司法所和各专项指挥部人员管理下沉，在 15 个街道建立实体化综合执法中心，实现了公安、环保、城管、工商、食药等执法力量的有机整合，固化形成常态长效机制，有力推动了违法建设、开墙打洞、占道经营等问题的治理和解决。

三是整合优化，提升街道服务管理效能。按照"精简、统一、效能"的原则，对街道各类机构进行通盘调整、综合设置，构建形成"一委七办三中心"（"一委"是街道纪工委；"七办"是综合办公室、党群工作办、平安建设办、城市管理办、社会建设办、民生保障办、地区协调办；"三中心"是党群服务中心、全响应街区治理中心和市民服务中心）的大部制格局，进一步健全了更好发挥街道基础地位作用的机构设置和职能配置保障。推行工作职责手册管理，引导各街道运用模块化管理理念推进流程再造，重塑街道内部运行机制，探索项目制、流程制、分组制岗位设置，加强力量资源整合，减少管理层级，推行扁平化管理，提升了协同效能。

（三）从突出问题入手，解决基层治理和服务群众"最后一公里"

基层治理问题种类多、数量大，原因多样、影响广泛，牵涉到群众的切身利益和生活需求。西城区始终坚持问题导向、效果导向，以街道社区党组织为核心，推动吹哨报到机制的建立完善和有效运行，着力解决基层治理最后一公里问题。

一是以问题为导向，用"街道吹哨，部门报到"机制合力破解难题。聚焦常见的、多发的、基层反映广泛、群众需求强烈的治理问题，通过走访调研、热线诉求、舆情检索等大数据分析，从具体事项入手，首批梳理出包括老旧小区管理、居住停车、房屋中介管理、小区物业管理、煤改电后续问题、拆迁停滞项目安全与环境管理等8类37个项目清单，通过党建引领"街道吹哨部门报到"的机制，划定吹哨范围，明确报到主责部门，明确牵头部门，确定解决流程，统筹协调处置，形成有效的可扩展的块处理模式和协调处理机制，逐步深化拓展基层治理各类痛点、难点问题的解决。截至目前，实现了8类13项问题的解决，24项难点和历史遗留问题已制定方案正在推进。

二是形成三级"吹哨报到"机制。在实施问题事项清单管理的基础上，纵深推进"吹哨""报到"向社区延伸，已形成了街道工委书记、社区党组织书记、街巷长三级"吹哨"；区级部门、街道科站队所、社会单位三级"报到"机制。全区强化纵向协同，依托"全响应"社会治理平台，利用信息化手段优化问题转办流程，强化反馈督办，提升了解决问题效率。如百姓生活服务中心建设、街巷胡同居住停车难、煤改电设备老化等一批基层治理难题得到有效解决，真正做到了民有所呼，我有所应。

三是实施"微改革"助推机制。制定实施"微改革"行动计划，围绕办事便利、惠民福利、城市宜居、和谐共治、依法治理等5类29项切口小、措施实、接地气、见效快、可推广的改革事项，从细节处着眼、从细微处创新改革举措，助推城市基层治理堵点痛点问题解决，实现"小切口"推动"大变局"，精准提升群众的获得感和幸福感。比如，简化老旧小区增设电梯审批流程、改革校外教育资源利用方式缓解"入园难"、推行"煤改电"电费补贴便民试点、实现"指尖上"的健康服务、办理公证"最多跑一次"等。

（四）转变作风，走好新时代党的群众路线

加强作风建设是夯实党的执政基础，确保党始终充满生机活力，事业兴旺发达的必然要求。加强城市基层治理，推进"街道吹哨、部门报到"改革，实现群众诉求"接诉即办"，就是坚持不懈改作风转作风、顺民意、解民忧，切实走好新形势下的群众路线，不断增强人民群众的获得感、幸福感和安全感实践创新举措。

一是开展"进千门走万户"行动，建立联系群众的长效机制。西城区把"街道吹哨、部门报到"改革作为对党员干部作风重塑的契机，以推动基层治理难题解决和各项工作落实的"向前一步"，形成全区党员干部直接联系群众的"五联"工作制度体系，即：区级党员领导干部、处级党员领导、党代会代表、普通党员联系群众制度。由区级领导带头，各级党员干部走进楼门、院门、单位门，走进老百姓的家门，通报情况、宣传政策、面对面沟通、解疑释惑，真诚倾听群众的心声，切实办好惠民实事。通过"进千门走万户"行动，展现了纠正作风弊病、真心服务群众的新气象、新作为，拉近了同群众的距离，赢得了民心。

二是推行"民生工作民意立项"和基层民主协商机制，百姓的事让百姓说了算。将民意立项作为开展民生工作的基本方式，探索完善了民生项目分类推进工作模式，即："政府要做＋群众支持"的民意征求型、"群众要做＋政府该做"的民需申报型、"群众想做＋政府能做"的民情驱动型三种类型，推动民事民提、民事民议、民事民决、民事民评，促进资金、力量、政策与群众需求有效对接和精准匹配。通过实施"民生工作民意立项"机制，精准对接群众多层次、多样化需求，重点推进了包括老旧小区综合整治、老楼加挂电梯、公共休闲空间建设、老旧小区准物业管理、便民商业网点建设等45 个项目，使居民群众在共建共享中有更多获得感。

三是实施定期通报制度，积极回应群众关切。区级层面：采取向社会公开区委常委会决策结果、政府常务会微博直播、政府向公众报告工作、建立政府开放日、议政日、听证会等方式，主动向公众通报情况；街道层面：紧紧围绕宣传党的政策、了解社情民意、办好惠民实事，推动重点工作开展。街道工委每月向社区书记通报反馈1 次；社区层面：社区党委至少每月或半月向居民群众通报反馈1 次，开发"西城社区通"信息化平台，包括社区公告、党建园地、办事指南、身边事、议事厅、社区服务、吹哨报到等模块、建立起面向社区、面向居民的通报机制，"社区通"时时发布与群众相关联的大事小情，努力用真诚的沟通赢得居民群众的理解支持，实现群众对党组织的工作认同、干部认同、组织认同、思想认同。

（五）大数据助力基层社会治理模式重塑

推动多网融合成为城市基层党建核心要义，坚持把大数据应用作为提升城市治理水平和服务品质的重要路径和重要方式来抓，推动大数据在社会管理服务、城市管理服务、政务服务等方面的应用，提高城市管理与运行效率。

一是打造全区一体化的大数据平台。制定了推进大数据建设的实施意见，实现了城市管理、综合治理、社会管理服务网格三网合一，按照"统一一张底图、统一设置 6 大基础应用"要求，打通全区数据信息链路，推进数据共享应用，建成全区全响应网格化社会管理协同平台。在全区推广"数字红墙"时空大数据管理模式，统一规范街道大数据分中心建设。

二是推进城市感知系统建设。强化智慧城市顶层设计，以重塑感知、重塑管理、重塑服务为路径，推进"城市大脑"建设，初步构建视频、物联、人工、业务四个维度的全面感知系统，完成 122 张城市图层和 6 个重点应用场景工作任务。加强物联网、大数据、人流预警、人脸识别、高清摄像等新技术应用，初步完善了城市管理的动态监测体系。打造"城市大脑"，坚持用数据调配力量、指导工作，改变传统人盯、人治模式，努力实现城市"7 * 24 小时"动态感知、精准识别、高效处置与智慧运行。

三是推进大数据在"放管服"改革中的应用。全面推行"一窗式、多点服务、全区通办"，在更多服务事项上探索实施"最多跑一次"，推进政务智能自助服务，同步推进线下网点布局优化和线上流程再造，提升行政审批效率，实现更有效的"管"和更积极的"放"。全面建立驻区中央单位和居民群众服务卡机制，精准提供各类定制"服务包"，依托数据库编制"百姓服务包"，办好惠民实事，"让数据多跑路、群众少跑腿"。

二、党建引领"街道吹哨、部门报到"的解析

党建引领"街道吹哨、部门报到"的实践探索，从根本上讲是党建引领城市基层治理的落实落地，是坚持以人民为中心，树立鲜明的问题导向、基层导向、一线导向，通过发挥各级党组织领导核心作用，让各类治理的主体都聚焦到解决基层治理难题，打通服务群众的"最后一公里"上来，把零散的治理机制，整合成同向用力的管用机制，体现的是基层治理的根本价值取向和系统治理应遵循的逻辑，旨在探索城市基层治理、推进城市精细化管理、增进民生福祉的新实践。

一是从治理理念上，把党建的"政治导向"和基层治理的"问题导向"有机衔接起来，通过增强基层党组织的组织力，实现基层党建对基层治理的全方位引领。

二是从治理组织架构上，鲜明强化了属地为主，注重重塑"条块关系"，

协同破解基层治理难题，打破传统城市管理体系的分散性、封闭性甚至割裂性的格局。

三是从治理方式上看，强调了以"互联网＋""大数据""智能化"等手段来推动城市基层治理精细化。如街道"数据红墙"大数据社会治理平台、"社区通"社区治理平台等，通过这些新技术的运用，提升了社区的参与度和城市基层治理精细化水平。

四是从治理形式上，由传统的"管理""主导"向有限度介入的共治角色转变，注重把调动社区利益相关者的积极性，引导居民自我达成共识，从而实现自治向共建共治共享的格局转变。

三、亟待解决的问题及思考

一是现行基层治理体制机制与基层治理现实情况还存在不适应的问题。比如，在街道体制机制改革、转型方面，上、下衔接不顺畅，行政管理的惯性在基层体现的仍然非常明显，导致基层在力量统筹、社会动员方面权力不够、能力不足，改革还需要加速推进。

二是社会参与度欠缺，多元参与不够，共治之路仍需加大着力。比如，在企业社会参与方面，我们还没有明确的法律法规对企业社会责任进行清晰界定，驱动机制还没有建立，没有形成企业参与地区治理和社会服务的氛围；在社会组织培育发展上跟不上社会治理需要，专业性社会组织发展还不发达，无法有效成为社会治理的支柱型力量；在社区治理方面，组织动员能力和服务管理能力不强，还无法实现人群的全覆盖。

三是市民公共责任意识不强，家园意识、公民意识比较薄弱。长期以来，由于政府对公共事务管理方式传统，对自治领域介入的太多，导致市民过度依赖政府，社区居民没有承担义务的意识和责任，当切身利益与公共利益产生矛盾时，不能理性协商，从而引发社会矛盾。

综上，要进一步加大体制机制创新，加快基层治理体制机制重塑，不断创新完善社区治理体系，提升社区治理能力。要进一步提高城市基层党建整体效应，在互联互动中提升城市基层党建发展能级，有效引导力量资源整合，服务地区治理。要推动社会公共责任体系建设，强化公共沟通互动，进一步形成共建美好城市家园的生动实践。

民有所呼　我有所应

——北京市社区治理的实践与思考

王杰秀[①]

近年来，北京市紧紧围绕"答好"坚持和发展新时代中国特色社会主义、探索新时代特大城市基层治理的有效路径这张"考卷"，牢固树立以人民为中心的发展思想，顺应人民群众对美好生活的新期待，坚持"民有所呼、我有所应"，出台了一系列改革政策，采取了一系列创新举措，推动首都基层社会治理开创了新局面、实现了新发展，有力地增强了市民群众的获得感、幸福感、安全感。

一、领卷：北京的使命与任务

北京作为首都，中央高度重视、社会高度关注、群众高度期待。党的十八大以来，习近平总书记两次视察北京并发表重要讲话，作出一系列重要指示，系统阐述了关系首都发展的方向性、根本性问题，为首都建设发展提供了根本遵循。特别是习近平总书记对首都功能做出新的战略定位，希望北京建设成为全国政治中心、文化中心、国际交往中心、科技创新中心，承担好为中央党政军领导机关工作服务、为国家国际交往服务、为科技和教育发展服务、为改善人民群众生活服务等重要职能，并强调"建设和管理好首都是国家治理体系和治理能力现代化的重要内容"，直接为首都发展治理"出了卷、命了题"，明确了北京的使命与任务。

---

① 王杰秀，民政部政策研究中心主任。本文原刊载于《社会治理》2019 年第 8 期。

　　针对"大城市病"等首都城市化进程中出现的突出社会问题，习近平总书记 2017 年 2 月在视察北京时明确指出，要坚持人民城市为人民，以北京市民最关心的问题为导向，以解决人口过多、交通拥堵、房价高涨、大气污染等问题为突破口，提出解决问题的综合方略。2017 年 6 月，在中央政治局常委会审议《北京城市总体规划（2016—2030 年）》送审稿时，总书记进一步强调，要加强精细化管理，构建超大城市有效治理体系。北京市委市政府认真学习贯彻习近平总书记重要讲话和指示精神，通过学习调研形成了深化改革、创新首都基层社会治理的思路认识。

　　第一，深刻认识到首都治理是国家治理的重要内容，治理大城市病、创新首都城市治理体系，是国家治理体系和治理能力现代化战略的重要组成部分，必须深化改革、全面加强，率先全面建成小康社会，努力建设国际一流的和谐宜居之都。这既是以习近平同志为核心的党中央统揽发展全局、把握时代潮流，对首都发展提出的新要求、寄予的新期望，也是全市人民的热切期盼。

　　第二，深刻认识到让人民过上好日子，是全市各级党委政府一切工作的出发点和落脚点。全市上下必须牢固树立以人民为中心的思想，顺应人民群众对美好生活的新期待，坚持民有所呼、我有所应，抓住市民群众最关心最直接最现实的利益问题，及时了解他们的操心事、烦心事、揪心事，尽心尽力为群众办实事、办好事、办好身边的事，不断增强市民群众的获得感、幸福感、安全感。

　　第三，深刻认识到近些年首都基层社会治理工作虽然取得了一些成效，但距离中央要求和人民群众期待还有差距，必须瞄准问题，深化改革，综合施策，着力解决体制机制不顺、街道职责定位不准，基层协商不充分、群众参与度不高，社区服务不到位、不便捷，减负增效任务未完全落地等突出问题，加强精细化管理，尽快探索出超大城市有效治理的新路子。

　　第四，深刻认识到要紧紧围绕居民群众"七有"（幼有所育、学有所教、劳有所得、病有所医、老有所养、住有所居、弱有所扶）需求和"五性"（便利性、宜居性、安全性、多样性、公正性）特点，通过向政府、向市场、向社会要效益，通过务实管用举措，切实做到"民有所呼，我有所应"。要从根本上全面加强党的领导，大力加强对首都城市治理工作的统筹协调。要坚持党建引领，充分发挥党组织和党员在城市基层治理中的战斗堡垒、先锋模范作用。要推动重心下移、力量下沉、服务基层，构建简约高效的基层治理体系，建立健全服务群众的响应机制，有效解决服务管理"最后一公里"的问题，不断提高人民群众的满意度。

二、答卷：北京的实践与成效

2018 年 2 月，北京市委、市政府总结平谷区治理金海湖砂石盗采的经验，在深入调研基础上，加强顶层设计，印发了《关于党建引领街乡管理体制机制创新　实现"街乡吹哨、部门报到"的实施方案》，把党建引领"街乡吹哨、部门报到"列为全市"一号改革课题"，在 16 个区 169 个街乡进行试点，围绕改革街乡管理体制、建立街乡职责清单、完善实体化综合执法平台、推动治理资源下沉等一系列事关首都基层治理的规律性问题进行深入探索，努力探寻符合超大城市特点和规律的精治、共治、法治的基层社会治理新路子。

（一）党建引领，加强党对基层社会治理的全面领导

强化党组织政治功能。完善街道党工委对地区治理重大工作的领导体制机制，涉及基层治理的重大事项由街道党工委讨论决定，全面提升街道抓党建、抓治理、抓服务的领导能力。全面加强社区（村）党组织的领导核心作用，在村和社区"两委"换届选举中，努力实现党组织书记与村（居）委会主任全部"一肩挑"，增强基层党组织的领导力。

健全基层党建工作体系。做实区、街道、社区三级党建工作协调委员会，将其作为街道（乡镇）、社区统筹区域化党建工作的议事协调平台，推动区、街道党员领导干部担任下一级党建工作协调委员会主任，着力形成地区事务共同参与、共同协商、共同管理的工作格局。

深化党建引领融合。注重把加强基层党组织建设与首都重大任务、中心工作紧密结合，在服务保障"一带一路"高峰论坛、疏解非首都功能、推进城市副中心建设、背街小巷环境整治等重大活动和重点工作中，充分发挥党组织的政治优势、组织优势和党员的先锋模范作用。

（二）赋权下沉，强化街乡在基层治理中的主体责任

深化街乡管理体制改革。2019 年 2 月，北京时隔 23 年高规格召开第三次全市街道工作会议，市委社会工委、市民政局牵头制定《关于加强新时代

街道工作的意见》，从明确党建引领基层治理、街道管理体制改革、服务改善民生、街区更新、社区治理和激励基层干部干事创业 6 个方面提出 30 项改革举措。比如，明责赋权优化职能，增强街乡"吹哨"能力，制定街道党工委和办事处职责清单，向街道赋权赋能，理顺条块事权、理顺权责关系；探索街道大部制组织模式，优化调整街道党工委、办事处内设机构，将街道原来"向上对口"的 20 多个科室，精简为"向下对应"、直接服务居民的党群工作、民生保障、城市管理、平安建设、社区建设和综合保障 6 个内设机构和 1 个街道综合执法队，打破与区职能部门的一一对应，减少行政管理层级，提升街道综合协调和服务管理能力等。同时，加快推进《北京市街道办事处条例》立法，为构建简约高效的基层管理体制，做实做强街道打下坚实基础。出台《关于加强乡镇政府服务能力建设的实施意见》，明确首都建设"服务型"乡镇政府的新目标、新任务和新要求。

建立街乡快速响应机制。一是整合各类热线归集到 12345 市民服务热线，建立统一的群众诉求受理平台，实现事项咨询、建议、举报、投诉"一号通"，并定期通报排名靠后的街道和工作不力的部门单位。二是构建实体化综合执法平台整合执法力量，区、街两级综合执法中心实现执法力量下沉，明确街道在城市治理中的统筹指挥权，提高城市管理的精细化水平和协同效率。三是优化网格化工作流程，重点突出网格化统一指挥和全程监督功能，加强区、街、社区三级网格平台建设，完善"问题发现—上报—派遣—处理—反馈—核查"的工作流程。四是推动"多网"融合，整合基层管理力量，与街巷长、小巷管家、综合执法平台建设等互通互融。规范协管员管理，加强街道对协管员队伍的岗位整合、统一调配。五是提升大数据支撑城市管理的能力，建立和完善综合信息平台，实现公共服务事项"一窗受理""一网通办"，改进和完善基层治理体制机制，打破信息"孤岛"和治理碎片化等障碍。

创新综合考评机制。一是由区委区政府统一组织对街道乡镇的考核，扩大街乡在考评中自主权，职能部门不再组织对街道乡镇的专项工作考评。二是坚持双向考评，将自下而上与自上而下的考核相结合，建立由街道乡镇党（工）委牵头，对社区（村）、街道乡镇内设机构、区政府职能部门及其派出机构进行分类考评的制度，扩大群众的参与权、评价权，把群众满意度作为重要的评价指标。三是街道乡镇对区政府职能部门及其派出机构的考核结果，应占被考核部门绩效权重的 1/3 左右。探索通过第三方评估、大数据应用等方式完善基层综合考评制度。

（三）创新社区治理，打通基层社会治理最后一公里

一是完善政策体系。以市委、市政府名义印发《关于加强和完善城乡治理的实施意见》，颁布全国首个社区治理地方标准《社区管理与服务规范》。二是深化社区减负增效。2016 年，市民政局、市委组织部印发了《关于进一步开展社区减负工作的意见》。2018 年，进一步明确社区职责清单、完善社区工作准入制度、推进信息资源共享，社区减负工作取得明显成效。社区加挂牌子基本得到清理，开具证明从 15 项减少到 4 项，填报表格系统从 44 项精简为 7 项。三是稳步推进村（社区）换届选举。首次实现村（社区）同步换届选举，在中组部、民政部召开的座谈会上，北京市介绍了严把候选人"五好、十不能"标准、实现资格联审、推进村（社区）书记主任"一肩挑"、实现换届选举全过程信息化监测等做法。四是全面开展城乡社区议事协商。出台《关于加强城乡社区协商的实施意见》，制定《北京市社区议事厅工作指导规程》。城市社区议事厅实现全覆盖，农村社区超过 70%。通过议事协商有效缓解了小区停车、物业管理、环境整治等社区治理难题。习近平总书记对北京小院议事厅给予充分肯定。五是推进自治法治德治相结合。全国首张特别法人信用代码证书在东城区颁发，基层自治组织颁证工作全部完成。印发《关于全面推进以德治理城乡社区工作的指导意见》，指导社区、村组织群众制定居民公约、村规民约。

（四）注重需求导向，提高基层社会服务供给能力

一是实现社区基本公共服务全覆盖。制定《北京市社区基本公共服务指导目录（试行）》，规范了劳动就业、社会保险、养老、社会救助等 10 大类 60 个方面内容。二是建设"一刻钟社区服务圈"。从 2011 年起连续 8 年列入市政府实事项目，截至 2018 年底，累计建成 1580 个，覆盖 92% 的城市社区，基本实现居民步行一刻钟内解决商业、生活、文体娱乐等方面的服务需求。三是开展"社区之家"创建活动。从 2017 年开始，全市启动"社区之家"创建活动，鼓励党政机关、企事业单位等，有序向居民开放文化、体育、食堂、停车场等内部服务设施，目前全市共创建 408 个。四是创新社区服务体系。出台《北京市城乡社区服务体系建设三年行动计划（2018—2020年）》，制定《北京市社区服务中心管理办法》，试点推进街道社区服务中心社会化运营、"一站多居"、"全能社工"等改革模式，提升了服务质量和效率。

（五）打牢基层基础，为基层社会治理提供坚实保障

持续加大人财物向基层倾斜力度，确保基层有地办事、有人办事、有钱办事。一是加强人力资源保障。加大编制资源统筹力度，科学合理配置街道人员资源。建立"街巷长"和社区专员制度，实现行政力量延伸下沉，直接面对居民，直接面对实际问题，对街巷实行更加精细的管理。加强社区工作者队伍建设。探索从优秀社区党组织书记中定向招录一定数量的公务员和事业编制人员，畅通职业发展空间。完善人员录用、选拔、培训等制度，每年组织 200 名优秀社区工作者赴台学习交流。二是加大社区经费投入。每年给予每个社区 8 万至 15 万元公益金、30 万元党服务群众经费，累计拨付 5 亿元"以奖代补"社会建设专项资金。三是狠抓社区用房建设。充分利用"疏整促"腾退空间，严格落实新建小区配建标准，社区用房基本实现 350平方米建设标准。城市副中心等重点地区达到 500 平方米以上。四是推进服务管理信息化。开发"互联网 + 基层社会治理"信息化系统，通过对保留在社区的系统进行数据融合、功能整合，形成动态更新的社区基础"数据池"，逐步实现社区管理系统"一门入"。

几年来，北京市通过实施一系列务实创新举措，党对基层社会治理工作的领导全面加强，探索出了党组织领导基层社会治理的有效路径，推动了基层干部脚步为亲、转变作风，推进了重点难点工作有效落实，破解了长期以来想解决但未得到很好解决的治理难题，社会治理社会化、法治化、专业化、智能化水平进一步提升，共建共治共享的社会治理格局基本形成，首都基层社会治理工作上了一个新台阶。

三、交卷：北京的经验与启示

总结北京市改革创新基层社会治理的实践经验，我们得到如下几点启示。

第一，思想是行动的指南，民心是最大的政治，加强和创新基层社会治理，做到"民有所呼，我有所应"，必须深刻理解并牢固树立以人民为中心的发展思想，一切围绕人民群众对美好生活合理合法的需要去谋划开展工

作。民惟邦本，本固邦宁。全心全意为人民服务，是中国共产党的根本宗旨。党的十九大报告把"坚持以人民为中心"明确为坚持和发展中国特色社会主义的十四条基本方略之一，"以人民为中心"上升为治党治国治军的基本方略。习近平总书记强调，社会治理的本质是人，要面对面、心贴心、实打实做好群众工作，扎扎实实解决好群众最关心最直接最现实的利益问题、最困难最忧虑最急迫的实际问题。加强和创新社会治理，自然要以人民为中心，牢牢把握人民至上的价值取向，始终坚持人民主体地位；牢牢把握发展为民的根本要求，逐步实现共同富裕；牢牢把握民意为重的评价标准，密切党同人民群众的血肉联系。只有这样，才能从思想上真切感受群众的呼声、行动上切实回应群众的诉求。"民有所呼，我有所应"的北京实践之所以取得良好成效、得到各方面肯定，根本就在于市委市政府深刻理解并切实践行了以人民为中心的发展思想，建立健全了群众需求响应机制，做到了群众关心关注的难题事事有回音、件件有落实，并以群众满意为根本标准，把评判的"表决器"交到群众手中，初步建立了"民有所呼，我有所应"的长效机制。

第二，党建统领是我国社会治理的最大政治优势，加强和创新基层社会治理，必须牢牢把握住党的领导这条主线，真正把基层党建的政治优势转化为基层社会治理的工作优势。实践反复证明，基层党建强，基层社会治理就强；基层党建弱，基层社会治理就弱。加强和创新基层社会治理，必须发挥好党的领导核心作用，以党的建设作为贯穿基层社会治理的一条红线，确保基层治理正确方向；必须以党的严密组织体系为依托，形成总揽全局、协调各方的领导体系，实现整体治理、协同治理、系统治理；必须大力提升党组织的社会动员能力，整合凝聚各方治理力量和资源，切实提高共建共治共享水平；必须充分发挥党的群众工作优势，健全居民自治机制，增强群众自治意识和家园归属感，实现人民城市人民建、美好生活共同造。"街乡吹哨、部门报到"的北京实践就充分表明：党建引领是加强创新社会治理，实现"民有所呼，我有所应"的根本保证；在首都基层社会治理创新中，北京市始终牢牢把握住了党组织领导基层社会治理这一主线，坚持了正确政治方向，并采取了一系列具体举措，充分发挥了基层党组织的战斗堡垒作用和党员的先锋模范作用。

第三，加强和创新基层社会治理，必须坚持改革思维，用好改革武器，抓住关键环节，讲求方法策略，推动形成科学完备的体制机制。就大城市而言，关键是通过深化改革，着力构建简约高效的基层管理体制和工作机制。要把基层管理体制机制改革创新作为先手棋，赋予基层党组织相应职责权限，推动社会治理力量综合下沉，调整优化街道（乡镇）内设机构，整合基层工作平台和力量，确保基层组织聚焦主责主业，有精力有能力强党建、抓治理、搞服务。"街乡吹哨、部门报到"的做法，关键就在于找准了城市管理体制改革的"牛鼻子"，坚持优化协同原则，较好地破解了困扰基层发展和治理的体制机制性问题，激发了基层治理的动力和活力。可以讲，这一轮北京市基层社会治理体制改革，抓住了处理好条块关系这一核心，实现了城市管理体制重心下移；抓住了处理好专业与综合的关系这一关键，实现了专业和综合的有机配合；坚持了问题导向，聚焦了城市"疏解整治促提升"；坚持了需求导向，努力让广大人民群众有获得感；坚持了目标导向，努力推动国际一流的和谐宜居之都建设。

第四，民生关乎民心，坚持以人民为中心，加强和创新基层社会治理。基础要稳定，关键是民生，必须贯彻坚守底线、突出重点、完善制度、引导预期的原则，处理好发展与稳定、维稳与维权、管理与服务、目标与过程等维度的关系，坚持尽力而为、量力而行，加强基础保障，寓管理于服务之中，不断满足人民群众日益增长的美好生活需要。要从最困难的群体入手，从最突出的问题着眼，从最重要的工作抓起，疏痛点、通堵点、消盲点，着力解决好人民群众呼声最高、最急的安全问题、保障问题、发展问题，集中全力做好兜底性、基础性、普惠性民生建设，整合社会资源力量，确保充足可持续的社会服务供给。要坚持政治、自治、法治、德治、智治"五治"并举，综合运用多种手段，及时妥善化解社会矛盾纠纷，保障人民群众的知情权、参与权、决策权、监督权，建立健全畅通有效的利益表达、利益协调、矛盾调处、心理服务机制，切实把人民群众合理合法的利益诉求解决好，为首都改革发展营造和谐稳定的社会环境。北京市近年来通过建立健全街乡快速响应机制、加强创新社区治理、大力发展社会服务等，切中首都市民最迫切的需求、最现实的需要，推出一系列务实创新的举措，扎实努力地工作，让人民群众收获了首都改革发展的红利。

第五，加强和创新社会治理，尊重群众主体地位，最大化发挥群众自治作用，充分挖掘用好人民群众的智慧，不断激发基层社会治理的内生动力。

要坚持党的群众路线，相信群众、依靠群众、为了群众，最大限度调动人民群众参与基层社会治理的积极性、主动性、创造性，打造人人有责、人人尽责、人人共享的基层社会治理共同体，让人民群众成为基层社会治理现代化的最大受益者和最终评判者。近年来，北京通过搭建社区共建平台，深化"居民议事厅"制度，形成了以社区党组织为领导核心，社区居委会为主导，居民为主体，业委会、物业、群团组织、社会组织等多方共同参与的治理架构；通过社区退休党员、群众活动团队带头人等培育社区社会组织，带动居民参与社区公共事务，涌现出"朝阳群众""西城大妈""海淀网友""东城守望岗""丰台市民劝导队""石景山老街坊"等群众性参与首都社会治理品牌。

人民群众的需求随着经济社会的发展在不断变化，要切实做到"民有所呼，我有所应"，就要不断将基层社会治理工作引向深入。就北京而言，当前和今后一个时期，基层社会治理创新应持续推进"吹哨报到"向党建引领深化，全面加强和优化党对街道、乡镇工作的领导；向街道改革深化，不断健全完善简约高效的街道管理体制；向解决群众身边的问题深化，彻底打通城市治理的"最后一公里"。要着力提升社会治理社会化、法治化、专业化、智能化水平，特别是要加强智能化建设，强化互联网思维，善于运用智能化手段推动首都基层社会治理创新，使互联网这个"最大变量"变为促进首都基层社会治理现代化的"最大增量"。

发展社会企业　推进社区社会治理现代化

——以成都市武侯区为例

刘虹楠　朱　江　张　芳　徐丽冰①

武侯区是成都市的中心城区之一，因境内武侯祠而得名，素有"三国故里""蜀汉名城"的美誉，全区面积 75.36 平方公里，常住人口 138.53 万，13 个街道办事处、1 个管委会、87 个社区，是国务院命名的高科技文化区、中西部经济社会发展的领先区。近年来，武侯区以培育发展社会企业来助力社会治理创新，逐渐形成独具特色的"武侯模式"，为我国培育发展社会企业、提升社会治理现代化水平提供了经验借鉴和思考启示。

一、武侯区大力发展社会企业的政策引导

党的十九大报告从推进制度建设的角度提出了"打造共建共治共享的社会治理格局"的思路和要求。报告强调指出："要加强社会治理制度建设，完善党委领导、政府负责、社会协同、公众参与、法治保障的社会治理体制，提高社会治理社会化、法治化、智能化、专业化水平。"

中共中央国务院《关于加强和完善城乡社区治理的意见》和四川省委、省政府《关于进一步加强和完善城乡社区治理的实施意见》都指出要"积极引导驻社区机关企事业单位、其他社会力量和市场主体参与社区治理"。为此，成都市在市级层面，将培育发展社会企业纳入了全市党建引领城乡社

---

① 刘虹楠，中共成都市武侯区委社区发展治理委员会常务副主任；朱江、张芳、徐丽冰，中共成都市武侯区委社区发展治理委员会工作人员。本文原刊载于《社会治理》2019 年第 8 期。

区发展治理顶层设计，出台社区发展治理 30 条《关于深入推进社区发展治理 建设高品质和谐宜居生活社区的实施意见》，要求"鼓励社区兴办服务居民的社会企业"，将培育发展社会企业作为服务供给侧改革的重要抓手，增强社区活力、实现可持续发展。

武侯区于 2013 年 10 月启动了以"网格立体化、主体多元化、服务社会化"为核心的社区治理机制改革。通过对社区公共服务事项的梳理，将适合由社会组织承担的 115 项政务服务事项交由社会组织承接，每年政府投入 4000 万元倒逼社会组织发展。5 年来，在社区从事公益性服务类的社会组织增加 228 家，增长率达到 45％。但是，社会组织对政府购买服务的依赖性较强，要想实现社区的可持续发展，社区需要引入更多具有"造血功能"的主体。

武侯区于 2018 年 7 月 23 日成立成都市武侯社区发展基金会，按照"政府引导 + 社会化运作"的思路，基金会着力搭建平台、链接资源、赋能社区，为项目化回应居民需求、品牌化促进区域发展、多元化构建治理格局探索了一条新的路径。同时，武侯区市场活力充沛，2018 年，地区生产总值突破千亿元大关，民营经济综合实力连续 11 年领跑四川省，年新增企业注册量连续 14 年居五城区之首，这些都为社会企业发展奠定了良好基础。

综上所述，大力培育发展社会企业既是积极响应中央、省市政策的做法，也是武侯区创新社区发展治理的实际需求。

二、社会企业概念及其在武侯区的发展现状

（一）社会企业的概念

"社会企业"的概念是一个舶来品，作为一种动态的、跨部门的组织，它模糊了市场与社会、营利与非营利的边界，因社会企业的复杂性和多样性，国内理论界尚未作出明确定义。简单概括，社会企业就是用商业手段解决社会问题的企业。

为确保政策创新的针对性和制度设计的规范性，成都市政府于 2018 年出台了《关于培育社会企业促进社区发展治理的意见》，首次对社会企业进行了定义，即经企业登记机关登记注册，以协助解决社会问题、改善社会治理、服务于弱势和特殊群体或社区利益为宗旨和首要目标，以创新商业模

式、市场化运作为主要手段，所得盈利按照其社会目标再投入自身业务、所在社区或公益事业，且社会目标持续稳定的特定企业类型。其主要特征包括：一是企业的初心或者首要目标是为了解决社会问题，而不是为股东最大限度地赚取利润；二是企业有明确的社会目标，持续、稳定且不容易发生飘移；三是对员工、消费者等利益相关方负责，对环境友好，对社会有益；四是其商业手段具有创新性；五是可实现财务的可持续性。

（二）武侯区社会企业发展现状

目前，全区共有社会企业 52 家，其中 5 家通过 2018 年中国慈展会认定，1 家通过成都市工商局认定，待认证的种子型社会企业有 46 家。服务居民群众达 13 万人（次），馋爱善食、朗力、圆梦公益、岩羊等社会企业多次被中央、省、市主流媒体报道，取得了良好的社会效益。

1. 注册地

目前，武侯区 52 家社会企业中，注册地在武侯区且在武侯区内开展业务的共 45 家，占比 87%；注册地不在武侯区但在武侯区内开展业务的共 7 家，占比 13%。

2. 成立时长

武侯区 52 家社会企业中，成立时间在 1—2 年的有 33 家，占比 63%，说明我区社会企业的迅速发展主要集中在成都市城乡社区发展治理大会召开后，这与政府明确提出培育发展社会企业息息相关。

3. 服务领域

武侯区社会企业服务领域呈多元化发展趋势，涉及物业服务（5 家，占比 10%）、文化传播（7 家，占比 13%）、青少年教育（6 家，占比 11%）、养老服务（4 家，占比 8%）、无障碍服务（5 家，占比 10%）、环保（3 家，占比 6%）、健康（4 家，占比 8%）、信息技术（5 家，占比 9%）、其他（13 家，占比 25%）等领域。

4. 发起人

武侯区 52 家社会企业中，由社会组织发起成立的有 13 家（占比 25%），由社区发起成立的有 7 家（占比 13%），由热心公益人士发起成立的有 27 家（占比 52%），企业转型社会企业的有 5 家（占比 10%）。

三、武侯区的实践探索

社会企业作为新生事物活力无限，在回应居民需求、丰富服务供给、解决社会问题方面有着重要意义，但是初创社会企业普遍面临人才缺乏、商业模式不成熟、税收负担过重、资金缺乏等问题，因此，武侯区加强顶层设计、注重分类推进、创新成长扶持机制、探索融合发展，推动社会企业成为制度健全、运行规范、充满活力的自治实体。

（一）坚持"全方位"顶层设计，营造社企发展的整体氛围

武侯区将培育发展社会企业作为服务供给侧改革、增强社区发展活力、提升社会治理水平的重要抓手，强力推动，紧抓落实。一是科学谋划布局。区委、区政府高度重视，创新社会企业政策扶持，出台全国首个社会企业的专项扶持政策《成都市武侯区社会企业扶持办法（试行）》，从主体支持、业务支持、财税支持、资源支持、创新支持等五个方面给予初创期的社会企业扶持。二是强化统筹推进。充分发挥区委社治委"牵头抓总"作用，会同区市场监管局、区行政审批局等 11 个部门，成立工作小组，建立联席会议制度，明确职责分工，划定时间表和路径图，形成工作推进合力。与国内知名的社会组织恩派合作，建设武侯区社会企业培育发展中心，提供全方位、全周期、全要素的精准化服务。三是注重氛围营造。积极邀请业界专家，组织开展通识培训、沙龙、工作坊，提升区级部门、街道、社区、社会组织等多元主体对社会企业的认知度。以出台专项扶持政策为契机，借助人民网、《四川日报》《成都日报》等主流媒体，加强武侯社企政策、优秀社企案例的宣传报道，营造社企发展的良好氛围。

（二）注重"全路径"分类推进，激发社企发展的创新活力

按照"多元参与、分类推进"的思路，武侯区积极探索发展社会企业的差异化模式，激发社企发展的创新活力。一是支持社区创办社会企业。在资源相对丰富、发展基础较好、社区党委组织力较强的玉林街道黉门街社区率先开展社区创办服务公司改革试点工作，成立了全市首家社区社会企业——四川黉门宜邻居民服务有限公司。目前，该公司研发了多个品牌项目，通过专项基金反哺社区，实现了社区自我"造血"。二是推动社会组织转型发展。积极引导有条件的社会组织向社会企业转型，降低社会组织对政府购买服务

和公益捐赠的依赖性。目前，武侯区共 13 家社会组织转型发展，其中"善工坊""慈爱嘉养老助残服务中心"通过了慈展会的认证。三是引导企业转型社会企业。积极动员具有成熟商业模式、热心公益事业的企业转型为社会企业。目前，推动了"智乐物业""圆梦公益"等多家企业向社会企业转型。四是鼓励公益人士创办社会企业。积极引导热心公益事业、具备创业能力的公益人士创办社会企业，目前武侯区由热心公益人士发起成立的社会企业有 27 家。

（三）强化"全周期"孵化培育，提供社企发展的有效支撑

武侯区针对社会企业发展的不同阶段，精准化实施帮扶，为社会企业的发展提供全流程优质服务。一是支持初创型社会企业"扩量提质"发展。研发社会企业政务服务套餐，开辟社会企业登记注册绿色通道，提供便利高效的一站式服务。建立健全政府购买服务机制，将社会企业纳入政府购买服务范围，享有与社会组织同等的政策支持。充分发挥武侯社区发展基金会作用，探索通过股权投资、公益创投等方式对市场潜力大、创新能力强的社会企业给予支持。二是支持种子型社会企业"专精特新"发展。依托武侯区社会企业孵化培育平台，根据企业发展阶段和诉求，建立社创社群、社企苗圃、社企孵化器、社企加速器、投资推荐 5 个阶段的孵化体系，从产品设计、业务模式、战略规划、品牌营销、金融投资等方面提供特色化、定制化服务，全面提升社会企业的综合能力。目前，已有 30 家企业进入苗圃，10 家企业进入孵化器。三是支持认证社会企业"加快跨越"发展。积极发挥政策引导作用，对于通过认证的社会企业，在租赁、税收、信贷、活动举办、参加大赛等方面给予经济补贴和政策支持。探索设立社会企业的股权投资基金公司，引导社会企业跨行业、跨领域、跨地区发展，增强社会企业核心竞争力。

（四）实施"全角度"融合发展，推动社区建设的整体跃升

武侯区始终坚持以居民需求为导向，积极探索社会企业与社区融合发展的有效路径。一是探索社区综合体运营新机制。按照"公益＋市场化"的理念，积极引入社会企业参与社区服务载体运营。武侯区残疾人双创中心，引入社会企业"圆梦公益"运营管理，通过开展就业创业培训、人力资源服务、无障碍旅游等项目，2018 年，实现营收 2000 万，其中政府购买服务仅占总收入的 15%，同时企业承诺利润的 30% 反哺社区，形成了

社区公益可持续运营闭环。桐梓林社区国际邻里中心专门为"第二人生""岩羊"等社会企业开设了产品展区，有效促进了社区公益文化氛围营造。二是探索社区生活服务新模式。以居民需求为导向，针对便民生活中的市场盲点，重点培育社会企业。童萌亲子园依托社区小微（约 30 平方米至 100 平方米）公共空间建立幼儿活动中心，以自研的体系化亲子课程为核心，为社区 0 岁至 3 岁儿童家庭提供育幼专业服务，并通过市场价格 30% 的服务性收费实现项目的可持续运营。针对居民停车难问题，晋阳社区"来吧"双创孵化平台，孵化成立社会企业——"支位"有限责任公司，以"支位"APP 为载体，整合社区内私家车位、公共停车位及商业停车场停车资源，采取共享停车、错时停车等方式为居民提供泊车位预订、查询、导航、缴费、私家车位信息发布等服务。三是探索整合社会资源新模式。积极利用社会企业相对于社会组织在市场配置、企业链接、产品效益等方面的先天优势，进一步整合社会资源，助力社区发展治理。2019 年 5 月 24 日，按照"政府引导、社会主办、多元参与"的思路，联合第一财经、汇丰银行举办了 2019 中国·成都社会企业投资峰会，吸引了来自全国 400 家社会企业以及 50 多家关注社会企业及影响力投资的国际知名投资机构、企业、基金会参加。会上成立了武侯社会企业投资联盟，并为最具发展潜力社会企业 TOP20 进行了颁奖，有效促进了社会资源汇集，扩大了社会影响力。

四、愿景——构建社区公益生态圈、实现社区可持续发展

社区是社会的基本细胞，是社会治理的基本单元。社区发展的好坏直接关系到社会的长治久安。在社区的系统内，通过创新社会载体，将丰富资源、多元主体有机串联起来，构建社区公益生态圈，实现社区可持续发展。其中，培育发展社会企业就是重要一环，社会企业作为兼具社会目标和经济目标的主体，既可以直接行动解决社会问题，也可以将所得利润捐赠到社区基金会，通过间接扶持更多行动主体来解决社会问题；社区基金会是重要的链接资源平台，通过将多元主体的资源（包括政府、企业、智库、居民、社会企业等）汇聚到平台上，然后资助到公益孵化器、枢纽、平台等，支持社会组织、自组织、社会企业发展，从而不断壮大公益行动主力去解决社会问

题。在这一体系中，把政府、企业、居民、智库等力量充分调动起来，提供更多社会责任落地社区的具体路径，使优质资源在社区"进得来、留得住、用得好"，使社区实现可持续发展，使居民的多样需求得到满足，使社会问题不断得到解决，从而提高人民的幸福感、获得感。

科技引领、"智治"支撑
助力基层社会治理现代化
——天津市滨海新区的实践探索

云凤柏①

天津市滨海新区位于天津东部沿海，地处环渤海经济带和京津冀城市群的交汇点，是亚欧大陆桥最近的东部起点。行政区划面积 2270 平方公里，海岸线 153 公里，海域面积 3000 平方公里。下辖经开区、保税区、高新区、东疆保税港区、生态城等五个经济开发区、21 个街镇，常住人口 299 万人。

滨海新区自 2006 年上升为国家发展战略，是全国综合配套改革试验区。在社会治理现代化进程中，滨海新区发挥先行先试优势，勇于开拓创新，积极完善社会治理体系，提升社会治理能力，为全国推进市域社会治理现代化做出了积极有益的探索。

2018 年以来，滨海新区以建设繁荣宜居智慧的现代化海滨城市为导向，按照"一核多元、五治并举"的总体思路，坚持党建引领为核心，多元治理主体共建共为，政治、自治、法治、德治、智治"五治并举"，构建现代化的社会治理体制机制，破解社会治理现代化的诸多瓶颈，提升治理效能，深入推进社会治理的社会化、法治化、智能化、专业化，形成共建共治共享的社会治理格局。

所谓"五治并举"，即要发挥政治的统领作用，把基层党建贯穿于基层社会治理的全过程和各方面。要发挥自治的基础作用，畅通社情民意表达渠道，完善群众自治机制。要发挥法治的保障作用，引导群众办事依法、遇事

---

① 云凤柏，天津市滨海新区区委政法委社会管理创新指导处处长。

找法、解决问题靠法。要发挥德治的先导作用，通过道德自律和民约民俗民规引导行为、规范秩序、化解矛盾。要发挥智治的支撑作用，深化升级"雪亮工程"，深入推进网格化信息化建设，推动建设联通各领域的社会治理大数据平台，提升社会治理的整体性和信息化、智能化水平。

滨海新区将科技引领、"智治"支撑作为基层社会治理现代化的切入点和着力点，进行了积极的实践探索。

一、以高新技术应用为基础建设"智慧滨海"

强化顶层设计，高标准规划建设"智慧滨海"。明确目标任务，以"大数据一张图"支撑决策，"大运营一条链"服务产业，"大平台一张网"惠及民生为目标，未来全面建成基础设施智能化、政府治理智慧化、民生服务普惠化、公共服务便捷化、两化融合纵深化、产业体系现代化、开发区发展智慧化的协调发展的"智慧滨海"，带动和提升滨海新区经济社会各领域的信息化、智能化水平。

自 2018 年起，滨海新区设计开展智慧滨海"1 + 4 + N"建设，"1"是一个智慧城市大脑，即智慧滨海运营管理中心。该中心集城市综合管理、大数据应用、应急协同指挥等功能于一体，实现跨层级、跨区域、跨系统、跨部门、跨业务的综合协同管理和服务。依托该中心，滨海新区整合 8890 便民呼叫服务、网格化、区长信箱等系统，实现全事件响应，真正实现"事件只进一扇门"。

"4"即四大版块智慧工程。实现信息化与智慧政务、智慧经济、智慧城管和智慧民生的深度融合。

"N"为 N 个智慧应用建设。提高政府决策、管理和服务水平，培育大数据核心业态、关联业态和衍生业态，精准提供民生领域数据产品和服务。目前，"滨海掌上行"超级 APP 已经上线，实现首批 400 多项审批办事指南上线；对外贸易经营者备案、出版物零售单位设立 2 项行政审批事项实现网上办理；医疗、资讯、微出行、微政务、微生活、微教育、微应用等 30 余项便民服务实现在线办理。

二、以全覆盖精细化为导向构建网格化管理体系

一是网格化建设全域覆盖。结合区域特点和实践经验，滨海新区自行开发设计网格化服务管理平台系统，构建起"一套系统、两级中心、三级处置、四级网格"的网络化治理体系。2019 年 3 月 1 日，该平台正式运行，覆盖滨海新区全域 2270 平方公里，实现网格化管理无盲区、全覆盖。该平台横向联动 21 个区委办局以及滨海联通、滨海电力等 8 个驻区单位，纵向联动 21 个街镇、5 个开发区以及 478 个村居，形成了横向到边、纵向到底的业务联动体系。平台投入运行以来，实现了全民参与的问题发现、全员参与的移动应用、秒拍秒传式问题上报、自动化无时差分拨核查、实时化远程监管、可视化调度指挥、自动化考核评价、科学化分析研判等八大特色功能，网格化治理的效果明显。截至 5 月 26 日，通过网格化平台系统累计上报各类事件 75294 件，结案 62554 件，结案率达 83.1%。

二是完善网格责任机制。编制《滨海新区网格化服务管理手册》，明确网格化治理的工作内容与责任机制。确定了 13 大类 115 项的精细化运行标准，明确了问题的采集、立案、处置、结案规范和标准。区一级网格 1 个；街镇（开发区）二级网格 24 个；社区（村）三级网格 478 个；四级基础网格 1433 个。区、街镇（开发区）、村居的主官为对应各级网格的网格长，协调街镇（开发区）多种用工人员成立专职网格员队伍，负责 115 项网格问题全面采集，形成了"多网合一、一格一员、一员多能、主官负责"的网格责任机制。

三是构建可循环的运行模式。平台确立了"两级监督、两级指挥"业务模式，建立了从问题上报、立案、分拨、处置、核查、结案的闭环化管理流程。全过程可考核的闭环式管理机制。平台通过自行处置、自动分拨、自动核查等方式的运用，既保障了管理上的闭环，又保障了过程上的扁平、快捷。平台构建新区、街镇（开发区）两级网格服务管理中心，在街镇中心设立坐席员，负责问题的受理、分拨、核查、反馈、结案，将需要区级部门处置的问题上报至区级中心；在区级中心设立受理员、派遣员，负责来自公众举报、领导交办、街镇上报问题的受理、派遣，形成了"街镇能自治、吹哨有响应、监督有层次"的网格化社会治理模式。

三、以新时代智能化为目标创新泰达治理模式

泰达智能化治理模式由一个中心即城市大脑 IOC 中心、"聆听、感悟、关爱、服务"四大平台和 N 个系统建设构成了"1 + 4 + N"的智慧城市整体框架，将人工智能技术与城市管理有机融合，为居民与企业提供全生命周期的精准服务。城市大脑 IOC 中心主要包括城市仪表盘、决策指挥平台和大数据服务平台。城市大脑仪表盘全面整合各领域运行数据，利用大数据可视化技术，全面呈现城市运行综合态势，感知城市运行风险和发展趋势，形成"开发区运行全景图"，对经济、民生、安全、交通、公用事业等重点领域实现分模块展现。依靠四大人工智能平台的强大资源，经开区还打造了 N 个部门应用，包括招商与服务智慧平台、政务畅通智慧平台、环保监管智慧平台、安全监管智慧平台、统一时空信息平台、网格化 + 管理平台、城市智慧停车平台、智慧城市展示体验中心、城市混合云、物联城市网络建设等。

在智慧泰达城市大脑 IOC 系统上，运行着各类基础数据。各类动态数据如人脸识别分析、人口热力分布、车辆识别分析、各类物联网数据、道路拥堵等信息都会实时抓取更新。城市大脑掌握了区域 23 万人口基础数据、4 万多家企业以及经济运行数据、20 多万个路灯、井盖以及各类城市家具位置、权属、状态的基础数据，这些构成了数字城市的基石。

在泰达 1 + N 智慧城市综合指挥中心，5000 路摄像头已经联网，并与华为云合作完成了视频云建设，监控着区域每天约 12 万活跃车辆 60 万次活动记录。接入了腾讯云人口热力平台，每天监控着区域内 40 万活动人口的分布和流动，为城市管理提供数据分析服务；翠亨村小区出入安全平台每天记录分析 2000 辆车辆出入，6000 多次人脸记录并实现了与视频云、网格化系统联网。依靠城市大脑数据平台，工作人员除了能看到道路实时的车辆、行人和险情外，还能第一时间通过大数据比对分析，为各相关部门快速反应、科学处置提供重要依据。以华纳社区为例，依靠城市大脑，初步建立起"一人一档"的居民大数据系统，与各类管理和服务系统打通数据链接，建立社区居民积分模型及管理系统。

四、以满足市民需求为根本建设"智慧社区"

以中新天津生态城为代表，借鉴新加坡电子公民中心的理念，以市民需求为导向、基于互联网数据共享构建一站式便民服务平台，打造了网上"智慧社区"。通过网站和手机 APP 为市民提供全景式社区生活在线服务。电子市民中心建立市民服务搜索引擎及导航入口，对服务事项进行多维度分类，实现服务办理资料、指南的整理下载，实现服务事项的互联网办理与服务中心办理，建立与市民邮箱、城市服务地图等外部应用的关联与数据交换。通过服务事项个人管理中心，实现个人服务订单的管理；采取统一认证模式，实现用户的统一管理与数据的权限管理。电子市民中心目前推出了"医、食、住、行、乐、教"六大板块 30 余项精品社区生活服务。每个社区服务中心都设置了电子市民中心线下服务站，并配备了若干工作人员，工作人员将现场教授市民如何使用。同时，线下服务站还设置了电脑及自助服务的终端，方便市民自助办理各项服务。

在推进智能化建设的进程中，也面临着一些突出问题。比如，数据共享相对滞后，存在数据孤岛问题。一些掌握重要信息数据的部门未能共享数据。在智慧城市建设、智慧社区建设、网格化治理、"雪亮工程"建设等工程中，政府部门接入的较多，民用、商用网络信息数据接入的较少，数据孤岛问题一定程度上影响和制约了这些智能化治理方式的应用范围和实际效果。数据孤岛问题源于数据壁垒，技术问题只是其中一个方面，如信息数据制式问题，更重要的是各部门之间的协作机制不健全，社会治理的智能化推进未能形成一个有效合作的体系，平台机制、统筹机制不健全是重要原因。

未来，我们将推动科技创新与体制变革融合，构建立体化、智能化的社会治安防控体系。

一是规范提升基层社会治理工作平台。将信息技术与实体组织、专兼力量结合起来，搭建全域、多级的综合治理工作网络，切实提升复杂社会条件下维护社会安全稳定实战能力。

二是将社会治理网格化联动指挥平台融合 GIS 地理信息、北斗定位、视频监控、综合执法等子系统，逐步形成人、地、事、物、组织等数据全覆盖的大数据中心。

三是推动多部门数据实时共享，打破"信息孤岛"。推动不同领域数据互联互通，促进政府数据与社会数据融合，促进不同领域数据互联互通。

四是按照统筹发展、资源整合、合力推进、共建共享原则，加快推进"多网格融合"，进一步提高网格化体系建设水平和社会服务管理水平。

五是全面推进智慧政务，有效拓展公共服务职能，扩大政务服务种类和覆盖面，推动政府实现流程再造，提高公共服务效率。

六是探索网络化社会治理新模式。探索实施"互联网 + 群众路线"治理模式，调动群众参与社会治理的积极性，丰富群众依法参与社会治理的方式和渠道，形成推进社会治理智能化的强大合力。

北京社区基金会发展的现状、问题及对策

黄家亮　南　方　袁振龙①

完善和发展中国特色社会主义制度、推进国家治理体系和治理能力现代化是全面深化改革的总目标。社区是社会的基本单元，社区治理既是社会治理的基石和抓手，也是国家治理的基础环节。社区基金会作为一种新型社区社会组织，在整合社区资源、满足社区需求、推动社区自治、促进社区融合等方面独具优势，逐渐成为社区治理的重要力量。

一、社区基金会当前的发展状况和形势

（一）我国社区基金会发展现状

社区基金会依托多元化资金成立基金，服务特定地理区域内民众，致力于其生活质量的改善。它自 1914 年在美国成立以来已有百余年历史，遍布全球 50 多个国家，总量已超过 1750 家。② 自 2004 年《基金会管理条例》颁布后，我国基金会开始快速发展，但社区基金会的起步较晚，直到 2008 年，我国才出现了第一家社区基金会——桃源居公益事业发展基金会。随后广东、浙江、上海、南京、成都等地政府积极推动社区基金会的发展，目前全国总量已近 200 家。

---

① 黄家亮，中国人民大学社会与人口学院副院长、副教授；南方，北京市社会科学院首都社会治安综合治理研究所助理研究员，清华大学公共管理学院博士后；袁振龙，北京市社会科学院综治研究所所长、研究员。

② 饶锦兴、王筱昀：《社区基金会的全球视野与中国价值》，《开放导报》2014 年第 5 期。

社区基金会的定义源自基金会，但又有很多差异。美国将其定义为一个地区的居民为解决本地区问题而成立的、独立性的非营利性公益组织。欧洲将其界定为免税的、独立的、获得公共支持的慈善组织，通过接受捐赠机构的资助致力于一个特定区域的长期利益。总体上看，目前国内并没有形成一个关于社区基金会比较一致的明确定义。《深圳市社区基金会培育发展工作暂行办法（征求意见稿）》将社区基金会服务范围明确为：为本地服务的公益基金会；资金注册门槛下降到 100 万；决策程序上引入居民参与决策的机制；资金要委托给第三方进行托管；信息公开方面要每年提交年度报告，接受居民的监督。《上海社区基金会建设指引（试行）》规定，社区基金会是指利用自然人、法人或者其他组织捐赠的财产，以从事街镇公益事业、参与社区治理、推动社区健康发展为目的，按照《基金会管理条例》规定成立的非营利性法人。在总结上述基本要素的基础上，徐家良将社区基金会要素概括为以下几个方面：一是致力于解决社区问题，促进社区发展；二是主要工作是募集财产和提供项目资助；三是街道政府、驻区单位、居民共同参与，形成共治关系；四是有一定的治理结构，如理事会和监事会；五是非营利组织法人，有收入，但不能分配利润，与企业法人有明显的区别。因此，社区基金会可以定义为，致力于解决社区问题，由居民、街道政府和驻区单位共同参与，募集财产和提供项目资助，在法人治理结构机制下提供公共服务的非营利法人。[1]

（二）社区基金会的相关政策环境

在相关的管理制度出来前，国内的社区基金会已经应运而生。在最初成立时的注册登记，社区基金会都是按照我国基金会的实施办法来进行的，这种情况存在很大的一个问题便是不适用的困境。因为本身基金会和社区基金会在国内的体量和发展是不一样的，前者的实施办法中并没有对后者有明确的规定细则。

2014 年 3 月，深圳通过《深圳市社区基金会培育发展工作暂行办法》，明确规定大力推进社区基金会建设，这将有利于发展全民慈善事业，改善社区民生和公共福利，提升社区自治和社会治理水平。2014 年 12 月，上海市委、市政府出台"1 + 6"文件，即《关于进一步创新社会治理、加强基层建设的意见》和 6 个配套文件。这 6 个配套文件涉及上海市街道体制改革、居

---

① 徐家良：《中国社区基金会关系建构与发展策略》，《社会科学期刊》2017 年第 2 期。

民区治理体系、村级治理体系、网格化管理、社会力量参与、社区工作者等方面。其中规定，街镇设立社区发展基金（会），要为社会资金支持社会力量参与治理创造条件。2015年6月，上海市民政局、上海市社会团体管理局联合发布《上海社区基金会建设指引（试行）》，引导和支持社会组织参与社区治理，提高城乡社区治理水平。2015年7月南京市民政局出台了《关于推动南京市社区型基金（会）发展的实施方案（试行）》，引入居民参与社区的决策，探索社区协商民主模式。2016年1月，上海市普陀区民政局发布《普陀区社区基金会管理办法》，以期让社区基金会成为社区公共利益和共同意识形成的"催化剂"。

虽然一些地方有了社区基金会专属的政策文件，开创了全国社区基金会制度化的先河。但从公布的文件来看，这些文件中明确了社区基金会的责任主体、100万原始基金额度，但在具体的机构设置、人员选用、资金管理等方面还没有明确规定。

二、北京社区基金会发展现状

2015年7月，北京市第一家非公募的社区基金会思诚朝阳门社区基金会成立。目前，北京共成立了北京永诚社区公益基金会、北京齐化社区公益基金会、北京市安和社区公益基金会以及北京市思诚朝阳门社区基金会4家社区基金会。相对于北京市广大社区的多元需求，4家社区基金会是远远不足的，且这与《北京市"十三五"时期民政事业发展规划》的预期目标有较大差距。

（一）北京市思诚朝阳门社区基金会

于2015年7月登记注册，10月揭牌成立。作为北京市第一家非公募的社区基金会，思诚基金会由中国国际民间组织合作促进会、深圳桃源居公益事业发展基金会、南京爱德基金会及朝阳门街道办事处共同发起，其注册资金为400万元。基金会以助力社区，优化服务，改善社区民生，促进社区建设为宗旨开展公益活动。该基金会理事会有9位理事，包括社会发展领域的学术带头人、长年从事政策研究和社会管理的退休干部，现任社区主任和民营企业家。朝阳门街道办事处为思诚社区基金会提供了无偿的办公场地，并提供基金会一名工作人员的工资。目前基金会由1名兼职秘书长和3名专职工作人员负责运营。

（二）北京市齐化社区公益基金会

由朝外街道办事处牵头发起，街道辖区的一位爱心企业家捐赠 200 万元注册资金，于 2016 年 8 月在北京市民政局注册成立。齐化社区基金会成立宗旨是动员辖区企业和公益组织，整合地区资源力量解决社区问题，满足居民需求，助力地区发展。该社区基金会有 9 位理事，来自辖区内重点单位企业、社会组织和社区居委会。基金会的秘书处目前采取政府购买服务的方式，聘请专业社会组织负责日常运营。

（三）北京市安和社区公益基金会

由安贞街道志愿者协会发起，朝阳区 20 家企事业单位和热心公益事业的社会人士共同捐赠注册资金，于 2016 年 9 月在北京市民政局注册成立。安和社区基金会的定位是"资助型 + 运作型"，秉承"友爱、奉献、共享、传承"的价值主张，助力社区扶老、助残、扶贫、济困、恤病、优抚的公益慈善活动，为愿意参与社区治理的企事业单位、社会组织、社区居民等多元主体搭建社区资源与需求对接的平台，促进社区和谐与发展。该基金会理事会成员 17 名，包括街道辖区内捐赠企业代表、社区居委代表和街道办事处的离退休人员等。目前基金会由 1 名专职秘书长（为街道退休干部，不在基金会领取工资）和 1 名专职工作人员运营。

（四）北京市永诚社区公益基金会

由北京市朝阳区民和社会工作事务所孵化而来，在民和社工事务所以及北京市朝阳区望京街道办事处的支持下，由一家对社区发展比较关注的企业捐赠 200 万元注册资金，2016 年 11 月在北京市民政局正式注册成立。基金会定位于公益平台的角色，其使命为"服务区域社会治理，动员社会参与，回应社区服务需求"。该基金会的理事会有 5 名理事，由民和社工事务所发起人、大学教授和退休社区干部组成，目前基金会由 1 名专职秘书长和 4 名专职工作人员进行运营。

三、目前北京社区基金会发展面临的主要问题

（一）社区基金会的定位和功能模糊

莫特基金会将社区基金会的角色归纳为五个方面，一是本地资助者（Local Grantmaker），负责从社区居民、企业、政府等多方渠道筹集资助资

金；二是本地问题回应者（Local Responder），协调本地居民和团体对于影响本地的公共议题，诸如教育、贫困、健康和社区发展等提供资助或开展活动；三是社区议题倡导者（Advocate），成为公众或本地或全国性的领导者，针对影响社区的重要事务开展倡导；四是慈善资源管理者（Wise Steward），吸纳和管理公共资源，并遵循公开透明的原则分配和使用这些公共资源；五是跨界合作推动者（Bridge builder），在不同的群体和社会部门当中起到桥梁纽带作用，以增进不同群体的相互信任和合作。[1] 莫特基金会对社区基金会五大角色的界定，获得了国内学者的普遍认可。但在中国语境当中，"倡导"对社会组织来说是一个比较陌生的概念，居民议事和参与社区公共事务也是这些年社区治理的难点，因此"社区议题倡导者"这个角色并不符合国内绝大多数社区基金会，事实上，这个职能的本来意涵也包括承担社区领导者的角色，动员社区居民共同参与社区建设。[2] 从这个意义上说，莫特基金会提出的"社区议题倡导者"，修正为"社区参与动员者"更符合我国现实情况。

根据调研结果，课题组发现北京的 4 个社区基金会对于五大角色均有所涉及。但各个基金会在实际运营中，项目重点和活动手法不尽相同，在每个维度的角色定位及其功能发挥上也各有侧重。

"本地资助者"角色最为突出，"集合公益财产"的组织特色鲜明。4 家基金会的注册资金由一家或数家辖区爱心企业、致力于推动社区发展的大型基金会筹措而来。基金会组织愿景和宗旨的表述里，也都以不同的措辞体现了"整合社区公益资源"以"支持社区发展"的使命。

"回应本地问题"受到各家重视，但实际做法各不相同。"回应社区需求、促进社区发展"是 4 家社区基金会所宣称的重要角色，但在回应社区需求领域以及方式上各有不同，有的组织对具体回应哪些需求谈得比较笼统，有的组织明确了该组织的重点资助和服务领域，各个组织通过社区提案大赛或直接资助社区社会组织或直接开展服务等方式来回应社区居民关注议题。

"社会参与动员者"角色的重视程度和实际效果差别显著，如安和社区

---

① Foundation C S M. Community foundations：Rooted Locally, Growing Globally. ［EB/OL］. http：//www. mott. org/news/Publications Archive/Annual.

② 章敏敏、夏建中：《社区基金会的运作模式及在我国的发展研究——基于深圳市社区基金会的调研》，《中州学刊》2014 年第 12 期。

基金会在注册资金、基金会日常工作以及项目资助等层面推动多方参与，永诚社区基金会将企业履行社会责任的关注点和社区需求对接起来，推动了动员企业参与社区建设。

"慈善资源管理者"角色尴尬，普遍面临资金筹措和专业运作的双重压力。4 家社区基金会普遍面临着资金筹措的压力，无法把向社区居民或社会大众作为主要的筹资对象，获得政府购买社会组织服务以及企业的项目资金时多有限制。4 家社区基金会还面临专业化运作的压力，缺乏运营专业基金会的管理团队。

"推动跨界合作"效果明显，桥梁纽带作用突出。4 家社区基金会在推进多方沟通、建立信任关系、实现社区良治等方面均有不同程度的效果，尤其是思诚社区基金会推动街道、社区、社区社会组织、基金会、企业、公众等多元主体跨界合作。

北京社区基金会在"集合公益财产""回应本地议题"等方面的角色比较突出，也能在一定程度上起到整合公益资源推动跨界合作的作用，但在公益慈善资源的筹措管理以及领导社区公众动员社区参与等方面的功能还比较有限，这和发起主体的不同目标以及外部政策环境的制约有关。不同发起主体对于社区基金会的角色定位有着不同的期待，从而表达为不同的机构愿景，而不同的运营模式和路径选择，则是不同发起愿景的现实表象。

社区基金会的角色和定位，与其所在社区的文化习俗、经济状况、社会资源，以及主要矛盾密不可分，不可能有功能和作用完全一致的两个社区基金会。[1]社区基金会在发起之初，就要根据所在社区的特点和组织发展的使命，合理地确定自己的宗旨，这是办好社区基金会应解决的首要问题。当前的社区基金会基本上都处于成立和发展的初期，对于自身角色的定位还模糊不清，还有基金会的很多工作，与一般的民非（社会服务机构）并无显著不同。

（二）缺乏引导和培育的相关政策

我国目前尚未有"社区基金会"这一专门的注册类型，在 2017 年《慈

---

[1] Sacks E W. An International Perspective on the History, Development and Characteristics of Community Foundations. Building Philanthropic and Social Capital: The Work of Community Foundations, Walkenhorst P, Brookings Institutio, 2002.

善法》实施前，国内社区基金会的注册都依照《基金会管理条例》（2004）的规定注册为非公募基金会。"非公募"的特性，则意味着社区基金会无法向社会大众和社区居民公开筹款，而只能聚焦在从政府或企业的渠道获得资金。这在客观上导致社区基金会缺乏动员社区参与的内驱力，而社区居民常常仅被视为项目的"受益方"，导致社区居民的参与意愿降低，进而影响了社区基金会发挥领导作用动员社区参与的功能。

2016 年实施的《慈善法》尽管取消了公募和非公募的注册形式，但对于已经注册的基金会，要首先获得"慈善组织"的认定，社会团体和社会服务机构也有资格认定为"慈善组织"并因此获得公开募捐资格，这样一来"管理慈善资源"不再是基金会或社区基金会的独特角色，但同时大部分政府财政开支用来采购社会组织服务的经费，却又禁止基金会（包括社区基金会）参与竞标。这变相地加剧了社区基金会在公开募捐和筹集资金上的压力。

另外，上海、深圳、成都等城市纷纷出台了当地发展社区基金会的政策性文件，对于社区基金会发展给予了较大的政策扶持，其中有多项有关降低注册门槛，减轻运营压力，提升社区基金会管理运营能力和竞争力的政策条文。而对于北京来讲，仅在 2016 年底出台的《北京市"十三五"时期民政事业发展规划》中指出"要探索发展社区基金会"，缺乏具体的优惠政策和发展路线图，北京的社区基金会一直没有形成规模，影响也极为有限。

（三）缺乏专业化的基金会运营团队

当组织规模不断壮大时，管理运作上的问题随即浮现。组织需要职能化分工，需要一定的专职人员，需要有健全稳定的组织机构，这是组织正常运转与存续的基础。调研中的 4 家社区基金会里只有一家有 1 名专职秘书长及 4 名工作人员，其余 3 家均只有兼职秘书长和一两位专职工作人员。人员不足原因有二：一是社区基金会因为资金筹措的困难，用于支持人员开支的费用很少，导致专职工作人员的薪酬明显较低，无法吸引人才留在本领域。按照目前《基金会管理条例》的有关规定，基金会工作人员工资福利和行政办公支出不得超过当年总支出的 10%，如果每年仅有 100 万—200 万左右的支出，根本无法支持一个 3—5 人的专业基金会管理团队的正常运营。二是相较于国外成熟的发展体制，社区基金会这一组织在国内仍处于起步阶段，在国内的发展不足 10 年，仅有的社区基金会还未形成一定的规模和影响力，对于这个领域比较了解又有一定经验的人才储备本来就比较少，加之缺乏专业人才的培养体系，使得机构无法招募到合适的专业人才。

（四）社区基金会面临筹资困境

当前走访的所有社区基金会的筹资都面临较大挑战，主要有以下几个挑战。

筹资身份合法性的问题。目前的 4 家社区基金会都没有公募资格，尽管在《慈善法》颁布后，取消了公募、私募基金会的区分，但社区基金会很难认定为"慈善组织"，所以均没有获得公募身份。

政府购买社会组织服务的限制。政府购买或委托的项目其预算和使用范围，与基金会运营所需要的资金支持结构不太一致，比如无法承担项目人员工资、更倾向于直接服务型或是活动型项目，但基金会更重要的首先是人员费用，从而导致基金会缺乏足够的资金来支付全职员工费用。

资金筹集普遍比较困难。目前社区基金会主要的资金来源以政府采购资金为主，兼有企业小额捐赠，社区居民几乎没有捐赠。有些社区基金会在拓展向群众、社区居民和辖区企业募款，但筹款效果不佳。

资金缺乏的结果之一，是基金会 8%—15% 的管理费过低，无法支持专业运营团队。另一个后果是，社区基金会不得不寻找其他的资金来源用以养活运营团队，进一步导致社区基金会的工作不聚焦，和一般社会组织的界限不清。

四、社区基金会未来发展的政策建议

（一）明确社区基金会的功能定位

借鉴国内外社区基金会的经验，综合以往国内学者的阐述及政府对社区基金会的定位，我国社区基金会的功能定位为社区公益的支持型组织，其价值和使命是构建本地化的社区公益支持体系。

"社区公益支持体系"是社区基金会相比社区中其他治理主体的独特作用和价值。以深圳为例，目前在社区层面，有社区综合党委、社区居委会外，还有社区工作站、社区服务中心以及若干社区社会组织。社区党委是社区工作的领导核心，是街道党工委领导下的基层委员会。社区居委会理论上是基层群众性自治组织，但实际自治功能发挥不足。社区工作站是街道办事处的工作延伸，代表政府实施基层管理，承担着大量基层建设和社会维稳等工作。社区服务中心是通过政府购买服务的方式，由社会工作者根据服务协议，为居民提供综合性基础公共服务的阵地。社区社会组织是指以社区居民为主要成员或服务对象、在社区范围内开展活动的民间自发组织。不难发现，上述各治理主体中，没有涉及社区发展资金的部分，或是说没有专门提供社区治理资金或资源的主体，现有治理主体都是资源的使用方。例如社区服务中心的服务经费目前来自政府购买服务；每个社区工作站和社区居委会的运转来自政府下拨的办公及服务经费。目前这些治理主体所使用的资金中，几乎没有来自社区自身的，社区居民对经费的规模、划拨和使用方式几乎没有任何话语权。由于资金来源于外部和上级，那么社区居民对于这些治理主体所提供的管理和服务也几乎没有话语权。以社区服务中心为例，各个中心提供什么服务有一套"规定动作"的指标，不同社区的服务中心所开展的服务共性有余而个性不足。"社区基金会"与上述治理主体不同。社区基金会作为社区内生的以资金为导向的治理主体，让社区有了一笔可以自己支配的公益资金，改变了单一由政府财政提供公共服务资金的局面，调动社会资金的参与，扩大了整个公共服务的资金量；更重要的是，这不仅仅是资金量的扩大，更是资金性质的改变，社区公益基金比财政资金更为灵活，可以根据社区需求灵活使用，可以吸引居民参与，扩大居民对基金使用的决策权和监督权，支持社区中各类组织的成长发展，形成"社区基金会 + 专业服务机构"的组合，构建社区公益网络。

以社区基金会为核心，打造社区公益支持体系。一方面，通过社区基金会对本地公益资源的筹集、管理和分配，把社区中的精英领袖、社区企业、社区居民、互益性的自娱自乐类组织、为各类特定群体提供服务的组织以及社区居民中各种需要帮助的群体，有机联系在一起，形成社区发展共同体。另一方面，社区基金会作为社区支持型组织，可以成为政府与其他社会组织之间的桥梁纽带，通过社区基金会，有效地完成政府培育社区社会组织的政策意图，又避免了政府直接地介入社会自治领域。同时，在这个体系中，社区基金会可以推动社区社会组织的专业化、规范化，协助政府起到监督管理社会组织的效果。

（二）加强对社区基金会的政策支持和指导

作为公益慈善类社会组织的创新型组织形态，社区基金会必须在充分获得法律政策保障的前提下才能快速、健康、有序的发展。在我国，自 2008 年首家社区基金会诞生以来，只有深圳市和上海市等省市级政府出台了一些指导性政策文件，但这些文件对于具体的机构设置、人员选用、资金管理、监管评估等方面还没有明确规定。国家层面迄今并未出台或改革有关社区基金会的法律政策，根据现行《基金会管理条例》的规定，基金会按照公募基金会和非公募基金会分类，并没有"社区基金会"的制度安排，同时在社区社会组织层面也没有将社区基金会纳入其中。2016 年 9 月 1 日开始实施的《慈善法》虽然放宽了公募权的限制，但仍未就社区基金会作出任何规定。究其原因，"这很大程度上可能是因为登记管理体制所致，特别是'社区'概念引入中国后，其范围、功能与西方的社区有很大区别，被过度行政化了"。① 总而言之，鉴于国际经验，在法律政策层面，今后应当在法律上明确社区基金会的性质、地位和功能，在民政部修订《基金会管理条例》的背景下，适时出台社区基金会发展的规范性文件，在改革社会组织登记制度的同时，从政策上扶持、培育和规范社区基金会的发展。

另外，社区基金会的建设与发展，不是朝夕之事，而是一项具有专业化、系统性的综合社会工程。因此，设立社区基金会切忌搞"一刀切"或"一阵风"，而是要在注重可操作性、可持续性的基础上，从实际出发，分步骤、分阶段地稳步推进。建议北京应以充分发挥基金会在社区治理中的积极作用为出发点和落脚点，因地制宜、适度竞争，有条件成立社区基金会的街道（乡镇）社区可以成立社区基金会，尚不符合条件的可以在现有基金会下设专项基金，等条件成熟时再转换为社区基金会。同时建议成立市区两级社区基金会工作领导小组和指导小组，协调督促市区两级政府部门加强对社区基金会工作的指导和支持，建立社区基金会和社会治理的专家团队和咨询库，加大对社区基金会和社区治理研究的支持和引导力度，将社区基金会试点工作、社区基金会助推社区治理改革变成各部门的"大合唱"，力争创建社区基金会助推社区治理创新国家试点，为全国兄弟城市探索更多可复制、可推广的成功经验。

（三）增强社区基金会的自身建设

1. 完善治理结构，壮大专业队伍

社区基金会最终成败的核心还是在于其理事会是否能够充分发挥作用。

---

① 饶锦兴、王筱昀：《社区基金会的全球视野与中国价值》，《开放导报》2014 年第 5 期。

因此，研究建议社区基金会在治理层面，需要有政府的参与（秉持"参与但不主导"之原则），需要有本地慈善家、捐助者和专业人士，需要有社区居民代表，也需要有社会组织领导人。更为重要的是，这些人能够团结在一起，达成有效的共识，进而动员本地资源，协调本地的利益相关方，找到本地的解决方案。形成这样的理事会，需要长时间的坚守和在跨界各方之间的妥协，这也是社区基金会的本质。对于地方政府来说，培养和推动这样的多元合作治理的基金会形成，本身就是社区治理的改革。

另外社区基金会的发展若想获得长久的生命力，专业的基金会管理人员是基金会持久积极发展的重要保障。一支由各方面专业、有能力的人才组成的社区基金会管理团队才会为社区基金会在中国的落地、生根、遍地开花提供坚强的后盾，不断提升社区基金会的专业度。在人才培养层面，社区基金会应从内部治理、项目管理、资金运作、公益营销等多层面，加强专职人才队伍的培训。还可以与对社区基金会研究有建树的高校和研究院所进行合作，开发社区基金会秘书长、骨干团队的培训课题，进行定向的人才培养。同时大力发展志愿者队伍，广泛吸引不同职业、知识、经历、观念和技能的志愿者参与管理服务，打造高水平、高效率的管理和运作团队。

2. 拓宽资金渠道，合理分配资金使用

社区基金会的资金对于基金会而言是生命力，拓宽基金会的资金渠道，合理分配资金的使用对于社区基金会的良好发展，实现社区基金会的公益目标有重要意义。不同社区基金会在不同的发展阶段可以采取不同的筹资策略。设立冠名基金或依靠特定项目筹款，是国内社区基金会通常采用的筹款方法。在社区基金会发展初期，设立专门的筹款工作场所反而可能更容易操作，且可以更大范围地做到社区参与。随着捐赠理念的变化，社区基金会可以逐步尝试建立保本基金并进行投资获得收益。在资金分配使用方面，社区基金会在发展初期，可兼顾资助公益组织与服务居民个人，资助与运作并行。传统的面向社区特定居民的扶贫济困助老助残等工作依然需要，这是社区基金会获得居民认可的有效手段；同时，社区基金会通过资金支持孵化培育各种社会组织及公益项目，助力社区公益整体性地成长。

3. 建设交流平台，提升公众形象

无论是对于发展成熟的社区基金会还是对于处于初创期的社区基金会而言，社区基金会与各个利益相关方，以及社区基金会之间的合作非常重要。

在信息交流频繁的当下，社区基金会有必要建立交流平台供各个利益相关方间交流、共享经验与信息。把社区基金会的网站建成一个与外界沟通与互动的平台，使居民可以在网站的讨论区域对社区基金会的活动进行反馈等。社区基金会除了依靠有效运行项目等形成的良好口碑来助推基金会形象外，交流平台的搭建有助于社区基金会提升其公众形象，对于社区基金会运营公益项目、提升公众形象、扩大基金会影响力有良好帮助。

爬梳"过渡型社区"：理论与实践

王海侠①

一、"过渡型"社会的理论渊源

"过渡型社区"作为城市化进程中的空间生产及社会转型呈现有着深远的理论渊源。马克思曾说过："现代的历史是乡村城市化。"但在乡村城市化进程中，其城市化程度与表征却因各社区所处的阶段与地域特性而有显著差异。"过渡型社区"的地理定位源自对城乡关系的认识。

迄今，关于城乡关系的认识解说共有三种：第一种"城乡二分法说"（rural-urban dichotomy theory）。传统社会的典型表征是农业社区，而现代社会的典型表征是城市社会，这两对概念逐渐成为认识和理解社会变迁的通识概念，以索罗金和齐默尔曼（Sorokin Pitirim and Zimmerman Clare）为代表。② 第二种"城乡连续体说"（rural-urban continuum theory）。刘易斯·沃思（Louis Wirth）认为，从农村到城市是一个连续变化的过程，各种社区形态可以被确认为这一轴线上的某个位置，真正的城乡关系是一个动态发展的谱系。③ 自20世纪60年代，"连续体"的概念逐渐成为国际上盛行的城乡关系解释概念。城乡连续学说打破了城乡之间的二元对立，指出了城乡社会

① 王海侠，北京师范大学中国社会管理研究院/社会学院讲师。本文系国家社会科学基金项目"过渡型社区"的治理困境与治理优化研究（19CSH015）、北京师范大学中国社会治理智库"百村社会治理调查"重大项目的阶段研究成果。

② Sorokin, Pitirim and Zimmerman, 1929. Carle C. Principles of Rural-Urban Sociology, New York：Henry Holt.

③ Louis Wirth, 1938. Urbanism as a Way of Life, American Journal of Sociology, Vol. 44, No. 1.

形态的模糊性与演进性。第三种"城乡共同体说"（rural community theory），代表人物为加尔平（Charles. J. Galpin）。加氏认为由于社会形态、经济基础和自然环境的不同，城市与农村被区分开来，但二者又相互联系、彼此共存。城乡形态共存与共生关系的提出，为农村与城市的整合及克服单向城市化提供了别样的思考路径。①

在这些基本理论框架下衍生了许多的实用研究。在经济发展方面，麦吉（McGee，T. G.，1989）提出"灰色区域理论"，即 DesaKota 的概念，Desa 指乡村，Kota 指城镇，DesaKota 指在同一地理区域上同时发生的城市性的和乡村性的行为，表示在大城市之间交通走廊地带的农村地区所发生的以劳动密集型工业、服务业和其他非农产业的迅速增长为特征的发展过程。其重点不在于城乡区别，而在于空间经济的相互作用及其对聚居形式和经济行为的影响。并且认为 DesaKota 区域有自身社会特征，与通常意义上的城市或农村是有区别的。② 在人文、社会地理方面出现众多关于城乡边界（boundary）的研究，一般是在城乡连续体意义上做城市、郊区（suburb/exurb）与乡村的三分，这些研究包括对城乡规划与资源流动的研究、城乡边界的模糊性与动态性的研究。③ 同时，对城乡边界即过渡型地区的出现，主要有两种研究倾向和主张：一种是看到城市对乡村的侵入影响到乡村生活、乡村性的体现。城市化推进使原来的乡村社区出现众多社会问题，如影响当地人的身份认知、降低社区整合与集体行动能力、增加当地的贫富差距、提高犯罪率等④；另一种则是看到城乡融合的优势，将这类社区称之为"完美定位"（Perfectly Positioned）和"集两个世界的好"（Best of both worlds），如带来当地的经济繁荣、提高公共服务的可获得性、可接受的房价及物价，同时又

---

① Charles J. Galpin，1915. The social anatomy of an agricultural community，University of Wisconsin.

② McGee，T. G.，1989. Urbanisasi or kotadesasi？Evolving urban patterns of urbanization in Asia，F. J. COSTA ET AL.（Eds）Urbanization in Asia，Honolulu：University of Hawaii Press.

③ Michèle Lamont and Virág Molnár，2002. The Study of Boundaries in the Social Sciences，Annual Review of Sociology，Vol. 28.

④ Michael Ekers，Pierre Hamel & Roger Keil，2012. Governing Suburbia：Modalities and Mechanisms of Suburban Governance，Regional Studies，Vol. 46，no. 3.

不过度拥挤，一定程度享受乡村生活的安逸①。综合而言，主体研究内容是从人口方面研究移民问题和身份问题，从经济方面是关注就业、贫困与犯罪问题，从治理方面看涉及公共服务、社会资源分配和社会整合等问题。

而在行政管理方面，最有见地和影响的当属弗雷德·里格斯（Fred Riggs）。他提出"过渡型"理论，认为人类历史上存在三种基本形态，即传统的农业社会、过渡社会和现代工业化社会，而与之相应的也存在三种行政模式：融合型（亦称农业社会型）的行政模式、棱柱型（亦称过渡社会型）的行政模式和衍射型（亦称工业社会型）的行政模式。而相对于过渡型社会，他认为其产生的是棱柱型（Prismatic Model）的行政模式，是介于传统农业社会与现代工业社会之间的形态，由于其过渡性，它既保持着传统社会的一些特征，又具有现代社会的一些因素。在行政方面，行政行为已逐渐与其他社会行为分化开来，但还未完全分化；专业化的行政机构已经设立，但功能很有限；行政过程仍然受着亲族、家族等各种传统势力的制约，因而行政效率低下。② 这一论述与发展中国家，尤其与中国的过渡型社区非常契合。

但过渡型社区的行政模式与研究却存在很大的学科和研究方法桎梏。以美国为例，美国北部与美国南部的发展阶段与社会经济结构差异较大，美国北部是典型城市代表，而美国南部则是城乡复合，以郊区化（Saburbnisation）为主要表征，地方政府大力提高郊区的公共基础设施。郊区化的出现与郊区的复合特性一直不能被很好地加入研究和概括，因郊区化与一直以来的典型乡村和城市研究对象十分不同，故而 D. Lichter 和 D. Brown 呼吁一种新的研究，整合城市与乡村研究的概念以适应新的客体要求。③

二、"过渡型社区"的相关研究

过渡型社会的理论是过渡型社区的认知蓝本。过渡型社会是指由农业社

---

① Betsie Garner. , 2017. Perfectly Positioned：The Blurring of Urban, Suburban, and Rural Boundaries in a Southern Community, ANNALS of the American Academy of Political and Social Science.

② Fred W. Riggs, 1965. Administration in Developing Countries：The Theory of Prismatic Society, Boston：Houghton Mifflin Co.

③ Daniel T. Lichter, David L. Brown, 2001. Rrual American in an Urban Society：Changing Spatial and Social Boundaries, Annual Review of Sociology, Vol. 37.

会向工业社会的过渡阶段，兼具农业社会和工业社会的"双重属性"，过渡型社区即是这种过渡型社会类型的区域性体现，可是我国的过渡型社区提法却相当晚近，而且直至今日也没有比较明确的过渡型社区概念的界定。对于过渡型社区的定义，钱玉英认为过渡型社区是一种兼具乡村社区与城市社区某些成分与特征的独特形态的社区。随着农村城镇化的推进，我国许多乡村社区不再是原来意义上的乡村社区，而是兼具城市社区特征的，或者说乡村社区特征逐步淡化而城市社区特征逐步增加的"过渡型社区"①。王生坤、薛婷婷认为"过渡型社区"是政府为了追求高速的城镇化将失地农民集中安置而创造出来的社区形态，一般称为农村拆迁整体安置社区②；蒋慧、吴新星认为"过渡型社区"的居民一般具有了户籍意义上的城市市民身份，其前途是转变成成熟的现代城市社区。其定义的共同点在于同意社区的双重属性，但其中的发展指向并不相同。③

对于过渡型社区的存在形式也有不同的分类。按照空间分布可分为两类：城市边缘的农村转变为城市社区的类型和远离城市的农村就地转变为社区的类型。④ 按政府介入程度进行分类，可分为政府主导型过渡社区与自发形成型过渡社区⑤。按照行政管理体制与治理主体，可分为乡镇管理的过渡型社区和城市街道管理的过渡型社区。⑥ 具体对应到我国的现存社区，"过渡型社区"包括："城中村""城市棚户区""失地农民城市安置区""城郊社区（边缘村、近郊区）""村改居社区""迁弃聚集区"以及"经济性特区"等，其中经济特区是非常独特的一种过渡型社区形态。⑦ 而无论具体对

---

① 钱玉英：《城镇化背景下的基层治理：中国的问题与出路》，《苏州大学学报（哲学社会科学版）》2008 年第 5 期。

② 王生坤、薛婷婷：《"过渡型社区"的概念、生成因素与存在的困境》，《安徽商贸职业技术学院学报（社会科学版）》2011 年第 10 期。

③ 蒋慧、吴新星：《"过渡型社区"治理问题的政治社会学解析——基于社会资本的视角》，《大连理工大学学报（社会科学版）》2012 年第 33 期。

④ 潘金珠：《"过渡型社区"的治理》，《唯实（现代管理）》2012 年第 9 期。

⑤ 孙国文：《"迁弃聚集"式乡村社区——中西部地区农村社会变迁中的过渡形态社区》，《学周刊》2015 年第 7 期。

⑥ 张晨：《城市化进程中的"过渡型社区"：空间生成、结构属性与演进前景》，《苏州大学学报（哲学社会科学版）》2011 年第 32 期。

⑦ 沈承诚：《论经济性特区的社区治理：二元社区形态与差异治理模式》，《南京师大学报（社会科学版）》2012 年第 5 期。

应到哪一种存在形式，过渡型社区有如下七个主要（但非必然）特征：社区形成的行政化；社区人口结构的复杂化；社区文化的异质化；社区居民的非农化；社区景观的城市化；社区发展的动态化；社区治安的复杂化。其存在形式可参见下图：

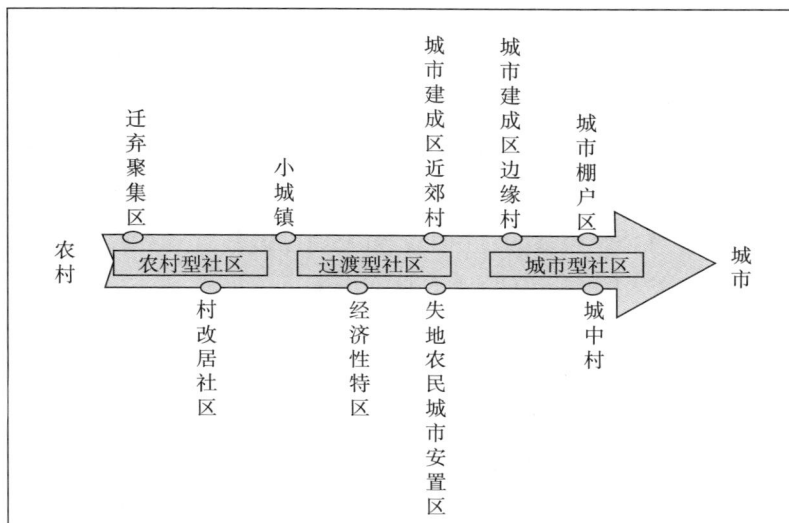

图1　过渡型社区的存在谱系

过渡型社区由于经济发展与社会成员的异质性，而正面临着一系列的发展难题与治理困境。具体而言，在过渡型社区之中由于各种冲突和矛盾在该场域内高度聚焦，因而面临五个主要困境：一是利益分配困境。主要是城市在空间扩张中带来的利益主体间的收益变化，土地征收、拍卖、集体产权转化、房屋租赁等围绕着土地与资产的利益分配极易引发上访、官民冲突。①二是市民化困境。过渡型社区面临着农民市场化与流动人口的双重压力，一方面是本地村民的市民化过程，这些人具有了城市市民的身份，但其心理认

---

① 何演、马晴：《快速城市化进程中过渡型社区的发展困境及出路分析》，《农村经济》2013 年第 10 期。

同与行为习惯以及就业方式仍是农民属性①，尤其是失地农民的市民化进程更加艰难②。另一方面是流动人口的市民化过程，这体现在户籍制度的二元分割上，由于较难获得城市户籍，所以流动人口的城市化进程缓慢。③ 三是公共物品供给困境。过渡型社区的公共物品供给比农村社区更加复杂，涉及的物质投入也更大。因而过渡型社区的公共服务一般较为滞后，脏乱差一般与过渡型社区相伴。④ 四是社会整合困境。过渡型社区中居民对社区的归属感较低，外来人口与本地居民有隔阂，尤其是社区中大量的流动人口，心理上只将自己看作过客，社会融入动力缺乏。⑤ 五是行政管理困境。过渡型社区由农村社区深化而来，又植根于城市社会之中，因而政府对于过渡型社区的管理主要通过"移植"和"嵌入"的方式把城市社区管理的方式和服务模式引入到过渡型社区管理的过程中，而管理方式移植多不适应社区的真实要求。⑥ 而至于嵌入的方式有的地方是完全嵌入，有些地方是不完全嵌入，也就是有些过渡型社区用城市社区治理方式替代村社治理方式，而有些过渡型社区却是两种治理并存，既有城市社区管理又仍旧保留行政村体制。⑦

三、"过渡型社区" 治理结构与机制

过渡型社区由于存在城乡双重属性，其治理主体多元、治理机制复杂。对社区治理主体的分析可借鉴利益相关者理论（Stakeholder Theory）。利益相关者源自企业管理中形成的利益相关者理论，用以表示与一个组织的决策有

---

① 袁钰、李云新：《"过渡型社区"中外来务工人员融入及其影响因素——以武汉市 F 社区为例》，《安徽行政学院学报》2015 年第 6 期。

② 王亚文：《城市化进程中过渡型社区治理困境研究——以河南省许昌市 DX 社区为例》，《武汉职业技术学院学报》2015 年第 14 期。

③ 何华玲、巢飞：《当代外来"新移民"的社区融合：困境与消解——基于苏州 S 区若干过渡型社区的调查》，《中国名城》2018 年期 4 期。

④ 黄华晟：《探索破解过渡型社区管理难题的对策》，《唯实》2013 年第 6 期。

⑤ 程宏如、刘雪晴：《过渡型社区治理的现实困境和应对举措—以江苏省盐城市城南新区为例》，《人民论坛》2014 年第 23 期。

⑥ 何演、马晴：《快速城市化进程中过渡型社区的发展困境及出路分析》，《农村经济》2013 年第 10 期。

⑦ 王亚文：《城市化进程中过渡型社区治理困境研究——以河南省许昌市 DX 社区为例》，《武汉职业技术学院学报》2015 年第 14 期。

利害或者利益关系的人。① 目前，在城市治理领域对治理主体分析多使用利益相关者分析方式②，主要是因为城市治理主体呈多元化趋势。利益者相关理论分为"股东治理观、员工治理观、利益相关者共同治理观和关键利益相关者治理观"四种③。其中，与社区治理主体相适用的是利益相关者共同治理观。

具体分析过渡型社区治理主体，可包括地方政府、社区居委会/行政村两委、社会组织和社区居民四大类。

（一）地方政府——资源注入的责任主体

地方政府是过渡型社区建设发起者、推动者和建设者，是人口、治安、组织、党建、文教、环境等各方面的管理者，同时也是公共物品的主要提供者。面对过渡型社区治理资源先天不足的情况，政府应当担负更多责任，保证过渡型社区治理资源的投入。④

（二）社区居委会/行政村两委——社区实际工作的执行者

过渡型社区居委会多半是从原来村委会转变而来，或者是社区治理与村社治理并存。管理体制多半不健全或存在一定的混乱状况，所以急需理顺过渡型社区中的管理内容与职责，以提高社区自治层面的议事与服务能力。⑤

（三）社会组织——社区服务的推动者

城市社会组织的结构相对稳定、利益诉求比较明确、集团成员关系较为紧密，是城市中不同利益主体实现自身利益要求的基本途径之一，并越来越成为城市治理中的一支重要力量。⑥ 过渡型社区的治理需要社会组织的积极介入。

---

① 刘兴景：《过渡型社区治理的困境及主体分析》，《学理论》2015 年第 28 期。

② 王佃利：《城市治理中的政府作用机制浅析——从治理主体利益定位的角度》，《甘肃行政学院学报》2008 年第 6 期。

③ 李维安、王世权：《利益相关者治理理论研究脉络及其进展探析》，《外国经济与管理》2007 年第 4 期。

④ 王浦劬：《国家治理、政府治理和社会治理的含义及其相互关系》，《国家行政学院学报》2014 年第 3 期。

⑤ 李艳丽、游楚楚：《空间转移与空间再造：拆迁安置社区治理困境及路径分析——以福建省龙岩市 S 安置小区为例的研究》，《云南行政学院学报》2018 年第 20 期。

⑥ 徐静：《城市治理研究的最新进展及一般分析框架》，《珠江经济》2008 年第 5 期。

（四）社区居民——社区参与的核心主体

在社区治理层面最该去存的是消极的、被动的居民参与思想，社区治理本质是社区发展，是面向人的发展，所以应该提倡更具能动性、更加独立的公众参与观念。对于公众参与的作用，巴巴拉·卡罗尔指出，公众参与能提高政治系统的代表性和回应能力，亦可增进公共政治团结与社区整合，通过网络合作实现地方公共事务的共同治理。过渡型社区之中行政力量主导性不强，正是构建公众参与、实现多元治理和共同治理的良好契机。

四、"过渡型社区" 研究阶段与价值

虽然过渡型社区概念的提出相对晚近，但是相关的研究却早已进行并取得了诸多成果。过渡型社区的前期研究主要在"第三类社区类型"下开展，如城乡接合部研究、城中村研究、经济特区研究和村改居研究等。从学科角度来讲，社会学界对于这类社区的研究较为充分，而政治学、公共管理学的实证研究却相对薄弱，理论讨论多于实践研究。这样的研究状态，就使得过渡型社区研究进路存在一个明显的不足之处，即社会学研究的重点是在于对"边缘社区"本身的考察，缺乏将生活在该类社区中的居民和社区治理联系起来，忽视了这类社区中的社会整合和社区治理之间的联系。而有治理研究底蕴的政治学与公共管理在面对过渡型社区的复杂社会生态时又缺乏深入的了解，以至不能提出有针对性的研究和政策建议。符合我国国情及地域的地方性治理体系还处于起步阶段。

然而，时下中国发展与城乡治理中对"过渡型社区"的研究非常急需而且有价值。首先，是其学术价值。从学科融合角度上讲，本研究将以跨学科研究为指导，结合社会学与公共管理研究特点，将过渡型社区的研究从解释性研究推向应用性研究，关注治理转型与有效治理模式建构。从学术传承的角度讲，本研究将充分借鉴和沿用社会生态学（Social Ecology）与行政生态学（Administrative ecology）的理论范式，寻找社会治理的经济社会与政治社会基础，从而建立治理理论与社会经济条件的实然联系。

其次，是其应用价值。在"过渡型社区"这一特定的空间场域之中存在着丰富的社会关系变化与结构性变迁。有从传统到现代的演变、有新民与旧民的融合，过渡型社区中上演着充满戏剧性的社会生态建构，有生产和生活

方式变化所带来的惊喜与不适，有经济增长与利益分配带来的博弈与冲突，也有文化观念差异而带来的对话与碰撞。可以说人类社会每前进一步，都会向治理提出新的要求和挑战。过渡型社区治理是当代最典型的治理挑战，过渡型社区是走向都市繁荣背后的"遗忘的角落"，还是走向和谐的社区建设，无论对于研究者还是执政者都意义重大。

第三篇

乡村振兴与社会治理

富人治村的社会影响

董磊明[①]

在农村经济社会逐渐分化，各地政府提出"带头致富、带领群众致富"，鼓励富人成为农村"带头人"的大背景下，"富人治村"现象愈加普遍。富人治村现象的出现有何基础，这一现象的日益普遍化对村庄治理产生了什么影响，今天我们应当如何看待富人治村现象？

一、富人治村产生的基础

从现实中案例看，较早兴起于东南沿海省份的"富人治村"已成为全国农村政治实践中的大趋势，在地方政府推动和富人群体迎合双向互动下，这一趋势还有继续强化的迹象。从历史和现实来看，富人治村现象有深厚的社会基础，在社会转型与分化过程中，这一现象的出现有其必然性和不可逆性。

从历史维度上看，富人治村延续了吸纳精英的国家治理思路。无论是传统社会的乡绅治村，还是人民公社时期基层政权对劳动骨干的吸纳，在变化的村治主体背后，不变的是国家治理乡村时与精英合作的策略。在村庄共同生活松解，文化精英、社会生活精英淡出村庄政治舞台后，经济精英的地位愈加凸显，富人群体逐渐走上前台。

富人治村的首要前提是富人群体的产生。市场经济的开放性、竞争性特征，使得农村社会的分化成为必然，一部分能力较强、抓住机遇的农民成为先富群体。农村经济社会的分化为富人治村提供了人力储备，国家对个人追

---

①　董磊明，北京师范大学中国社会管理研究院/社会学院教授。

求财富的认可和支持，以及村民自治实践中对村委成员候选人资格的宽松要求，则在制度上为富人群体进入村庄政治开辟了渠道。而从大概率上来说，能成为富人的村民能力较之一般村民要强，资源较之一般村民要丰富，在现实的村民自治实践中，他们当选的概率显著高于一般村民。

富人群体的先赋特征和后致资源使其更容易成为村治主体。一名合格的村委领导应当具备的治理资源可分为三类：一是体制性资源，包括体制性身份以及体制赋予的分配资源的权力；二是作为村庄成员的身份资源，其所具备的地方性知识以及与村庄成员间的交情本身就是一种"熟悉"资源；三是个人资源，包括经济资源、声望资源以及个人能力。如许多地区的"第一书记"下乡挂职难以取得实效，其根源是他们既缺乏村庄成员的身份资源，自身资源也千差万别（那些成功履职的第一书记无不是通过与村庄成员打成一片，努力建构出自己的社区成员身份，获得村庄的认可）。富人群体的优势在于，富人本身具备村庄成员身份，除了先赋性的对村庄的熟悉，与村民间的血缘地缘关系网络，还有后致型的个人资源与支配权力。富人的个人能力、经济资源使其参选村委成员时更容易获得乡镇政权和普通村民的认可。而在经济活动中形成的其他村民对富人的经济依附关系，则强化了富人对部分村民的支配能力。其背后反映的是经济分化对村庄传统纽带的切割，经济分化越明显，切割越严重，普通村民对富人群体的依附就越强。

从富人群体本身来看，在获得经济精英地位后，谋求更大发展、追求更高的社会地位强化了其参政动力。富人参与村庄治理的动机可大致分成四类，第一类是发展导向型，希望将村干部身份转化为社会资本，借助这一政治身份获取更多的政策信息资源，建构更加深厚的人脉资源；第二类是利欲刺激型，在国家资源注入农村的情况下，希望借村干部这一有利位置，截留或变相垄断国家下拨的各类资源；第三类是心理满足型，希望借由村干部身份提升个人社会声望，得到心理满足；第四类是乡土情怀型，真正具有乡土情怀的富人群体希望反哺村治，利用村委平台为村庄谋发展，为村民谋福祉。不论出于哪种动机，富人群体（尤其是在乡经营的新富阶层）的参政动力都在不断增强。

基层治理目标的转变促成了富人群体走上村治舞台。国家—农民间关系从"汲取型"转变为"服务型"后,① 基层治理的目标也从侧重维稳转向谋求发展。基层政权自身资源有限,治理能力衰弱,在治理过程中常常"捉襟见肘",而富人治村可以利用富人的个人资源弥补治理不足,富人群体参政契合了基层治理的目标,也客观上降低了治理成本。基层治理目标的转变与自身的资源不足使乡镇政权策略性地选择了富人群体担任村干部,依赖富人治村以实现各类行政和治理目标的策略促成了富人群体走上村治舞台。② 在基层政权、富人基于自身利益的"双赢"预期中,富人治村成为一种普遍现实。

二、富人治村的社会后果

当前对富人治村的讨论中,许多研究看到了富人群体为村庄社会发展带来的正效应。客观上说,富人担任村干部,可以通过自身的社会关系网和社会影响力为村庄争取项目资源、发展机遇等,有时甚至可以通过"以私济公"将自己的经济资源投入到村庄中去(如部分富人村干部不但不拿工资,还自己出资完成村庄公共事务),弥补村庄资源的不足。从地方主义的视角来看,富人群体的这种做法为个案村带来了实实在在的好处,但是站在全局视角,国家每年下拨到农村的项目资源总量是固定的,富人群体在成功为其所在村庄争资争项,就意味着其他一般村庄得不到国家资源的滋养,二者之间是零和博弈,这种带动和发展只具有局部积极性,从农村全局来看并未实现突破和增长。还有人片面夸大富人村干部带动村集体脱贫致富的可能性,从全国现实来看,这种带动的可能性极小,成功案例极少,且不具有可复制性。

更值得我们警醒的是富人治村带来的社会后果。富人治村表面上是一政治现象,实则牵涉到政治、经济、社会的方方面面,若被富人治村带来的"表面绩效"所蒙蔽,而忽视了其严重的社会后果,必将使村庄治理和村庄发展陷入新的问题泥沼。

---

① 周飞舟:《从汲取型政权到"悬浮型"政权——税费改革对国家与农民关系之影响》,《社会学研究》2006 年第 3 期,第 1 – 39 页。

② 欧阳静:《富人治村与乡镇的治理逻辑》,《北京行政学院学报》2011 年 3 期,第 44 – 48 页。

其一是富人治村带来的寡头政治与基层民主的萎缩。富人群体担任村干部，最直接的效应就是公共政治资源向经济精英集中，使其有机会借此建构出新的村庄政治伦理。在村庄集体资产薄弱、项目筹资难的情况下，"村干部贴钱办事"成为政治正确。当"以私济公"的道德门槛和水涨船高的经济门槛成为参与村庄政治的地方性共识时，实际上被选举权的标准就大幅提高，广大普通村民被挡在了村庄政治之外。① 村庄权力的再生产过程将局限在富人群体内，乃至少数的几个人内，最终形成寡头政治。而这种对普通村民的政治排斥过程是不可逆的，它从根本上挤压了村庄的公共治理空间，导致了基层治理代表性的缺少，基层民主萎缩。

其二是"表面有效"与村庄治理的私人化隐患。评估村庄治理成效的主要标准是治理有效，其中又包括底线治理和高位发展两大内容。治理有效的底线标准是村庄可以自我形成秩序，提供必要的公共品；治理有效的更高要求是实现村庄的发展。在公共品供给上，富人的个人捐助和争资争项对地方发展有好处，但是不具备全局积极性。在谋求发展上，从各地的经验来看，富人治村真正带动村民致富的案例较少，仅仅实现了有限的发展，其中很多致富案例村庄地处发达地区，其发展与村干部的带动有多大的关联性尚且值得商榷。从这个意义上说，富人群体对多数村庄的治理仅是"表面有效"。更严重的隐患是，富人治村导致的村庄治理的私人化。不可否认的是，富人治村削弱了村庄的公共性，增强了村庄治理的私人性。富人群体利用私人资源处理乡村公共事务，或借助公共资源收买人心、攫取利益，其运作过程都充满了私人化特征，将村庄治理异化成了私人间的利益交换。无论是"以私济公"还是损公肥私，其本质都是将本应为公共治理的村治转化为了私人治理，② 这与我们对村庄治理的公共性质期待背道而驰，这也是富人治村治理效能低下的根本原因。

其三是权力资本化与治理的内卷化。在政治精英身份的护持下，富人群体完成了从经济精英向复合型的公共权威角色的转变。客观上来说，乡镇政权对富人村干部依赖度较高，监管动力不足。在排斥了普通村民参与的村庄

---

① 林辉煌：《寡头政治与中国基层民主》，《文化纵横》2011 年第 2 期，第 73 - 77 页。
② 王海娟：《论富人治村的"私人治理"性质》，《地方治理研究》2016 第 1 期，第 74 - 80 页。

政治环境中，能力较强的富人村干部在面对源源不断的资源注入村庄时，很容易发生权力异化。生活面向朝外的富人村干部在承接国家资源下乡时，难以精准对接村庄公共需求偏好，甚至出现截留、变相垄断国家资源的问题。通过运作当选为村干部的富人群体，完成资本权力化后，在蚕食公共资源的过程中，与地方政府、黑恶势力相勾结，滑向权力资本化、权力黑恶化。这就造成了基层治理的内卷化困境：村庄公共服务水平提升随着资源投入的增多出现边际效用递减，村庄政治生态愈加恶化。富人村干部生活面向的外向性及其权力异化，很容易导致"村治悬浮"现象，无法为村民提供有效的公共治理和公共服务,[1] 久而久之就弱化了基层的国家权威。

三、引导和规范"富人治村"

有人将富人群体类比为传统社会的乡绅阶层，并将返乡的以富人群体为代表的精英阶层称为"新乡贤"，将乡村发展的希望寄托于"新乡贤"身上。但我们要看到的是富人阶层也好，"新乡贤"也罢，其实质并不同于历史上的精英治理。

对当前富人治村的隐忧，也是对新乡贤的隐忧。传统社会的乡绅支配着村庄政治，其支配权力的基础是村庄的权力文化网络，但是乡绅自身也被束缚在权力文化网络当中，且传统村庄的流动性极低，村民与乡绅都生于斯长于斯。传统乡绅治村以道义伦理为取向，遵循地方道德规范，能够实现集权国家的"简约治理"，维持了乡村社会的秩序。[2] 而今天的中国，经济分层和社会流动是不可逆的大趋势，村庄的公共价值伦理也在慢慢松解，富人群体、新乡贤的生活面向不一定全在村内，乡村道德规范也很难束缚他们。传统社会的乡绅行使支配权力的基础是服膺于这套道德规范，否则其支配村庄政治的合法性就会被冲击。今天的富人治村已然把一般村民排斥在村庄政治之外，对地方道德规范的内在认可度也值得商榷，如若他们既不遵从地方道德规范，自身行为又不受约束，其负效应将被成倍放大。

---

① 袁明宝：《富人治村的动力机制与实践困境分析——基于浙江省东部农村的调查》，《山西农业大学学报（社会科学版）》2018 年第 17 卷 10 期，第 8 – 14 页。
② 魏程琳、徐嘉鸿、王会：《富人治村：探索中国基层政治的变迁逻辑》，《南京农业大学学报（社会科学版）》2014 年第 14 卷 3 期，第 8 – 15 页。

富人治村在经济分化的今天已经是一个不可逆的过程，有其存在的社会基础，在促进治理绩效上有着立竿见影的"效果"，但我们要看到这种效果背后的巨大隐患。排斥了普通村民参与的村庄社会的寡头政治与基层民主的萎缩，"以私济公"与损公肥私下的表面有效与村庄治理的私人化，逐利冲动下的权力资本化与基层治理的内卷化等。当然，解决富人治村现象中出现的问题，出路不在于将富人群体排挤出村庄政治，而在于对其进行有效的引导和规范。

我们要尊重当前富人治村的既定现实，利用并顺应这一趋势。引导富人群体更好的服务村庄公共政治，在利用富人群体的见识眼界与个人能力的基础上，加强对富人村干部的培训引导，在提升政治修养和增强治理能力上合理安排培训学习，充分发挥富人村干部的个人长处，服务于村庄大局。

在传统文化网络松动的情况下，富人村干部不可能像过去的乡土精英般受到地方道德规范的规约，使得其治理风险增加。但我们不能将村庄善治的希望寄托于富人群体的"高尚品德"，这本身是不现实也是不可持续的。所以要加强监管，扎紧制度的笼子，管住"任性"的权力。通过制度规范，防止国家资源出现截留和滥用，防止权力资本化、权力黑恶化。建立健全基层村务监督体系，从源头上遏制村干部滥用职权、以权谋私等现象；压实乡镇党委对村党支部的监督主体责任，杜绝包庇纵容现象。真正将国家注入农村的项目资源转化为村庄的公共资源，重建村庄公共性，撬动村庄发展。

要规避富人治村带来的乱象，使村庄政治良性发展，最重要的是发展基层民主，找回群众。基层民主的发展对于约束扩张中的富人村干部的权力有着显著作用，且能激励其为村庄提供更好的公共服务。[1] 可以探索形式多样的基层民主实践方式，丰富广大村民的政治参与，畅通利益反馈渠道，保证普通村民的话语权，从而真正找回群众，发展基层民主。唯其如此，富人治村才能发扬其"美"，规避其"险"。[2]

---

[1] 张志原、刘贤春、王亚华：《富人治村、制度约束与公共物品供给——以农田水利灌溉为例》，《中国农村观察》2019 年第 1 期，第 66 – 80 页。

[2] 郑风田：《富人治村的"美"与"险"》，《人民论坛》2010 年第 4 期，第 4 页。

积极探索乡村治理"三治九化"模式

金所军①

山西省沁源县位于山西省东南部，隶属长治市，全县面积 2549 平方公里，是长治市面积最大的一个县；森林覆盖率接近 60%，在山西省最高；全县有 14 个乡镇 254 个行政村，总人口 16 万；全县矿产资源非常丰富，煤炭产业是经济支柱，全县共有 30 座煤矿，煤矿数量是长治市最多的；2018 年的财政总收入 35 亿元，一般预算收入 12 亿元。沁源是一个充满绿色的地方，县境内有森林 220 万亩，天然草坡 120 万亩，连片牧场 72 万亩，植被覆盖率近 90%，是山西最绿的地方，在北方比较罕见。沁源是一个红色的地方，是抗战期间太岳军区司令部、太岳区党委、太岳区行署长期驻扎所在地；创造了震惊中外的"沁源围困战"；沁源被伟大领袖毛主席赞誉为"英雄的沁源，英雄的人民"。沁源是一个彩色的地方，一是指四季美景不同，风光无限；二是指厚重的历史文化，包括森林文化、河流文化、绿色文化、龙文化等；三是指丰富多彩的民俗文化，以秧歌、剪纸、刺绣、木雕、根雕为代表。沁源县是一个很美的地方，但现在还是一个"四无"之县，即"无高速、无高铁、无铁路、无机场"。沁源县在探索乡村治理体制过程中，大胆实践了"三治九化"模式，并积累了一些经验。

一、坚持以自治增活力，夯实乡村治理基础

自治，就是要健全党组织领导的村民自治机制，真正让村民说事、议事、主事，形成"有话敢开说，有事要商议，定了马上办，好坏大家评"的

---

① 金所军，中共沁源县委书记。

村民自治新格局。

一是基层组织运行规范化。习近平总书记指出，"办好农村的事情，关键在党。"沁源是山西建党较早的县份之一，早在 1926 年至 1930 年就建立起 3 个基层党组织，发展党员 12 人。进入新时代，在脱贫攻坚战中，坚持和发扬党的优良传统和作风，让党旗飘起来、党员站出来、群众动起来，夺取了脱贫攻坚的阶段性胜利，2018 年沁源县作为全省首批、全市首家摘掉了"贫困县"的帽子。打好打赢脱贫攻坚战后，全县 624 个基层党组织带领 16 万人民投入到了乡村振兴、乡村治理中。农村富不富，关键看支部。一方面，认真贯彻落实中央"四议两公开"决策方法。全县所有农村的村级重大事项按照"四议两公开"程序决策实施，即按照党支部会提议、"两委"会商议、党员大会审议、村民代表会议或村民会议决议程序进行决策，同时严格决议公开、实施结果公开。另一方面，创新推进"三步四循环"工作方法。为进一步全面提升农村基层党支部的凝聚力和战斗力，规范农村的工作方法，去年 7 月以来，沁源县委按照市委的统一部署，在全县农村党组织中实施"三步四循环"工作法：一月一步骤、月月有主题，三步一周期、一年四循环。其中的"三步"，第一步是各行政村每季度第一个月召开支部委员会会议，研究本村重要事务；第二步是每季度第二个月召开支部委员会会议，村党支部向乡镇党委汇报工作；第三步为每季度第三个月召开支部党员大会，党员民主评议村"两委"工作。流程简捷、要求具体的工作法，便于操作，更便于落实，让农村基层党建活起来、挺起来、强起来。在"三步四循环"的推动下，全县农村党组织的活动更加规范、内容更加丰富，党建引领更加有力、"三基建设"更加扎实，党员规矩意识更加增强，制度保障更加有效，改变了过去农村干部拍脑袋决策、拍胸脯保证、没有规矩、工作形式简单化的现象。

二是村务管理民主化。按照"民事民议、民事民办、民事民管"的多层次协商要求，建立了"一约四会""一墙三榜三公开"村民自治体系。"一约四会"主要指村规民约、红白理事会、村民议事会、道德评议会、禁毒禁赌会。这是沁源县要求每个村需要建立的村民自治组织。"一墙三榜三公开"主要指核心价值观宣传墙，善行义举榜、当代乡贤榜、文明家庭榜，党务公开、村务公开、财务公开。这 12 个方面的内容构建了一个自我约束、自我管理、自我教育、自我监督的民主化治理体系，不仅带来了文明乡风，也带来了乡村治理新气象。比如,"村民议事会"成为群众建言献策的舞台,道理越说越明,思路越说越顺,风气越说越正。在解决乡村环境治理这一难题上,群众自己商量着建立了垃圾分类、"门前三包"(包卫生、包绿化、包秩序)等制度,提高了村民讲究卫生、保护环境的意识。

三是乡村干部队伍专业化。党的十九大报告指出,"要培养造就一支懂农业、爱农村、爱农民的'三农'工作队伍。"农村要发展,必须靠一支专业化队伍。怎么打造?学习培训强素质。要想富口袋,首先富脑袋。从2017年年底开始,县委就作出一系列部署,举办乡村小夜校、农民讲习所、文明实践站所,主要由乡镇包村干部、扶贫工作队队长、第一书记、涉农专技人员讲,内容很丰富,既讲老百姓关心的时事政策、改革发展方面的内容,也讲与老百姓生产生活密切相关的种植养殖、加工营销、健康生活等内容;开设"绿色沁源大讲堂",主要是请专家、学者为县、乡、村三级干部授课,沁源县争取到了中央党校干部学习网"两高下基层"项目,实现了高端资源、高端智库线上、线下培训。去年到现在,通过"走出去、请进来"方式,累计培训农村干部达到1.2万人次,让农村干部真正得到了理念的大转变、思想的大解放、技术的大提升。观摩评比提干劲。去年,对乡镇、农村的重点工作进行了两次现场观摩,通过考核评比,累计发放8600万奖励资金;召开劳模表彰大会,大力表彰奖励在乡村振兴、脱贫一线等涌现出的农村干部;在干部选用中,优先使用基层一线干部。让每一位扎根农村的干部有思路、有创新、有干劲、有激情。选优派强增活力。县委不遗余力加强乡村干部队伍建设,选精兵派强将,提升乡村一线战斗力。去年以来,选派11名优秀年轻干部到软弱涣散村党组织担任支部书记;选派227名工作队长、139名第一书记驻村帮扶,3300多名党员干部进村入户结对帮扶;招聘40名文旅人才、265名乡村文书员;配齐村级护林员、护河员、保洁员、卫生员、文化员等;储备481名农村后备干部。

二、坚持以法治强保障,提升乡村治理水平

法治,就是让法治成为农民群众"身边的法治""家常的法治""管用的法治",营造办事依法、遇事找法、解决问题用法、化解矛盾靠法的良好氛围。

一是风险防范化解制度化。在沁源工作，县乡村三级干部面临的最大风险有四个方面。火的考验。由于沁源是森林大县，县乡村每年有三个季度都在防火，针对县域辽阔、森林防火任务重的现状，着力构建了"四头四定"（山头、地头、坟头、人头；定人、定岗、定责、定位）的网格化巡查机制、"四边四清"（村边、路边、林边、河边；清杂草、清秸秆、清杂物、清垃圾）的责任化保障机制，形成了"人防＋技防＋物防"巡察管护责任体系，形成了"天罗地网护森林，千军万马战太岳"的局面，筑牢了森林资源防护安全屏障。气的熏陶。沁源县煤矿比较多，都是高瓦斯矿井，时刻需要确保煤矿安全，针对工矿企业多、高瓦斯矿井多的现状，严格落实问题隐患整改、重大隐患挂牌督办、追责问责和联合惩戒"四个清单"制度，推行"风险分级管控"和"隐患分类治理"双重防控体系，定期对煤矿瓦斯通风、防治水患工作进行专家会诊，做到菜单式督查、清单式体检、处方式治理，实现源头化防范、标准化实施、精细化操作、精准化监管、本质化安全。水的沐浴。沁源是沁河的源头，河流比较多，夏季防汛压力比较大。沁源县立足"防大汛、抗大旱、抢大险"的总体要求，严格执行河长制、防汛责任制等，推行"查组织、查预案、查物资、查设备、查隐患"为主要内容"五查"工作方法，积极应对洪涝。路的磨难。沁源县没有高速、高铁，陡路、弯路、山路等较多。针对这一现状，在国道、省道、县道、乡道、村道沿线，开展治违、治乱、治污、治路、治理"五道五治"行动，道路的综合治理水平得到大幅提升。总之，沁源县针对各种风险，建立健全风险研判机制、决策风险评估机制、风险防控协同机制、风险防控责任"四个机制"，累计完善各类应急预案与制度 51 项。乡镇、农村每周至少召开一次风险防范化解研判会。

二是平安乡村建设法治化。着重做好三方面工作，法润乡村筑根基。这几年，沁源县的法治工作走在了全国前列，连续两届被评为全国法治创建先进县，是全国法治宣传教育先进县，今年 3 月份又被中央依法治国办确定为法治建设联系点，全国 6 省 142 家单位到沁源调研。实施"法润乡村工程"，一村一名法律顾问、一村一名普法志愿者、一村一名法律明白人、一村一名人民调解员，一村一间法务室，建立法治文化广场 5 个、街巷 20 条、阵地 75 个，开通"5148"普法短信平台，创建民主法治示范村省级 3 个、市级 15 个。让法律润物细无声。平安专班抓源头，积极推广"枫桥经验"，创新实施村两委主干＋治保专员、调解专员、网格专员、民事服务专员、平安志愿者"1＋5"平安专班建设，建成村级综治中心 222 个，投资 6500 万元启动实施"雪亮工程"和智能安防建设，紧密对接"智慧公安""智慧消防"建设，形成巡逻防控、情报研判、应急处置等相结合的实战应用机制。社区矫正强实效。创新社区矫正立体化、智能化、社会化"三化"管控新模式，连续 7 年累计 636 名社区服刑人员未发生脱管、漏管和重新违法犯罪现象，这项工作将在今年 7 月 14 日召开的中央政法委全面深化政法领域改革推进会上进行书面交流。同时依法整治农村乱建宗教活动场所、滥塑宗教造像。深入开展扫黑除恶专项斗争，严厉打击黄赌毒盗拐骗等违法犯罪，连续 4 年创建全市"无毒县"，"无毒村"占全县行政村比例达 85% 以上，极大地提升了人民群众的安全感、幸福感。

三是矛盾纠纷调解责任化。重点抓住"四个结合"，即"上访与下访相结合、抓点与控面相结合、讲法与用情相结合、化解与打击相结合"，把矛盾纠纷抓早抓小、及时化解、及早化解。建立县处级领导轮班接访制度，对重点信访事项，实行包掌握情况、包解决困难、包教育转化、包稳控管理、包依法处置"五包"责任制，信访事项件件有着落、事事有回音，今年以来全县群众信访化解率达到 82%。深入推进矛盾纠纷多元化解工作，完善警调、检调、诉调、访调和政调对接机制，在基层派出所全部建立警调对接办公室。扎实推进医患、国企改制、涉校、交通运输、住建、土地、环保、交通事故、优抚救助、产品质量、劳动争议 11 个行业调委会建设。2018 年以来，全县共排查受理各类矛盾纠纷 2710 件，成功调处 2702 件，调处成功率达到 99.7%。目前，有效扭转了少数群众讲蛮不讲法、信访不信法、靠闹不靠法、找人不找法等不良风气，全县信访量大幅下降，基本实现了"小事不出村、大事不出乡、难事不出县"的目标。

三、坚持以德治扬正气，增强乡村治理内涵

德治，就是要让社会主义核心价值观像空气一样无处不在，强化道德教化作用，倡导积极社会心态，形成沁源形象品牌。

一是乡风文明建设本土化。优秀传统文化是乡村之魂、乡村之韵。加强乡风文明建设，就是要让有形的乡村文化留得住，让活态的乡村文化传下

去。我县结合本地实际，以新时代文明实践站所为载体，在农村全面实施
"十个一"工程：（1）建设一个乡村记忆馆（村史馆）。习近平总书记指出，
"如果丢掉优秀传统文化，就割断了精神命脉"；要"让居民望得见山、看
得见水、记得住乡愁"。乡村记忆馆或村史馆，就是"记得住乡愁""留得
住乡情"的重要载体，现在已建成 192 个；（2）打造一个革命教育基地。沁
源红色资源十分丰富，村村寨寨、山山水水都有革命旧址，特别是"沁源围
困战"，从 1942 年下半年到 1945 年上半年两年半的时间，延安《解放日报》
发表关于"沁源围困战"报道 100 多篇，其中社论《向沁源军民致敬》中
讲到"沁源没有出过一个汉奸、没有成立一个维持会"。目前，沁源县已建
设革命教育基地 20 个。（3）建成一个文化礼堂（文化活动室、农家书屋）。
乡村振兴，既要塑形，也要以文化铸魂。沁源借助文化礼堂（文化活动室、
农家书屋），把独有的秧歌文化、民俗文化、红色文化、龙文化、河流文化、
森林文化、山地文化等丰富起来，繁荣起来。（4）成立一个新乡贤工作室。
乡贤，并不是沁源县独创的，这是中央和省市的要求，通过发挥村级有德
行、有品行、有文化、有能力、有热情的老教师、老党员、老工人、老干部
的影响力，真正把它沁源化、具体化，让新乡贤工作室落地生根、开花结
果。目前，254 个行政村，村村都有乡贤榜，已建成 19 个新乡贤工作室。这
是中国乡村社会传统治理结构的一个恢复，乡贤在乡村治理中的作用很大。
比如，交口乡长征村的新乡贤工作室，发展了"合欢本草谷"主题中药材产
业，建立了"道德银行"，营造了勤劳致富、尚德明礼的良好风尚。（5）创
办一所农民讲习所。这就是刚才讲到的绿色沁源乡村小夜校。（6）打造一组
文化墙。现在村村都有核心价值观宣传墙、善行义举榜、当代乡贤榜、文明
家庭榜。（7）组建一支秧歌队。沁源秧歌是一种农民群众喜闻乐见的方式，
人人都会哼两句，人人都会扭两下。现在，沁源县已成立了 268 支乡村秧歌
队。（8）培育一个网红。这对于宣传地方特色效果很好。比如交口乡有一名
长期瘫痪在床的重度残疾人，是市级非遗项目"葫芦烫画技艺"传承人，现
在已成为"网红"，其制作的葫芦烫画在网上很受欢迎，既稳定了收入，又
实现了脱贫。（9）编撰一本乡村志。目前，沁源县已有 9 个村完成乡村志编
印。（10）创作整理一部民间故事集。已创作整理出 10 本民间故事集。让文
化氛围浸润每一个农民，让清风正气充盈每一个乡村。同时，广泛开展文明
村镇、星级文明户、文明家庭等群众性精神文明创建活动；移风易俗，弘扬

时代新风；57 项非遗列入省市保护项目，古寨、下兴居、大栅等农村列入国家级传统村落保护名录；连续三届蝉联省级文明城市。

二是群众文体活动常态化。结合沁源基础，把农民组织起来，把农村活跃起来，把传统恢复起来，把乡村热闹起来，重点抓了民俗、秧歌、篮球三方面工作，真正起到"组织群众、凝聚人心、陶冶情操、培塑精神、提升能力、活跃生活、传承文艺"的作用。在民俗方面，根据农村的特点，在春节、元宵节、清明节、端午节、中秋节等传统节日期间，抓实抓好民俗工作，组织开展消夏晚会、歌手大赛等群众文化展演、交流活动，组织送戏下乡、送科技下乡、送文化下乡等，让"乡乡有节庆、月月有活动"的喜人态势基本形成。在秧歌方面，极力满足老百姓对秧歌等精神食粮的需求，村村都有秧歌队，在"冬享民俗年"开展秧歌比赛，激发了全县人民群众热爱生活、热爱家乡的热情，也凝聚了人心、激发了干劲。在篮球方面，沁源有 80 多年的篮球历史传承，篮球项目已成为全县人民最喜爱、最活跃的体育运动，有节必有活动，有活动必有篮球，村村都有篮球队，家家都有运动员，人人能当裁判员。去年成功承办了中国·沁源 2018"绿色沁源杯"四国职业篮球冠军赛；全国"二青会"3 人篮球赛项目 8 月在沁源开赛。可以说，篮球已成为绿色沁源最鲜明的印记，力争把沁源打造成名副其实的"篮球之乡"。沁源秧歌、腰鼓花鞭、动感篮球、康养太极、中华武术等凸显当地特色的各类群众性文体活动，充分展示了新时代沁源人民精神风貌和绿色沁源美好形象，潜移默化地推动"举精神之旗、立精神之柱、建精神家园"这三项工作在乡村治理中取得实效。

三是"全域友善"品牌化。沁源要发展就得有好的环境，硬环境重要，软环境更重要。绿水青山只是沁源的自然生态品牌，更重要的是沁源人的综合素质和整体精神面貌。沁源人在山西也是个品牌，就是"朴实厚道、热情包容"。现在，就是要积极创建"全域友善大家园"，打造"沁源人"品牌，让外界说起沁源来都愿意和沁源人打交道。构建积极的社会心态，从党员干部做起，立足"解民忧、顺民意、纾民困"开展工作，帮助群众树立起"自尊自信、理性平和、健康向上"的心态，让老百姓在平凡中感受到最大的幸福，到沁源的农村走一走，会发现群众脸上的笑容就是一种实实在在的幸福。积极营造守公德、讲道德、比美德、修品德的浓厚氛围，在农村大力开展"六风塑好人""向上向善好青年""感动沁源十大人物"，以及"最美家庭""好婆婆、好媳妇、好妯娌"评选表彰活动，有效化解家庭纠纷、邻里纠纷、上访告状、打骂斗殴等矛盾。如今，沁源农民自我管理、自我教育、自我服务、自我提高的思想自觉、行动自觉不断提高，呈现出家庭和睦、邻里和谐、干群融洽的乡村善治生动局面。

自治，激发动能；法治，定分止争；德治，春风化雨。乡村治理"三治九化"模式的探索实践，是沁源县这些年的一些粗浅思考，有的工作才刚刚起步，希望借这次论坛学习、交流、借鉴的机会，请各位专家教授多多指导，帮助沁源进一步加强和改进乡村治理，使基层民主深入人心，农村党建扎实推进，乡风文明日新月异，农村经济快速发展，早日实现农业强、农村美、农民富。

中国乡村社会的协商治理传统及其现代化

朱耀垠[①]

乡村治理历来是中国国家治理的基石。梁漱溟曾说："原来中国社会是以乡村为基础，并以乡村为主体的；所有文化，多半是从乡村而来，又为乡村而设——法制、礼俗、工商业等莫不如是。"中国的乡村社会特别是村落社区素有众人的事由众人商量的协商民主传统，其中，蕴含着中华民族的治理智慧，在历史上曾对维护社会秩序、促进互帮互助、传承中华文化等起到了重要作用，有值得当今借鉴的成分。在社会现代化快速发展的时代背景下，深入挖掘中国传统乡村社会协商民主的精华，推动其实现创造性转化，对于实现乡村振兴和国家治理现代化具有重要意义。

一、传统乡村社会的各类共同体

协商民主的实质就是通过一定范围的公众商议，达成共识，实现公共利益。正因为中国传统乡村社会普遍存在各类社会共同体，乡村基层社会协商才有了深厚的土壤和内在动力。

1. 血缘组织

这是以父系血缘为纽带的社会组织，在中国社会具有普遍性和基础性，汉族和少数民族都有这类组织，只是具体的名称和组织形式有所区别。

（1）汉族宗族组织。一般是始祖之下分出若干房、支，往下再逐级繁衍出更下一层次的房、支。例如，明清时期，徽州宗族内部的层级结构大致有以下类型：一般宗族：宗族—房（"派"，"隅"，"门"，"分"）—个体家

---

① 朱耀垠，全国老龄工作委员会办公室副主任，中国老龄协会副会长。

庭；大宗族：宗族—房（"派"，"隅"，"门"，"分"）—支—个体家庭；联宗宗族：始居地宗族—迁移地宗族—房—支—个体家庭。宗族有共同的财产：祭田、义田、义仓、捐献、罚款，等等；有公共的设施：祠堂、族学、路桥，等等；有公共活动：修祖坟、祭祖先、迎神赛会、文化娱乐、节庆、族际往来，等等；有共同的行为规则：家训、族规、宗范、祠规，等等。这些都需要通过协商来达成意见一致、采取统一行动。近代以来曾有一些宗族把环境保护、崇文重教、人才培养、鼓励行善等作为宗族的共同任务，经过协商在族规族训中加以明示。例如，安徽棠樾鲍氏宗族的祖训族规中有"保护环境"的内容。绩溪龙川胡氏宗族的祖训家规中有"封山育林"和"绿化荒山"的规定。休宁月潭朱氏宗族的族规有"重视教育事业"和"人才培养"的内容。安徽歙县呈坎前后罗氏宗族的《祖训》告诫后人"奖励学子""表彰义行"。

（2）苗族的鼓社组织。"鼓社"即"立鼓为社"，同鼓即"同宗"。一个大鼓社一般包括同宗的一个或几个村寨，小的数十户、百来户，大的几百户乃至上千户，同一鼓社有共同的鼓社山、鼓社田和社规等。当一个大宗族繁衍出若干宗支，鼓社也会分出很多分支机构，苗族称这些分出来的鼓社为"打江略"，即兄弟鼓社。原来大家族共同的鼓社叫"黑社"，分出来的兄弟社叫"白社"。每一鼓社都有严密的组织体系，从"黑社"分出的"白社"内部机构较简，平时一般只设鼓头一人，"黑社"则设有大鼓头（果略）、果昌、果叙、果笛、果当、果扎、果养、果熙以及顶王、顶保、顶榜、顶约、珈乜扬、珈通方等头人，各司其职。

（3）壮族都老组织。在壮语中，"都"指"人"，"老"为"大"，"都老"是对壮语的音译，指壮族村民对其族长或头人的尊称。历史上，壮人以铜铸鼓，鸣鼓集众，合力对抗外扰，击鼓者被称为"都老"，其姓氏组织就被称为都老组织。壮族大多聚族而居，一个姓族居住一个村寨。因而，大多是一个寨建立一个都老组织，基层都老组织与村寨组织相重合。它们既有族内关联事务，也有村寨公共事务需要协商处理。

（4）彝族家支组织。"家支"是对彝语的意译，即家族支系，主要分布在四川大、小凉山及云南宁蒗小凉山地区彝族之中，以父系血缘为纽带，采取父子联名的谱系方式，凡本家支成员都能在此链条中找到自己的名字。一般说来，各"家支"成员在一定的地域范围内聚居，在本家支的边界内生产生活，土地、林木、草场等资源都限于本家支成员使用，家支头人和组织都向本家支成员提供安全保护、生活保障及劳务互助。家支成员之间对于婚丧、建房、赔偿命金等重大事件有相互帮助和分摊费用的义务，对家支内的鳏寡孤独也有照顾和抚养的义务。不同的家支互不统属。家支内部等级严明，主奴界线不能逾越。

（5）黎族合亩组织。"合亩"，黎语为"纹茂"（同宗家族）、"沃堂沃工"（大家合起来做工）或"翁堂打"（合伙共耕田地）。它是进行农业生产的基本单位，由若干有血缘关系的父系小家庭组成，有些较大的合亩组织还接受非血缘的外来户加入，合亩的规模一般在二三户至七八户之间，个别达二三十户不等，土地和耕牛公有，全体成员共同劳动，平均分配。亲属成员间互相照顾。

此外，仫佬族的"冬"（"宗"）组织，侗族的"基"（"禁吃"，"同祭"）、"补拉"（"父亲与儿子"）、"兜"（或称"斗"、禁通婚）、"公"（共一个"公"的叔伯兄弟），瑶族的"密诺"（"密"为母，"诺"为老，意即"母老"）、"油锅"（瑶语称"破卜"，意为"同在一个锅里吃饭"或"同一祖宗"）和"巴引"（瑶族语言中意为"血缘亲族"）组织，这些都属于血缘性组织，一些地区围绕清明祭祖形成了清明会，也与宗族组织相关，有共同的祭祀土地需要协商管理。

2. 地缘组织

这是由于居住的地域邻近、为了生产、生活、治安管理等方面需要而结成的比较稳定的社会组织，大多与血缘组织有不可分割的联系，或者以宗族为其组成部分或者由宗族过渡而来，它们需要通过协商维护社会治安和共同利益、解决矛盾纠纷。

（1）村寨组织。村寨，或称村落、村庄，是农业社会中一个或数个血缘群体或若干个非血缘群体共同在此居住、生产、生活、繁衍，有固定地缘、边际清晰的空间单元。林耀华说，"聚族而居多在华南，华北则多异姓杂居"，"义序"位于福州城附近南台岛，"为一纯粹黄姓一系的乡村，异姓杂居者寥若晨星"，"义序是一个乡村，因为全体人民共同聚居在一个地域上。义序是一个宗族，因为全体人民都从一个祖宗传衍下来。前者为地域团体后者为血缘团体"。陈翰笙在 20 世纪 20 年代对广东地区的研究发现，广东至少有 4/5 的农民与他们的宗族生活在一起，而且通常一个村落居住的是一个宗族。粤北有一个村落，全村有 700 人，均为一个"宗族"，建有 40 个甚至更多的祠堂。也有一个宗族分布在若干个村落的情况，"福建北部的一个村落，这个村落是七个村落群体中的一个，这七个村落都是一个继嗣群体的分支"；还有一种情况是，一个村落可能包括两个或更多的宗族，这些宗族在村落中有区域界限。村寨作为社会生活的基本空间单元，必然有社会治安、互助共济、集体活动等方面的事务需要协商办理。

（2）联寨组织。为了维护地区治安、保持社会秩序、管理生产劳动、调解民间纠纷、共同抵御外侮，相邻或相近的村寨往往联合起来，组成相对固定的区域性组织。瑶族石牌组织就是典型的联寨组织。从石牌组织的名称看，大致可分为以下几种：以参加村落的地域范围划分，有总石牌、大石牌、小石牌；以参加石牌的村数划分，有七十二村石牌、九村石牌；以参加石牌的户数划分，有千八百石牌、六十六石牌；以竖立石牌的地点划分，有坪兔石牌、滕构石牌，等等；以石牌内容划分，有专门性石牌、综合性石牌，等等。侗族款组织，也是以地域为纽带的村与村、寨与寨的联盟组织，按照地域范围的不同，有小款、中款、大款和特大款之分，侗族对矛盾纠纷的调处、规约的制定和执行有村寨、小款、中款、大款甚至扩大款几个层次，小款一般由同一小区域的数个村寨联合而成，中款由数个同一区域或不同区域坡的小款联合而成，大款（也称"联合款"）则由多个不同区域的中款联合而成，特大款"头在古州（今贵州榕江），尾在柳州（广西柳州）"，纵横地域几百里。清末河北的"半排组织"，由临近 10 多个村组成的联防组织。这些地域性组织均有其组织构架和协商机制。

3. 乡约组织

所谓乡约，是在乡村中为了一个共同目的包括御敌保乡、扬善惩恶、广教化、厚风俗等行为，依地缘或血缘关系联合起来的民众组织。乡约产生于宋代，发展于明清时期，一部分乡约组织曾被赋予司法职能，承担调处民间纠纷、调查取证和勾摄人犯等职责。历史上有很多著名的乡约组织。北宋神宗熙宁九年（1076）诞生的吕氏乡约，不仅制定了德业相劝、过失相规、礼俗相交、患难相恤的条文，而且规定了乡约的组织机构、聚会时间、赏罚方式等，形成了乡民依自愿参与的乡约组织。明正德六年（1511）诞生的"雄山乡约"，由山西潞州雄山人仇楫与其兄弟倡议，入约者竟达 260 余家，最少时也有 176 家。明正德十五年（1520），王守仁推出"南赣乡约"，对乡约人员构成、文簿设置、入约会费、聚会日期和约所选择等均有详细规定。南赣乡约既是一个道德感化的制度，也是实施教化乡民的组织。乡约组织不仅在制定和执行共同道德规范方面需要协商，也有属于乡约组织的公共财产需要协商管理。明代吕坤在其治下的山西境内推行乡约、保甲合二为一的乡甲约，其在乡甲约设有社学。明末清初福建长乐梅花（城）43 个姓氏居民协商制定的《梅花乡约所乡规民约二十二条》中提到，"设士田以振文风。吾梅业儒者少，夫士典不隆，则士风不振，而礼义之率谁归？兹先议酌贴科试之费，俟公项充足，再设士田，定等第分给，以振文风。"

4. 信仰组织

它与宗教相关，但又不是严格意义上的宗教组织。杜赞奇曾将其归为四类：第一类组织的规模较小，采取自愿参加的原则，没有全村规模的宗教仪式和活动。如顺义县（现顺义区）河南村 4 个供奉不同神主的村庙，有庙会、庙田。第二类是跨村界的横向或纵向的组织。如，河北省栾城县有许多由一村或两三村的村民自愿组成的朝香及供苍岩山神的"朝山会"。第三类组织以村庙为中心，带有强制性。所有村民自然包括在其中，而非本村人则排除在该组织之外。村庙、庙田为全村共同财产，修庙的费用各户征收，会首还担起组织全村的非宗教活动的责任。第四类组织的范围起乎村界，全体村民作为一个整体（被强制）参加所有活动。这类组织类似于秘密会社。"义序"中的"把社"也属于民间信仰组织，男女信众分别供奉不同的"把社"神。云南白族的"洞经会"（男性参加）和"莲池会"（女性参加）与此类似。

5. 借贷组织

这类组织，通常由一人主动邀集若干人组会，主动请会者称会首，被邀参加者称会员；成会之后，第一期由各会员交钱若干，归会首使用；以后每期由会首、会员分别交纳金额若干，由未曾用过会费者使用，直至所有会员均已用过会费，该会宣告结束或重新开始。按照得会费的方式不同，大致可分为三种：一是"轮会"，会员预先商定一个顺序，按此顺序轮流掌管会款。二是"摇会"，以摇号、抽签或抓阄儿等方式决定会员掌管会费的先后顺序。三是"标会"，以投标方式决定会员掌管会费的机会。例如，历史上广西昭平标会，参加人数一般十人左右，商议标底（每份东银 10—20 毫，或 100—200 斤稻谷），每年开标一次，各成员按标底借给中标者钱物，中标者可任意处置，婚嫁、建新房或用以做生意均可，利息共享。在山东栖霞，这类组织的规则是："首先由会首以请客的方式召聚人，每人资助元，会首先用，即为请会。此后每年春秋两季聚会，会员各自根据缓急之需投标舍息，以投标舍息最少者为本次会款使用者，称为拔会。余者人称为随会，轮流到第次，拔会者则按规定就得元，即为成会。"

6. 生产组织

主要是围绕农作物生产、农业灌溉、农村金融等成立的协作组织。水的调配需要合作。围绕水利灌溉，许多地方成立了民间水利组织，参与协调水资源的使用、分配和水利设施的建设维护、调处民间水利纠纷等，如，民国时期，陕西泾惠渠（官渠）成立了"水老会"，"清峪河水利协会"成立有五个分会，该组织于 1936 年 3 月颁布了"受水条规"；河北邢台县的用水村民成立了"闸会"，"在那台县第五区的最南端，有 9 个村庄松散地结合为百泉闸会，它后来成为一个拥有财产并进行土地交易的机构，其组织健全，有 17 位会首，其中多由村中首事充任。……每年各闸会会集一次，疏浚百泉河，加固或维修堤坝和桥梁。两县会按其使用水量之大小平等提供劳力和财力，每年 3 月在东汪镇开会讨论此事，各河正，包括远在南和县的济民闸会的首领均出席这次会议"。大约在宣统 2—3 年，河北正定县翟城村成立因利协社，此社是带有金融性质的股份合作社，社员（股东）"以翟城村人民为限"，自由认股。村公款入股 3000 元，自招股 3000 元。该社可运用的资本金为：股款、代为保管的村有公款及各团体之公款、村民之储蓄存款、村民及非村民储金以外的存款、公积金、其他团体及银行钱号或个人借入的款项，纯利按 12 成分配，以 2 成作为公积金，3 成为办事员花红，7 成为股东红利。该社组织机构由《简章》第 10 条规定有：股东总会、评议委员会、执行委员会和监察委员会。股东总会分常期、临时两种。每年借款数目若干，须先经评议会议决，始能实行。

7. 社团组织

这是人们根据自己的兴趣爱好、精神信仰、经济利益、生活互助和文化娱乐等方面的需求而自愿结成的社会共同体，具有一定的契约性。它们需要通过协商来确定组建和活动规则，发挥应有的功能作用。

（1）互助组织。一类是丧葬互助组织。主要是老人会。广西龙州县水口一带历史上的老人会，新会员只要交十个碗、十个匙，便可以把名字写在传命牌上，成为会员。会员家有老人去世，会长便立即召集会员协力处理丧事。会长向会员征集钱、米、酒等。各会员家青壮年男子主动出来打柴、修桥、铺路，接吊唁宾客、挖坑、扶棺等丧葬事宜。广东连山瑶族有长生会，其收入用于会员60岁、70岁、80岁寿诞，建新会收入用于建新房，禁火会收入用于禁火，筑路会收入用于筑路。另一类是人力互助组织。陕西关中地区农村传统上有三类劳动互助组织：变工（搭伙）组织，农民相互调剂劳、畜力，以各自的劳力或畜力轮流为参加变工的各家耕种、额草、收割，一工抵一工，多出人工或畜工的户由少出的户补钱；扎工组织，由有劳动力而土地不足的农民组成，除相互变工互助劳动外，主要是集体出雇于有劳动力需求的人家，挣来的钱，按工分配；"唐将"班子，集体出雇于人的变工组织，组织班子的叫"包头"，领班子的叫"领头"。这些互助组织的参加者一般从几户到十几户不等，自愿结合、协议互助。

（2）慈善组织。在一些畲族村寨有禁山会，看护油茶不被提前私自采摘；福建、浙江一带的畲族还有路会，会员自带工具修复被毁坏的道路。安徽休宁月潭朱氏宗族有周义会，救济贫困族众和居住、路过月潭村的外地贫困人员，该会还设"义冢"一处，路过月潭和居住月潭的外地贫困人死亡，尸体无人收管，周义会供应棺椁、衣衾，负责埋葬。这些组织在扶危济困、维持秩序方面不可或缺。

（3）文教组织。传统乡村社会普遍崇文重教。有的宗族创设了文会组织。例如，歙县棠樾鲍氏宗族有由致仕官员、士大夫和学子等组成的文会，定期举行文人聚会、诗文评比，还参与宗族事务"公议"。安徽休宁月潭朱氏宗族也有文会，凡初中毕业以上文化程度的支丁都可参加。按文化程度分组命题，举行作文比赛，参赛者都有一定奖励。宗族有重大难决事务都请文会讨论、议决，宗族成员间有难解纠纷，请文会调解、议处。"义序"中有诗社。安徽休宁月潭朱氏宗族中有培士会，该会以族田收入创办一所小学，宗族子弟入学全部免收学杂费，在外地读中学和读大学的子弟，都能得到培士会的资助，一个大学生每年资助大洋200元。民国二十一年，广西的龚政（雨庭）在其家乡贵县郭西里（今覃塘区）铜岭村倡设俭德会，会员数十人，倡导"庆吊礼物纯用国货。席设六簋，荤二素四，婚嫁、丧祭夜皆如之"。民国时期直隶定县的翟城村在开展自治实验中以村公所、村会为核心，成立了众多的社区团体，如乐贤会、教育会、防除害虫会、勤俭储蓄会、爱国会，以及联络村人感情、互相友助的辑睦会，以进德修业、养成完全人格为宗旨的德业实践会等，各会与村公所紧密结合，扩大了村民的村务参与途径，该村原来的重要村务，皆由米春明与村正、村副等数人议定，而实行自治以后，以各种名义参与村务的人员涉及全村 10 个姓氏，共 40 余人。其中，有资格参加村会，进而影响村务决策的就有 10 余人。

二、传统乡村社会的协商议事机制

维持公共生活秩序需要协作、规范。这些都离不开协商，唯有通过协商，才能找到最大公约数，形成社会生活共同体。中国传统乡村社会各类共同体的协商议事机制，主要可以概括为以下若干方面。

1. 分层协商

事情涉及的对象不同，参加协商的主体范围因而不同。在传统乡村社会，通常是一个层级范围内的公共事务或矛盾纠纷在同级范围内协商解决，只有本层级范围解决不了的问题或涉及更广范围共同利益的问题，才循序转移到其上一层级来协商解决。

宗族组织的事务一般是先由房、支内部协商，再到宗族协商，进而到亲族协商或族际协商。梁启超曾描述过他的家乡——广东新会县茶坑村的协商程序：该村共有三保，亦称"三保"，梁氏单为一保，其余几姓组成两保。梁氏的事先由本宗族耆老会议掌之；关系三保共同利害者，则由三保联治机关法决之。亲族是同一祖先经过十代、数十代繁衍下来的姓族，血缘关系已很疏远，但在修族谱时往往需要协商一致。水族习惯法的议事制度，水语谓之"ham gong hi pu"，汉意直译为："三个公老，四位父家"，意译为"三公四父"，泛指宗族内部男性长辈以及同辈中的年长者和有德才者。"三公四父"中无明确的首领。在处理宗族不同成员事务时，以血缘和当事人最近的长者为会议的召集、主持人，通过公议形成共识并执行处罚。在处理不同问题时，"议事会"成员的范围可以有不同的扩大与延伸。如，家庭子女在分家析产时，"三公四父"只限于子女的父辈；若遇父子之间发生矛盾或纠纷时，议事会成员则可延伸到子女同辈中的年长者和有德才者；若遇子女不孝，"三公四父"的范围则包括宗族所有的男性成员。

地域性组织的协商也是有层级的，一般是先寨内协商，再寨际协商，进而多寨乃至片区联合协商。新中国成立前，广东省番禺县河南岛敦和乡十一段的南景村，由车、莫两姓共同居住，其族内事务分别由各自的父老会议处理，对族产处置、祭期选择、祭祀主持、借款签借、族中公益事业兴办、决议执行、纠纷裁决，等等，父老会议均有决定权。村落事务，如村小学的兴建与管理，则由车、莫两姓父老组成的联席会议处理。福建长乐的梅花里，居住着数十个姓氏的大小家族，他们曾共同制订过著名的《梅花乡约》。湘西苗族负责执行榔规榔约的有三层不同地域范围的里老：一是村寨理老，主要调解村寨内部的一般矛盾纠纷，类似于"仲裁人"。二是氏族理老，主要评判一些重大案件，裁决村寨理老的申辩。三是地方理老，主要裁判本地区发生田土山林争执、械斗凶杀、纲常伦纪、宗教禁忌等重大纠纷，甚至裁决涉及民族尊严的重大问题。

2. 体系严密

有些宗族对族务治理机构有明确的规定。福建安溪县保存的民国时期该县刘姓《若乾家族会纪录》，其中有一份《若乾家族会章程》，内容包括：总则，族会名称、目的、会所、会长、会员，其中规定族会设理事七人（长房二人、二房一人、三房二人、四房二人），并互选常务理事一人，组成理事会，办理本会日常事务，理事会分设总务财政、祭祀、福利、调解等股，各设股长一人，由理事互推兼任之。"义序"宗族，由 15 个房支组成，每房都有房长一人，宗族首领是宗族男性中最年长者，各宗支的首领和宗族首领共同组成宗族委员会，还有一个祠堂委员会，在外做官和取得功名的人也可加入。1933 年 9 月 18 日，江西省政府出台《要求组织族董会的训令》和《各姓族董事会简章》对宗族董事会的组织结构作出规定：族董会由族董组成，总人数为 9—13 人，其中族长为当然董事，其余的由各房或各支推举，主任在族董中互推产生。族董的任期以一年为限，连举得连任，但不得超过三次。族董会的会址一般设于宗祠或庙宇内。侗族村寨的最高权力机关是乡老会议，经常参加乡老会或寨老会的人称乡老或寨老，他们都是寨内各房族最有威望的族长，是寨内自然形成的领导人物。乡老的人数视村寨的大小而定。水利组织也有其体系。民国二十四年（1935）三月陕西泾惠渠（官渠）成立了"水老会"，设总会长；"水老"的下面每斗设"斗夫"一名，每村设"渠保"一名，灌溉渠道体系中干、支、斗、农、毛等各级都有人负责，形成体系。

3. 精英主导

各类社会生活共同体普遍有其自己的领头人，一般都年龄较大、辈分较高、经验丰富、公道正派、能言善辩、有勇有谋、行事果断、德高望重，他们在协商议题的确定、协商结果的拍板和执行等方面发挥主导作用。传统绅衿和近代以来的文人学仕、政商界成功者，均在基层协商中扮演着重要角色。

就宗族组织而言，一般的宗族组织都有房长、族长，族长为全族成员的代表，一家有事，由家长主持决断；一房有事，由一房之长主持议决处理；一族有事，由一族之长主持议决处理。许多宗族在族规中明确要求，族长须"德齿兼优"，要推举行尊而年龄最高者为族长。宗族中的达官显贵、富商巨贾、文人乡绅等对宗族事务具有较多的话语权。清代以来，江西乐安县流坑董氏宗族因从事竹木贸易而致富的商人较多，他们积极参与到董氏宗族的共同管理中来，和房长、族长等一起打理宗族事务。董宗楸致富后捐得监生头衔，在掌理宗族事务时公平不阿，"当事必言，言无不善，凡子姓之忠厚者则褒之劝之，不率者则斥之、戒之，未尝容忍"。晚年被房中老幼推为房长。一些士绅在协调和仲裁地方矛盾纠纷中大显身手、息事宁人，例如，陕西宜川县张肇雯好为人解纷，乡里争构者婉谕以理，或俱酒通股勤，俾归于好，即使是争论多年、纠结难释者，其也能调解平息。

少数民族基层社会也有各种各样的领头人。苗族的鼓社组织有鼓头（果略，一社之长）、果昌（副鼓头）、果叙（歌头，主管"礼歌"及祭祀一切礼仪）、果筘（主管"礼乐"）、果当（主管安排会议"座次"）、果扎（主管祭祀中的杀牛仪式）、果养（安排农事）、果熙（礼头，负责外联，接待并安排客人食宿）、顶王（管全社安全保卫，战时负责军事指挥）、顶保（与顶王有些类同）、顶榜（专管行政命令的下达）、顶约（管祭品杂务）、珈乜扬（全社钱粮总管）、珈通方（大鼓社下每个村寨选出的管粮钱者）。这些头人各司其职，共同组成了鼓社的管理层。苗族的议榔组织有：榔头 1人、副榔头若干人（一般为各鼓社鼓头和各寨寨老）、大理老（或称寨老）、活路头、巫师等；还设有被称作"硬手"和"老虎汉"的军首领若干人，设有作为宗教领袖的祭司若干人，有主持司法的"行头""理老"若干人。白裤瑶的每个"油锅"一般有 3—5 个瑶老，他们共同组成一个瑶老会议，其中有一个瑶老即大瑶老是瑶老会议的核心，在大家意见分歧时，大瑶老负责做出最终决断。彝族家支头人主要有彝语所称的"德古"，"苏易"，"冉阔"三种类型。"德古"是阅历深、见识广、善于辞令、办事公正、主动为人排忧解难，能调解重大纠纷，具有一定的经济势力和号召能力，在本家支乃至其他家支中享有很高名望者。"苏易"是有见识能排解家支内外的纠纷、办事公正的人。"冉阔"是在冤家械斗和战争场合中涌现出来的足智多谋、英勇善战、冲锋陷阵、不畏死伤的具有指挥和号召能力的人。瑶族的石牌组织有各种石牌头人。黎族合亩制地区有亩头。侗款有各层级的款首。各类头人大多经验丰富、通晓古今、热心公益、德高望重、熟悉款规、能说会道、善于协调，在公共事务协商中举足轻重。

乡约组织也必须由德才兼备者主事。《吕氏乡约》要求，每约需有"主事，约正一人或二人，众推正直不阿者为之，专主平决赏罚当否"。《南赣乡约》第一条规定：每乡"推年高有德为众所敬者一人为约长，二人为约副，又推功之果断者四人为约正，通达明察者四人为约史，精健廉干者四人为知约，礼仪习熟者二人为约赞"。陕西关中地区水老会"水老"的任职资格必须是年高有德者、私德完全不嗜烟赌者以及未受刑事处分者。

4. 众人议决

一是推举头人。许多宗族通过磋商推举族长等族务管理者。民国时期，温州永嘉岩头金氏宗族，族长由族人共同推举，还从每个房族中推选十来人组成的宗族领导班子。安徽歙县棠樾鲍氏宗族的族长、祠总都经过族众推举产生。安徽休宁月潭朱氏亲族的最高权力机构是宗祠管理委员会，其首领称"经理"，通过宗族支丁大会选举产生，宗祠管委会工作人员4人，每门（"房"）推举1人，一年一换，俗称"司年""值年"。四川威远县观音滩的崔氏家族的管理层乃由族董、族长、族正、总首、侦缉构成，公选家道殷实者当总首（管钱谷、账目），一年一更，公选族董、族长、族正，由其总理合族公事，三年一举，必选才势双全、秉公执正、不徇情者。侦缉三年一举，必选英年有胆不惮劳怨者。福建长乐《梅花乡约》对"董事"的选举做出规定："吾梅列姓浩繁，莠良不等，兹编为十甲。每甲举齿德兼优一人为长，举晓事秉公一人为董事，才干者二人副之。十甲之中，互相劝勉"，同时，也对其"罢免"提出要求："董事之选，原藉其秉公理事。凡朔望讲期，及甲内事体，宜齐集商议，不得缄默退缩。于事知无不言，言无不公，庶克安靖乡间。倘有利己徇私，躲避不前，经众论摘发，则立即会议斥革，另选充补。"

　　二是议决大事。一般性、日常性事务基本上由头人直接处理，遇到重大问题就需要召集各种层次、各种类型的会议协商解决，裁决的标准有多数一致、全体一致、神判等。宗族一般都有宗族议事会、祭祀会议，地点大多在祠堂。安徽黟县南屏叶氏宗族曾有宗族首领会议，凡是宗族重大事务，都由族长召集房长和乡绅在宗祠议决。国民党元老钮永健牵头制定的《俞塘钮氏宗族公约》要求，族人对于族务或私人争议事件，须根据宗族大会章程公开解决。宗族大会权限是"订立、修改、核准、撤销及申明族训、宗族规约及一切条规办法"。布依族的宗族议事有"家族长全体会议"，"家族长代表会议"，"当事人与评中人专门会议"，"有关方面协商会议"等。民国时期定县翟城村设村民会议，以之为全村最高权力机关；村民会议下设村政会议，在村民会议闭幕后，由村政会议代行其一切职权。村政会议由村治创办人、村长佐及各街长、闾长、男女高小校长、各邻长（只参加扩大会）等组成。以上人员互推主席一人，总理会务，每月开会一次，一切村务均由该会议决，再交执行机关施行，如遇有临时事件，由主席召开临时会商定。彝族家支有两类会议："吉尔吉体"（头人会议）和"蒙格"（家支全员大会）。前者主要商议家支内部问题和一般的家支间事务。后者负责重大问题的决策，牵涉到家支成员被杀、与外家支进行战事等，有的规模达到千人。云南文山壮族有一种"老人厅"组织和制度，村寨中以姓氏为单位，在一个比较中心的地方建一小厅，作为本姓氏民众举行祭祀活动和其他集会的中心。头人通过"长老会议"和"全民大会"管理村寨，先召集寨中年纪较大的长老聚集老人厅，共同商讨一年的农耕生产和社会治安等重要事项，然后召集众人宣布、通过各项决议。白裤瑶的油锅组织每年召集全体油锅成员举行会议，商议祭祀和农耕等大事。民国时期，河北邢台地区百泉河流域邢台县和南和县的各闸会每年 3 月在东汪镇集会，商议疏浚百泉河、加固或维修堤坝和桥梁问题，确定按其使用水量之大小平等地提供劳力和财力，各河正和闸会的首领均出席会议。闸会内部和闸会之间的争斗通常也由会首们开会协调解决。

　　三是订立规矩。瑶族通过召开石牌大会制定石牌律。侗族以鼓楼为集会场所，"凡事关规约及奉行政令，或有所兴举，皆鸣鼓集众会议于此"。还通过会款制定新款、革除旧款，规模最大的会款当属"九十九公款"，确立了

"破姓开亲"的新规。苗族的"埋岩会议",通过各村寨老协商制定规则,意见统一后,便找一块岩石埋在地下,石头有半露出地面,内容涉及家庭、婚姻、土地、房屋、财产、森林、治安及男女青年社交、公共道德等方方面面。若要改变或保存某种风俗习惯,也要通过"埋岩会议"来决定。羌族以"议话坝"为议事地点,全寨在"议话坝"上制订乡规民约,有的也把"议话"通过的乡规民约用立石树碑的形式来昭示。茂县曲谷乡河东村至今还保留咸丰元年(1851)八月十五日立的"议话坝"石碑,字迹清晰可认。有些规约还订立了会议规矩。例如,王阳明的《南赣乡约》对乡约会议如何开法做过详细规范。清道光七年(丁亥)福建长乐《梅花乡约》规定:"公议事体,虽有衿耆董事商榷,子弟静听,其间如有处置不当之处,不妨抒其所见辩论。但不粗蛮无状、面斥是非,及退有后言。以乘体统。"

5. 奖罚分明

传统乡村社会通过实行奖罚来推行礼教,这既是协商的内容,也是推动协商决议落实的必要措施。

各类族规、族训中都有奖励性条款。例如,安徽歙县呈坎前罗氏宗族《祖训》就有"表彰义行"的规条:好善乐施、扶孤恤寡、周贫济困、修桥铺路、捐资建祠、修谱、助学等热心宗族公益事业者,要呈请旌表。殁后族谱立传,牌位永远付(左视)于宗祠,永垂后世。嫡亲后代永远享受宗祠优待。还有"奖励学子"的规条:资助贫困学子,特别是聪明俊秀者。元旦谒祖、团拜,分发面粉做的"元宝",秀才、举人、进士、仕官一律从优领取,按等递增。初中毕业加1倍,高中毕业加2倍,大学毕业加3倍,留学生加4倍。长乐《梅花乡约》规定:"崇德报功之典宜隆。兹所举之甲长董事与衿士人等,果有始终秉正、为乡间兴利除害、忠孝特立者,另于忠贤祠西畔,建立报功祠,立禄位以垂不朽。"

族规、祖训、乡约中也都规定了轻重不等的处罚措施。族规中的处罚措施大体上可以归结为以下11种:训斥、罚跪、记过、锁禁、罚银、革胙、鞭板(以特制竹鞭或木板抽打犯者臀、腿部位)、鸣官(扭送官府)、不许入祠、出族(谱上除名,族内削籍)和处死,其中,"革胙""鸣官""出族"为较为常用的三种处罚方法,尤以"出族"为重,处死最残忍。侗款的处罚性规范有三类,"六面阴规",对犯者一般都要处以死刑;"六面阳规",对犯者一般处以罚款或令其敲锣喊寨以表示悔过;"六面威规定",对犯者以劝教为主。苗族的"埋岩会议"确定的惩处办法有两类：一是活埋。用于重大恶性案件，要让整个村的群众通过，最后由寨老裁决，并且要犯人自愿服罪。二是杀猪。在处理偷摸、挖仓、放鱼等案件时以杀猪作赔。被罚者将猪肉白炸，串成一串串，然后分给全村，每家一串，并讲清所做的坏事，这是自我教育的办法。凉山彝族对各种违规行为的处罚，注意区分情节轻重、有意无意和前因后果，采用黑、黑花、花、花白和白五个层次，具体执行时，一般采用黑、花、白各层次判定，情节最重、蓄意施行为黑案，依次递减。

三、乡村协商治理传统的现代化

近百年来，特别是新中国成立 70 年来，中国的乡村治理尽管经历了许多曲折，但总体上在不断走向现代化。传统乡村协商在创新中传承，在传承中发展，呈现出许多新趋势。

1. 彰显以民为本

中共中央《关于加强社会主义协商民主建设的意见》提出，"涉及人民群众利益的大量决策和工作，主要发生在基层。要按照协商于民、协商为民的要求，建立健全基层协商民主建设协调联动机制，稳步开展基层协商"。中办、国办印发的《关于加强城乡社区协商的意见》提出，城乡社区协商是基层群众自治的生动实践，是人民群众直接行使民主权利的有效途径，是实现和维护好基层群众利益的需要。这就是把保障居民群众的知情权、参与权、决策权和监督权作为根本追求，充分体现了以民为本的现代价值理念。

现代乡村协商的实践与传统协商相比发生了许多根本性的变革。一是基层群众的主体地位和平等权利得到尊重。传统协商中明显存在男女、老少、贫富不平等问题。女性牌位不入祠堂。大瑶山金秀罗香七村在民国七年立的石牌有一条规定：如果双方打架，错打死男人陪银 360 两，打死女人只赔240 两。年轻人的意见在宗族中得不到应有的尊重。梁启超宗族梁氏宗祠——叠绳堂的"耆老会议"，未满五十岁者只能旁听，发言不当，则被耆老呵斥。关于穷富不平等。《阿 Q 正传》中的赵太爷居然耻笑穷途潦倒的阿Q 不配姓赵。这些问题随着历史的进步而不断化解。村民委员会组织法规定：年满十八周岁的村民，不分民族、种族、性别、职业、家庭出身、宗教信仰、教育程度、财产状况、居住期限，都有选举权和被选举权。女性在基层治理中的地位作用日益彰显。湖南通道县坪坦村，村务治理由村两委主导，老年协会和中青年协会等协助，村务一般都向老年协会征询意见，老年协会等组织积极配合村两委工作，寨老是村老年协会主席，其任职资格不分姓氏、性别，从十几岁的青少年到耄耋老人都可以参与投票，妇女也参与投票。浙江平阳县顺溪陈氏宗族在编修新谱时，一反历史传统，允许女性入宗谱，有19户女子共27人入谱成为谱主。近些年来，在金秀瑶族自治县长侗乡长侗村六架屯诞生了新石牌组织与石牌律。2005年3月，由村民投票选举产生了新一届5名石牌头人，其中，有1名妇女。

二是群众的生命和人格尊严得到尊重。有些传统村规民约允许不经过国家法律审判随意剥夺人的生命权，如沉塘、活埋、溺婴，手段残忍；乡村宗族之间的群体械斗也被一些宗族所默许甚至鼓励；鼓励妇女缠足、限制寡妇改嫁等列入民间规约之中。这些损害人的生命权的习惯做法在当代社会基本被废弃和禁止。许多地方的村规民约都有禁止干涉和包办婚姻、实行婚姻自主的内容。

三是基层民众的身体和心理需要得到尊重。近代民主革命家钮永建（1870—1965）为其家乡上海县马桥镇俞塘钮氏宗族拟订的俞塘钮氏族训、族约经于民国十九年三月九日吴兴钮氏俞塘支宗族大会通过。俞塘钮氏《族训》共二十八条，其中，"提高人格"四条、"充裕生计"四条、"健康身体"四条。"充裕生计"要求族人养成"轫业精神"，"勤俭质朴储蓄习惯"；选择职业"以有益社会国家为原则"，"不拘大小高下"，"尤须熟悉乡村平民生活，农事作业"；"健康身体"要求族人"每日依适当之劳动，全身至少有一二度之流汗，再加以揩洗摩擦，最能使肌肉强壮，精神焕发"，"妇女须切实讲求妇女卫生，妊娠卫生"。20世纪80年代以来，各地农村修宗谱、建祠堂之类的宗族活动得到一定程度的复兴，这并不是传统宗族的简单回归，其重要原因为人们期望从中获得历史感和归属感的满足。江西泰和有人陈述，他们之所以需要宗族，并非想把宗族变为一种政治的、经济的、私法的或社会的组织，而是希望同姓同宗的人们借助族谱记载和祠堂活动，把每个人和每个家庭的历史、来源弄清楚，找到连接现实与传统的中介，在这个意义上，泰和人对亲族的需要主要是精神、内心、心灵性的。允许这种现象的存在本身就意味着对人们心理需求的尊重。

2. 注重扩大参与

广泛性是人民民主的本质要求，也是基层协商民主的特色和优势所在。现代基层协商注重通过增强精英与大众的协作互补，追求多元参与与协调统一相结合。

一是现代基层精英的作用受到重视。传统乡村协商重视发挥长老和绅衿的优势，其中的合理因素在当代得到了传承，但又顺应时代要求而不断创新。现代基层治理注重发挥老党员、老干部、党代表、人大代表、政协委员、专家学者、专业技术人员等的作用。一些地方还建立了具有时代特点的新乡贤理事会，让其参与到基层治理中来，取得了良好效果。

二是公众参与平台大为拓展。村民会议、村民代表会议、村民议事会、村民理事会、村民监事会、小区业主协商会、社区决策听证和民主评议会等成为群众参与基层协商的重要依托，以民情恳谈日、社区（驻村）警务室开放日、村（居）民论坛、妇女之家等为平台，村民说事、民情恳谈、百姓议事、妇女议事等各类协商活动成为群众参与基层协商的便捷途径。社区信息化加快推进，社情民意的汇集更加广泛、便捷。

三是统筹协调机制不断强化。乡镇（街道）和村（社区）党组织在基层协商中发挥着纵览全局、协调各方的领导核心作用，政府治理和群众自治良性互动机制逐步建立完善，基层政府及其派出机关、村（社区）党组织、村（居）民委员会、村（居）务监督委员会、村（居）民小组、驻村（社区）单位、社区社会组织、业主委员会、农村集体经济组织、农民合作组织、物业服务企业和当地居民、非户籍居民代表以及其他利益相关方等各类基层协商主体遇事协商、求同存异，最大公约数容易找到。

3. 倚重法制保障

经基层协商所达成的规约有成文的和不成文的，但都属于习惯法的范畴，如何使其与国家法律法规相吻合，这是现代基层治理必须解决的问题。当代乡村基层社会协商既重视软法，也遵守硬法，促进这两方面相得益彰。

一是建章立制以符合法治精神为前提。依据村委会组织法，各地农村制定了《村民自治章程》等各种形式的乡规民约。贵州八榕江县 18 村 51 寨的苗族群众模仿古代栽岩议事的方式，经过协商形成了习俗改革的条约，竖起了"八开南部地区苗族习俗改革碑"（2000 年 3 月），内容有"十章五十三节"，涉及改革，婚育、丧葬、贺新屋、婴儿满月酒、过鼓藏节、文化教育和卫生等方面的习俗改革等诸多方面，强调禁止"抢婚"，其第一条就明确指出，依据国家宪法和民族区域自治法以及黔东南州的州自治条例，此碑文还提交给了民政局、苗学会进行审查论证。

二是规约的制定和执行由懂法守法者主导。现代乡规民约的制定者大多担任过基层党政领导，有丰富的法律知识和较强的法制观念，了解和贯彻国家的各种政策法规，能够自觉推动在乡规民约贯彻国家政策法规要求。一些宗族明确规定曾经触犯族规、国法的，一般不享有被选举为族长的权利。现代彝族的德古不仅通晓习惯法规则和彝族社会习俗，也熟悉和拥护现行的法律法规，还组织"家支"成员以彝族的方式，配合政府开展禁毒。

三是矛盾纠纷的化解以法律为最终依靠。调解、仲裁、行政裁决、行政复议、诉讼等有机衔接、相互协调的现代多元化纠纷解决机制逐步建立完善，基层化解矛盾纠纷的手段和途径愈趋多样，法律越来越成为最权威和最终手段。与此同时，覆盖城乡居民的公共法律服务体系等基层法律服务体系不断健全，群众借助法律解决矛盾纠纷有了更便利的条件；群众法律知识不断丰富和法治观念不断增强，依靠法律解决争端的习惯逐步养成，在基层治理中的体现就是遇事找法律。陕北有的族规要求，"凡我族内每村选出说实话、办实事的功德高者若干人，处理族内出现地界、水路、财产等纠纷问题，应帮助村委会根据事实，以国家政策和法规进行合理协调解决。"横山县（现横山区）曹氏宗族有族人在远离家乡的赵石村当了上门女婿，因为在分土地等问题上受到不公正的对待，找到家族理事会，希望得到帮助。家族理事会组织族人凑钱准备帮助其打官司，促使问题最终得到了解决。

4. 尊崇科学理性

科学是人类理性的显著标志和杰作。科学技术在现代社会生活中的应用和影响日益广泛和深入，民众越来越从科学技术带来的实惠和便利中增强了对科学的认同，科学知识科学精神科学方法必然融入乡村社会治理中来，使基层协商闪烁着科学理性的光辉。

一是相信科学越来越普遍。历史上，有些少数民族通过占卜来确定寨老、社老，有的则采用"捞油锅""踩铧犁""砍鸡""煮米""神判"等方式裁判是非曲直。这些神秘手段在现代科学面前越来越显得苍白无力。在贵州省榕江县计划乡的苗族村寨——加两村，有一位"鬼师"不敢承认自己的鬼师角色。当地干部分析，"随着科学的观念深入群众，尽管人们对科学或许并不那么理解，但起码都有一种理解，即只有科学才是正确的。鬼师自己都不愿意在外人面前承认他的身份。"

二是学习科学越来越自觉。一些宗族把鼓励学习科学写入族规。例如，《俞塘钮氏族训》提出："科学即人为的能力之源泉，亦即人生幸福之源泉也，族人必须有人为竞胜之觉悟，非有进一步之能力，裨足以应人为之需要，即不能适于今日之生存"，"族人对于子女须因材施教，尽力培植"，"全族至少须有大学毕业者，或高等专门毕业者各一二人，庶能与世界学术接触，再得中等或相当程度以上毕业者若干人，藉资普通智识能力之倡导宣传，此族人所当共勉，尤为青年自身所应勉励之要务"。

三是应用科学越来越积极。《俞塘钮氏族训》要求，"子女择配，为改良种性之重要关键，须服膺优生学之原则，逐代力求改进"，"子女有暗疾遗传传染等恶疾，白痴及神经失常者，禁止婚嫁"。"妇女须切实讲求妇女卫生，妊娠卫生，此为子女胎教之本，实为改良族人种性（即资质及体格）之要图。""无论男女少壮自身，及对子女，均须切实力行卫生方法"，等等。当代许多村寨把禁止近亲结婚写入村规民约。这些都体现了科学知识科学精神科学方法在日常生活中的应用。

5. 追求务实高效

衡量现代社会协商实效性的根本标准是基层民众参与感、获得感和幸福感的增强，途径是增强操作性、针对性、精准性。

一是协商渠道更加畅通。涉及行政村、社区公共事务和居民切身利益的事项，由村（社区）党组织、村（居）民委员会牵头，组织利益相关方进行协商。涉及两个以上行政村、社区的重要事项，单靠某一村（社区）无法开展协商时，由乡镇、街道党委（党工委）牵头组织开展协商。人口较多的自然村、村民小组，在村党组织的领导下组织居民进行协商。专业性、技术性较强的事项，一般都邀请相关专家学者、专业技术人员、第三方机构等进行论证评估。

二是协商程序不断规范。村（社区）党组织、村（居）民委员会在充分征求意见的基础上研究提出协商议题，确定参与协商的各类主体；通过多种方式，向参与协商的各类主体提前通报协商内容和相关信息；组织开展协商，确保各类主体充分发表意见建议，形成协商意见；组织实施协商成果，向协商主体、利益相关方和居民反馈落实情况等。对于涉及面广、关注度高的事项，经过专题议事会、民主听证会等程序进行协商。通过协商无法解决或存在较大争议的问题或事项，提交村（居）民会议或村（居）民代表会议决定。跨村（社区）协商的协商程序，由乡镇、街道党委（党工委）研究确定。

三是反馈机制逐步建立。需要村（社区）落实的事项，村（社区）党组织、村（居）民委员会应当及时组织实施，落实情况会在规定期限内通过多种渠道公开，接受群众监督。受政府或有关部门委托的协商事项，协商结果及时向基层政府或有关部门报告，基层政府和有关部门也会认真研究吸纳，并以适当方式反馈。

总的看来，中国乡村社会的协商自治传统中许多精华性因素得到了传承或创造性转化。但是，在工业化、城市化的背景下，部分农村地区空心化导致了协商自治传统的势弱，也出现了部分边远农村地区伴随宗族复兴一些传统治理中的糟粕复燃问题，当代城市社区协商如何借鉴传统乡村协商的有益成分，这也需要积极探索。可以说，乡村社会协商自治传统的传承和创新对于全面推进中国基层社会治理现代化意义重大，诚如梁漱溟所言，"中国这样农业人口占绝大多数并以村社聚居为主要生活形态的国家，仿佛是集家而成乡，集乡而成国。……多数人既都在乡村，所以你要启发他自动的力量，启发主体力量，只有从乡村下功夫。""乡村建设，实非乡村建设，而意在整个中国社会之建设，实乃吾民族社会重建—新组织构造之运动。"

参考文献

［1］梁漱溟：《乡村建设理论》，上海：上海人民出版社，1937 年；中国文化书院学术委员会，《梁漱溟全集（第二卷）》，济南：山东人民出版社，2005 年。

［2］赵华富：《徽州宗族调查研究》，北京：人民出版社，2014 年 9 月。

［3］林耀华：《义序的宗族研究》，北京：生活·读书·新知三联书店，2000 年 6 月。

［4］莫里斯·弗里德曼：《中国东南的宗族组织》，刘晓春译，王铭铭校，上海：上海人民出版社，2000 年 3 月。

［5］秦燕、胡红安：《清代以来的陕北宗族与社会变迁》，西安：西北工业大学出版社，2004 年 3 月。

[6]（美）杜赞奇：《文化、权力与国家：1900—1942 年的华北农村》，王福明译，南京：江苏人民出版社，2018 年 3 月。

[7] 朱鸿林：《明代嘉靖年间的增城沙堤乡约》，《燕京学报》2000 年新 8 期。

[8] 梁庭望：《中国壮族》，银川：宁夏人民出版社，2012 年 5 月。

[9] 山东省栖霞县志编纂委员会：《栖霞县志》，济南：山东人民出版社，1990 年。

[10] 米鸿才：《我国历史上最早出现合作社的地方是河北翟城村》，《河北经贸大学学报》1996 年第 1 期。

[11] 王今诚：《近代关中农村经济变迁研究（1927—1937）》，西北大学博士学位论文，2015 年 12 月。

[12] 钟文典：《广西客家》，桂林：广西师范大学出版社，2011 年 11 月。

[13] 米迪刚、尹仲材：《翟城村》，中华报社，1925 年。

[14] 周大鸣等：《当代华南的宗族与社会》，哈尔滨：黑龙江人民出版社，2003 年 7 月。

[15] 石建华、伍贤佑：《湘西苗族百年实录》，北京：方志出版社，2008 年 11 月。

[16] 邓敏文、吴浩：《没有国王的王国——侗款研究》，北京：中国社会科学出版社，1995 年 1 月。

[17] 钱宗范、梁颖等：《广西各民族宗法制度研究》，桂林：广西师范大学出版社，1997 年 11 月。

[18] 陈世松：《四川客家》，桂林：广西师范大学出版社，2005 年 9 月。

[19] 沈志：《梅花乡约》，《福建史志》2016 年 06 期。

[20] 石磊：《钮永建与俞塘钮氏族训、族约之订立述论》，《上海档案史料研究》（第十八辑），上海：上海三联书店，2015 年 6 月。

[21] 贵州省民族宗教事务委员会、贵州省科技教育领导小组办公室：《贵州世居少数民族文化史（卷一）》，贵阳：贵州民族出版社，2017 年 10 月。

[22] 李德芳：《近代翟城村自治述论》，河北大学学报（哲学社会科学

版）2001 年第 1 期。

［23］高其才：《瑶族习惯法》，北京：清华大学出版社，2008 年 7 月。

［24］孙华、王红光：《湖南侗族村寨调查简报（一）》，成都：巴蜀书社，2015 年 12 月。

［25］周祝伟、林顺道、陈东升：《浙江宗族村落社会研究》，北京：方志出版社，2001 年 12 月。

［26］孙华、王红光：《贵州苗族村寨调查简报（三）》，成都：巴蜀书社，2016 年 1 月。

以村党组织书记职业化管理推进村级有效治理

余茂法①

乡村治理，包括乡镇的治理和行政村的治理这两个层级的治理，而行政村的治理是基础、是重点。村级治理的关键又在于如何抓好村级组织建设，而村级组织建设又包括村党组织、村委会、村监会、村经济合作社，共青团、妇联、民兵、治保等一系列的组织建设，这其中，村党组织是核心组织，村党组织书记又是核心人物。要实现乡村治理现代化，首先是村党组织治理的现代化，而要实现村党组织治理现代化，必须实现村党组织书记的管理现代化。为此，本文想通过对浙江省原绍兴县（现为绍兴市柯桥区）率先实施"村党支部书记职业化管理"的成功实践的分析，结合目前形势，谈一谈"以村党组织书记职业化管理推进村级有效治理"的问题。

一、村党组织书记职业化管理探索的必然性

十几年前，浙江省绍兴市绍兴县于 2001 年 8 月 1 日以中共绍兴县委办公室、绍兴县人民政府办公室名义，下发《关于批转县委组织部、县民政局〈绍兴县村党支部书记职业化管理暂行办法〉的通知》，从此，绍兴县在全县各行政村全面实施了村党支部书记职业化管理。当时实施的这个办法包括村党支部、村党总支和村党委等各种建制的村级党组织，现在，中央对此已有了统一的提法，叫村党组织。

什么叫村党组织书记职业化管理？村党组织书记职业化管理就是在村党组织书记的性质、地位和作用不变的前提下，参照现行乡镇干部的管理办法

---

① 余茂法，浙江省绍兴市柯城区原人大副主任、冢斜村支部书记。

和机制对村党组织书记进行的规范化管理。

当时的绍兴县为什么要探索这个课题？其理由主要有以下几个方面。

其一，必须突破村书记岗位的职业性认识。"书记好村才好，书记不好村难好，书记的好坏直接决定一个村的好坏。"这句话虽然说得有点直白和绝对，但这确是一种常识，一种共识，对此，没有任何异议。然而，对村书记这个岗位应不应该认定其为一种专门职业？这在当时争议很大。很多人认为村是自治组织，村干部是农民，是兼职，不脱产的，不能视为一种固定的职业。从当时的法理依据来看，这种说法确有道理。但人们的习惯思维往往只看到法理的存在，却忽视了客观事实：长期以来，人们对村一级的称呼叫"行政村"，但从不认定其为行政层级；而对承担着大量的名副其实的行政工作的村干部虽然称呼其为"干部"，但却不承认其为一种专门职业岗位。事实上很多村干部全身性投入村工作，有的甚至一辈子从事村工作，明显就是一种专门职业行为。任何一种职业都有其特点、标准、要求和待遇，职业模糊必将造成管理的模糊、无序、随意和不确定性。因此，将村干部岗位视作一种专门职业，这不是承认不承认的问题，而是客观存在的铁的事实；只有把村书记岗看成一种重要职业，才能从职业岗位去实现规范和管理。

其二，必须看到高素质的人不愿当书记的客观现实。由于改革开放，市场化、工业化和城市化为农民提供了施展才华的广阔空间，或办厂或经商或当公务员，在价值取向的驱使下，大量的有真本事的人都离开了农村，这些农村精英的流失使村级班子的配备普遍面临的问题就是"看看不适应，换换没有人"，或者是"拉来黄牛当马骑"，或者是"矮子里头拔长子"，或者是随便弄个"充充数"。事实上，有文化、有能力、年纪轻、素质高的人不是没有，而是不愿当村干部。那些高素质的人不肯当村书记的主要原因是两个方面：一是村干部本来就难当，压力重；二是收入太低，没奔头。在这两大问题中，收入低又是最主要的原因。在"企业讲效益，职工讲收入"的市场经济条件下，人才流向的真正动力绝对少不了一个"钱"字。很多村干部承担的责任，付出的努力并不比国家干部少，但享受的经济待遇却根本无法与国家干部比，更不能与企业经营者比，有的甚至还比不上一个打工仔的待遇。这如何能吸引优秀人才？按质论价是市场经济的基本规则，人往高处走是人才流动的自然法则，有什么样的待遇就会有什么样的人才，这是不可违背的基本规律。只有提高村支部书记待遇，才能吸引优秀人才投身其中。

其三，必须改变财政扶农资金的投入重点。很多人认为实施村书记职业化管理，最大的问题是"钱"的保障问题，但事实上，补助村干部的那点钱一般都是可以解决的，关键是要转变观念，调整策略。长期以来，各级重农政策不少，重农资金不少，但这些政策，这些资金大多用于项目补助，却很少用于村干部补助。扶农只想到扶项目，没想到扶村级班子。由于有相当多的村级班子没选配好，一些扶农项目，不仅出不了实效，有的还出现了贪污和腐败的问题。为此，要精准扶农，一定要首先解决扶村级班子的问题，解决村班子的问题首先要解决村干部待遇问题。因此，改变财政扶农资金的投入重点，从财政扶农资金中首先切出一块用于村干部工资补助，切实提高村干部的待遇，这既能从根本上解决村班子建设的现实问题，又能提高财政扶农资金的实效性和合理性。

其四，必须拓宽乡镇干部队伍的培养选拔新渠道。20 世纪 80 年代以前，乡镇干部主要是从村干部那里选拔上来的，这样的乡镇干部往往成熟老练，经验丰富，又熟悉基层，与老百姓有感情，处理问题既有胆量又有魄力，又有能力和办法，这是非常好的选拔机制。但后来，由于没有合适可选的村干部只能从应届大学生直接招收公务员，从而中断了更多地从有实践经验的村干部中选拔乡镇干部这种机制。在乡镇干部队伍中，由于"三门"（家门、校门、机关门）干部的增多，接"地气"干部的减少，基层实际工作能力出现明显下滑的趋势。实施村书记职业化管理这种做法，把优秀的人才先有效地吸引到村书记这个岗位上，这既解决村班子的缺人问题，又储存和培养了高素质的后备人才，为上一级选拔提供广泛的人才基础。然后，从最优秀的村书记中选拔乡镇干部，这样，乡镇干部的能力和水平就会有一个质的飞跃，就能开辟出一条新时期乡镇干部选拔任用的新渠道。

其五，必须有利于组织严管村干部。干部管理的一个重要原则是：既要严要求，又要多关心。"严要求"和"多关心"是相辅相成的，缺一不可，只讲严要求，不讲多关心，不解决实际待遇问题，肯定不利于干部积极性的真正调动。国家干部和村干部尽管性质不一样，但道理还是一样的。国家干部为什么好管，为什么可以提严要求，就是因为待遇高。长期以来，组织上在管理村干部时往往强调严要求，对多关心则不够重视。事实上各级组织更需要有逆向思维的方法，即先提高其待遇，然而再对其严格管理。如果待遇没有提高，却一味强调严管，不但不能带来实际效果，有的还由于严过头，干脆把他们吓跑了；有的虽勉强留下来也往往消极不出力；有的还动歪脑筋捞好处犯错误。

总之，绍兴县在当时之所以能够率先探索实施村党支部书记职业化管理，主要是考虑如何在纷繁复杂的基层组织工作中选准突破口，抓住牛鼻子，这是深思熟虑的一种选择和决定，具有客观必然性。当时，为什么只提村党支部书记职业化管理，而不提村干部职业化管理，这主要是考虑到村党支部书记的特殊地位和作用，以及各级财政的承受能力，这是比较务实合理的做法。

二、村党组织书记职业化管理探索的实效性

2001 年实施的《绍兴县村党支部书记职业化管理暂行办法》共九章四十条，包括总则、选拔任用、培训教育、监督管理、目标考核、报酬待遇、养老保险、后备干部队伍建设和附则等内容，这是一个比较全面、系统和规范的对村党支部书记实施管理的办法。

这个《办法》的基本内涵是三个方面：第一是立足于"三个不变"，这是村党支部书记职业化管理的基本前提。所谓"三个不变"：一是村党支部书记的性质不变，仍然是农民，是村干部；二是村党支部书记的地位不变，仍然是村级核心人物、关键人物；三是村党支部书记的作用不变，仍然发挥领头雁、带路人作用。第二是着眼于"三个提高"，这是村党支部书记职业化管理的根本目的。一是提高村党支部书记的素质，从年龄、文化、德、才、经历等提出全面标准；二是提高村党支部书记的工作要求，对年度工作、任期工作的目标、任务、要求均做了明确的规定；三是提高村党支部书记的政治经济待遇，对他们的工资报酬、养老保险、政治荣誉、提拔重用等均作出了具有明显吸引力的规定。建立起了一种吸引人才投身村党支部书记岗位的全新的用人机制。第三是致力于"七个规范"：一是选拔任用规范；二是培训教育规范；三是监督管理规范；四是目标考核规范；五是报酬待遇规范；六是养老保险规范；七是后备干部队伍建设规范。这就形成一整套系统性、规范性、长期性的职业化管理的政策意见。

从当时研究制定的这些政策意见来分析，总的目的是为了努力做到"三个注重"：一是注重素质的改善。职业化管理旨在建设一支高素质的村党支

部书记队伍。为此，立足现实，着眼长远，规定村党支部书记的资格条件、选拔范围、任用方式等，并明确村党支部书记既要有为民服务之心，更要有带民致富能力，必须具备高中或中专以上的文化程度。同时，积极推进村党支部书记选拔任用方式的改革，规定有条件的村还可面向全县公开选拔村书记，不唯身份、不分职业、不限地域，公开、平等、竞争、择优。特别鼓励经过实践锻炼的大中专毕业生到村任职。二是任务要求的提高。新时期的村党支部书记，不仅自身要有高素质，而且工作上要有高要求、高标准。为此，明确了村党支部书记的 9 条工作职责，提出了加强监督管理的 6 项措施，制定了两定两考两挂钩为主要内容的考核方法，奖优罚劣，优胜劣汰，可上可下，能进能出，以高素质促高要求，以高要求带动高素质。三是注重待遇的保障。在严要求的同时，又要十分注重关心，从政治上、经济上提高村党支部书记的待遇，解决他们的后顾之忧。在政治上，对优秀的村党支部书记给予物质和精神奖励，特别优秀的予以提拔重用，同时坚决制止各种打击报复村干部的行为；在经济上，保证村党支部书记的基本收入，基本工资按月发放，不得拖欠，不打白条；在养老保险上，打破身份限制，允许村党支部书记参加城镇企业职工养老保险。

在当时，对实行村党支部书记职业化管理的初步成效，也及时进行了总结，主要是对两个先行试点的镇的调查分析。据这两个镇的镇村的干部反映，职业化管理后，村干部的职责更明了，制度更严了，信心更足了，用人更活了，政令更畅通了，效果更好了。这集中体现在"三个力"上。

一是村干部有了压力。公开选拔、目标考核、村务公开、年度审计、民主评议、定期谈话、报告制度等一系列举措，使村党支部书记的责任感、危机感、紧迫感大为增强，对知识的要求、能力的提高，显得十分急迫和强烈。特别是一批干部深感自己文化水平不足，水平不够，纷纷要求"充电"，参加岗位培训和学历教育。据统计，在实施职业化以后的半年多时间里，两个试点镇有 21 名村干部报名参加农村经济管理大专班学习，有 6 名村干部参加中专班学习。至 2002 年，两镇 45 岁以下的村主职干部高中或中专以上文化程度达到 100%，其中大专以上文化程度占 50% 以上。

二是村干部队伍有了动力。职业化管理充分激发了村干部特别是村党支部书记的工作积极性，进一步增强创业意识，创新意识和创优意识，推动了各项工作的进展。如平江镇河山村党支部书记肖雪樵，特地从江苏徐州引进

45 头杂交波尔山羊,设法通过自己的率先示范,带动全村养殖业的发展,平江镇在农业"三税"和义务工款的收缴中,全镇 32 个村仅用了短短 10 天时间,全部足额上缴完毕,工作效率之高前所未有;华舍镇各村想方设法在拓展三产、发展经济上出新思路、下真功夫,横江、亭车、华墟三个村联合在江苏租了 1000 多亩水田实施珍珠跨地区养殖,试点的两个镇的各个村还普遍修订了农业农村现代化规划,并广泛开展了以"硬化道路、绿化村庄、净化河道、美化墙面"为内容的村庄环境整治工作,成效明显。

三是村干部队伍有了吸引力。从当时两个试点镇的调查分析,这两个镇分别出台了《平江镇关于村主要干部职业化管理实施意见》和《华舍镇村主职干部职业化管理暂行办法》,村干部在选拔任用、培训教育、监督管理、目标考核、工资报酬、养老保险等六个方面形成了具体的政策和措施,即使主职干部的管理走上了规范化制度化轨道,也使村干部的岗位具有了吸引力,有利于优秀人才投身村干部岗位。如当时对平江镇、华舍镇的 6 个村缺职的党组织负责人进行了面向全县公开选拔,凡年龄在 45 周岁以下,学历在高中以上,户籍在本县范围内的军转干部、大中专毕业生(应届生除外),工作单位或户籍在两镇的机关、事业单位的工作人员及本村的中共正式党员均可报名。结果全县共有 69 人报名,其中大中专毕业生就有 22 人。通过笔试、面试、考察等环节,最后确定 6 位录用对象,其中大专 1 人、中专 2 人、高中 3 人,平均年龄 33.5 岁。公开选拔的成功尝试,拓宽了村干部选拔任用渠道,解决了视野不宽、识人不多的缺陷,找到了选拔优秀人才的途径和方法,优化了村干部队伍。

三、村党组织书记职业化管理的现实必要性

20 年前,绍兴县率先探索村党组织书记职业化管理,应该说是成功的,也是有效的。对后来村党组织书记以及整个村干部队伍的素质提高、队伍稳定发展均产生了巨大的作用。用今天的时代眼光、农村现实和发展要求来看,这种探索应当是更有意义、更有必要也更有可能了。

(一)实施村党组织书记职业化管理是建设一支高素质村书记队伍的客观要求

党的十八大提出国家治理体系和治理能力现代化,党的十九大又作出全

面振兴乡村的战略部署，最近，中共中央办公厅和国务院办公厅又印发了《关于加强和改进乡村治理的指导意见》，对实现村级治理体系和治理能力现代化作出了具体的部署和要求。在这个《意见》中最引人瞩目的是有关村党组织的地位和作用的强化和改进：过去一直提"以党组织为核心的农村基层组织建设"，现在提"以党组织为领导的农村基层组织建设"，从"核心"变为"领导"虽只有两字之差，但却是领导体制质的提升，党组织的地位将得到空前加强；过去只提"村党组织书记可以通过法定程序担任村民委员会主任"，现在提出"村党组织书记应当通过法定程序担任村民委员会主任"，从"可以"到"应当"虽只有两字之差，却是治理机制的质的变化；再加之先前明确的村党组织和村民委员会的任期将由原来的三年改为五年，这一系列重大举措的出台，使村党组织的领导地位和村党组织书记领导权力得到了前所未有的加强。在这样的情况下，如何更有效地管理和更有力地发挥村党组织书记这个"领头雁"，这个"一把手"，这个"核心人物"的作用，这是一个特别需要研究探讨的问题。治理体系是约定俗成的规定，可以相对固定不变，但治理能力除了体系的基本保证外，在很大程度上受制于治理人员的素质、能力和水平。从党组织书记所承担的振兴乡村的重任和赋予他的高度集中的权力看，对他的文化水平、管理理念、政策法律素养，民主服务意识，廉洁自律要求，以及实际工作能力等，都必须是一流的。另外，村书记和村委主任一身兼以后如何监督，如何保证其权力的正确、合理运用，也是一个新的问题。在群众监督、自我监督和上级监督的各种监督形式中，上级监督是最有力最有效的监督。因此，必须特别强化上一级垂直监督体制和机制。对村党组织书记实行职业化管理，就是要从选拔任用、培训教育、监督管理、日常考核、报酬待遇等各个方面实施类似于公务员的一系列规范化管理模式。以村党组织书记现代化的管理模式，实现村书记人才素质现代化，运作机制现代化和管理能力现代化，从而有效促进村级治理体系和治理能力的现代化。

（二）实施村党组织书记职业化管理是解决村级基层组织建设核心问题的客观需要

什么是核心问题？核心问题就是村一级"引不进、留不住"高素质的村党组织书记人才。回顾改革开放 40 年来的历史，各级党组织自始至终在坚持不懈抓这个问题，并采取诸如机关干部下派任职，企业家回村兼职，异村人才选用任职，大学生村官培养任职等各种各样的探索，这些探索均不乏成功范例，也解决不少问题。但在实践中也暴露出自身的一些问题。如机关干部下派既有临时性的问题，又碰到机关派不出优秀人才的问题；企业家回村兼职（又称老板书记）往往存在精力不济的问题；异村选用任职干部往往存在"生活不便"和"水土不服"的问题；大学生村官存在待遇跟不上难安心，能力不适应用不上的问题。因此"看看不适应，用用没有人"这个被各级组织喊了几十年的老大难问题，今天依然如故，没有从根本上解决。

现在的农村情况比任何时候更复杂，更困难，任务比任何时候更重，要求比任何时候更高。解决复杂和困难的问题，完成繁重而艰巨的任务，理应由一流的人才去担当，去破解，去完成。但大量的事实却铁一般摆在面前：农村还是人才最紧缺的地方，村干部的素质相对于各行各业来说也还是最差的层面，在这样的人才环境下，形成的村党组织书记队伍当然也是一支最堪忧的群体。农村支部书记岗位这么重要，而那么多优秀人才又为什么避而远之呢？没有被吸引过来呢？最根本原因就是待遇不高。实施村党组织书记职业化管理，就是要参照公务员的待遇（或者叫准公务员），并且可以面向社会，在有实践经验、实际工作能力，年富力强，文化水平高的广泛人才中择优选拔录用。这样，村党组织书记所需要的高素质人才"引得进""留得住"问题必能解决。同时，现在实施这个办法的条件也比过去好得多了。如对村书记的重要性认识更高了；行政村通过合并后，其数量已大为减少，有利于解决好村书记经济待遇的问题；财政实力与过去比，也已明显增强，等等。所有这些方面都说明，村党组织书记职业化管理更有可能了。

（三）实施村党组织书记职业化管理是实现村级治理现代化的客观需要

村级自治、法治、德治这三者是相互联系，相辅相成，密不可分的整体。这其中，自治是基础，法治是关键，德治是补充。历史和现实都充分证明，增强村级自治功能是解决村级一切问题的基础。目前，村级自治普遍存在的一个问题就是"自治功能弱化"。村级班子在发展上缺乏开创精神，"等、靠、要"思想严重；在处理危难急重问题上缺乏担当精神，不肯管、不会管、不想管情况普遍；在管理上缺乏民主法制意识，一言堂、家长制、庸俗化做法较多。上级组织在指导行政村的工作中则较多地存在着责任主体错位的问题，不注重指导，只强调领导，习惯于行政命令，文山会海，形式主义，大包大揽，有的甚至瞎指挥，久而久之，培养了村干部的顺从、懒惰和等待的习惯。村级自治功能弱化和上级责任主体错位这两个问题存在的原因是多方面的，但有一条则是共同的，那就是村党组织书记这个领头人的素质不高。为此，要增加村级组织的自治功能就必须首先提高村党组织书记的德才素质，配强村书记队伍，否则，不可能增强真正意义上的自治能力，实现有效自治。

实现民主法治是中国特色民主政治发展方向的终极目标，必然包括依法治村的内容。依法治村就是要求村级组织严格按党章、党规、宪法、法律的要求管理村级事务，在实际工作中把"加强党的领导，充分发扬民主，严格依法办事"这三者有机地结合起来。在民主选举中，党组织成员的产生一定要走群众推荐，党员推荐和党内民主选举，这样"两推一选"路径，村委选举必须经全体村民差额选举的程序，以确保村级班子成员产生有广泛的群众基础。在民主决策中，必须严格按照支委会议、村两委会议、党员会议、村民大会或村民代表会议以及决策议题公开和决策结果公开这样"四议两公开"的程序，以保证决策的慎重与正确。在民主管理中，关键要做到在任何时候，任何情况下都要相信和依靠群众，走群众路线，让群众有更多的知情权、参与权和决定权。在民主监督中，主要是做好村重大事项决策的监督和廉洁自律事项的这两项监督。关键是抓好村书记这个一把手的监督，因为权力往往容易滋生腐败，村党组织书记是权力的核心，群众监督、社会监督、上级监督等各种监督中，最有效的是上级监督。

德治虽然不具有强制性的要求，但却是保证农村治理现代化的极为重要的人文环境。这个问题说到底是要求在实现社会治理体系和治理能力现代化，实现乡村振兴战略的过程中有一个良好的群众基础和思想基础，就是要用先进的文化教育人，引导人和激发人。过去，毛主席说严重的问题是教育农民，农村教育抓得紧，爱国家、爱集体、爱社会主义的主流文化把大家很好地统一在一起，团结在一起。现在有相当数量的村由于村级班子的软弱涣散，长期存在"不肯教育、不想教育、不会教育"的现象，致使村民逐渐成为一盘散沙，极端个人主义、自私自利的思想甚嚣尘上，公益意识、公德意识、公众利益抛之脑后，这是一个非常令人担忧的农村群众基础。

综上所述，以自治、法治、德治为内容的乡村治理体系和治理能力现代化，任务重，要求高，而又面临着长期积累起来的一系列现实问题和制约因素。这对村级各种组织的领导核心的党组织，以及这个领导核心中的核心人物，即党组织书记提出了前所未有的素质要求。实施村党组织书记职业管理，正是为了造就一支高素质的村党组织书记队伍，以四两拨千斤，抓纲举目的成效，从根本上强化村级党组织建设，从而实现村级治理体系和治理能力的现代化，为实现全面小康和乡村振兴的宏伟目标提供坚强有力的组织保证。

闽宁镇移民村落文化传统的传承与乡村振兴

钟亚军①

相对于传统村落的振兴，移民村落振兴所要面对的问题更加复杂。尤其对于宁夏地区，历经 30 多年扶贫移民开发建设，已有 100 多万的移民从"苦瘠甲天下"的南部山区迁徙到北部黄河灌溉区。这些移民既要适应迁入地的生产方式与生活方式的变化，还要面临移民村落文化传统的榫接与传承，面对脱贫与可持续发展问题，还要面临乡村振兴等问题。由此贫困人口的脱贫与移民村落的振兴这一对"双发展"的齐头并进，势必会给移民村落的发展带来新的机遇与挑战。要实现这一"双发展"的飞跃，应该以哪些更有利的抓手，促进移民乡村的振兴？也就是说，实现移民乡村振兴的基石是什么？要解答这一问题，需要从如何实现移民乡村文化振兴入手。2017 年 6 月中旬至 8 月初，宁夏永宁县闽宁镇移民乡村社会治理课题组先后 3 次至该镇 6 个村落进行调查。本研究主要基于该调查资料完成的。

一、村落文化传统与移民村落文化的延续与传承

1996 年 10 月，中央在《关于尽快解决农村贫困人口温饱问题的决定》中明确提出，组织沿海发达省、直辖市对口帮扶西部贫困省、自治区。东西互助是促进东西部优势互补，缩小差距，逐步实现共同富裕的重要途径。同时确定了东部沿海 9 个省市与 4 个计划单列市对口帮扶西部地区 11 个省、自治区，其中福建与宁夏建立起对口帮扶的协作关系。时任福建省委副书记的习近平同志担任福建对口帮扶宁夏领导小组组长。同年 11 月 5 日，宁夏、

---

①　钟亚军，宁夏大学人文学院教授。

福建第一次对口扶贫协作联席会议在福州市举行，两省区达成了正式建立对口帮扶关系协议。翌年闽宁对口扶贫协作第二次联席会议在银川举行，会议确定了以永宁县玉泉营西吉吊庄移民为主体，建设以福建与宁夏简称命名的移民村落——闽宁村扶贫经济开发区作为东西扶贫协作的示范点。同年 7 月 15 日，闽宁村扶贫经济开发区正式开始建设，并从西吉县搬迁移民 1100 户 6000 人，分别安置在闽贺与兰江两个新建的移民新村里。2001 年 11 月，闽贺村与兰江村合并成立福宁村，取自福建与宁夏两省区之名。12 月经宁夏区政府批准，闽宁村升级为闽宁镇。

现闽宁镇占地面积约 210 平方公里，有 6 个行政村 77 个村民小组，户籍人口 8870 户、4.4 万人，常住人口 6.6 万人，移民来自固原、海原、西吉、泾源、隆德、彭阳、同心等地区。

何谓乡村文化传统？它是乡民在具有自然、社会、经济特征的地域综合体，兼具生产、生活、生态、文化等多重功能，与城镇互促互进共生共存，共同构成人类活动的主要空间中所创造物质文明与精神文明的总和。也就是乡村传统文化是以人为主体，以乡土为基础，以多层面的民俗事项与民俗文化共同构筑的，包括物质的与精神的，以及乡民对其生活的村落文化传统有着与生俱来的归属感和认同感。费孝通先生把村民这一归属感与认同感称之为"熟人社会"。这种熟人社会既有因血缘关系建立起来的亲缘群体，还有因地缘关系建立起来的地缘性熟人群体。比如，人们有事情愿意找亲戚或找老乡帮忙。甚至传统乡村社会还将这种熟人社会上升至民间信仰层面。乡村社会以血缘、地缘关系建构起来的熟人文化传统是乡民获得归属感与认同感的基础，也是乡村文化传统得以延续与传承的根本动力。闽宁镇移民村落文化传统的延续与传承主要通过移民自觉自愿与政府主导两种形式来展开。

首先是移民自觉自愿的意识与行为。主要表现在沿用方言、重建村庙、节日传统与社火表演和自发组建秦腔剧社等。

1. 沿用固原方言

著名作家王蒙曾说："一种语言并不仅仅是一种工具，而且是一种文化，是一个活生生的人群，是一种生活的韵味，是一种奇妙的风光，是自然风光也是人文景观。"所以，语言是文化的一种呈现，尤其是方言。方言是某一地域，一群活生生的人群创造与使用的，是承载着地域文化传统的生动载体。尤其对于闽宁镇移民乡村社会来说，他们所操持的西海固方言是源自故土文化土壤的产物，凸显着故土乡村的历史传统和文化传承的延续，也是在新的社会生活环境下获取归属感与认同感最有效的手段之一。尤其是宁夏地区的方言分为银北方言区和南部山区方言区。银北方言也称北部川区话。南部山区方言也称固原方言，分布在原州、西吉、隆德、泾源、彭阳、海原、同心等县区。

本课题组在调查问卷中设置了"您是否讲方言"这一问题，同时还设置4个回答选项：（1）只会讲方言，（2）一般讲方言，（3）很少讲方言，（4）不会讲方言。

从闽宁镇6个村落调查结果显示：年龄在60岁以上的老年人大都会选择（1）只会讲方言。年龄在50岁以下选择（2）一般讲方言。选择（3）和（4）为零。

促成闽宁镇移民延续使用固原方言的因素有两方面。一是客观因素。移民搬迁后仍以相对集中的聚居方式居住在一起，尽管生活的地域发生了改变，但语言交流的社会环境基本没有太大的改变，这为移民延续使用固原方言起到很好的保护作用。二是主观因素。语言既是交际的工具，也是一种思维活动。在移民的主观意识上，继续选择固原方言既是一种移民们自觉自愿的选择，也是一种不自觉的选择。因为方言是人身上特有的文化标识，并且还有很强的代入感。当人们相互交流的过程中，听到对方说话的语音，你很容易判断出对方是哪里的人。方言的代入感还表现在操持着同一方言的人，彼此之间很容易产生信任与依存感。俗话说：老乡见老乡，两眼泪汪汪，说的就是这一道理。尤其在以熟人关系为基础确立人际关系的社会里，操持同一方言的人群更容易结成互助与联合的关系。也就是说语言越接近，心理越靠近，归属感与认同感也就越强烈，由此固原方言也就成为闽宁移民村落文化传统的延续与传承的内在动力。

2. 汉族移民与村庙、庙会活动

闽宁镇现有汉族移民1万多人，主要分布在原隆村、福宁村和园艺村与木兰村。其中原隆村也是闽宁镇最大的汉族移民聚居村落，有1282户，7178人，居住在原隆村北区。这些汉族移民主要来自隆德县山河乡、温堡乡、奠安乡这几个乡村文化传统底蕴非常深厚的乡村。据前两年笔者在隆德县山河乡的2次田野调查发现：隆德地区的汉族村落大都建有村庙，并在春节、农历四月初三或初四举办马社火、祭山等庙会活动。所以汉族村落村民的社会生活主要是围绕着村庙展开的。村庙既是他们祭祀活动的场域，也是村落文化传统得以凝聚与彰显的场域。这一点至今还深刻地影响着移民搬迁后的社会生活。

2013 年闽宁镇原隆村汉族移民在新的居住地兴建起村庙①，并将原籍村落村庙里的 20 余座村庙神像搬迁过来。汉族移民之所以建设自己的村落主要有两方面的原因：一是民间信仰是汉族移民日常生活的一种常态机制，同时也是村落文化传统的重要内容。子嗣的繁衍、婚丧嫁娶、祈福禳灾等民间信仰活动，比如农历正月初三唱戏酬神、正月十二"迎神转村"、正月十五的社火表演、农历二月二龙抬头、农历六月初祭龙王等，都离不开村庙。在汉族移民的观念意识中，村庙既是供奉神灵的地方，也是他们精神寄托的场域。于是村庙与移民，酬神与娱己，神龛与繁衍，崇信与祈福禳灾等交织在一起，渗入到移民的日常生活之中，并成为他们日常生活的重要组成部分。这也是民间信仰能够实现"异地搬迁"的基础。二是民间信仰的"仪式领头人"和村落有威望的人的主导作用。据原隆村曹阴阳与杨会首介绍：2013 年在村里 10 多个比较有影响的移民的策划与动员下，共募集资金 130491 元，修建起了村庙。目前闽宁镇的福宁村、木兰村都建有自己的村庙。而且每年农历春节期间这些村落还会围绕庙会举行一些文艺活动，包括社火表演等。

那么村庙与庙会活动对于移民村落的作用是什么？村庙与围绕村庙的庙会活动是建立在移民民间信仰的共识性与认同感的基础上而展开的民俗活动。它对于移民村落来说，是人与人、群体与群体之间紧密联系的纽带。同时，在村落与村庙这一社会公共空间场域，它可以说是移民们调整、整合与平衡村落的人际关系的平台。移民个体与村落群体之间也借助这一平台建立良性的互动关系，并起到了联络情感、凝聚人心的作用。

3. 节日习俗与社火表演

节日习俗与社火表演是农耕社会的产物。尤其社火表演源自祭祀土地神、祈求新年五谷丰登与祈福禳灾的节日庆典活动，并成为乡村社会最隆重的节日文化景观。闽宁镇的节日社火活动的延续，传承着西海固地区民间社火的基本仪式与内容。比如说社火对中有春官说春官词，有舞狮，有地摊戏

---

① 闽宁镇原隆村是 2012 年通过生态移民的方式建设起来的移民村落，也是闽宁镇最大的村落。

表演等内容。如 70 多岁的魏敬明老人住在原隆村，他收藏了许多自己创作的春官词。这些春官词大都是他在隆德老家参加村里社火表演时创作的，也有搬迁后在原隆村春节社火表演时创作的。尽管隆德老家春节社火表演的形式与内容与原隆村春节表演的形式大同小异，但对于他来说，搬迁后的春节、元宵节的社火表演已经不仅仅是愉悦精神的，还是移民之间凝聚共识、加深情感沟通的重要方式之一。据调查，闽宁镇汉族移民对春节、元宵节、清明节、端午节、中秋节等传统节日的认同程度最高，其次是二月二与冬至，而对重阳节、七夕等节日的认同程度相对较弱。还有一个非常有趣的现象，2012 年成立的原隆村对传统节日的认同程度普遍高于 1997 年成立的福宁村。大概与移民搬迁时间短有关，他们更需要借助节日文化传统这一载体，增进移民间的相互了解和情感沟通。

表 1

节日 村落	春节 元宵节 清明节 端午节 中秋节	寒衣节	冬至	重阳节	七夕节	二月二
原隆村（18 户）	18	18	18	3	3	8
福宁村（9 户）	9	7	3	1	0	5

总之，节日是一个民族代代沿袭与传承的文化传统，它是民族集体意识的表现形态。尤其在民间社会，社火与戏剧演出是村里节日活动中最活跃的元素。目前闽宁镇的原隆村、福宁村汉族移民将社火表演与秦腔剧社等带到新的定居区，并成为移民村落文化的重要组成内容，丰富着移民们的精神生活。

4. 成立秦腔剧社

人说西北人爱秦腔，宁夏西海固人尤爱唱秦腔，且逢庙会必唱秦腔。不仅如此，一些有条件的村落还拥有秦腔剧社。所以搬迁后，许多移民村落也将这一传统带到了川区。据闽宁镇原隆村村民王存十介绍：过去因原籍村落人口较少，组建起来的秦腔剧社缺角少人。现在移民村落的人口多了，组建秦腔剧社的条件要远比过去好了许多。目前闽宁镇的原隆村、福宁村都有自己村落的秦腔剧社，木兰村的妇女还自发地成立了文艺演出队，参加永宁县、银川市的文艺演出活动。

首先是沿用固原方言、重建村庙、传承节日习俗与社火表演、自发成立秦腔剧社都是移民自觉自愿的社会行为，也是移民集体意识的表现形态。尤其节日里的社火表演、秦腔演出不仅成为每年移民村落最重要的文化活动，也是移民集体参与、集体享有的文化盛事，甚至是调整、整合与平衡移民村落的人际关系、联络情感、凝聚人心，丰富移民们精神生活的最有效的抓手之一。

其次是由政府提倡与主导。主要表现在建设文化大院、推行村规民约、成立村红白理事会、评选星级文明户等。

与传统村落相比，闽宁镇移民村落的文化基础尚处于重建时期，而且移民们分别来自不同的地区与村落，如何整合移民村落传统是比较现实的问题。目前闽宁镇政府推出：村有村规民约、建立村民道德积分榜、评选星级文明户、建立村红白理事会等措施，力图推进移民村精神文明与村落文化建设。其中原隆村为了推动家有家规的措施，他们以历史名人的家训、家规为基础，结合现代社会实际，撰写上千条家训、家规供每户移民选择，并使之成为他们家庭生活主要参考依据。由此家庭作为移民村落的核心与基础，家训与家规之于家庭文化传统建设具有非常重要的价值，而且也会对每一个个体家庭的成员产生潜移默化的影响。与此同时，家训与家规的影响力不是一蹴而就的，它需要长时间的积累与传承，甚至是几代人的积累与传承。

简而言之，相对于闽宁镇移民自觉自愿的延续与传承文化传统来看，前者的效果明显好于后者。这说明移民乡村文化传统的振兴既要从移民自觉性上下功夫，只有这样才能起到事半功倍的效果，更要在政府的提倡与政策的主导上下功夫。尤其当下中央与地方政府着眼于乡村文化振兴，其核心是人作为文化振兴的载体，也就是只有生活在广大的乡村社会的人兴，则乡村文化才兴。由此政府在乡村文化振兴的作用与社会责任是无可替代的。

二、移民乡村文化振兴的可能性

目前，振兴乡村已经被提到国家文化战略的层面。中央不遗余力地重视乡村文化振兴，是因为一个国家精英文化固然是推动国家发展的动力，但乡村文化是国家文化不可动摇的基础。因为，中华文化之根是立在乡土之上。目前随着城镇化，乡村人口向城镇的转移，乡村的空心化，乡村文化的衰落，已经深刻地影响着乡村，制约着发展。要实现乡村的振兴，首要的是乡村文化的振兴，它与乡村经济振兴具有同等重要的地位。尤其是现代乡村建设的根本是要实现"共谋、共建、共治与共享"这一乡村远景。由此，移民村落如何实现这一远景也是一个极其现实的问题。

相对于传统村落文化振兴，移民村落文化振兴相对复杂了许多。因为移民村落是由不同地域、不同村落文化群体的各类移民所构成。这就使得移民村落在建设自己的村落文化时既要关照不同移民群体的文化传统，又要不断地整合这些文化传统，使之更好地争取新移民村落广大移民群众的认同与接纳并付出与实践，唯有此才能为移民村落文化振兴打下良好的基础。闽宁镇移民村落的文化振兴源自三个方面。

一是有基础。闽宁镇移民主要来自宁夏自治区的西海固地区。而西海固是宁夏自治区地域文化与乡村文化传统最深厚的地区，也是宁夏国家级非物质文化遗产项目和国家非物质文化遗产传承人数最多的地区，目前有国家非遗项目山花儿、马社火、杨氏泥塑、回族民间故事 4 项，约 10 个国家级非遗传承人都出自固原地区，隆德县还被中国民间文艺家协会评为中国民间文化艺术之乡。良好的地域文化底蕴使得西海固地区的村落文化传统深深地影响着村落的每一个人，并浸入到他们的日常生活之中。所以当他们搬迁至新的地区，自然而然地将这些村落文化传统带入新的移民村落，并成为新村落的文化传统。这为移民村落文化振兴奠定了必要的基础。

简而言之，移民乡村的文化振兴仰赖的是要拥有良好的文化传统和一批活跃在乡村文化领域的文化骨干。有人说，文化不是吹吹打打、蹦蹦跳跳。但是对于乡村文化建设来说，正是有了吹吹打打、蹦蹦跳跳的表现形式，才有了乡村文化传统延续与传承的可能。所以，闽宁镇的社火表演、秦腔剧社，以及保留在妇女生活中的民间刺绣、剪纸，还有花儿演唱等文化传统都是其文化振兴的基础。

二是移民有意愿。乡村文化传统本身就具有很强的延续性。这一点从闽宁镇移民对西海固地区文化传统的延续与传承中就可以看出，他们通过方言、村庙、庙会、社火表演、自发组织秦腔剧社等，为自己营造出与自己故土文化氛围相类似的村落环境，不仅实现了故土村落文化的"迁徙"，也将这些村落文化传统在新的地域得到延续与传承。所以，移民乡村文化传统的延续性既是出于移民的自觉自愿，也是他们的必然选择。这就为乡村文化传统的更进一步的传承与振兴提供了有力的支持。

2017 年 7 月中旬课题组在闽宁镇调查时，遇到海原县民间刺绣艺人丁有莲，受自治区非物质文化遗产保护中心的委托在闽宁镇举办刺绣技艺讲习班。据她介绍，她在这里讲授了近一个月课程，前来参加培训班的妇女有四五十人。如果不是因赶上农忙季节，可能参加的人数还会更多。还有玉海村的花儿歌手李志云一直坚持演唱花儿，并参加"沙湖杯"西部民歌邀请赛，以及原隆村社火表演中演唱春官词的民间艺人魏敬明，木兰村妇女自发成立的演出队和各村落自发成立的秦腔剧社等。由此说明移民自发成立各类民间艺术组织，其目的不仅仅是为了自我娱乐，还有更深层的是源自他们对乡村文化传统血脉延续与传承的自觉自愿的意识。

三是移民已有实践。闽宁镇移民文化传统的实践主要显现在三方面：一是自发性的实践。如福宁村、原隆村汉族移民搬迁过来后，自发地成立了秦腔剧社、社火队，重建村庙与庙会活动。同时他们借助村庙与庙会、社火表演、秦腔表演等活动，实现了村落文化传统的延续与传承，同时也培育了许多群众文艺人才，这为移民村落文化振兴奠定了一定的群众基础。二是政府主导下的实践。近些年闽宁镇政府部门不断推行村规民约、家规家训、评选星级文明户、成立红白理事会与建设文化大院等活动。尽管目前这些活动的推出所产生的效果还不是非常明显，但是通过长期的坚持，一定会产生细雨润无声的效果。三是闽宁镇与周边城市的互动实践已经形成。乡村文化传统不是孤立的存在，它与城市文化的交流与互动从未停止，尤其是闽宁镇紧邻永宁县与银川市，以及周边的传统村落。它们的文化传统对于闽宁镇移民文化的影响也在渐渐地形成。比如木兰村妇女成立的演出队，不仅表演传统的秦腔，还表演广场舞、健身舞等。这种城乡文化的对接与融合，恰好说明，移民村落文化传统具有开放性与兼容性的特质，这也为移民村落文化传统延续与传承奠定了基础。

三、移民村落文化传统振兴的可行性

历经 30 多年的易地移民搬迁，宁夏地区已有 100 多万汉、回移民分布在北部的黄河灌区一带。因民族与文化差异，要实现移民村落的文化振兴，必须找到汉、回民族都能接受的契合点。而这个契合点是以儒家文化为核心的文化传统。这一文化传统的核心是家庭。而家庭是由血缘关系与纲常伦理构建起来的社会基本单位。家庭最核心的就是"孝"的礼制文化。汉族尊崇"百善孝为先"，而回族谚语说，"孝敬是万善之首"。所以，孝文化是汉回民族共同的文化观念，而且也是共同价值追求。曾子说："孝有三，大孝尊亲，其次弗辱，其下能养。"意思是说，大孝是让使父母受天下人尊重，其次是不让自己的言行使父母受辱，其下是尽心尽意的奉养父母。由此可见曾子所言的孝，是一个由家外延到社会的孝文化。他要求在家孝父母，在外要行为端正，为国忠，为友信，为官廉正，才能让父母得到天下人的尊重，否则会让父母感到颜面扫地。所以孝文化的内涵从单纯的奉养父母，向塑造人的人格，乃至精神的方向提升。这与振兴乡村文化的核心是对人文化品格的塑造，人的自我修养和社会人格的提升这一思想理念是不谋而合。由此，移民村落文化振兴可以借助以下途径。

一是形成以孝文化和村规、家训为核心的文化氛围，并渗透在移民乡村文化建设的各个方面。俗话说，十年育树，百年育人。在中小学编制中华传统文化经典课本，将这些经典思想用简易通俗的故事，让学生自己讲，给家长讲，给村里的老人讲。而且文化本身就具有教化与娱乐的双重功能。借助节日、秦腔剧社、社火表演等方式达到寓教于乐作用。同时挖掘本村本镇的孝行事迹，与村镇移民共享，起到示范效应。

二是促进城乡文化产品的双向流动，提升村落公共文化产品的品质。目前移民村落都建有村文化大院，但是整体的使用效率不高，甚至有些文化大院基本处于闲置的状态。其实建设村文化大院的初衷是为给移民提供图书阅览、文化娱乐等，但从实践的效果来看，不尽人意，这是当下乡村文化大院普遍存在的问题。

目前乡村文化是由政府部门为主体，更多的是从供给体系向乡村单项地输送文化产品，可是忽视了乡村文化的向外输送。首先，文化的传承与发展需要的是双向的流动。既要向乡村输送文化产品，同时乡村的民间文化也反哺着都市文化。比如宁夏的流行音乐人苏阳对宁夏花儿、小调的挖掘，使他的摇滚音乐独树一帜。再比如中宣部与中国民间文艺家协会推动与实施的《中国民间文学大系》工程，旨在挖掘整理流传在民间社会中的民间故事、传说、戏剧、歌谣等作品。这些作品的编辑出版无疑是丰富了中华文化的宝库，同时也是城乡文化的一次双向流动。还有现代互联网已经成为乡村文化向外输送的重要渠道之一，如闽宁镇玉海村的民间"花儿歌手"李志云通过抖音短视频将自己演唱的歌曲推介上去，得到许多人的关注，等等。所以乡村文化产品只有通过双向的流动，自身品质才能得到提升，亦如苏阳对于宁夏民歌的改编、《中国民间文学大系》的编撰与出版，也因此提升了乡村公共文化的品质，才能起到振兴乡村文化的作用。

三是积极挖掘移民村落里的非物质文化遗产，提升移民村落文化的品质。非物质文化遗产是人类世代相传的各种传统文化的表现形式。我国已经建立起国家、省与市的三级评价体系。目前宁夏已经公布四批省级非物质文化遗产保护名录，但闽宁镇还没有一项非物质文化遗产项目入选省级名录。这其中有闽宁镇对流传本镇的非物质文化遗产的挖掘还不够深入的原因，以及以移民村落脱贫攻坚的任务的繁重，人们普遍地重视经济发展的因素，对非物质文化遗产的保护与传承还没有给予应有的重视。当然除了移民村民自身的原因，也有在宁夏省级非物质文化遗产评选中对移民村落非物质文化遗产的重视和关注不够有关。

四是提升村镇村民自治的水平。乡村自治是要通过村民有效的自治与自我管理，提升村落的凝聚力与归属感，以及村民自我管理的水平。近年来由于移民村落土地流转与外出务工的移民越来越多的原因，直接影响到各村的村民选举，移民对于村级事务的关注与参与程度，尤其是主体责任意识都处于相对松散的状态。尤其是移民的主体责任意识对于个人、家庭、村落和国家都应负有相应的责任，因此提升村民选举与村民自治的质量，既是让村民主体责任意识回归到乡村，也是夯实乡村振兴的政治基础。

总之，乡村是移民生产与生活的场域，同时也是承载他们精神活动的场所。乡村文化振兴的实践必须由人来实现。所以建设乡村文化传统、构建新型乡村既是国家振兴乡村文化的战略，也是移民希望看到的美好远景。振兴乡村文化，首先是振兴乡村建设与实践主体——移民。孝文化、家训、家规、村规、民约等是移民乡村文化建设的思想基础，节日传统、非物质文化遗产、乡村自治都是助力振兴乡村文化的行之有效的方式，在移民村落实施乡村战略中必须大力传承和发扬光大。

农村人居环境治理的实践与思考

魏　岳①

改善农村人居环境，是以习近平同志为核心的党中央从战略和全局高度作出的重大决策。要在"农业强、农村美、农民富"的良性互动与融合发展中把乡村振兴战略向前推进，就必须从理论创新与实践创新双重角度，选准切入口，前瞻性地推进乡村振兴战略。近年来，江苏省东海县在全县范围内深入开展农村人居环境的治理，取得了一定的成效。在治理的过程中通过总结发现，要实现乡村"善治"目标，就必须让群众在得实惠中体会到广大干部群众的为民情怀、奉献精神，使基层干部真正得到群众认可和拥护，更好地带领群众干事创业。

一、进行农村人居环境整治的现实意义

（一）开展农村人居环境整治是贯彻中央精神的重要举措

党的十八大以来，习近平总书记站在实施乡村振兴战略、推进生态文明建设的战略全局高度，就改善农村人居环境作出系列重要讲话，仅 2018 年就作出了 6 次重要指示批示。今年全国"两会"期间，习近平总书记在参加内蒙古代表团审议时，强调"要深入推进农村人居环境整治"。党的十九大也明确提出，开展农村人居环境整治行动。今年的中央一号文件强调要持续改善农村人居环境，中办、国办联合印发方案，部署开展农村人居环境整治三年行动。

---

①　魏岳，中共江苏省东海县委副书记。本文原刊载于《社会治理》2019 年第 7 期。

（二）开展农村人居环境整治是推动乡村振兴、全面建成小康社会的根本要求

实施乡村振兴战略，实现高水平全面建成小康社会，重点难点在农村，关键也在农村。广大农村的全面小康包括了为农村居民健康提供保障的良好人居环境。当前，农村人居环境状况很不平衡，脏乱差现象十分突出，与实现乡村振兴目标和全面建成小康社会要求还有较大差距。因此，农村人居环境整治既是乡村振兴战略的重要组成部分，也是助力乡村振兴战略的具体行动，更是全面建成小康社会的根本要求。只有多举措改变农村脏乱差现象，多渠道打通"绿水青山"向"金山银山"的转化路径，才能实现农村生态美与百姓富的统一。

（三）开展农村人居环境整治是创新社会治理体系，实现乡村善治的有效途径

对广大农村而言，环境的恶化，已经造成很多老百姓的心理失衡，尤其是情感心理落差非常大，这也是乡村社会治理中存在的短板和缺陷，长此以往，还有可能引发一系列的社会矛盾，甚至影响到社会稳定、社会和谐。在新时代乡村社会治理的过程中，通过开展农村人居环境整治，实现村庄环境整洁有序、文明意识普遍增强、村容村貌明显改观，正是破解这些问题、探索乡村社会治理的有效途径。

（四）开展农村人居环境整治是回应广大群众对美好生活期盼的迫切需要

随着社会的不断发展，老百姓无论在物质生活还是精神生活方面的需求都在提升，但是大家往往还是会提起二三十年前的生活：山美、水美、心灵美。人们对"看得见山，望得见水，记得住乡愁"的向往和愿景越来越迫切。这时候，迫切需要开展农村人居环境整治，来积极回应群众的强烈诉求，加快改善农村生产生活条件，不断满足人民日益增长的美好生活需要。只有这样，才能守护好我们的乡愁，留住我们的根。

二、进行农村人居环境整治的具体做法

东海县在开展农村人居环境整治的过程中，结合本地实际，深入基层调研谋划，总结出了一套"四三四四"工作方法，切实解决了农村发展不平衡不充分问题，走出了一条改善农村人居环境与城乡融合发展协同推进的新

路子。

（一）建立"四项"工作机制

在整治的过程中，坚持问题导向，突出工作重点，因地制宜、分类指导。一是建立工作落实机制。按照"县主导、乡主责、村主事、民主体"的原则，县领导亲自挂帅主导治理，乡镇干部实行包片压实责任，村两委具体从事治理工作，村民作为主体参与治理。二是建立干部表率机制。发动广大党员干部在整治过程中，付出真情、倾注真心、踏实真做，推动党员在乡村治理中带头示范，带动群众全面参与。让老百姓感受到党委、政府和他们一起劳动，做出群众看得见、摸得着的实事，真正获得老百姓的认可。三是建立全民参与机制。通过排定 50 个示范村进行典型引导，让老百姓看到治理后水道、路道、环境和民风的变化，从内心感受到做这件事的好处。同时，运用视频电视进行宣传教育，召开了全县百万人的视频会议，引导全民参与、全城参与进行治理，做到主体上全参与，空间上全覆盖，时间上全天候。四是建立监督考评机制。县里成立了七个督查组，各乡镇均成立了督导组，村民成立了志愿服务组，形成了"上级监督下级，干部监督群众，群众监督干部，群众监督群众"的相辅相成的监督机制。

（二）构建"三维"工作路径

通过"精抓点、深抓线、广抓面"为引领，以点带线、以线扩面，构建人居环境全县域整治体系。一是"精抓点"，精选全县 50 个示范村，进行特色打造，形成干净、清新、文明、有序的一流人居环境，形成可复制、可推广、可持续的精品村，真正起到辐射全县，带动其他所有乡村的效果。二是"深抓线"，突出"五沿带动"，沿高铁、高速、国省干道、景区、河道，打造"四纵四横"8 条线，连接全县 108 个村，对沿线两侧的环境进行重点整治，让群众感受到治理带来的新气象、新变化。三是"广抓面"，通过"555工程"（5 个示范镇、50 个示范村和 5000 个美丽庭院）示范引领，带动全县346 个村全域整治，打造干净整洁、文明有序的人居环境。实现农村人居环境明显改善，村庄环境基本干净整洁有序，村民文明意识普遍增强。

（三）实施"四三"工作举措

以治理农村垃圾、厕所粪污、生活污水和提升文明乡风为主攻方向，大力实施"三清、三通、三治、三化"。"三清"：清地面，及时清除房前屋后、道路两旁等地面上的垃圾；清墙面，对墙面的小广告、"牛皮癣"集中治理；清水面，对沟渠水面的各类垃圾进行彻底清理。"三通"：通路道，对所有进村出村主干道路全部硬化；通巷道，对巷道内私搭乱建、垃圾草垛进行清除；通水道，自来水实现村村通，同时，畅通下水道，污水治理达标排放。"三治"：治污，采取"村收集，镇集中，县处理"的方式，每村配备一辆垃圾车进行治理；治乱，彻底整治草堆、粪堆以及建筑垃圾乱堆乱放现象；治陋习，积极推进移风易俗，对不讲文明、诚信、孝道的陋习进行治理。"三化"：绿化，在主要道路两侧栽植适宜的花草树木；亮化，在道路两侧安装路灯，50 个示范村已全部安装完毕；美化，在主路两侧设置乡村文化墙，让老百姓能够感受到、记得住乡愁，让乡村面貌焕然一新。

（四）实行"四有"长效管理

做到"有钱、有人，有制度、有创新"，推动人居环境持久好转。一是"有钱"，实行县乡政府补助制，坚持真金白银投入，强化要素保障。通过建章立制、制定政策，整合了各类涉农资金，投入到农村人居环境整治，并对工作开展有力、整治效果突出的镇村给予优先补助。二是"有人"，实行驻村干部带班制和村民值日制，安排乡镇干部轮流驻村值班，干部指挥在一线，巡查发现在一线，问题解决在一线。同时，激活村民自我服务意愿，让村民在村庄公共区域轮流值日，共同参与到农村垃圾清理、沟渠管护等长效治理中来。三是"有制度"，实行村组自治制，成立农村人居环境整治村级自治小组，让村干部、乡贤以及村民群众，都能通过小组参与自治，为人居环境治理集思广益、建言献策，使村组的决议更加科学、更有成效。四是"有创新"，试点推行物业管理模式，从全县 50 个示范村中选取相对发达的村庄，采取政府补助、社会赞助和村民自筹的方式建立农村物业管理中心，管理人员由村干部、村民和聘请专业人员组成，对农村人居环境进行长效治理。

三、进行农村人居环境整治的主要成效

（一）惠民生

在这次农村人居环境整治中，通过解决群众最关心的问题，让群众真正获得了看得到、摸得着的实惠。如：道路畅通平整，垃圾及时清运，污水有效治理，旱厕得到改造，整个村庄变得整洁有序、文明清新。今年以来，全县 346 个行政村清理农村陈年生活垃圾、建筑垃圾、白色垃圾、河岸垃圾等15.6 万立方米，清理村内河塘沟渠、排水沟 1765 处，培育 "庭院美化" 3016 户。

（二）转民风

充分激发群众的内生动力，推动群众从旁观者向参与者转变，在共同参与环境治理的过程中，广大群众更加珍惜自己的劳动成果，形成了人人注重环境卫生、爱护公共设施、不挤占公共空间等良好的卫生和生活习惯，培育了文明乡风、良好家风、淳朴民风，引导群众崇尚科学、抵制迷信、破除陋习，在乡村社会形成了良好的道德风尚。近年来，东海县先后涌现了 17 位 "中国好人"，22 位 "江苏好人"，有效地促进了民风的转变，社会风气得到了净化。

（三）得民心

通过这次人居环境整治，党员干部真正为老百姓做了实事，使群众从心灵深处感受到基层干部的好，感受到党委和政府的关怀。一些群众主动为干部送茶水、送水果，多个村支部都收到了村民送来的锦旗，广大党员干部在与群众一起劳动、一起整治的过程中，真正赢得了群众的拥护，赢得了群众的尊重，也赢得了群众的口碑，在人民群众中树立了崇高威信，基层党组织凝聚力和战斗力不断增强。

四、进行农村人居环境整治的思考与启示

通过开展农村人居环境整治，我们发现，无论是环境治理还是乡村社会治理，要取得实实在在的成效，就必须坚持用群众观点、走群众路线，做到 "回应群众期盼，赢得群众认可，引导群众参与，让群众得实惠"。主要启示有四点。

第一，乡村社会治理的重点必须是群众期盼的，始终坚持 "以民为本" 的思想，积极回应群众期盼，持续增强群众的获得感、幸福感。开展农村人居环境整治，是践行以人民为中心发展思想的内在要求。只有始终坚持以人民为中心的发展思想，把实现好、维护好、发展好农民群众的福祉作为根本出发点，才能持续增强农民群众的获得感幸福感。在开展人居环境整治的过程中，东海县积极回应群众对垃圾治理、污水治理、道路畅通、村容美丽等

方面的殷切期盼，得到了群众积极响应，取得了实实在在的成效。因此，在乡村社会治理中开展的各项工作，也必须是群众所期盼的，并要积极回应群众的期盼，调动起群众的积极性，把群众对美好生活的向往作为根本出发点，让群众享受到更多真正的实惠，才能真正参与到治理之中。

第二，乡村社会治理的路径必须是群众认可的，始终坚持以点带面、分类指导，在久久为功中逐步推开、普遍治理。在开展人居环境整治过程中，我们通过"精抓点、深抓线、广抓面"这一路径，根据不同乡村人居环境基础条件的差异，抓典型、推模式，先进行典型引路，然后逐步向线上推开，最后向全县面上推开，促进了整治工作登台阶、上水平。在乡村社会治理工作中，也要根据不同情况，试点先行、典型引路，分重点进行有效推进，这样才能让群众真正看到治理带来的成效，使乡村普遍实现有效治理。

第三，乡村社会治理的过程必须是群众全程参与，始终坚持动员群众参与，形成人人参与、人人尽责、人人珍惜的良好局面。东海县在人居环境整治的过程中，通过党员干部的示范引领、广泛动员，使群众积极参与劳动、直接参与治理，让群众体会到治理和劳动的艰辛和不易，进而使群众更加珍惜劳动成果，促进长效管理。在乡村社会治理工作中，也必须要让群众在直接参与中，感受到治理成果的来之不易，这样群众才能拥护我们党的政策，才能珍惜劳动的成果，才能让每一位居民都能发挥各自的作用，达到长效治理的效果。

第四，乡村社会治理的成效必须是用最现实、最直接的方式，让老百姓真正得到看得见、摸得着的实惠。在开展农村人居环境整治的过程中，东海县党员干部带领群众做真事、做实事，使东海的山变得更青、水变得更绿、空气变得更清新，老百姓感觉仿佛回到了 30 年前，既能有未来的向往，又能记得住乡愁。党员干部赢得了群众的认可和拥护，增强了党员干部和基层党组织的战斗力。在乡村社会治理的过程中，也要切实维护群众的切身利益，无论做什么事，都要想方设法让群众得到看得见、摸得着的实惠，使治理决策和成果得到群众的认可、拥护和珍惜，这样乡村社会治理才能长治久安，才能得到实效。

创新探索新时代乡村治理的思想路径

——以江苏省华西村为中心

彭维锋①

2019 年"两会"期间，习近平总书记出席河南代表团审议时强调："乡村振兴，要夯实乡村治理这个根基！"那么，乡村治理到底治理什么，谁来治理，又怎么治理？针对当前中国农村存在的一些现象，结合江苏省华西村的治理实践，可总结为"五个治"：以党建引领自治、以制度健全法治、以文化促进德治、以生态倒逼整治、以人才保障长治。

第一，以党建引领自治。实现村民自治，必须加强党的政治领导、思想领导、组织领导。如果基层党组织软弱涣散，村民自治就形同虚设。华西村的发展历史表明，大发展、小困难；小发展、大困难；不发展，最困难。要发展，关键要靠党建引领。华西的实践就充分说明了党强则村强、党兴则业兴。建村近 60 年来，华西始终把党的政治建设放在首位，一头同中央及各级组织保持一致，一头同老百姓保持一致。在理想信念教育上，既没有淡季，也没有旺季，而是几十年的一贯制。从 20 世纪 80 年代末，华西就编写了以"华西的天是共产党的天，华西的地是社会主义的地"为主旋律的《村歌》，以及人人耳熟能详的"十富赞歌""十穷戒词""六爱精神"（爱党爱国爱华西，爱亲爱友爱自己），在全村开展了"三史"（村史、家史和个人成长史）教育，以此来规范华西人的思想行为。华西村老书记吴仁宝更是 30 余年坚持宣讲"社会主义富华西"。可以说，华西成功的因素很多，最重要的一条，就是加强党性教育，坚定党的信仰，坚持走华西特色的社会主

---

① 彭维锋，中国劳动关系学院工会学院副院长，教授。

义共同富裕之路，这是华西治理的根本。通过党建引领，不仅增强了村民的凝聚力、向心力，而且调动了村民的主动性、积极性，使村民增强主人翁意识和自我管理能力。现在，华西村每个月有八个会：经济分析例会、村民大会、党员联户学习会、联户组长和村民代表会、支部会议、青年智慧论坛、文学沙龙和读书会。每个会都要求大家提意见、提建议，建议只要是合理的，华西村党委能做的马上做，有难度的争取做，暂时不具备条件的等待机会做，但要对建议者解释清楚。像前几年有村民提出：生活富裕了，希望有一个健身休闲的地方，提升精神生活。华西党委积极回应这一诉求，建设了3.18万平方米的文体活动中心。村民说得上话，也做得了主，自然心中就有集体、眼里就有未来，村民自治也就水到渠成。

第二，以制度健全法治。多年来，华西村一直实行"村企分开"，村归村、企业归企业，村是村的一本账，企业是企业的一本账。总的一条治理原则，就是"依法治村、依法治企"。华西村不仅认真执行好《村民委员会组织法》，而且根据实际情况制订了自己的规章制度。2015年春节前后，又对各单位一把手明确了"应该做什么、不能做什么、违反了怎么办"。用教育来引导，用制度来制约；完善制度是保障，落实制度才是关键。华西村的这些规章制度，从来不是"写在纸上、挂在墙上"，而是"刻在心上、悬在头上"。不管是干部，还是干部家属，如果有谁因一己私利侵犯集体利益，一旦被发现，决不姑息。华西村自20世纪80年代起，就在全国率先实行党务、村务、厂务"三公开"。华西村规定，从建村起不管是村还是各类实体，所有账簿必须长期保存，以便有据可查。2010年，华西村成立了"村纪律监督委员会"，包括之前成立的"村务监督委员会"，将监督触角延伸到方方面面。为进一步强化对领导干部的监督，华西村党委提出"不是少数人监督多数人，而是多数人监督少数人"，每年都要通过自下而上的无记名投票方式，对村干部和企业高管进行民主测评。华西村内有专门机构的监督，外有人民群众的监督，将村民的监督权、知情权、参与权，与党员干部的勤政廉洁统一了起来。当然，乡村毕竟是"熟人社会"，少不了"人情味"，因此既要依法治村，也要以情感人。为了延续乡村文化传统，华西村创新开展了党员联户"1+10"制度，由1名骨干党员联系10户左右村民，全村共有95名党员组长为970户村民家庭服务，每周入户，每月集中学习、传达从中央到地方各级组织精神，并以"拉拉家常、谈谈家事"的方式，倾听村民诉求。通过这样的方式，既畅通了联系干群的"最后一米"，让干部进得了百姓门、解得了百姓忧，也增添了邻里间的"乡情乡愁"。所以，乡村治理需要法，也需要情；法治是底线，起限制作用；情感是高线，起融合作用。

第三，以文化促进德治。以德治村，关键靠文化。华西村吴仁宝老书记很早就提出：不能认为搞物质文明就是"硬指标"，搞精神文明就是"软任务"，一定要"两手抓、两手都要硬"。1988 年，华西村成立"精神文明开发公司"，配置专门人员，全面负责全村精神文明方面的"产供销"。文化振兴更重要的是提高农民的综合素质。华西村注重以"双送"促"双富"，也就是通过"送知识、送健康"的方式，使老百姓精神比物质更丰富，"脑袋"比"口袋"更富有。华西村大力弘扬优秀传统文化，精心统筹安排立夏"诚信节"、立秋"丰收节"、立冬"孔孟节"，把最能形成共识的"爱、敬、诚、善"教育融入传统节庆之中。华西村成立文联、文学院，"华西艺术团"每年都要自编自演文艺节目 500 多场，既有《和谐华西》等通俗歌曲，也有《将相和》《五女拜寿》等传统戏剧，更有《十九大引领新时代》等主旋律歌舞，深受群众喜爱。华西注重培育和践行社会主义核心价值观，打造核心价值元素"10 米场景圈"，组织党员群众晒家训、说家规、传家风，把理想、信念、教育、行动统一起来，把集体命运和个人幸福联系起来。村里每年都要评选文明家庭并张榜公布，促使大家向先进学习、向优秀看齐。村党委每年都要通过五一、七一、八一、十一等重大节庆，以及半年度或全年度评优树模，增强大家的荣誉感、责任感、使命感。2018 年年底，华西村第一时间在江阴市成立首家村级"新时代文明实践站"，通过设立道德讲堂、党员课堂，通过培训宣讲员、志愿者，让党的思想精神、文化内涵在农村立起来、实起来、强起来。华西村的实践表明，乡村治理需要经济手段与政治手段、文化手段并用；随着农村改革的不断深入，农村"两个文明"相互依赖、相互促进的关系更加紧密；既要"物质变精神"，又要"精神变物质"，是做好乡村治理工作的一个重要辩证法。

第四，以生态倒逼整治。从 20 世纪 80 年代开始，华西村吴仁宝老书记就提出建设"三化三园"的华西生态新标准，并通过大力实施美化、绿化、净化工程，实现了华西村"远看像林园、近看像公园、细看农民生活在幸福乐园"的既定目标。2001 年，在全国村级单位中，华西村第一家通过国际环境质量管理体系认证，被评定为人与自然和谐相处的国家级生态村。最近

10 多年来，华西村以"数量转质量、体力转脑力"为理念，推动产业转型升级。华西村坚决对高能耗企业下决心"关"，对可循环利用资源动脑筋"转"，对排放物高标准"控"，对工业污染下功夫"治"，对生态资源尽全力"保"。已陆续关停普线、带钢、棒材，以及华强特钢等 10 家能耗高、效率低的企业。钢铁部分去产能 150 万吨，相当于原有产能的 1/3；同时关掉了两家热电厂，每年减少原煤消耗 21 万吨。仅从 2013 年到现在，华西用于冶金、化纤、棉纺，以及海运、海工等企业的技改资金，累计已达 21.08 亿元，实现环保能耗指标全部优于国家相关标准。华西打造"农村都市"，既要彰显乡村品位，又要提升都市品质，让乡村治理更加精细，让都市功能更加完善，让为民服务更加精准，让老百姓的生活更加幸福安康。实际上，环境也是生产力、竞争力，更是乡村治理中不可或缺的重要一环。发展与环境的矛盾也并非不可相容，是可以协调统一的。华西村做规划、抓产业、搞项目、建工程，都严格遵循"在发展中保护、在保护中发展"的根本"铁律"。

第五，以人才保障长治。几十年来，华西人基本上都选择回村工作，大多数还把自己的对象或爱人引入华西。在华西村，无论是管理、技术人员还是普通操作工，只要肯上进、有追求，都有干成事业的机会；只要业绩好、贡献大，都能很快得到重用。在用好本村人才的同时，华西村也善于用好外脑、借好外力。过去来了华西村就是华西人，现在服务华西村就是华西人。现在，华西村的企业高管中 39% 是外来的，中层干部中 59% 是外来的，员工队伍中超过 92% 是外来的。2017 年，村里正式实施用人改革、制度改革、股份改革，强调不分本村村民和外来职工，能者上、庸者下，让合适的人上适合的岗。通过规范竞聘、同工同酬、定岗定薪，人员没有内外之分、制度彰显公平公正、大家得到一视同仁。华西村提出：对于人才来说，最需要的，其实是服务和担当。所谓"服务"，就是要给他们打打"下手"、当当"保姆"、做做"店小二"，让他们没有后顾之忧；所谓"担当"，就是要给他们成长空间、给他们创业环境、给他们施展平台，当他们遇到困难和曲折的时候，要为他们"遮风挡雨"，哪怕有的时候他们出现一点失误和差错，也要容错。华西实行"期权制""合伙人制"，就是为了吸引更多的人才。像华西投资的芯片团队，50 多名员工中，绝大多数是清华、北大、浙大的高才生。核心团队中的 8 名博士都毕业于斯坦福大学、杜克大学等世界名校，在学术圈和行业内都有自己的突出贡献。华西村要做的，就是给他们提供发展平台，并帮助解决技术以外的一些问题。自 2006 年开始，华西村还与全国 20 多个省、自治区、直辖市开展互学交流，通过开展大学生村官、新型职业农民、少数民族村官等培训班，已为全国培训基层干部 40 多万人次。

可以说，经过近 60 年的探索与实践，华西村坚持"既富口袋又富脑袋"，甚至"脑袋比口袋更富有"的治理理念，把乡村治理融入到村庄经济社会发展和乡村振兴全过程，走出了一条既符合中央精神，更适宜在相类区域、相类阶段贯彻实施的乡村治理之路，经过了发展实践的检验和洗礼，具有鲜活的生命力、创新性和村庄特色，对于当下我国广大农村地区的乡村治理，具有积极的借鉴与示范意义，值得研究、重视和推广。

以市场力量促进乡村振兴

——湖北省汉川市沉湖镇福星村创新治理模式调查

胡必亮　芮亚楠　张坤领①

改革开放 40 多年来，随着工业化、城镇化的发展，我国的社会财富增加了，居民福利水平提高了，经济增长效率增强了，但是，这也给乡村社会的发展带来了很多挑战。工业化与城镇化的过程使得乡村的各种可流动资源或要素单向地流向了城市，比如，大量的乡村人口以各种方式进入城镇生活和就业，乡村劳动力由农业向非农业转移，乡村的资本也被大量转移到城市。但乡村资源或要素"过度"流出后，很多村庄就失去了发展的动力和活力，导致乡村发展出现了很多比较严重的问题。基于此，党的十九大报告明确提出乡村振兴战略，明确了"产业兴旺、生态宜居、乡风文明、治理有效、生活富裕"的总要求，把乡村振兴战略作为国家重大战略加以推进和实施。然而，乡村是一个复杂的系统，合理的治理模式对于乡村的振兴至关重要。

从发展经验上看，我国新时期农村发展过程中，企业作为重要的市场力量，在很多村庄的发展过程中扮演了重要角色。例如，根据中国村社发展促进会特色村镇工作委员会、名村影响力研究课题组在第十七届村长论坛上发布的 2017 年名村影响力综合排行榜②，绝大多数名村中都有强大的现代企业，绝大多数企业的名称中都有村庄的烙印，其中，不少村庄里还走出了很

① 胡必亮，北京师范大学经济学教授、新兴市场研究院院长；芮亚楠，北京师范大学新兴市场研究院研究助理；张坤领，北京师范大学经济与资源管理研究院博士研究生。本文原刊载于《社会治理》杂志 2019 年第 8 期。

② http://www.huaxia.com/xw/zhxw/2017/12/5563064.html.

多上市的大公司。据不完全统计，在 2017 年名村影响力综合排行榜里，排名前 50 位的乡村中，31 个村庄有注册资本上亿的乡村企业，占 62%；前 10 位的乡村里，有 9 个村有注册资本上亿的乡村企业。因此，如何创新治理模式，引导企业参与到农村现代化建设过程中去，通过公司发展促进乡村发展，成为一个十分重要的课题。

越来越多的学者提出，市场力量应该在乡村振兴中扮演重要角色。例如，有学者认为，乡村的治理结构中要培育多样化的市场机制和市场主体，这些市场主体要积极地参与乡村振兴中，尤其是企业组织，其拥有充足的发展资金和建设人才，也具有现代化的经营管理能力。企业的参与，既能为农村产业发展提供充足动力，又能快速重塑农村产业新业态，实现农村产业的持续发展①②。还有学者指出，乡村企业是乡村振兴的关键③，比如农业旅游公司的创建对于农村重新焕发生机具有重要作用，是乡村可持续发展的重要动力④。通过文献梳理可以发现，作为重要的市场力量的企业组织在这些文献中频繁出现。但对于乡村企业如何在乡村振兴中发挥主体作用，以及以什么途径发挥作用的研究并不多见。

因此，本文以典型案例为研究对象，深入剖析公司和村庄如何通过创新的治理模式，即村庄公司化，整合在一起形成一种新的一体化实体而建立起一种特殊的"以企带村"的共生共长机制，并形成了公司与村庄之间比较均衡的经济社会发展新格局。在大力推动乡村振兴的今天，这一案例具有重要的现实和理论意义。从现实方面来看，这种模式为我们提供了一种企业与乡村融合发展的新思路，为我们深入探讨城乡统筹、乡村振兴以及进一步推进中国特色社会主义现代化乡村建设提供了一种可资借鉴的现实模式；从理论方面来看，对于这种"村庄公司化"的新体制和新制度的深入研究，有利于

① 徐顽强、王文彬：《乡村振兴的主体自觉培育：一个尝试性分析框架》，《改革》2018 年第 8 期。

② 王晓毅：《完善乡村治理结构，实现乡村振兴战略》，《中国农业大学学报（社会科学版）》2018 年第 3 期。

③ Gladwin C H, Long B F, Babb E M, et al. Rural entrepreneurship: one key to rural revitalization. American Journal of Agricultural Economics, 1989, 71 (5): 1305 – 1314.

④ Gronau W, Kaufmann R. Tourism as a stimulus for sustainable development in rural areas: A Cypriot perspective. 2008.

推进"企业（公司）—村庄"理论在乡村地域的深化与发展。

一、村庄公司化与乡村振兴：一个分析框架

改革开放以来，村庄与企业的发展关系逐渐丰富，而公司化是乡村企业和村庄共同理性选择的发展模式之一。

（一）村庄公司化

公司化目前还没有完全统一的定义，大多数学者在运用公司化这一概念时都是基于现代企业组织的概念的发展与延伸，但是侧重点各有不同，概括来说主要有狭义和广义两种方向的运用。狭义来看，公司化就是企业制度领域的现代企业化，即古典企业在组织架构上向现代企业形式发展①②。广义来看，公司化就不再局限在企业组织领域，很多企业以外的组织也开始借鉴公司的组织运营模式，这些组织的利益与市场经济活动的相关性比较大，其动机和行动都呈现出公司的特征，比如地方政府的公司化③④，学校的公司化⑤等。因此可以看出，公司化这一概念及其组织形式已经在很多领域有了广泛应用。但在乡村振兴和农村发展领域，相关概念的应用相对较少，胡必亮关于"以厂带村"的研究⑥及其关于"村企一体化（integrating village with company）"的研究⑦可以看作村庄公司化的理论雏形。

本文所指的村庄公司化其实更接近广义的公司化定义，即是在各种正式与非正式制度的影响下，村庄被纳入到了乡村企业的发展框架中，使村庄既具有公司的属性，又具有基层管理的职能。事实上，这种模式本质上体现的是一种特殊的企业与村庄或者说与更广义一点的社区之间的关系。村庄是企

---

① 吴敬琏：《建立有效的公司治理结构》，《天津社会科学》1996 年第 1 期。

② 施天涛：《中国企业集团的公司化构造》，《西北政法学院学报》1999 年第 2 期。

③ Qi J C. Fiscal reform and the economic foundations of local state corporatism in China. World politics, 1992, 45 (1): 99 - 126.

④ Walder A G. Local governments as industrial firms: an organizational analysis of China's transitional economy. American Journal of sociology, 1995, 101 (2): 263 - 301.

⑤ Steck H. Corporatization of the university: Seeking conceptual clarity. The Annals of the American Academy of Political and Social Science, 2003, 585 (1): 66 - 83.

⑥ 胡必亮：《"以厂带村"与农村发展》，《中国农村观察》2004 年第 5 期。

⑦ Hu B. Informal institutions and rural development in China [M]. Routledge, 2007.

业进行生产生活的区域场所，企业的工人一般都是村庄里的公民，因此，村庄是企业生存和持续经营不可或缺的利益相关者①。对企业与社区合作关系的研究认为，两者是相辅相成的（见表1）②。企业可以为社区特别是给村民提供就业机会、基础设施的建设等，村庄或社区为企业提供了经营场所、劳动力等要素。企业构建包括社区在内的共生网络、从事公共事务的目标不仅仅是为了履行社会责任、获取更多的认同和社会影响，事实上，这些活动本身是一种无形资产的形成，通过树立良好的企业形象可以降低内部组织成本和交易成本③，最终目的是为了提升企业的竞争力④。因此，作为一个以盈利为目的的企业，对社区进行投入是处理好与社区的关系的有效方式，有利于降低企业的交易成本，提升企业的综合竞争力。实践中，很多企业对社区这个重要的利益相关者也格外关注。一些企业已经开始努力寻求摆脱简单的慈善捐助模式，积极参与地方社区活动，使企业支持社区发展不再是单方面的"付出"，而是提高企业社会责任的范围，不断创新活动，适应社区发展⑤。如英国石油公司、可口可乐、星巴克等公司，他们减少纯粹的慈善捐助比例，注重对当地社区的投资，以支持当地社区可持续发展⑥。再如，Galaskiewicz 在 1997 年的调查发现，总部位于美国明尼阿波里斯市的企业的大约 70% 的慈善活动位于本市⑦。

---

① Clarkson M E. A stakeholder framework for analyzing and evaluating corporate social performance. Academy of management review, 1995, 20（1）: 92 –117.

② Rogovsky N. Corporate community involvement programmes: Partnerships for jobs and development. International Institute for Labour Studies, 2000.

③ 孙天琦、魏建：《农业产业化过程中"市场、准企业（准市场）和企业"的比较研究——从农业产业组织演进视角的分析》，《中国农村观察》2000 年第 2 期。

④ Porter M E, Kramer M R. The Competitive Advantage of Corporate Philanthropy. Harv Bus Rev, 2002, 80（12）: 56 –68.

⑤ 姜启军、苏勇：《基于社会责任的企业和社区互动机制分析》，《经济体制改革》2010 年第 3 期。

⑥ Nwankwo E, Phillips N, Tracey P. Social Investment through Community Enterprise: The Case of Multinational Corporations Involvement in the Development of Nigerian Water Resources. Journal of Business Ethics, 2007, 73（1）: 91 –101.

⑦ Galaskiewicz J. An urban grants economy revisited: Corporate charitable contributions in the Twin Cities, 1979 –81, 1987 –89. Administrative Science Quarterly, 1997: 445 –471.

表 1　企业与社区之间的相互关系

社区为企业提供	企业为社区提供
更好的声誉与企业形象	工作机会，工作技能和技能培训
社会的"经营认可"	社区投资，基础设施建设
共享当地的知识与劳动力	商业技能
更加稳定、安全的生活环境	所从事商业领域的个人能力和技术能力
更好的社会—经济环境和基础设施	作为社区重大举措推动者的商业代表
吸引并保持高水准的独特商业氛围	
高质量的经营场所、供应商、服务商和可能的消费者	
企业创新的"学习实验室"	

资料来源：作者根据 Rogovsky（2000）整理。

（二）村庄公司化与乡村振兴

在中国乡村地域中，乡村治理结构与秩序使得企业与村庄的相互关系受到一系列非正式与正式制度交织在一起的复杂的影响。

正式制度包括企业运营过程中涉及的合约、组织和管理制度，以及村庄的民主自治制度等；非正式制度一般包括道德、宗教、礼仪、典籍文化和宗法制度等，相对而言，非正式制度的影响在乡村要大于城市①。企业这种市场化组织要在村庄的地域环境取得良好的发展，必须要适应这些制度，尤其是非正式制度，更加合理地处理好土地、资本、劳动力等各方面生产资源与乡村企业的关系。公司化模式是乡村企业与村庄融洽发展的一种方式，它使乡村企业以一个企业公民的身份获得了一定的乡村政治权力，有效缓解乡村企业与村庄各方面的矛盾，在企业获得收益的同时，村庄也在这个过程中获得了持续稳定的收益，两者实现共赢发展（如图1所示）。

改革开放以后，中国乡村实行基层民主自治，这为乡村企业作为法人组织参与乡村治理提供了可能，即乡村社区公司化模式具有了生长的土壤。1998 年实施的《村民委员会组织法》第二条规定，村民委员会是具有自我

---

① 党国英：《非正式制度与社会冲突》，《中国农村观察》2001 年第 2 期。

公共品、就业、养老、医疗、教育等

正式制度：基层民主自治，企业制度等

公司 ⟷ 村庄

非正式制度：道德、宗法、礼仪、文化等

土地、资本、劳动力、劳动力技能等

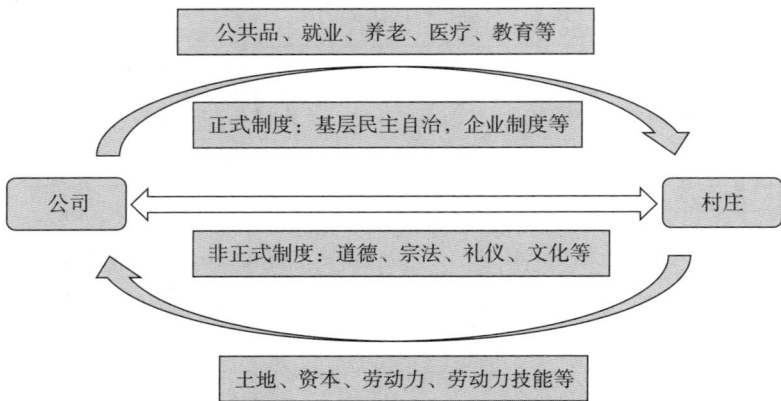

图 1　乡村企业与乡村社区（村庄）之间的互利共赢关系

管理、自我教育、自我服务功能的基层群众性自治组织。村民自治、村民选举为经济精英参与村庄的权力分配提供了空间，这些经济精英在村庄发展中可以发挥重要的作用，带动村庄的全面发展①。也就是说，基层民主自治制度为乡村各个主体参与乡村政治提供了直接的途径。在这种基层民主制度的环境中，乡村企业成为乡村社区的"企业公民"。当乡村企业逐渐发展壮大时，乡村企业的经济权力就会对乡村社区的政治权力产生很大的影响。乡村企业通过村庄公司化可以更深入地参与乡村政治，获得更多的乡村政治、经济方面的收益。例如，有很多乡村企业由村里的精英村民控股或参股，他们具有利用企业资产、特别是利用企业资产从事投资和市场营运的决策权②。这部分人从小就深受以家族和乡情为核心的乡土文化的浸润，当这些人从企业创办中获得了经济收益后，他们可能会出于各种考虑要参与到村庄政治中去，村庄公司化便是方式之一。

　　无论是企业内部的生产管理，还是外部与市场的对接中，乡村泛家庭化的倾向及其特殊的信任结构等乡土中国积淀的非正式制度对乡村企业的影响重大，因此，这也助推了公司化模式的形成。乡村企业可以通过利用处理好乡村非正式制度获得更低价格的生产资源，降低交易成本，而村庄的资源也得到了更为有效的利用，获得持久的收益。这些主要表现在以下几个方面。

---

① 项辉、周威锋：《农村经济精英村民自治》，《社会》2001 年第 12 期。
② 周其仁：《大型乡镇企业研究：横店个案笔谈》，《经济研究》1997 年第 5 期。

第一，从投融资角度看，乡村的金融体系比较薄弱，村庄集体、个体农户的储蓄以及民间非正式金融可能是乡村企业原始资本的重要来源之一。这些资金来源受到村庄共同体与区域性文化等乡村非正式制度的影响，有机结合了自愿性合作、大众参与、信任等因素，因而很有效率、活力与竞争力，风险也相对较小。

第二，从土地角度看，土地是村庄重要的资产，也是乡村企业经营的基本投入要素。由于农村土地交易市场很长时间都并不完善，那些需要土地较少的企业往往可以直接开办在农户家中，而需较多土地的企业则离不开村庄以及乡村政府征地、划拨或批准等方式的土地供给。乡村的土地也可以通过有效的整合优化资源配置，提高土地效益。

第三，从劳动力角度看，村庄的农民构成了乡村企业的重要的生产经营主体。一方面，乡村企业雇佣本地劳动力可以节约交易成本，如招聘成本，解决信息不对称问题花费的成本等。另一方面，本地劳动力也可以在不远离亲缘和地缘的前提下，实现收入的增加和价值的实现。

第四，从公共品看，这是社区生活质量的重要保障，也是企业重点关注的方面。对企业而言，良好的水、电、路等基础设施是企业发展的重要基础，教育、医疗、生态环境等对提高企业职员幸福感与工作效率有积极的影响。因此，乡村企业有动力提供并改善村庄范围内的公共品，村庄也会因此受益。

因此，村庄公司化是乡村企业和村庄关系发展到更高层次的表现形式，是处理好村企关系的有效方式，是基层治理模式的创新。乡村企业以企业公民身份参与到村民自治过程中，获得更多的政治权力以及经济权力，充分利用乡土非正式制度，在企业发展所需的土地、资本、劳动力等乡村重要的资源要素交易中降低正式制度下的交易成本。与此同时，村庄政治环境更加活跃，治理更加有效，社区内的资源得到了更有效的利用，同时也获得了乡村企业对村庄发展的长期承诺。

（三）村庄公司化模式促进乡村振兴的表现

本文所探讨的村庄公司化不是简单地将村庄套用于公司的组织结构，而是对村庄内"企业—村庄"这一关系的发展探索，这是一个循序渐进的过程。在村庄治理过程中，引入公司制度这种市场化的制度，能够提高村庄的资源使用效率，促进村庄全面可持续地发展。简单来说，村庄公司化促进乡村振兴主要表现在以下几个方面。

第一，在乡村治理方面，村庄的基层民主政治中引入企业这一主体，使得村庄的治理决策更加市场化与科学化。公司制度最重要的特点是法人治理机构，以法人财产权为中介实行了经营控制权与所有权的分离，拓宽了经营人才的选择领域，克服了出资者个人知识能力对企业效益和企业发展的限制，用集体的科学决策取代个人的经验主义决策。因此，在村庄纳入公司框架以后，公司组织在基层民主生活中就争取到一定的话语权，运用公司法人制度的优势提高村庄政治决策的科学性。比如，在乡村基层民主选举中，乡村企业可以通过企业的董事会、工会等组织决议推荐村主任、村党支部的成员等人选；在涉及村庄的土地、集体资产等规划与使用方面，乡村企业可以参与这些村集体的重大决策，引入更多的市场机制，使乡村治理更加有效。

第二，在经济方面，村庄的规划建设更加注重市场逻辑，提高了村庄的资源利用效率，促进了村庄一二三产业的全面发展。村庄公司化后，村里的土地会进一步科学规划，改善传统乡村分散的状态，合理设置好居住区、生产区和公共管理与公共服务区；乡村企业为村民提供了就业机会，提高社区内的就业率以及村民收入水平；随着乡村企业的发展，村庄相应地也会产生集聚效应，村里的工商业也逐渐兴起；对于村庄而言，农业稳定对于村庄稳定也有很大的意义，随着村庄公司化，传统的乡村小农生产经营方式在市场资本的支持下可以进一步向现代化方向升级发展。

第三，在乡村文化和生态环境方面，当村庄公司化后，乡村企业将更愿意承担村里的教育、科学、体育、文化、卫生、生态等事业的发展，强化共同体的理念。研究表明，社区关系、员工关系和员工多元化这些因素与企业绩效、企业竞争力正相关，且十分显著[1]。为了丰富职工与村民的生活，增强村民与职工的归属感，乡村企业可以通过建设学校、医院、图书馆等基础文化设施，提高教育、医疗等质量，改善生态环境，增进村民的幸福程度。因此，公司化的村庄可以形成一个优秀的文化氛围，有利于乡村整体的发展。

---

① Hillman A J, Keim G D. Shareholder Value, Stakeholder Management, and Social Issues: What's The Bottom Line? Strategic Management Journal, 2001, 22 (2): 125 – 139.

二、福星村与福星公司

（一）福星村

福星村位于湖北省的中部偏东地区，原名"段夹村"，处于湖北省仙桃市和天门市的交界处，行政上隶属于湖北省汉川市沉湖镇。福星村距离汉川市区 42 千米，离湖北省省会——武汉市市区 98 千米。从地理位置上看，福星村并没有太大的区位优势，离城市较远，只是中部平原地区一个非常普通的村庄。从自然条件来看，福星村处于湖北汉川市沉湖镇西南角的一片河泽泥沼地带，由于地势较低，防涝抗灾能力有限，曾有"三年两灾（水灾）"和"沙湖沔阳州，十年九不收"的说法。从人口构成来看，福星村完全是一个移民村。福星村在 1997 年之前原名"段夹村"，主要是因为在当时这个村姓段的人最多，全村总人口占比超过 20%（1994 年为 20.26%）。村内的人口主要是明朝年间从江西迁移来的。最早的家族迁移到福星地区这一带已有 600 多年历史了，晚的移民也已经历了 300 多年的历史①。2018 年福星村有村民小组 13 个，全村共有 900 户，人口 4099 人，农业劳动力 2260 人，占 55.14%。随着外来人口的流入，福星村成立了一个社区居委会，当前管理 4813 人，劳动力 3511 人，占 72.91%。从产业基础看，福星村具有悠久的铁业基础。铁业加工是祖先们从老家江西省带来的，很多村民们将打铁手艺称为"活命"的手艺。从新中国成立后到实行家庭联产承包责任制前，福星村依靠集体的铁业经营，使得村民的生活水平得到了很大的提高。改革开放以后，福星村的村民开始大规模地将他们的大量精力投入到铁业经营之中，走上了一条农业与铁业并肩发展、具有鲜明村庄历史传统的农村经济发展之路。

（二）福星公司

20 世纪 80 年代初，顺应乡镇企业兴办的潮流，福星集团最早的创始人之一、出生于原"段夹村"第九生产小组（当时叫"小队"）的谭功炎也与

① 本部分关于福星村的历史资料主要参考了胡必亮教授等著的《中国乡村的企业组织与社区发展——湖北省汉川县段夹村调查》一书，以及胡必亮教授所写的《"以厂带村"与农村发展》一文。

该村其他村民一样，从开始到全国各地收购废旧铁丝回来，然后用手工方法将这些废旧铁丝锤直，再用它们作材料打成铁钉或做成供建筑工程使用的预制件的附筋销售出去。1981 年 11 月，谭功炎召集成立了一个 8 人的手工合作性质以"自愿、互利"为基础的铁木加工厂。由于它既不是村（当时叫"大队"）集体组织的，也不是村民小组（当时叫"生产队"）组织的，所以，他们的经营活动在当时并没有得到村集体的直接支持。但是，它却得到了当时的复兴管理区（属于当时公社的派出机构）政府的支持，因此，这个铁木加工厂当时就直接冠以了"复兴铁木合作加工厂"的名字，名义上属于由管理区直接管理的集体企业，实际上却是具有很强的合伙性质的民营企业①。

1985 年 11 月，铁木加工厂通过盈利积累加上一部分贷款筹集了 80 万元，投资建设了两个拉丝车间，这两个车间也就是现在新材料有限公司一分厂的雏形②。1986 年，"复兴铁木合作加工厂"正式更名为"复兴钢丝绳厂"。从这一年开始，加工厂开始引进了机器设备，完成了从手工到机器化生产的转换。这期间，工厂无论是在原材料、工艺技术，还是生产管理方面，都遇到了很多困难，但是通过艰苦奋斗克服了这些挫折。如在生产管理方面，他们不断强化以成本为中心的各项管理，形成了一套具有企业特色、比较规范的管理体系和管理制度，这些新制度极大地提高了企业的管理水平，从而使企业再次获得了良好的成长势头。湖北省政府当时还提出"外学邯钢，内学川绳"的口号，这是对福星公司管理水平的充分肯定。

1993 年 3 月份，经湖北省体改委批准，该企业正式改制为"湖北省汉川钢丝绳股份有限公司"。通过这次改制，企业原有净资产 4150 万元全部转为股本，再加上县财政和县保险公司各入股 100 万元，面向社会吸收股金 2000 万元，共形成了 6350 万元的总股本，每股 1 元，共 6350 万股。其中，国家股 100 万股（财政局的 100 万元），占股本总额的 1.57%；法人股 4250 万股（包括保险公司的 100 万元在内共 4250 万元），占 66.9%；个人股 2000 万股（2000 万元），占 31.53%。个人股是面向社会按照 1∶1.5 的比例溢价发行

① 胡必亮：《"以厂带村"与农村发展》，《中国农村观察》2004 年第 5 期。

② 胡必亮、胡顺延：《中国乡村的企业组织与社区发展——湖北省汉川县段夹村调查》，太原：山西经济出版社，1996 年，第 136 – 140 页。

的，因此而筹集到了人民币3000万元资金。及至当年年底，企业发展已取得了优异的成绩。企业人数从1983年的仅20多人发展到了1993年的2800人，企业总产值从1983年的仅30万元左右增加到了1993年的1.08亿元。两项指标分别增长了约140倍和360倍，年均增长63.9%和80.1%①。

1999年5月26日，公司向社会公开发行人民币A种股票5500万股，并于当年6月18日在深圳证券交易所挂牌交易，成功地从市场上募集资金2.8亿元。同年10月，公司名称变更为"湖北福星科技股份有限公司"。这成为公司体制改革进程中又一个重要的里程碑。

2000年，福星公司从产业和产品两方面做出了战略调整，制定并实施了产业多元化、产品高新化的重大发展决策。在产品上，公司由原来的常规金属制品向钢帘线等高端金属产品调整；在产业上，除了金属制品，还开拓了房地产、生物制药业、电子等产业方向。通过实施这两个方面调整的战略，福星集团开始了企业发展战略的重大转移。不久，福星惠誉、福星生物、福星药业、福星机电等公司相继成立，福星集团迅速朝多元化方向发展。

目前，福星集团共有七大产业群，包括房地产业、金属制品业、生物药业、物流业、机械电子业、生态农业及金融业，控股1家上市公司和12个子公司，这些主要的子公司在各自的行业领域均表现优异。2018年，福星惠誉房地产有限公司在全国房地产企业排名第124位，福星新材料科技有限公司在丝绳制品企业排名第5位，福星智慧家生活服务公司在物业行业全国百强中排名第12位，福星生物科技公司在ARA/DHA制剂行业排名第3位②。截至2018年10月，全集团共有6936名员工。2017年，集团公司营业收入239.03亿元，其中金属制品业收入12.24亿元，房地产业收入103.47亿元，当年底集团净资产达到了126.6亿元，净利润为12.02亿元。福星集团税后利润主要有两方面的用途，一方面用作企业发展、公共服务、村民福利支出，另一方面作为集团公司的未来发展公积金。根据福星集团的总体发展规划，"十四五"末集团公司的销售收入将争取达到800亿元。

（三）福星公司的发展与福星村的振兴

随着村内这个土生土长的公司的发展，为了村庄和公司共同的利益，

---

① 胡必亮：《"以厂带村"与农村发展》，《中国农村观察》2004年第5期。

② 排名均为截至2018年年底排名，具体名次由福星集团提供，仅供参考。

1996 年年初，福星公司和福星村达成共同探索一条公司化发展模式的路径的共识。福星公司作为企业公民，更多地参与到村庄的基层民主自治中，村庄在土地、劳动力等很多方面给予公司发展支持，公司也积极参与村庄建设，全方位振兴福星村。

1. 福星村对福星公司发展的支持

在这种公司化模式下，福星公司在土地、劳动力和管理人才上获得了很大的支持，尤其是在企业扩张时期，村庄对企业的支持降低了企业的交易成本，奠定了企业壮大的基础。

在公司建设用地上，据不完全统计，福星村及周边村通过各种形式为福星公司提供土地 1285 亩（见表 2）。在公司化模式前，公司仅有一个 300 亩左右的厂房。在公司化模式实行以后，公司在村庄内的用地规模得以增加。随着公司财富的增长，从 2009 年开始，公司对被征地农民实行特殊补偿，除按征地时的国家政策规定给予补偿外，从征地之日起，每亩每年另给予 1000 元的补偿，因此，公司给予村民每年多达 330 万元的土地补偿金。

表 2　福星公司从福星村及周边村获得的土地供给

年份	用途	亩数
1994 年	一分厂	300（福星村）
2000 年	八、九分厂	500（福星村）
2003 年	七分厂和热电厂	330（福星村）
2010 年	六分厂	155（陈元村）

数据来源：作者 2018 年调研数据。

福星村悠久的打铁历史不仅为福星公司早期的金属制品产业提供了良好的产业基础，也为公司提供了高质量、有认同感的劳动力。福星公司在 20 世纪八九十年代，主要经营金属制品，而福星村悠久的打铁历史使村民们普遍具有良好的职业技能基础，并对从事打铁业具有较高的认同感，这使得企业劳动力的质量较高，并产生了凝聚力。随着公司从手工作业逐步向机械作业转换，工厂规模逐步扩张，所需劳动力也逐年递增。2003 年，公司的员工扩张至 5000 人，其中来自福星村的有 1200 人，占到了全部员工的 24%。截至 2018 年 11 月，福星集团共有员工 6936 名，其中研发人员 1502 名。在福星地区的企业有新材料科技公司、生物科技公司、机电设备公司、热电公司和现代农业发展公司。这五个公司员工总数约 3442 人，其中来自福星村的有 934 人，李花村的有 452 人，陈元村有 54 人，总计占集团在福星地区总员工的 41.84%。此外，福星村还为福星集团下属的很多子公司提供了很多高级管理人才，使得公司文化一以贯之地得以传承。福星集团在福星地区之外的公司员工共有 3494 人，因为这些公司一般都分布在城市中，招聘制度更加市场化，因此来自福星地区的人相对比较少，但是各公司的管理人才来自福星地区的比较多。据不完全统计，在福星惠誉、福星药业、惠之美、银湖科技和银湖物业这五家公司中，中层以上的员工总共 438 人，其中来自福星地区的有 45 人，占总管理人才的 10.27%，并且各公司董事长、总经理基本上都来自福星村。

2. 福星公司对福星村的支持

在公司化模式下，福星公司也积极履行企业公民义务，因而，福星村在组织结构、土地、劳动力、公共产品和社会发展的各个方面都提高了效率，进而基本实现了村庄的全面振兴。

在产业上，福星村的一二三产业得到了很大的发展，经济逐渐兴旺发达。在推行公司化模式前，福星村以小农生产为主，小部分村民在务农之余依靠打铁技艺接一些手工活，村庄集体资产薄弱。随着福星集团将福星村纳入公司发展框架中，福星村内的产业逐渐丰富壮大。在福星村的支持下，福星集团相继在村里成立了生物制药公司、现代农业公司、物流公司、小额贷款公司等。其中，福星现代农业公司充分利用了集团公司的资本优势，通过建设标准化农田、规模养殖和延伸农业产业链，推动了福星村从传统农业向现代化农业的转型。与此同时，村庄还吸引了很多原有产业上下游的企业，比如用于钢丝绳包装的纸箱厂和工字轮厂等，众多企业的入驻使得村庄人口呈现净流入状态，进而也带动了村庄服务业的蓬勃发展①。

在生态上，福星村在充分尊重自然风貌的同时，着力打造一个宜居的城镇。在推行公司化模式前，福星村村民居住比较散乱，道路硬化率低。发展

---

① 截至 2018 年 10 月，根据沉湖镇工商局统计，福星地区一共有 754 户企业和个体户登记在册，绝大多数位于福星村。

公司化模式以后，福星集团根据村庄的规划推动了福星村的旧房改造工程，使村民住上了整齐划一的楼房，并修建了共近 35 公里的 12 条村级水泥主干路和配套的花坛、景点及绿化带。此外，福星集团根据当地的自然风貌建设了福星公园、福星小城镇综合体，改善了医疗、教育等质量，为村民提供了一个宜居的生活环境。

在乡风上，福星村传承优秀传统文化，推进村庄的物质文明和精神文明协调发展。一方面，农民是乡风文明建设的主体，福星集团一直将提升村庄教育水平作为重要的责任之一。在公司化早期，福星集团在资金相对紧张时就对村庄内的小学、初中、高中捐赠教学设备，提升教学硬件条件。2016年，福星集团在村庄中建立了"华中师范大学第一附属中学福星分校"，让村民在村里就能享受全省最优质的教育资源。另一方面，福星集团积极加强农村公共文化建设，健全乡村公共文化服务体系。公司在村里建立起了一个可容纳超过 4000 人的剧场，定期演出当地传统楚剧，丰富村民的业余生活。此外，公司还每年开展"五好家庭""十星级文明户"评选活动，对这些家庭除了授牌外还纳入公司年终总结表彰，并给予物质奖励。这些活动不仅丰富了村民的精神生活，也树立了良好的新风气，有利于助推文明乡风的建设，营造积极向上的文化氛围。

在治理上，福星村的日常管理与建设有赖于福星集团的支持，村庄整体治理十分有效。公司化模式强调了企业在村党支部、村委会和企业协同发展时的重要作用。在既是村民又是企业创始人的谭功炎的努力下，村庄和企业之间形成了一个协同发展的公司化治理模式。在组织结构上，福星村的民主自治中引入了福星集团这样市场化的主体，化解了村庄与企业的很多矛盾，也让村庄的发展规划增加了效率。福星集团使得村庄产生了很大的集聚作用，沉湖镇人民政府、人民法院、派出所都相继从万福镇迁至福星村，村庄内的工商业也逐渐兴旺。

在生活上，村民积极主动参与农村的建设，普遍生活都比较富裕。福星公司为福星村带来了净人口流入，促进了福星村的稳定发展。福星集团发展的多种产业为村民就业提供了更多的选择，从劳动密集型的工业生产到知识密集型的生物制药产业，集团定期为员工提供培训的机会，本村人进入企业工作享受一定优先录用政策。此外，福星公司的发展也带动了村庄服务业的发展。由于村里的人口众多，很多村民抓住机会在村庄中经营餐饮、住宿、服装等服务业，丰富了村民的就业选择。在公共品上，福星集团主动承担了福星村多项村庄公共品的供应，提高了村庄的教育、医疗、生活质量，增加了员工和村民的幸福感与归属感。

三、结论与政策含义

在乡村发展实践中，很多优秀的村庄充分利用企业这样的市场化组织，探索发展出了一些繁荣乡村的治理模式，其中村庄公司化就是基层治理模式的创新之一，对于我国乡村的繁荣稳定具有积极的意义。

长期以来，生长于村里的企业和村庄之间已经形成了一套密切的关联关系，村庄公司化是"企业—村庄"关系的一种典型形式，公司化让村庄和企业形成了一个市场化的战略共同体，企业凭借村庄的资源得到很好的发展，村庄借助企业的力量得到全方位的振兴。村庄为企业提供了赖以生存和发展的土地、劳动力、经营场所等资源，企业为村庄提供了就业岗位，修建了公路、供水供电站等基础设施。从企业发展的角度来看，通过处理好与村庄的关系可以降低企业的经营成本，从而争取更高的经济价值；从村庄发展的角度来看，通过把自身资源和乡村企业的发展目标进行对接，可以获得除了政府资源之外的力量也就是企业和市场的力量来促进村庄的更好发展。很显然，在特定历史条件下形成的乡村企业与村庄之间的互动发展关系，对于促进双方发展而言，既是一种演化的结果，本身也具有一定的积极合理性。

根据长期的实地调查与研究，我们发现福星村的发展可以从两个方面进行概括：一是从福星村生长起来的福星公司作为一个乡村企业，它的创立和发展与福星村自身的资源禀赋密切相关。福星村有历史悠久的铁业经营加工传统，并且在改革开放初期，由于农民收入低，村民们在很大程度上愿意将土地转让给公司并到公司就业，从而提供了大量的劳动力和土地资源，这为福星公司的发展打下了坚实的基础。二是福星公司在成长过程中从产业结构、土地规划与使用、劳动力就业、社会发展到乡村建设和村庄面貌等各方面都改变了福星村的旧貌，促进了福星村的现代化发展。也就是说，企业利用村里特有的资源禀赋，获得了自身的稳健发展；与此同时，企业作为一种不同于小农经营的新的现代经营主体，积极参与到乡村发展过程中，从而促进了乡村发展与振兴。

　　本文具有明显的政策含义。乡村振兴战略从国家层面上对目前所出现的一些问题给予了更多的关注，并提出了一些政策促进乡村发展，这需要鼓励多种主体参与，激发多样化的振兴乡村的新动能，尤其是企业这样的市场化力量。公司化模式是乡村企业和村庄互利共赢的治理模式创新，也是一种可以学习和推广的乡村振兴方式。当然，这种模式的推广离不开以下几个方面的政策支持。第一，鼓励乡村治理主体多元化，为乡村基层治理留足创新的空间。乡村治理的主体原本应该是农民，但是当前仅靠传统意义上的农民已经很难对乡村实施有效的治理，必须要鼓励乡村治理主体的多元化。在乡村基层治理过程中，不仅要鼓励普通农民、乡贤等力量的参与，更应该鼓励其他力量，如市场力量，共同参与乡村振兴。这样才能为乡村振兴注入新活力，为基层治理创新模式提供更多条件。第二，放宽工商资本入乡管制，为企业在乡村投资和发展提供便利。近期颁布的《关于建立健全城乡融合发展体制机制和政策体系的意见》中指出，"建立工商资本入乡促进机制"，这是一个积极的信号。只有引入工商资本，才能引导企业这一市场主体广泛参与到乡村振兴中去。第三，优化农村地区的营商环境，为乡村企业发展提供良好的生产经营条件。营商环境包括基础设施、金融市场、服务质量、政策支持等各个方面，这些逐渐成为外来的资本等生产要素是否流向乡村的决定性因素。优化营商环境，就像是筑巢引凤，有利于乡村吸引更多的资本、人才、技术的流入，进而有利于乡村企业的发展壮大，为村庄公司化发展提供便利，带动乡村的全面振兴。

精准扶贫背景下乡村治理的策略

邬平川①

精准扶贫在县域全面实施三年多来，取得了显著成效和决定性进展，在消除绝对贫困和区域性整体贫困方面取得了令世人瞩目的成就，补齐了全面建成小康社会的短板，为实施乡村振兴战略奠定了坚实基础。精准扶贫作为新的历史阶段脱贫攻坚的基本方略，有着丰富的内涵，在实践中也探索出了很多行之有效的做法，认真总结、提炼这些经验，形成制度性成果或者可复制、可推广的模式，对乡村有效治理具有重要的启示和借鉴意义。

一、精准扶贫的时代特点，赋予乡村治理全新的内涵

党的十八大以来，习近平总书记把扶贫工作摆上了前所未有的高度，进一步完善了顶层设计，使我国的扶贫开发工作进入了脱贫攻坚新的历史阶段，实现了理念、方式、路径等方面根本性转变，推动我国的减贫事业取得了历史性成就。习近平总书记提出的"精准扶贫精准脱贫"思想成为脱贫攻坚的基本方略，是马克思主义减贫理论与我国扶贫工作实际相结合的最新成果，具有鲜明的时代特点。这些时代特点已经深深地植入了农村的土地，融入了农村工作的全过程，从而赋予了乡村治理全新的内涵。

（一）深厚浓重的民本理念

党的十八大后，在治国理政面临很多重大课题和复杂矛盾的情况下，习

① 邬平川，安徽省淮南市寿县县委常委，副县长。本文是项目阶段性成果，项目名是"村落社会资本与乡村治理中的村民参与：基于安徽省寿县正阳关镇解阜社区南堤中心村的调查研究，"项目编号：18@ZH011 - 0320190405。

近平总书记把脱贫攻坚工作摆到最高位置，对占全国人口比例并不大、处于社会最底层的这些弱势群体给予了最大的关心，并向全世界庄严承诺，在全面建成小康社会的路上，不让一个人掉队。2015 年底召开了全国扶贫开发工作会议，吹响了打赢脱贫攻坚战的号角。党的十九大更是把脱贫攻坚战作为三大攻坚战之一，要坚决打好。这充分体现了中国共产党人"为中国人民谋幸福，为中华民族谋复兴"的初心和使命，是"人民对美好生活的向往，就是我们的奋斗目标"庄严承诺的具体实践，彰显了习近平总书记以人民为中心的民本情怀。这些理念，随着精准扶贫的深入实施，已经成为各级党委、政府践行的理念，也成为乡村治理的核心理念。

（二）系统配套的顶层设计

习近平总书记对脱贫攻坚亲自谋划、亲自推动，在战略上进行了系统规划，提出了"两个确保""六个精准""五个一批""解决好四个问题"；战术上进行了精心设计，在基本标准、作风建设、考核办法、社会协同、基层基础等方面都做出了具体安排，特别强调脱贫的方法路径上要解决"扶持谁""谁来扶""怎么扶""如何退"等重点问题。同时，针对脱贫攻坚过程中出现的新情况、新问题，不断进行纠偏，强调要坚持"两不愁三保障"基本标准，既不能降低标准，影响成色，也不能盲目提高标准，吊高胃口，造成福利陷阱和悬崖效应；要集中整治扶贫领域的形式主义、官僚主义问题，突出减贫实效，做到真扶贫、真脱贫、脱真贫。一整套完善的制度设计，不仅保证了精准扶贫的有效实施，也为更加有效的乡村治理提供了重要借鉴。

（三）完善高效的推进机制

在打赢脱贫攻坚战的过程中，逐步形成了完善的责任体系、政策体系、投入体系、动员体系、监督体系和考核体系；形成了"中央统筹、省负总责、市县抓落实"的工作机制；五级书记一起抓的领导机制；创新了贫困县的考核机制，淡化 GDP 的考核，把脱贫攻坚成效放在首位，使脱贫攻坚工作真正成为贫困县的头等大事和第一民生工程；探索试点了县级统筹整合涉农资金用于脱贫攻坚，赋予了县级相应的权力。这些机制的形成，有效破解了制约因素，使脱贫攻坚始终保持正确方向、合理节奏、有序推进，取得了显著成效，为确保如期打赢打好脱贫攻坚战提供了机制保障。完善的贫困治理机制，为实施乡村振兴战略积累了大量行之有效的经验，也为乡村治理能力提升和治理体系完善提供了丰富的源泉。

（四）精准精细的工作方法

脱贫攻坚的每一个环节都做到了前所未有的精准。建档立卡，要求精准到每一个人，通过严格的遴选甄别、严密的程序要求、常态化的监测监控、随时的动态调整，确保把真正贫困的人口识别出来，不符合条件的及时调整出去，返贫和新致贫的人口随时纳入。帮扶措施，要求针对每一个贫困家庭和贫困人口的实际情况，因人施策、因户施策，做到一户一档、一人一策。项目安排，要求适应不同地方的禀赋特点和贫困户家庭的实际情况，按照"村申报、乡镇审核、县审批、省备案"的程序，完善县级项目库建设，做到对症施策、精准滴灌。资金使用，要求精准到每一个项目，通过建立负面清单和正面清单制度，加强资金监管和绩效评价，确保扶贫资金每一份钱都用到刀刃上。这些精准精细的工作方法，直接惠及每一个贫困家庭，有效保证了扶贫工作的质量和水平，也将直接融入乡村治理体系，有效促进乡村治理能力的提升。

二、精准扶贫给农村带来的巨大变化，使乡村治理面临全新的环境

贫困治理的过程，是对社会的再动员、再组织和再塑造的过程。精准扶贫不仅使贫困人口摆脱贫困，走上致富奔小康之路，也带来了农村全方位的深层次变化，这使得乡村治理面临前所未有的新环境。

（一）乡村人口结构的变化

农村绝对贫困人口全部消除，一部分低收入群体进入了当地中等收入阶层，一些曾经的贫困人口甚至成为当地的致富带头人。乡村对外流人口的吸引力也逐步增强，外出务工人员回乡创业的人数不断增加。农村教育的普及化水平有效巩固，教育质量稳步提高，城乡教育差距逐步缩小，控辍保学工作深度推进，明显提升了农村的人口素质。农民职业培训作用日渐明显，对提高农民的劳动技能、管理能力，增强他们的市场意识和经营意识发挥着越来越重要的作用。这些都极大地改变了乡村的人口结构。

（二）农民精神状态的变化

习近平总书记反复强调，扶贫要扶志。精准扶贫把激发贫困人口的内生动力放在首位，注重贫困人口的参与度，帮扶措施的内生性，脱贫效果的持

续性。这些都有效帮助贫困人口树立了战胜困难的信心，增强了摆脱贫困的能力，让他们有尊严地实现了脱贫。他们中的大多数人实现了脱胎换骨的变化，精神面貌焕然一新。在这些贫困人口中涌现了一大批艰苦创业、战胜贫困的先进典型。移风易俗使乡村的传统陋习得到了根本好转，婚丧嫁娶、人情往来给农村家庭带来的经济负担明显减轻。子女积极履行对父母的赡养义务，对父母尽到孝道，邻里之间相互帮助，和睦相处，乡村风气焕然一新。

（三）乡村基本面貌的变化

贫困治理的一个重要途径，就是改善贫困地区的基础设施和基本公共服务。近年来，对农村的投入不断加大，一批又一批项目在乡村落地，贫困地区的道路、水利、网络、电力等基础设施，教育、医疗卫生、文化、体育等基本公共服务发生了历史上最为显著的变化，农民生产生活条件明显改善。美丽乡村建设和环境整治深入推进，垃圾、污水得到有效处理，改水改厕有序推进，脏乱差现象得到根本改变，农村人居环境得到了显著改善。农村基本面貌发生了天翻地覆的变化。

（四）干群之间关系的变化

随着精准扶贫的深入推进，越来越多的干部走到农村，深入田间地头了解农村情况，进到百姓家中，体察民情，了解民意。驻村帮扶制度的实施，也使一大批省、市、县各级党员干部住在农村，干在农村，与农民亲密接触，朝夕相处。这一方面，锤炼了干部的作风，使广大干部对基层情况更加了解，工作思路更加切合农村实际，出台的政策更加符合百姓需要；另一方面，也使贫困人口，包括一般农户从脱贫攻坚工作中获得了很多实实在在的实惠，获得感、幸福感明显增强。同时，干部与老百姓之间的距离大大拉近，增进了相互之间的了解，也增进了彼此的感情。曾经矛盾、对立的干群关系有了明显好转，百姓对干部的满意度显著提升。

三、精准扶贫的成功实践，为乡村治理提供了全新的视角

精准扶贫是一场啃硬骨头的攻坚战，面对极其艰巨的攻坚任务，极端复杂的地区差异，情况各异的贫困人口，各地把国家的顶层设计与地方实际紧密结合，创造出了很多成功的经验和可复制、可推广的模式。这些成功实践，不仅在打赢脱贫攻坚战中发挥了重要作用，也为乡村治理提供了更多的

途径和更宽的视域。

（一）壮大村级集体经济，夯实乡村治理的经济基础

精准扶贫的一个重要战略就是产业发展。习近平总书记说，"产业是发展的根基，产业兴旺，乡亲们收入才能稳定增长。"因地制宜发展产业，不仅可以有效拓宽贫困人口的增收渠道，也可以促进区域经济发展，尤其是能够壮大村级集体经济。这为乡村治理提供了重要的经济支撑。只有具备了一定的经济能力，才能干一些想干的事情，才能为老百姓解决实际困难；也只有真正为老百姓干事，才能形成权威性和凝聚力。所以壮大村级集体经济，是乡村有效治理的重要基础。要全面总结精准扶贫过程中探索出来产业发展的有效办法，进一步深化"三变"改革，管好用好集体资产；推进一二三产业深度融合，延伸农业产业链，提高农业附加值；巩固"一村一品"成果，因地制宜发展特色产业，拓宽村级集体经济的增收渠道，不断壮大村级集体经济实力。同时，发展村级集体经济，也有赖于有效乡村治理的支撑。如果没有绿色生态的治理理念，发展村级集体经济可能会带来新的环境污染，经济发展也不可持续；如果没有严格规范的治理制度，随着村级财产的增加，廉政风险、金融风险等会不断增加，会产生新的社会矛盾。

（二）加强基层组织建设，巩固乡村治理的政治基础

抓党建促脱贫，是精准扶贫的重要举措，也是一条行之有效的经验。习近平总书记强调，要加强乡村两级基层党组织建设，更好发挥在脱贫攻坚中的战斗堡垒作用，提高党在基层的治理能力和服务群众的能力。通过五级书记一起抓，选优配强基层党组织带头人，建立驻村帮扶制度等，农村基层党组织的凝聚力、战斗力不断增强，在脱贫攻坚战中发挥了决定性作用。但是，当前农村基层组织弱化仍然是乡村治理面临的突出问题。因此，必须巩固脱贫攻坚的制度性成果，继续加强基层组织建设，真正把基层党组织建设成为乡村有效治理的坚强领导核心。一方面，大力培养本土人才，在经济待遇、社会地位、发展通道、在职培训等方面完善相关制度，把具备管理才能、素质较高、乐于为百姓办事的人吸引进村两委班子，打造不走的农村基层组织；另一方面，要借鉴脱贫攻坚的成功经验，向基层组织薄弱的村派驻工作队，选派第一书记驻村帮扶，不断提升基层组织的战斗力。同时，要打通党建工作的最后一米，让党员干部走进群众中间，把广大人民群众组织起来，让他们相互交流、彼此帮助、一起学习、共同提高。

（三）培养农村留得住的人才，强化乡村治理的智力支持

人才匮乏是当前农村面临的一大困境，也是影响脱贫成效，造成返贫的重要因素。由于缺少各类专业人才，当前乡村治理存在效率低下、水平不高、矛盾难以化解、上级决策部署难以全面落实等突出问题。农村经营管理人才短缺，使农村的产业发展举步维艰、风险频发，一些农民合作社、家庭农场等，因经营不善不可持续甚至倒闭，陷入债务纠纷；乡村教师短缺，严重影响了农村教育质量，不少孩子只有到城镇就读，带来县域内学校"城镇挤、乡村弱"的突出矛盾；乡村医生短缺，使农村基本公共卫生服务体系难以建立健全，农民看病难、看病贵的问题得不到有效解决。突破人才的瓶颈制约，是乡村有效治理迫切需要解决的问题。要通过多种途径，吸引经营、管理、技术、法律、教育、卫生等方面的专业人才到农村干事创业。要在物质、精神、政治等方面完善保障，确保这些人才能够进得来、留得住、有效发挥作用。

（四）推进城乡融合发展，优化乡村治理的体制机制

长期的城乡二元分割以及"农村支持城市、农业支持工业"的制度设计，是造成城乡差异、农村贫困的重要因素，也使得农业现代化成为信息化、城镇化、工业化中的最大短板。在精准扶贫的过程中，从制度层面消除城乡差别，使"工业反哺农业、城市支持农村"真正落地生效，是一项十分重要的举措，也是一项重要的成果。推进乡村有效治理，就要巩固这些制度性的成果，并且不断探索新的实现形式。要把乡村治理放在城乡一体化的大格局中统筹考虑，处理好城乡关系、工农关系，通过财政、金融、土地、社会保障等方面的制度供给，彻底消除各种制约政策，改变"三农"在社会布局中的不利地位。要全面完善城乡融合发展的体制机制，促进资本、技术、人才等要素在城乡之间双向流动，使工农互促、城乡互补、全面融合、共同繁荣的新型工农城乡关系加快形成。

（五）探索有效实施路径，丰富乡村治理的方法体系

乡村治理是一个复杂的系统工程。要以德治、法治、自治为基本准则，针对当前乡村治理存在的突出问题，充分借鉴脱贫攻坚的成功经验，积极探索行之有效的方法、路径。比如针对农村普遍存在的分户以及子女不承担对老人的赡养义务问题，从德治的角度，可以对子女赡养情况进行张榜公布，发挥社会舆论的监督作用；从法治的角度，可以通过司法调解、签订赡养协

议、发布社会公告等形式，约束子女履行赡养义务；从自治的角度，可以发挥村规民约的作用以及村民之间相互影响作用。一些地方在激发贫困户内生动力方面也探索出不少好的做法，比如将贫困户组成一定规模的互助小组，每个小组安排一名已经脱贫、能力较强的贫困户担任组长，同时选派一名镇村干部或者志愿者担任指导员，组织贫困户"互动、互帮、互学、互比、互促"，充分调动贫困户自我管理、自我服务、自我发展的积极性，取得了很好的成效。在乡村治理中，可以充分吸纳借鉴，将地缘接近、交通方便、情况类似的农户组成适当规模的互助小组，定期组织他们开展集体活动，增进交流、彼此帮助，在一起学政策、学技术，实现相互促进、共同提高的目标。这是村民自治的有效途径，是可复制、可推广的模式。

（六）精准分类施策，提升乡村治理的精确度

十里不同风，百里不同俗。农村情况千差万别，各地禀赋千差万别，精准扶贫的成果指出，就在于将"精准"二字贯彻全过程、全环节。习近平总书记特别强调，精准扶贫要下一番绣花功夫。要找到"贫根"，对症下药，靶向治疗。在推进乡村治理的过程中，也要充分借鉴这一成功经验，坚持精准分类施策。要符合乡村实际。农村有农村的属性，农业有农业的特点，农民有农民的需求，不能以城市的理念、城市的思维、城市的方法去解决当前"三农"工作中存在的问题，更不能简单地把城市的治理模式搬到乡村治理。要遵循乡村规律。尤其是要遵循阶段性规律，不能提出不切实际的目标，干超越阶段的事。要切合区域特点。不同地方，基础不同、条件不同、资源不同，必须因地制宜，不能一刀切，一个模式，一套标准简单照搬照套。要坚持实事求是，合理制定规划，鼓励各地特色化发展。要兼顾不同群体。针对不同类型的群体，因人因户采取针对性的措施，农村贫困人口、边缘户、中等收入群体、能人大户、致富带头人等这些群体，各自有不同的情况、不同的特点，也面临不同的困难，治理策略也要有所区别。

第四篇

老龄化社会建设与
诚信社会建设

积极应对人口老龄化　加快老龄事业发展

李德水①

一、人类已从整体上进入老龄化社会

国际上通常将一个地区 60 岁以上老人达到总人口的 10%，或 65 岁以上老人达到总人口的 7% 视为老龄化社会。据联合国人口基金会数据，2019 年全球约有一半的国家/地区 65 岁以上人口占比在 7% 及以上。65 岁以上人口占比最高的是日本，为 28%，其次意大利为 24%，芬兰、德国、葡萄牙均为 22%；非洲为最年轻的大陆，埃塞俄比亚、苏丹 65 岁以上人口占比均仅为 4%，肯尼亚、尼日利亚均仅为 3%；全世界平均为 9%，中国和美国则均为 12%。由此可见，人类已从整体上进入老龄化社会，中国也进入了老龄化社会。

二、世界为什么会走向"衰老"

一方面是由于社会进步、环境改善、生活水平提高，使人们活得更久，长寿老人更多了；另一方面是由于生育的更少了，20 世纪 60 年代，全球总和生育率接近于 5，即每个育龄女性平均生育将近 5 个孩子，而如今这一数据已经下降到 2.4。据联合国预测，此数还会继续下降。而我国的总和生育率，2008 年仅为 1.478，到 2015 年更是降低到 1.047。随着养老保险和医疗保险制度的不断完善，人们生儿养老、生儿防老的观念日渐淡薄，而且带孩子的成本实在太高，就连农村青年也不想多生孩子。特别是城市里男女青年

---

① 李德水，国务院研究室原副主任、国家统计局原局长。

干脆就不结婚，以至超过生育年龄还是孤身一人的情况越来越多。另外，不少青年男女由于长期接触电脑，工作方式和姿势极为单一，加上饮食和生活习惯不良等导致生不出孩子了。这个趋向很值得关注，会影响我国经济社会发展的后劲和中华民族的兴衰。

三、对进入老龄化社会的两点感想

（一）这是社会进步的象征和历史发展的必然趋势

社会稳定、环境优美、人民生活蒸蒸日上，这正是我们努力发展经济、积极推动社会进步所追求的目标。由此就必然带来社会老龄化程度的相应提高。这不仅表现在老年人的寿命更长了，四世同堂、五世同堂的家庭会越来越多，而且还会反映在人口总和出生率的下降。从世界看，经济发达国家如日本等国社会老龄化和少子化问题就表现最为突出；而经济落后国家如非洲由于贫穷、疾病和持续的动荡局势，其预期寿命远低于发达国家，一半人口在 18 岁以下，成为目前全球人口最年轻的大陆。在没有实行人口生产控制的同一个地区，往往也是穷人家庭的人口出生率要比富人家庭的高，即所谓"穷生"。

这些现象说明，生活越好，人口出生率就会越低。这也可以证明马尔萨斯的人口论是错误的。他认为："生活资料按算术级数增加，而人口是按几何级数增长的，因此生活资料的增加赶不上人口的增长是自然的、永恒的规律。"于是，他提出了"只有通过饥饿、繁重的劳动、限制结婚以及战争等手段来消灭社会'下层'人群，才能削弱这个规律的作用"。马尔萨斯的错误在于：一是作为身处 18 世纪的人，还看不到科技进步对推动生活资料和整个社会财富增长的巨大作用；二是完全站在少数统治阶级立场上把广大贫困人民当作刍狗；三是他不懂得发展经济、消灭贫困才是降低人口出生率的根本途径。更值得重视的是，直到现在美国等西方国家还把马尔萨斯理论作为治理世界的指导思想之一，并作为发动战争对别国侵略掠夺的借口。说得重一点，马尔萨斯人口论是反人类、违背客观发展规律的。

（二）研究人口政策要充分论证，经得起历史的检验

北京大学原校长马寅初先生不仅是杰出的经济学家，也是著名的人口学家。早在一届全国人大会上他就提出了要控制人口增长，着眼于提高人口质

量的倡议。1953 年我国实施第一次人口普查就是中央政府采纳了马老的建议而开展的。毛泽东主席在 1957 年 2 月 27 日的最高国务会议上提出"要有计划地生育"。1957 年下半年，马寅初主要由于预言"50 年后（即 2007 年）中国将有 26 亿多人口"，并分析了由此可能产生的严重后果而受到批评。1979 年中央正式给马老平反，同时在全国强力推行"独生子女"政策。当时报纸上有一篇文章题目是"错批一人，误生两亿"。但回过头来看，计划生育政策迟迟未能实施并非因批判了马老而造成，因为毛主席早就提出"计划生育"思想，主要由于"大跃进""文化大革命"等没有顾得上实施而已。实践证明，2007 年我国没有达到 26 亿人口（2018 年末才 13.95 亿人），我们也不能简单推算出是由于实行了"独生子女"政策使我国少生了 12 亿多人口。从这两段历史经验看，我们研究人口政策时必须充分论证，慎之又慎，为中央决策提供准确可靠的依据。进入老龄化社会也不必大惊小怪，甚至惊慌失措。但要认真研究切实可行的应对措施。

四、关于应对措施的几点建议

（一）探讨实行灵活的退休年龄制度

现行退休年龄规定刚性太大。有效工作年龄应伴随预期寿命的提高而适当延长。美国退休实行自愿制，到一定年龄如自己想退休则给你一把"黄金降落伞"，即发一笔丰厚退休金；如自己还想继续工作则不强求你退休，否则当事人可以"对老年人歧视法"向单位提出起诉。其实，60 岁的男人，55 岁的女人，只要无大病者是完全可以多干几年工作的，可继续保留在劳动者的队伍里。由于生活条件好了，现在 70 岁的老人无论身体素质还是精神状态似乎都不亚于几十年前 60 岁的老人。因此在"老有所养、老有所居、老有所医、老有所乐、老有所学"五有政策的基础上可增加一条"老有所为"。不要把到点的老人一律列入只有享受、被抚养、完全消极的社会群体。老年队伍中蕴藏着巨大的生产力，许多人还可以继续从事科研、教学、生产劳动以及公益性事业，包括身体好、年轻一点的老人可以积极参与帮扶身体差、年龄更大的老龄群体的工作，实行"时间银行"制度，你现在帮老人做了多少时间的工作，相当于"存款"记录在案，将来你老的不行了，别人也为你提供相应或更多的服务。习近平总书记关于"离退休老同志是党和国家的宝贵财富"的指示非常重要，应认真落实。老专家、老医师、老艺人、老干部等有宝贵经验，可充分发挥出来。老年人自己也要从客观情况出发，秉持量力而行和帮忙而不添乱的原则。

（二）从加强宣传入手，进一步立法确认把结婚生育子女视为青年人的法定义务

孟子说："不孝有三，无后为大。"人口生产是最重要的生产，是重要的社会责任，不能当作随心所欲的私事（除有生理障碍者外）。对不工作不结婚，在家赋闲的青年啃老族以及结了婚不想生孩子的要进行舆论指导，街道居委会有责任去做动员工作。人类要自己控制自己，主管部门要做好顶层设计，少年、幼儿占比低了就要鼓励多生一些，该比例太高就要适当控制一下，人口政策应该波浪式的、动态的。不断优化人口结构，提高人口素质、调控人口总量，而且人口政策要有差别化，如民族地区（新疆和西藏等地的汉族居民则应与少数民族实行相同的生育政策）、城市和乡村、发达地区和欠发达地区之间政策要有一定差异，不搞"一刀切"。

中共中央在"十三五"规划纲要建议中明确提出取消"独生子女"的计划生育政策，以"两孩政策"代替之。这项改革受到全国人民的衷心拥护，实践证明是完全正确的。考虑到我国经济社会已经发展到今天这个水平，已经具备全面放开人口生育限制政策的条件和必要性。建议有关方面对此进行充分论证、深入研究。

（三）坚持子女赡养与社会养老相结合

子女要扶养父母是中华民族的优良传统。《中华人民共和国宪法》规定"成年子女有赡养扶助父母的义务"，《婚姻法》也规定"父母对子女有抚养教育的义务，子女对父母有赡养扶助的义务"，《中华人民共和国刑法》第二百六十一条规定"负有扶养义务而拒绝扶养，情节恶劣的，处五年以下有期徒刑"。目前，存在着过分强调社会养老，似乎忽视了子女赡养父母义务的倾向。应坚持两者相结合的原则。

（四）从实际出发采用灵活多样的模式发展中国特色养老事业

首先要明确养老机构总体上是社会服务的公益性事业，而不是主要以营利为目的的商业性产业。对有特殊需求的人群也可以发展一些高档商业性养老机构。要坚决打击以养老为名，实际上是以各种手段去骗取老年人钱财的犯罪行为。在发展养老院的同时，要更广泛地发展家庭养老、社区养老，特别是社区养老要丰富多彩。

（五）大力发展经济、推进社会进步是应对社会老龄化的根本之策

只有经济发展了，各项社会事业发达了，特别是随着科学技术突飞猛进、就业人群的劳动生产率极大地提高了，社会老龄化的一切问题便都能迎刃而解。

关于老龄化与养老金问题的一些思考

董克用①

对于老龄化社会的国际标准很清晰，60 岁以上的人口占全部人口的 10% 或者是 65 岁以上的人口占到 7%，就表明一个国家进入了老龄化社会。

根据联合国经社理事会人口司的人口预测看一下我们国家人口年龄结构的变化。该预测以 1950 年为起点，预测到 2100 年。首先看人口总量，该预测显示，中国在 2030 年达到人口高峰，总人口 14 亿多一点，之后总人口减少，因此人口总量是高峰形状，目前人口还在往上涨，达到高峰后下降。人口增长速度的预测是基于妇女总和生育率是 1.8 的假设，如果不到 1.8，那就意味着人口增长没有这样快。值得注意的是，我国 2017 年比 2016 年新生儿减少，2018 年比 2017 年又减少了 200 万。这可能意味着，我国的人口高峰有可能提前，甚至有的学者说高峰已经到来了。再看一下我国 65 岁以上人口的情况，据预测 65 岁以上人口数量在 2060 年达到最高点，数量是 4.2 亿。值得注意的是，这 4.2 亿的预测比人口总量的预测要准确，因为 2060 年 65 岁的人目前已经出生并渡过了婴儿死亡期。

注意，老龄化的标准是老龄人口的比重而不是老龄人口的绝对数量。我国 65 岁以上的人口占总人口的比重，2000 年是 6.65%，这就意味着当年我国就进入了老龄化社会。目前这个比重接近 12%，之后几十年比例持续提高，从图形上看，这是一条 45 度线，到 2050—2060 年期间比重将达到 30%。更需要注意的是，该比率达到 30% 以后就不下来了，一直到本世纪末都是百分之三十几，不会降低。因此，可以说，我国未来将进入人口老龄化高原而不是高峰，高原的特点就是长期处于老龄化状态。设想一下，当我们

---

① 董克用，中国人民大学公共管理学院教授，中国养老金融 50 人论坛秘书长。

实现第二个百年梦想的时候，突然发现，社会上三个人里面有一个人是 65
岁以上的老人，这就是我国老龄化的特点。

再看一下抚养比，抚养比是看 65 岁以上的老人与 15 岁到 64 岁劳动年
龄人口之比。从图形中可以看到，全世界人口都将老龄化，但是，抚养比
是慢慢提高的，最高达到 38。也就是说，100 个 15 岁到 64 岁的人扶助 38
位 65 岁以上的老人。看一下发达国家的情况，现在发达国家的抚养比是
30，还会继续往上走，最高点达到 52，即 100 个劳动年龄人口扶助 52 位
老人。我国的抚养比目前与世界平均水平差不多，稍微高一点，然后就开
始追赶发达国家。我国的抚养比在 2050 年前后追上发达国家，然后就开
始超越发达国家。由于我国的老龄化程度高，因此抚养比也高，在人口老
龄化高原时期，我国每 100 位劳动年龄人口需要扶助 64 位老龄人口，不
仅高于全世界平均水平，也高于发达国家的水平。如果再考虑到年轻人大
多都会接受大学教育，就业时间至少推迟到 22 岁，实际抚养比会更高。

在人口老龄化加剧的形势下，最大的挑战之一就是养老金怎么办？农业
社会我们是养儿防老，有块地，自己种不了了，儿子去种地，年轻一代抚养
老年人，农业社会千百年就是这样代代相传。但是工业化社会，人们进城就
业了，平时靠工资生活，退休怎么办？于是，就出现了退休金制度，这是工
业化和城市化的必然产物。现代退休金制度是工业化先行的发达国家创立
的。它有两种基本模式，一种叫现收现付，就是代际抚养。工作的一代人缴
费，收缴的钱用于支付退出劳动力队伍的老人的退休金。现收现付的模式有
很多好处，例如，该制度容易建立、无大量积累不用担心基金贬值等。这种
模式遇到的最大挑战是老龄化。设想一下，如果 100 个在职人员面对 60 个
退休人员，或者甚至还多，一个在职人员扶助一个退休人员，现收现付就可
能无法承担。现收现付模式应对老龄化一般有四个办法：一是延迟退休年
龄，许多发达国家已经把退休年龄延迟到了 70 岁。二是在职一代多缴费，
如果考虑到还要有医疗、工伤、失业等其他需要缴费的制度，增加养老金缴
费也不容易。三是减少退休待遇，这个办法很难实施，通常情况下，不是降
低养老金待遇问题，而是要随着物价水平的提高、在职人员工资的提高而不
断提高退休金水平。四是公共财政补贴。

面对现收现付遇到的问题，国际上也在尝试完全积累制。其模式是通过
建立个人账户，在职的时候向个人账户存钱，退休之后从个人账户里取钱。

完全积累制有优点，因为它是自我平衡的，没有代际负担；但是，该制度最大的风险是积累不足，因为没有人知道自己什么时候离世。如果人还活着钱用完了，怎么办？由于该模式是积累型的，就存在基金投资风险和贬值风险。

总而言之，面对老龄化挑战，没有一个最佳模式。怎么办？就是打组合拳，采用多支柱的办法。其中，第一支柱的公共养老金，采用现收现付模式，由政府来兜底，公共养老金的目的是反贫困、保基本、抵御长寿风险。第二个支柱是职业养老金，是雇主主导的，就是在政府税收政策的支持下，由单位主导来建立的养老金制度。职业养老金有两个目标，一是补充第一支柱的不足，提高退休待遇，二是吸引优秀员工。两个单位，工资水平相同，有职业养老金的单位比没有这个制度的单位对优秀员工更有吸引力。第二支柱职业养老金目前多为积累型养老元。第三支柱是个人主导的个人养老金。这种养老金也是采取完全积累的形式，政府通过税收优惠来支持。

可以看出，三支柱体现的是国家、企业、个人三方的责任。我国在1991 年就提出这样的改革思路，比提出三支柱理论的世界银行 1994 年的报告还要早。但是，在建设多支柱养老金制度的过程当中我们走得比较慢，因为国内还存在争论，是现收现付好，还是完全积累好。很有幸，我近年来访问了这两种制度的有代表性的国家德国和智利。今年 4 月德国方面邀请我到德国参加养老金专业会议，并专门考察了德国的养老金制度，我访问了德国社会保障部、行业养老金管理机构、企业等。德国人告诉我的结论很清楚，因为老龄化，现收现付的养老金制度要改，他们的教训是改得慢了一点，现在需要加快。我 2017 年去智利访问，智利完全积累型的养老金原来设计得也很好，但是最后发现也不行了，因为没有实现当年承诺的替代率，老百姓上街游行，要求改革。那么政府怎么办呢？政府现在回过头来补第一支柱。所以养老金改革的趋势很清楚，无论是最早开始实行现收现付的德国还是最开始实验完全积累的智利，都在走向多支柱的养老金制度。

我国已经基本上建立了这样一套多支柱养老金体系。我们用的官方语言是"多层次养老保险"。我国的第一支柱实际上包括两部分，一是城镇职工基本养老保险，包括企业职工和机关事业工作人员；二是城乡居民基本养老保险，该制度是 2009 年在农村先建立的，2011 年在城市建立，2014 年城乡制度合并。我国已经建立了第二支柱，包括 2004 年建立的企业年金和 2014 年建立的职业年金制度。2018 年，我国已经在福建省、上海市和苏州工业园区开始了第三支柱的试点，在试点文件中，官方第一次使用了第三支柱的提法。

我国养老金制度的问题是什么？我觉得现在的问题是党的十九大报告中提出的"不平衡和不充分问题"。平衡不平衡需要比较，我们拿中国与美国做个比较。我国现在的老年人口比重与美国差不多。先看看美国人存了多少养老金，再来看我们存了多少养老金。根据 2017 年底的数据，美国第一支柱养老金存了 2.9 万亿美元，第二支柱存了 16.8 万亿美元，第三支柱存了 9.2 万亿美元，加起来是 28.9 万亿美元。也就是说，二、三支柱存的养老金相当于美国 2017 年 GDP 比重的 134%。如果加上第一支柱，达到 140%。再看中国，我国的基本养老保险，城镇职工加城乡居民，结余是 5.02 万亿人民币。我国的企业年金搞了 10 多年，目前有 1.29 万亿人民币，第三支柱刚开始试点，忽略不计。总共 6.31 万亿人民币，相当于当年 GDP 的 6%。这些数据就告诉我们一个事实，我们总听经济学家说美国人消费太多，储蓄太少，中国人储蓄太多，消费太少。这在某种情况下是对的，但是在养老金领域不对，是正好反过来的。美国政府制度化的为美国人民存了一大笔养老金，它存的这个钱相当于美国当年 GDP 的 140% 到 150%，往前追述 10 年都是这样的比重，GDP 增长养老金也增长。前面提到了，我国的老龄化程度比很多发达国家都要厉害得多，而我们的养老金储备却严重不足，基本上仍然依靠现收现付的第一支柱。因此，这就是我们养老金制度的不平衡问题。

再来看"不充分"的问题。从统计数据看，我国城镇退休职工的待遇水平也是一直提高的，从 2005 年每月 700 多元提高到 2017 年的每月 2500 元，这其中曾经有 10 年每年 10% 的增长。但是，如果看一下替代率，情况就不那么乐观了。如果我们看一下社会平均工资替代率，就是退休人员的平均退休金和在职人员的平均工资之比，我们会发现，这个替代率从 20 世纪 90 年代末期开始一路下滑，已经从 80% 多下降到了 46%。所以，退休人员每年都在关心养老金的增长问题，因为退休收入确实不高。造成这一结果的重要原因就是，我国的第二、第三支柱发展迟缓，仅仅依赖第一支柱难以达到理想的替代率水平。

针对目前存在的问题，养老金制度改革的走向是什么？我就多支柱建设问题谈些个人的思考，主要有三点：一是整合第一支柱养老金制度，实现保基本；二是优化第二支柱职业养老金，强化单位责任；三是加快建设第三支柱个人养老金。

第一支柱改革思路是统账分离，尽快实现全国统筹。全国统筹是解决第一支柱资金地区不平衡，劳动力流动转移接续费时费力问题的关键。目前城镇职工基本养老保险实行的是社会统筹加个人账户制度，由于两部分资金混在一起管理，并没有真正实现制度设计初期所希望出现的部分积累，反而在不少地方出现了"空账"。全国统筹的一定是基础养老金，而不是个人账户养老金，所以，应该通过统账分离，加快实现基础养老金全国统筹。为此，需要做实缴费基数，继续降低单位缴费费率。同时，要加快落实国有资本划转社保基金，主要用来解决转制成本。目前，20 世纪 60 年代初期出生的人要退休了，而 60 年代有一个补偿性的生育高峰，这些人开始进入退休年龄，但是，在改革前他们没有交过养老保险，需要动用国有资产补足这个缺口，减少当代人的负担。

需要优化第二支柱职业养老金。目前企业年金的发展进入停滞状态，新增企业和员工人数都不多。从总体看，参加企业年金的职工人数不到参加第一支柱基本养老保险人数的 1/10，也就是说，90% 的企业职工并没有第二支柱。这种情况需要改变，应当通过各种措施，包括降低企业第一支柱缴费负担、增加税收优惠、降低进入门槛等政策措施，推动企业年金发展。发展好了第二支柱会有利于推动第一支柱改革。以延迟退休年龄改革为例，许多国家都推迟了全额领取第一支柱养老金的年龄，但是，这些国家领取第二支柱养老金的年龄标准往往低于第一支柱，所以，有些早退休的人可以先领取第二支柱养老金。

第三支柱个人养老金也非常重要，因为该养老金制度是个人主导的。我国目前正处于经济转型期，出现了大量的灵活就业形式，城镇中就业增长最快的就是个体劳动者，目前已达 9000 万人。对于个体劳动者而言，因为没有雇主，就无法参加第二支柱。怎么办？第三支柱就可以弥补这个制度缺陷。当然，第三支柱不只是面对个体劳动者，而是全体经济活动人口，但是，应当特别关注没有参加第二支柱的人群。对于第三支柱，世界各国都给予了强有力的税收优惠支持。我国的个人税收体系有其特点，近年来，一直在提高"起征点"，所以，我国政府对第三支柱的税优政策应当有我们的特点，可能不只是 EET 模式，还要考虑 EEE 模式和国家财政对低收入者参加第三支柱的缴费补贴。第三支柱需要金融机构多方参与，提供优质的养老金产品，通过多方合作，来解决养老金问题。

老年人精神关怀：一个标准化解决方案

吕海波　李　壮　仝利民①

随着老龄化程度的不断加剧，为老服务未来必将会出现层次上的分级，老年人精神关怀的需求会更加凸显。本文就老年人精神关怀的内涵、实践内容进行了论述，并分析了当下的现状和未来的趋势，最终提出了对老年人提供精神关怀的方案系统。这个方案具有一定的通用性和延展性。

一、老年人精神关怀的定义

为老年人提供心理和精神支持的做法多表述为：精神关怀、精神关爱、心理关怀、心理服务、心理/精神支持等。我们将之定义为"通过语言、文字等媒介，使老年人的认识、情感有所变化，增强适应性，保持和增进心理健康的过程"。

老年人的精神关怀，其工作的主要内容和最终目的是在心理和精神层面对老年人提供支持，这一点区别于传统的生活照料和医疗照护。但是对老年人的精神关怀并非独立存在，有效的精神关怀必须是能够有机融入日常的生活照料中的，脱离日常照料的精神关怀无法发挥作用，或其作用不具备持续性。

老年人的精神关怀，其呈现方式是多样的：谈话聊天、文字阅读、展现怀旧物件、集体活动等方式都可以成为开展精神关怀的方式，但是精神关怀区别于一般的照料其关键在于能够对老年人的心理和精神层面上产生作用，

---

① 吕海波，上海松江区慧修职业技能培训中心理事长；李壮，同济大学人文学院博士研究生；仝利民，华东理工大学社会与公共管理学院副教授。

而非仅仅解决现实性问题。二者的关系可以理解为：精神关怀不一定解决一般照料中的现实性问题，但是高质量的一般性照料往往包含着精神关怀的内涵。

二、对老年人提供精神关怀的意义

第一，随着社会的进步以及物质生活水平的提高，人们对精神层面上的追求也越来越高，提高主观幸福感、保持良好的心态、维持健康的心理状态，越来越成为人们的普遍共识，也逐渐成为一种被广泛接受的生活方式。随着老龄化的推进，老年人口的比重会越来越大，因此对老年人开展精神关怀，促进和维持老年人的心理健康，对于建设积极向上的社会心态、促进社会和谐、维护社会稳定都具有重要的意义。

第二，随着年龄的增长，老年人的身体机能逐渐下降、生理健康问题逐渐凸显、社会参与度下降，此时老年人非常容易感受到价值危机。保持健康积极的心理状态和精神面貌，对于克服身体机能下降、改善生理健康，甚至是对于疾病的预防和康复都有着重大的积极作用，而且年龄越大心理和精神健康在提升整体生命质量维度上发挥的作用也就越大。

第三，各级政府也逐渐意识到对老年人开展精神关怀和心理支持的重要性，这可以在一系列的政策文件中得以体现，如：2016 年 10 月国务院印发了《"健康中国 2030"规划纲要》将老年人作为重点人群，提出要加强其健康服务。2017 年 3 月国务院印发"十三五"国家老龄事业发展和养老体系建设规划的通知，明确提出要加强老年人精神关爱。2017 年 12 月国家市场监督管理总局（原国家质检总局）、国家标准委员会发布了《养老机构服务质量基本规范》规定养老机构中心理/精神支持服务的内容包括但不限于：环境适应、情绪疏导、心理支持、危机干预。2018 年 12 月十部委《关于印发全国社会心理服务体系建设试点工作方案的通知》把对老年人开展心理关怀，作为搭建基层心理服务平台的一部分。从以上政策规定中可以看到国家对老年人精神关怀工作的重视，并力图用规范化、标准化的工作体系来对老年人精神关怀工作提出要求。

综上，对老年人开展精神关怀服务，是遵循老年人的身心发展特点、提升老年人生命质量的需要，是应对老龄化社会，维护社会和谐稳定的需要，也是响应国家要求，实现政策规定落地的需要。

三、对老年人提供精神关怀的实践方向

对老年人提供精神关怀并非是独立进行的，需要借助于一定的载体或融入日常的一般性照料中才能实现，总体来说在实践中对老年人提供精神关怀主要有以下几个方向。

（一）生活照料中的精神关怀

生活照料是指对老年人提供饮食起居等方面的基本照料，这是老年照料的最基础工作，也是主要工作。生活照料中的精神关怀是指在提供基本的饮食起居的照料的同时能够让老年人感受到心理和精神层面上的支持。做到这一点需要对服务对象的个性化需求有着比较全面的了解，并根据照料条件有选择的给予满足。另外照料人员掌握一些心理学及社工的工作技巧，如沟通技术、问题解决技术等，并将这些技术应用在日常的照料中，可以有效提升老年人的心理体验。

（二）人际交往中的精神关怀

人的本质属性是社会性，老年人因为活动能力受限，其社会参与度也大大下降。对老年人开展精神关怀的一项重要内容就是帮助老年人重建属于他自己的社会系统，这一系统主要包括三个维度：（1）在照料者和老年人之间建立心理链接。通过在日常生活中给予精神关怀的方式，让照料者和老年人之间建立一种情感共同体和心理链接，这样除了照料之外，照料者本人对老年人就可以成为具有精神关怀作用的要素。（2）优化老年人的家庭支持系统。目前家庭养老仍然是最主要的养老方式，老年人与家属的关系质量显著影响其心理精神状态。将心理学和社会工作相结合对老年人所在的家庭开展家庭指导，能有效改善其家庭关系，帮助老年人获得家庭成员的支持。（3）建设同伴群体。老年人需要和自己的同龄人建立关系，精神关怀的一项重要内容是分析老年人对于友谊的需求，通过设计活动等方式对其匹配相应的同伴，帮助获得同龄友谊。

（三）通过组织文娱活动提供精神关怀

文娱活动是老年人丰富生活、参与社会互动的重要途径，也是开展精神关怀的重要途径。通过文娱活动实现对老年人的精神关怀，需要对老年人的

心理需求进行比较精准的掌握，明确老年需要什么以及活动可以满足老年人哪个方面的心理需求。在精确了解的基础之上进行精准对接，并以此为基础对活动进行统一的设计，同时对活动的参与度进行监控，评估活动的质量，力求活动能在最大范围上满足老年人精神需求。

（四）人生故事梳理

人生故事梳理是指对老年人的过往进行梳理，帮助其获得一种相对来说较为积极的自我概念。人生故事的梳理虽然以故事为主要工作内容，但是最终的目的是形成对当事人的评价和定义，这个过程是一个人和事逐渐分离的过程，最终老年人获得的是一种对自己的积极认识和良好体验，而不是对特定故事和特定过往的认识和评价。老年人对自我的心理加工包括三个层面：经验我、文本我、诠释我。经验我是指经历，属于事实层面。文本我是指自己对自己的描述，属于主观加工层面。诠释我是指在事实和描述背后隐藏的对自己的评价和定义，属于自我概念层面。三个层次的自我有时是一致的，有时是冲突的。开展精神关怀就是要发现三个层次的"我"，帮助其实现积极的整合。

（五）形成健康合理的老化态度

老化态度是指老年人对老去甚至是死亡的态度。积极的老化态度是能够客观坦然地面对老去，接纳老去。形成健康老化态度主要在以下两个方面开展工作：一是帮助老年人对过往的人生经历进行整理和积极的解读，尤其是对于负性经历的加工，帮助老年人获得对一种负性经历的新的积极的解读，进而帮助老年人摆脱内疚、后悔等负面情感的困扰，帮助其获得一种相对来说比较积极健康的人生概念。二是帮助老年人对当下的生活进行解读，帮助其形成正确的评价和归因。塑造老化态度涉及对老年人价值观、人生哲学等深层次问题的触动，实现起来有较大的难度，需要较为深厚的专业储备和较高的实践技能才能实现。

四、老年人精神关怀现状及未来趋势

目前来说对老年人提供心理支持和精神关怀尚处于初始状态，表现为：（1）对老年人提供精神关怀仍更多地处于理念和理论之中，在实践中相应不够充分；（2）对老年人成功的提供精神关怀目前仍处于自发随机的状态，缺乏将之系统化、工具化、可操作化、可推广应用的载体；（3）一些对老年人提供的所谓的精神关怀，只是借着精神关怀的名义开展日常性的活动（如节日慰问），这些并不是真正的精神关怀，虽然客观上在一定程度上能为老年人带来精神关怀，但是无法持续有效，更难以成为系统方法，甚至会带来误导。造成这种状况的原因有以下几点：（1）为老服务的内容较为广泛，精神关怀属于为老服务的较高层次，而且较为隐性，很容易被忽视，难以被观察和评价，所以实现起来较为困难；（2）老年化进程过快，老年人口激增，养老资源供给不足，有限的资源只能满足基本的需求，精神关怀属于较高层次的老年服务，而且在一定程度上需要对老年人的个性化需求进行满足。这在有限的资源状况下，满足起来比较困难；（3）对老年人提供精神关怀，需要心理学、社会工作、护理学等多个学科的知识相融合，具有一定的专业门槛，一线的护理人员需要经过学习培训才能掌握，但是目前并没有相对应的培训体系；（4）精神关怀对服务对象有一定的要求，目前的老年人以 30 后和 40 后为主，其知识层次有限，加之特定的生活经历，使得这一代老年人的精神需求表现性不够明显，或者其表现方式多依附于现实性需求上，以至于容易被忽略。

随着老龄化进程的推进，未来相当长的时间内老年人口仍会不断增加，而且老年人口的结构也会发生变化。50 后已经进入了初老状态，60 后在未来的 10—20 年左右也将步入老年人行列。这些人的知识层次、生活经历、消费能力与 30 后、40 后老年人有着根本性的差异，这决定着未来的老年照护也会出现分级，基本的生活照料和较高层次的精神照料会进一步分开，心理支持和精神关怀将会从隐蔽的状态逐渐被凸显出来，这为精神关怀的市场化提供可能。精神关怀较之基本的生活照料实现起来难度更大、层级更高，但是其附加价值也越大，对资本的吸引力也更大，这为未来提供市场化的精神关怀服务奠定了基础。

五、对老年人开展精神关怀的实现要素

（一）专业化

人的心理活动和精神状态具有很强的隐秘性，对老年人提供有效的精神关怀，需要精准把握老年人的心理需求，明确需求的表现，正确设计满足需

求的方式。做到以上这些，需要专业力量的参与。识别和评估老年人的心理需求需要依赖心理学的知识作为指导，对老年人开展精神关怀需要心理学及社会工作方法的介入。专业的视角和观点是解释和理解老年人的依据，专业的技术是规律化、概括化的方法。符合专业的精神关怀工作才有可能是正确的工作。但是专业化并不意味着高深艰涩，对老年人开展精神关怀必定是将理论视角和技术规范转化为可操作的照护策略。

（二）系统化

老年人的心理状态和精神状态受到多种因素的影响，对老年人进行精神关怀和心理支持既是目的又是结果，其实现的质量受到多种因素的影响，单一维度的工作难以保证目标的实现，为了让精神关怀工作有效，并且保障效果的持续性，需要在系统层面上开展工作。具体来说包涵以下几个系统。

1. 评估分析系统

对老年人开展精神关怀的首要基础是对老年人心理需求的精准了解，只有了解每个老年人的个性化需求之后，才能从规模的层面去设计一个老年群体的心理需求满足方案。对此，心理学、社会工作等学科提供了非常丰富的理论、工具、方法。据此设计一套评估工具，并辅以使用方法，构成一套完整的老年人心理需求的评估系统。在识别出老年人的心理需求之后，还要对其进行分析，重点分析心理需求的表现方式，特定的心理需求有特定的表现方式，或者同样的心理需求因为个体差异而出现不同的表现，这些相同或相异的表现方式决定着接下来的方案系统的设计，对心理需求表现形式的分析需要借助于一定的专业理论和方法才能实现。

2. 方案系统

在识别和分析心理需求及表现形式以后，需要设计满足其心理需求的方法，方法的设计除了能够满足其心理需求、符合其表现形式之外，还要能够和日常的照料工作相融合，这样方案才具有可执行性和可操作性。需要指出的是，方案系统具有差异性，方案是基于心理需求及表现以及照料条件等多方面的信息设计而成的，不同的家庭、社区、养老机构其照料条件是存在差异的，所形成的照料方案也存在差异，所以照料方案必须考虑现有的照料条件，否则将会失去其意义。

3. 优化保障系统

老年人生活在一定的环境系统中，如家庭环境系统、养老院环境系统，照顾方案、照护策略也是这个系统的一部分，照顾方案、照护策略的贯彻实施依赖其他部分的配合和支持，这一点在机构养老中尤为重要。机构是一个相对来说复杂的结构，各个部门、各个环节、各个系统相互影响，对老年人开展精神关怀离不开其他工作系统的支持，如硬件管理、家属配合等方面。这些系统是为老年人开展精神关怀的重要保障，这些系统本身的优化、系统之间关系的优化都会有利于实现对老年人开展精神关怀服务。

4. 培训系统

对老年人提供精神关怀具有一定的专业性，必须借助于一定的专业理论和专业方法才能实现，而现有的养老行业的从业人员几乎不具备相应的专业理论和技术。精神关怀和其他的照护类型不一样，精神关怀较少依赖于硬件、物料等，而主要依赖于人也就是照料者，因此照料者的观念和导向、水平和能力就变得十分重要，做好这一点关键是要搭建与之相配套的培训系统。

（三）标准化

虽然老年人是一个个具有差异性的个体，但是对老年人的心理需求进行评估和分析、将需求转化为照护策略、设计相应的培训系统，这些环节却是有较大的推广和应用空间，这些环节的推广和应用的前提是标准化。精神关怀本身较大的差异性和弹性，照料者个人以及照料机构可自由把控的空间很大，缺乏标准将会使得这些工作变得极为小众，不利于其后续的推广和应用。

（四）智能化

智能化是指将以上环节的工作过程、工作结果利用智能化的工具（如手机 APP）进行实现。智能化工具的作用在于通过现代科技手段实现权限和责任的分发。以机构养老为例，对老年人提供精神关怀需要一线护理员、养老机构、老年人家属甚至是政府等多个主体的参与。每个主体具有不同的责任和权限，智能化工具可以将这些责任和权限统一到一个平台上，既合理分发又信息共享，可以较大程度上提高方法系统的可行性。

另外，老年人的精神关怀系统并非是静态的，而是在实践的过程中不断的发展和优化的，发展和优化的依据就是在实践过程中的经验和教训。因此实施过程中的记录、积累等数量化的证据就十分重要，而智能化的工具能在这个方面为方案的设计者和使用者提供极大的便利。

六、相关内容的实践

文中阐述的观点和提及的实践方向并非都是专业假设。一支专业队伍（这个专业队伍绝大多数都是全职在上海松江慧修职业技能培训中心工作）几年来在上海松江的养老机构和居民社区开展了相关的调查和服务实践，其中包括养老院管理课题研究、老人精神服务实践研究、社区服务项目实践、养老专业人员和社工专业培训等。通过这些实践工作，我们初步搭建了老人精神关怀的服务体系模型，这个模型有一个 APP 实现信息交互，它的主要逻辑是用专业的手段将老人精神需求转化为各个维度的具体服务需求，分发到能够有效满足需求的相关支持方（服务方），通过系统数据沉淀不断评价需求、需求满足以及系统效率，见系统逻辑示意图：

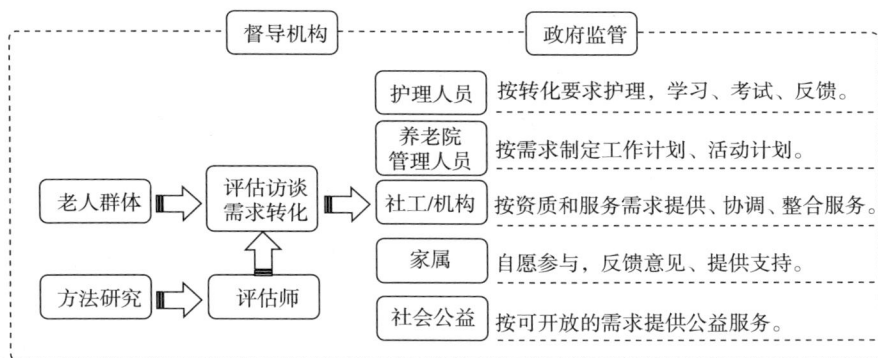

图1

这样服务体系能够识别需求、分发需求和管理需求，能够有效提高服务效率和服务管理效率，不仅可以用在老人精神关怀领域，也可以在其他社会服务领域应用。

实现金融服务养老供求平衡的对策研究

沈佳倩　江世银①

老龄化是人类社会文明进步的象征。但是，如果处理不好，它的过快发展终将会成为制约经济社会发展的重要因素。中国人口发展到以后必将从一般的轻度老龄化过渡到深度乃至重度老龄化。"无论就老年人口规模，还是就人口老龄化发展速度而言，当前中国正面临史无前例的人口老龄化严峻形势。人口老龄化几乎对经济社会发展的各方面都产生了重要影响。"金融服务养老是经济金融发展到一定阶段后养老服务的客观需要，特别是解决日益严重的养老问题越来越需要更多的金融服务。老年人获得了越来越多的金融服务才能过上更美好的生活。

金融服务养老事关老年人福祉和经济金融的发展。充分发挥金融服务养老作用不仅对老年人养老而且对稳定社会都具有极其重要的意义。金融如何服务养老、谁来管理、怎么监督等问题都需要探索。促进金融服务养老发展有利于整个社会公平与效率的实现，保障公民老有所养的权利，维护金融稳定。它不但可以满足养老的消费需求和投资需求，关系到经济金融的健康发展，而且能够丰富社会养老保障体系和实现养老美好生活的愿望。金融服务养老供求失衡是解决老龄化问题中的常态。如何采取积极有效的措施，努力实现金融服务养老的供求平衡不仅非常必要而且十分紧迫。

---

① 沈佳倩，南京审计大学经济学院硕士生。江世银，南京审计大学金融学院二级教授。

一、越来越突出的老龄化问题客观上需要实现金融服务养老的供求平衡

中国老龄化发展规模大，速度快，结构复杂，面临着前所未有的挑战。2013 年，中国老年人口超过了 2 亿，2026 年将超过 3 亿，2037 年将超过 4 亿，2050 年前后将达到峰值近 5 亿，约为少儿人口数量的 2 倍。"欧洲国家用 100 年时间、发展中国家用 60 年时间达到的老龄化程度，中国只需 20 年。"中国老龄化速度是发达国家的 2 倍以上，养老问题比其他任何国家都突出。人口老龄化呈加速发展的态势导致养老问题来势汹汹。

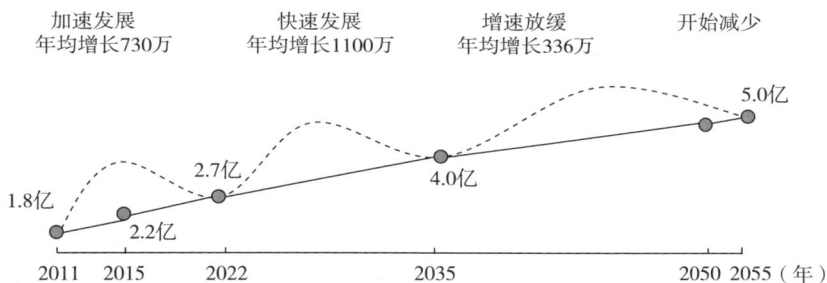

图 1　中国老龄化趋势（60 岁以上老年人）

在全面建成小康社会时期，人口老龄化呈加速发展态势，年均增加 730 万人。从 2021 年到 2035 年，人口老龄化呈快速发展态势，年均增加 1100 万人。从 2036 年到 2050 年，人口老龄化呈增速放缓态势，年均增加 330 万人。据全国老龄工作委员会办公室数据，1991 年，中国 60 岁以上老年人口跨过 1 亿大关。2013 年，中国有 60 岁以上的老年人口超过 2 亿人。2015 年，有 2.2 亿。据预测，到 2020 年，估计老年人有 2.5 亿人。到 2035 年，估计老年人将超过 4 亿人。到 2050 年，接近 5.0 亿人。由此可以看出，我国老龄化呈加速发展的态势。从老龄人口占总人口的比例来看，在 2015—2020 年期间，老龄人口占人口总数将由 15.0% 左右增加至 17.2%，到 2030 年该比例将达到 25.3%，2050 年时老年人口将占总人口的 34.1%，之后老龄化水平将在相当长一个时期基本稳定在 30.0% 左右。80 岁以上的老年人口的比重将长期保持世界第一，约 25%—30%。越来越突出的老龄化问题在世界上任

何人口大国中都是前所未有的。解决这一问题，客观上需要金融服务养老。

金融服务养老，就是在人口老龄化趋势和条件下，政府和金融机构等向老年人在金融要求上提供各种金融服务。这些服务包括养老制度上的服务，养老项目上的服务，养老产品上的服务，养老产业上的服务，养老资金上的服务，养老资产上的服务，养老财富上的服务，养老权益上的服务等。所以，金融服务养老就是养老事业发展的金融支持或服务。也就是说，金融为老年人提供生存、安全、享受、发展上的资金便利性服务。金融服务养老包括居民养老金积累、理财和收入保障等与之相关的个人金融服务，以及为养老产业发展提供的投融资、信托、基金等金融服务。

金融服务养老供求失衡问题是影响金融服务养老正常发展的重要问题。为了金融服务养老的可持续发展，我们必须重视解决金融服务养老的供求问题，努力使金融服务养老供求均衡。实现金融服务养老的供求均衡发展，不仅对老年人而且对金融机构、养老机构，不仅对金融监管部门而且对政府相关部门都具有重要的意义。金融服务养老供求问题主要在于需求乏力、供给针对性不强，这在很大程度上制约了金融服务养老的正常发展。

规模庞大且快速增长的养老人口，缺口巨大的养老服务需求和老年人对养老美好生活的追求都预示着金融服务养老进入了重要发展时期。在这个时期，金融服务养老的需求问题越来越突出。认知的限制和个性化的差异等导致金融服务养老存在着需求不足或需求过旺等问题。不管是需求不足或需求过旺，都会导致金融服务养老的供求失衡。

金融服务养老不仅存在需求问题，而且也存在供给问题。供给与需求的不一致导致了金融服务养老的供求失衡。当前，金融服务养老发展水平还不高，且与之配套的金融服务仍相对滞后。金融服务养老供给涉及机构、人员、产品、业务、政策、监管和法律服务等方面的内容。它受许多因素如服务的价格、预期收益、政策、法律服务等的影响和制约。只有源源不断的金融服务养老的供给，才能推动金融服务养老快速发展。金融服务养老的供给是其可持续发展的重要保证，没有金融服务养老供给，就没有金融服务养老的发展。

二、金融服务养老供求失衡问题

无论金融服务养老供给还是需求，都可能会出现失衡问题，即供给大于需求或需求大于供给。这是金融服务养老运行中的常态。

（一）供求失衡

根据宏观经济学的基本原理，供给与需求有可能是平衡的也有可能是失衡的。前者意指供给与需求相等，后者意指供给与需求不相等。如果供求相等，那么供求是平衡的。即：

D＝S 或 S－D＝0

式中，D 表示需求，S 表示供给。

现代经济确有供求相等的情况。只不过，这种情况存在的时间上很短，而且还是有条件的。由于受多种因素的影响，供求更多的时期是不平衡的，即供求失衡。要么供大于求，要么求大于供，前者叫过剩经济或买方市场，后者叫短缺经济或卖方市场。这是经济运行过程中的常态。

供求失衡是指供给与需求不相适应，表现为供给大于需求或供给小于需求。它是需求与供给的非均衡状态。当供需差率大于一定程度时，就会出现供求失衡。由于受外部经济环境和经济周期的影响，供求失衡难免成为经济运行中的常见现象。

D≠S

当 S＞时，即供大于求；S＜时，即求大于供。或者 S－D＞0，这就是供大于求；当 S－D＜0 时，这就是求大于供。这两种情况都是供求失衡。根据经济学的基本原理，供求的变化对价格都有不同的影响，并且价格本身就是受供求关系变化而变化的。见下图。

供大于求还是求大于供，都会影响价格的变化。供求失衡还可以从供需比衡量。供需比是指供应量和需求量之比，即供应与需求的比值。即：

$$r_{sd} = \frac{S}{D} \times 100\%$$

供需比比值小于 1 即 $r_{sd} < 1$，这就是供不应求。供需比比值大于 1 即 $r_{sd} > 1$，这就是供过于求。供需比比值越小，其竞争越小。供需比比值越大，其竞争也就越大。所以，供需比与竞争呈高度的正相关性。

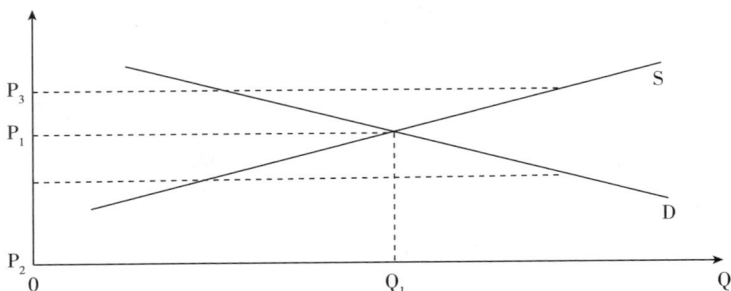

P₂时：需求>供给，价格会上升
P₃时：供给>需求，价格会下跌

图 2 供求变化影响价格

一般说来，供求平衡是暂时的，是有条件的，因而是相对的。供求失衡是永恒的，是无条件的，因而是绝对的。供求平衡与供求失衡是交织在一起的，经济的运行就是供求平衡与供求失衡的统一。

供求失衡的程度对经济运行的影响是不同的。一般地，用供需差率来衡量供求失衡的程度。供需差率是指供给与需求之间由于不平衡所产生的差额。即：

$$R_{sd} = \frac{S - D}{S} \times 100\%$$

式中 R_{sd} 表示供需差率。在激烈的竞争市场条件下 R_{sd} 不可能太大也不可能太小。它一般在 ±6% 范围内被认为是供需平衡的，超过这个幅度就被视为供需不平衡。

供需差 $R_{sd} > 6\%$ 为供过于求，$R_{sd} < -6\%$ 为供不应求。供需差率越小特别是越接近 0 说明供需越趋于平衡，供需差率越大说明供需越不平衡。供需差率的大小反映了供求的平衡状况。如果需要保持供求大体平衡，这就需要调节供需差率。

在现实经济生活中，只要供需差率保持在较低的幅度之内，并且不影响经济的正常运行，就可以认为供给和需求是基本平衡或大体平衡的。如果出现不平衡且程度较大，那么，政府应实施宏观调控使之保持总供求的基本平衡。

(二) 金融服务养老供求失衡问题

金融服务养老供求失衡是指金融服务养老供给与金融服务养老需求不相适应，表现为金融服务养老供给大于金融服务养老需求或金融服务养老供给小于金融服务养老需求。它是金融服务养老在供求上的表现。

当 $s_f \neq D_f$ 时或 $S_f - D_f \neq 0$ 时，这就是金融服务养老供求失衡。

式中，S_f、D_f 分别表示金融服务养老供给与需求。

同其他供求平衡一样，金融服务养老供求平衡是暂时的，是有条件的，因而是相对的。金融服务养老供求失衡是永恒的，是无条件的，因而是绝对的。金融服务养老供求可能会存在失衡问题。一般情况是金融服务养老供给大于金融服务养老需求或金融服务养老供给小于金融服务养老需求，较少的情况是金融服务养老供给等于金融服务养老需求。

1. 金融服务养老供给大于金融服务养老需求

由于支付成本高和风险损失大，养老者对金融服务养老缺少意愿或积极性，需求不旺，金融机构推出的金融养老产品和服务供给过剩。这种失衡是在经济过剩条件下的表现。

当 $S_f > D_f$ 时，即是供大于求，或者当 $S_f - D_f > 0$，这就是供大于求。这是一种从绝对量衡量的供求失衡情况。这时出现供给过剩。较小幅度、短暂的供给过剩对经济的影响并不明显。但是，较大幅度、长期的供给过剩不利于经济的发展。

从相对量衡量的供求失衡情况是：

$$r_{fa} = \frac{S_{fa} - D_{fa}}{S_{fa}} \times 100\%$$

式中 r_{fa} 为金融服务养老供需差率。S_{fa}、D_{fa} 分别表示为金融服务养老的供给与需求。根据本文的测算，如果 $r_{fa} > 4\%$ 或 $r_{fa} < -4\%$，就是金融服务养老的供求平衡。差率越大意味着金融服务养老的供求失衡越严重，越需要相关政策的调节与引导。

从相对量衡量金融服务养老供过于求，就是如果 $r_{fa} > 4\%$，即表示金融服务养老供给大于金融服务养老需求。其差率越大意味着金融服务养老供给大于金融服务养老需求越大。这时需要采取扩大需求量的政策。

2. 金融服务养老供给小于金融服务养老需求

绝大多数老年人在退出劳动以后，收入来源渠道单一，收入都不高甚至没有收入，但他们仍然需要消费。有的能够保证原有的生活水平和质量，有的有所下降且质量难以保证。由于受外部经济环境和过严的监管的影响，金融机构和人员缺少提供金融服务养老的积极性，出现金融服务养老供给短缺。这种失衡是在经济供给不足条件下的表现。金融服务单一化，多数金融服务养老仅仅停留在放贷层面，涉及养老产业发展的投融资服务严重不足，"尤其是老年人的金融保险、理财服务供给滞后于市场需求"。

当 $S_f < D_f$ 时，即是求大于供，或者 $S_f - D_f < 0$ 时，这就是求大于供。这是另一种从绝对量衡量的供求失衡情况。这时出现需求过旺。同样，从相对数衡量金融服务养老供不应求，就是如果 $r_{fa} < -4\%$，即表示是金融服务养老供给小于金融服务养老需求。差率越大意味着金融服务养老供给小于金融服务养老需求越大。这时需要采取扩大供给量的政策。

引起金融服务养老供求失衡的因素很多。它们主要是人口老龄化问题的严重性，金融服务养老制度的供给或设计，养老者参与金融服务养老的意愿，金融服务养老产品与服务创新的程度，金融服务养老的成本高低与预期收益的多少，金融服务养老的风险防范及其监管情况，金融服务养老的政策、制度、体制机制供给情况，金融服务养老法律法规体系建设等。解决金融服务养老供求失衡问题，需要正确分析这些影响因素并制定和实施相应的政策措施。

三、努力实现金融服务养老的供求平衡

努力实现金融服务养老的供求平衡不仅对金融持续、快速、健康发展而且对养老问题的解决都具有重要的意义。这不仅关系到老年人的生活质量，也有利于金融乃至整个宏观经济的健康发展。采取恰当的路径和实施良好的政策，不断克服金融服务养老供求失衡，努力实现金融服务养老的供求平衡。

（一）努力实现金融服务养老的供求平衡路径

努力实现金融服务养老的供求平衡，需要金融服务养老的不断创新并实现金融服务养老供给与需求的同步增长。金融机构在经营传统业务的同时，要逐步打破以个人养老储蓄为代表的传统老年金融服务依然处于银行类老年金融产品的主流地位这一僵局，创新适应长寿生活要求的银行、证券、保

险、信托、基金等各种服务养老产品，建构和完善适应养老金融供求的服务体系。

1. 金融服务养老的不断创新是实现金融服务养老供求平衡的重要路径

由于科学技术、经济、社会等是不断发展的，所以，只有实现金融服务养老的不断创新才能更好地满足养老的需要。相关机构通过多层次、可持续、能复制的模式为老年人的养老提供更多更好的金融产品和服务，鼓励各类金融机构的养老金融创新，探索金融服务养老和养老产业的深度融合，进一步完善养老金融服务体系，让创新贯穿于金融服务养老的全过程。

2. 努力实现金融服务养老供给与需求的同步增长

只有金融服务养老供给的增长或只有金融服务养老需求的增长，都难以实现金融服务养老的持续、健康、快速发展。只有金融服务养老供给与需求的同步增长，才能实现金融服务养老的供求平衡。如果出现金融服务养老供给过剩，需求不足的情况，那么，资源就会出现浪费或配置效率低下的问题。如果出现金融服务养老供给不足，需求过旺的情况，那么，这无法满足老年人对美好生活的追求。

（二）努力实现金融服务养老的供求平衡政策

努力实现金融服务养老的供求平衡政策有利于更好地实现金融服务养老的供求平衡，也有利于金融服务养老的持续、快速、健康发展。实践证明，这些政策主要包括加强信贷政策引导，不断完善金融监管政策，形成金融服务养老的政策合力。此外，强化金融服务养老政策落实、效果监测和政策实施效应评估。其中，形成金融服务养老的政策合力是实现金融服务养老供求平衡的核心政策。

1. 加强信贷政策引导

金融服务养老的发展离不开信贷政策的支持和帮助。金融服务养老本身就是一种金融活动或过程。金融参与养老服务离不开信贷政策支持。这是因为恰当的信贷政策可以加快金融服务养老的发展，不合理的信贷政策阻碍金融服务养老的发展。为加强信贷政策引导，鼓励金融机构和养老机构加大对金融服务养老的支持力度，有关部门应专门制定和实施一些有利于金融服务养老的信贷政策，如利率优惠的信贷政策，对涉及养老方面的项目、产业、产品和服务优先给予信贷支持；中央银行运用再贷款、再贴现工具，引导金融机构加大对小微养老服务企业的信贷支持；加强信贷政策引导，努力实现优先发展金融服务养老的信贷支持。

2. 不断完善金融监管政策

金融监管政策是否恰当对金融服务养老也有重要的影响。适应当时的金融服务养老监管政策能够促进金融服务养老的发展，变化了的金融服务养老形势需要变化了的金融监管政策。由于老年人的金融服务需求的变化和金融创新的层出不穷，过时的金融监管政策可能会出现局限。于是，只有不断地完善金融监管政策才能更好地促进金融服务养老的发展。不断完善金融监管政策，加强对银行、证券、信托、基金、保险等金融机构开展的养老领域项目、产品和服务方式的监管，才能有利于以金融创新的发展来满足金融服务养老的需求。

3. 形成金融服务养老的金融政策合力

金融政策从不同方面、不同的角度为养老提供实实在在的服务和支持。单一方面的政策有时不但难以形成合力，反而还相互掣肘。这就需要建立以金融服务养老监督管理委员会为核心的相关部门参加的金融支持养老服务工作协调机制，加强金融服务养老的金融政策协调和信息沟通，努力形成金融服务养老的金融政策合力，各种不同的政策相互配合，从不同的方面共同为金融服务养老作出贡献。要尽快完善金融服务养老相关领域的配套政策，如在养老项目开发、养老机构建设、养老产业融资、养老产品和服务创新等领域出台相关政策，不断推动养老服务创新金融产品和服务。

4. 加强政策落实与效果监测

再好的金融服务养老政策，如果落实得不好，那也没有多大用处。也就是说，促进金融服务养老平衡的政策贵在落实。凡是国家制定和实施的金融服务养老政策需要不折不扣地贯彻执行。加强政策落实和效果监测，需要各金融机构和养老机构逐步建立和完善金融服务养老的专项统计制度，加强对养老领域的金融服务业务的统计与监测。这些统计和监测既可以更好地为防范金融服务养老风险服务，又可以提高金融服务养老的监管效率。养老领域的金融服务业务的统计与监测和金融服务养老信息平台相结合，共同服务于老年人。

总之，切实解决金融服务养老的供求失衡问题，金融服务养老才能健康发展。不断地增加金融服务养老的需求，确保持续的金融服务养老供给，努力实现金融服务养老的供求平衡是切实解决金融服务养老的供求失衡问题的有效之策。老龄化问题是重大的经济社会问题，不是仅靠某个部门制定政策就能解决的。老龄化战略是长远的国家战略，也不是仅靠某一领域的努力就能实施好的国家战略。它是一个复杂的系统工程，牵一发而动全身。除了金融机构和养老机构外，金融服务养老发展问题特别需要借助政府的力量，让全社会重视应对，方可顺利解决。

参考文献

［1］国务院办公厅：《社会养老服务体系建设规划（2011—2015 年)》，国办发，2011 年第 60 期。

［2］国务院：《关于加快发展养老服务业的若干意见》，国发，2013 年第 35 期。

［3］中国人民银行、民政部、银监会、证监会、保监会：《关于金融支持养老服务业加快发展的指导意见》，银发，2016 年第 65 期。

［4］侯菊君：《我国城市社区老年金融服务的供给与需求分析》，复旦大学，2011 年。

［5］魏丽莹：《中国老龄化背景下养老金融服务研究综述》，《现代管理科学》2018 年第 9 期。

［6］刘泓铭、朱志伟：《上海市商业养老金融产品需求性研究》，《科技经济导刊》2018 年第 4 期。

［7］尤元文：《养老方式政策与实践》，北京：中共中央党校出版社，2016 年。

［8］董克、姚余栋：《中国养老金融发展报告（2017)》，北京：社会科学文献出版社，2017 年。

［9］杨燕绥等：《银色经济与嵌入式养老服务》，北京：清华大学出版社，2017 年。

［10］董克用、姚余栋：《中国养老金融发展报告（2018)》，北京：社会科学文献出版社，2018 年。

制度信用的意义及其有效性边界

沈　岿①

一、人格信用和制度信用

信用，无论对其采狭义的理解，即"建立在授信人对受信人偿付承诺的信任的基础上，使受信人不用立即付款就可获得商品、服务或货币的能力"，还是取广义的认识，即"参与经济和社会活动的当事人之间所建立起来的一种信任关系"，自古以来就已有之。以信任的来源或依靠为标准，信用可分为人格信用和制度信用。前者以特殊的血缘、亲缘、地缘等为基础，主要依靠相互之间的了解或通过各自信任的亲友而建立，"是一种人格化的信用"，其调节和保证凭仗的是情感和道德。后者虽然也离不开对信用主体人品、道德能力的看重，但更多以契约、法律规则等为基础，依赖契约、法律规则等的约束力和担保作用，即便彼此并不了解也没有亲友媒介，也可建立信用关系。

人格信用的文学形象可以鲁迅笔下广为人知的孔乙己为例。孔乙己虽然穷酸、潦倒，且出于生计"免不了偶然做些偷窃的事。但他在我们店里，品行却比别人都好，就是从不拖欠；虽然间或没有现钱，暂时记在粉板上，但不出一月，定然还清，从粉板上拭去了孔乙己的名字"。正因为如此，虽然孔乙己最后一次去喝酒时，仍然欠着酒店十九文钱，但酒店掌柜还是在他愿意出四文现钱的情况下，卖给了他最后一碗酒。涉及制度信用而又耳熟能详的例子就是银行信用卡。持卡人即便与商品、服务的供应者素不相识，供应

---

① 沈岿，北京大学法学院教授。本文是《社会信用体系建设的法治之道》（发表于《中国法学》2019 年第 5 期）的一部分，内容略有调整。

者无法了解和识别持卡人的人格品行，但因为信用卡制度，供应者可以放心地让持卡人在履行刷卡手续而不是现金支付后即可享受商品或服务。

当前的社会信用体系建设实际就是在制度信用上的努力。其最受人关注、似乎也最被认为有效的失信惩戒机制，以及"一处失信，处处受限"之政策，与中国古代的"黥刑""刺字"有相似之处。黥刑也可以理解为一种制度信用，其最早的时候就有将受刑之人与常人区隔的功能，是"惩罚异族或罪人使之为奴的常用刑罚，以黥额为标记，人不为伍，以是弃之"。它的目的，"除以肉刑惩罚之外，还要从体貌特征上将这些人与守法良善相区别，'本以示辱，且使人望而识之耳'"。在社会管理上，"刺字就是随身的枷锁，面部黥刺之人若出现于市井乡村，通常都会受到检查"。除了区别对待、受到更多限制以外，它自产生起还有耻辱刑的特点，"画象以愧其心"，起到令罪犯羞耻的作用。

二、制度信用的意义

将社会信用体系建设定位于制度信用，有助于认知其可能有的功效。首先，可以在理论上对制度信用与人格信用做一对比，以理解它们之间的不同（如表1所示）。

表1

	人格信用	制度信用
形成	熟人生成	陌生人收集和生成
传播	通过口耳相传	通过易于识别和传播的载体①
影响范围	影响范围小，更多在熟人世界	影响范围广，陌生人世界可用
品行判断	对品行有相对更完整判断	缺少对品行的完整判断
信用重塑	信用重塑机会多、难度较小	信用重塑机会少、难度较大

鉴于这样的比较，制度信用的确有着积极的、正面的功能。它在生成机

---

① 如信用卡、黥刑、刺等。

制、传播载体和影响范围上的特点，使其更适宜一个工业化、城市化和现代化的时代，以及近些年来日益信息化、网络化、电子化、数据化、全球化的发展趋势。

工业化、城市化让更多的人离开生活与生产交织在一处的农村，离开有着数代、数十代血缘、亲缘、地缘关系的共同体，离开对人品、习性、处事方式和能力等都基本全面掌握的熟人群体。进入的世界让个体获得了更多解放，从祖祖辈辈生于斯长于斯的土地，从传统特别是地方性传统，从家族、宗族或族群，以及从全景监狱式的熟人眼光中解放出来；解放的结果是让个体有了更多"打碎的、分割的、屏蔽的、流动的"空间：生活与工作分开，邻居与同事分开，熟人交往与陌生人交往分开，社会活动与经济活动分开，私人的和公共的分开，此地的和彼地的分开，等等。

以工业化、城市化为主要进程的现代化所带来的发展，在信息化、网络化、电子化、数据化、全球化的趋势推动下，有了更新的、更凸显的特征：人际交往尤其是陌生人交往跨越了国界、跨越了真实界与虚拟界、跨越了不计其数的虚拟界，甚至未来可预期地将会跨越人类与人工智能。人们素不相识，彼此根本不知对方是什么人，就可以在网络上完成一笔笔交易，或者形成一个个社交活动。

具备这些特征的时代，使得人格信用不仅难以形成，而且无法满足发生在更大范围内陌生人之间的交往。人格信用的软弱无力，成为制度信用受到更多青睐的正当理由。制度信用是陌生人收集和形成的，不受限于熟人评价所需要的条件；它附着于容易传播的载体，可以在超越熟人世界的广大范围内产生影响。而且，个人信息的电子化、数据化为征信的及时、准确提供了帮助。网络化又可以使个人的制度信用具有前网络时代所无法比拟的可得性。所以，制度信用与这个时代更具有适配性，更能满足这个时代对信用的特殊需求。个人或组织或许可以不必过于担心其在一定范围内的人格信用瑕疵，因为其在当今有很多的生存空间，不会受到这一瑕疵的太大影响。然而，个人或组织应该会非常关心其在制度信用上得到的负面评价，因为这种评价很容易会渗入到其多个生存空间，对其构成不利。

社会信用体系建设至今，也的确显示了其作为制度信用的功效。据报道，在失信被执行人联合惩戒方面，截至 2019 年 2 月，全国法院累计发布失信被执行人名单 1322 万人次，限制乘坐火车 561 万人次，限制乘坐飞机

1941 万人次，限制担任企业法定代表人及高管 29 万人次，366 万名失信被执行人慑于联合信用惩戒主动履行了生效法律文书确定的义务。在行政管理领域也有类似成效。例如，青岛市自 2018 年以来，针对城乡违法建设、违规排水、随意倾倒垃圾、占路经营、"小广告"等城市顽疾，加大联合惩戒，案件履行率、结案率显著提高。到 2018 年 7 月底，共清理 2017 年逾期未履行城管执法案件 128 起；办理 2018 年案件 3538 起，已履行 3535 起，缴纳罚款 1474 万元。

三、制度信用的有效边界

尽管制度信用在现时代有着凸显的正面功效，可是，其也存在难以克服的局限，其功效也只能在一定界限内发挥，而不能被盲目想象和放大。

首先，制度信用无法完整体现信用主体的品行。相比人格信用，制度信用的优势明显，却无法通过自身弥补其"盲人摸象"的缺点。毕竟，人格信用多生成于熟人社会，自然人或组织在某一处或某件事上做错事或做坏事，并不代表其就轻易会失去熟人之间的完全信任。然而，制度信用与契约、规则有着密切关联，违反契约或规则的行径，易在制度信用上留下污点。而这个污点为陌生人所知晓后，可能会由此形成一个对该自然人或组织的整体错觉，进而影响交往活动。试想，若孔乙己因屡有盗窃而被列入失信名单，其很有可能无法在酒店里赊账喝酒。

其次，制度信用瑕疵不易修复。人格信用即便因某个事由而出现问题，一方面失信人通过自身努力容易在熟人圈里重拾信用，另一方面若失信人选择离开熟人圈、进入陌生人世界，也不会因为曾经的失信而遭受不同对待，方便从头再来。相比之下，若行动者的制度信用发生瑕疵，一方面不易让收集和生成制度信用的陌生人恢复对其的信任，另一方面，由于制度信用的传播效应，其也不易在别处改头换面，迅速重建信用。

再次，制度信用存在评判方法合理适当难题。制度信用更多不是通过熟人间的评价生成的，而是由陌生的自然人或机构，依据一定的评判方法形成的。尽管熟人评价会有各说一词、模棱两可的可能，但各说一词其实也是一种更完整的体现。对于制度信用而言，评判方法一旦建立起来，通常会形成确定的答案，可以避免众说纷纭。然而，什么样的评判方法是合适的，这就容易成为难题。尤其当制度信用被扩展适用于众多领域时，保证评判方法的合理性更是难上加难了。例如，睢宁县大众信用评价体系中，"去福利院献爱心"是一个加分项，可"受到加分的公务员与普通民众的人数比为 20∶1"，因为普通民众"缺乏加分的渠道和能力"。

最后，但可以说最为重要的是，制度信用有被滥用的可能。制度信用不仅有评判方法难题，也有可能在实施过程中被滥用，失去应有之公正性。制度信用实际上是信用评级机构为公众提供的服务型产品。这种产品越是为公众所依赖，且产品的生产本身越没有竞争性，如只有行政机关才有权提供基于行政处罚的信用评级，那么，产品生产和提供者就越是接近于一个寻租的地位。自然人或组织就有可能竭尽全力疏通关系，让具有某种垄断地位的信用评级机构对其不进行负面的信用评级或进行虚高的正面的信用评级。

"信用评级是否准确，除了评级方法是否正确外，另一个重要的因素就是信用评级机构在评级过程中是否保持客观中立地位"，"准确的评级能够纠正市场信息不对称、提高市场效率和监管效率，不实的评级不仅不能真实反映被评级对象的信用状况，而且可能给市场造成重大打击"。这些在市场竞争相对充分的条件下出现的金融信用评级实施问题，同样会在范围更加广泛、领域更加众多的社会信用体系建设中发生，甚至可能更加糟糕。"信用评价由政府来做或者由交易（合作）双方中的任意一方来做，市场经济秩序只会越理越不顺"，寻租的道德风险或利益关系使得这种信用评价很难保证公平、公正、客观和有效。

例如，2019 年 3 月 21 日发生爆炸，导致至少 78 人死亡的江苏天嘉宜化工有限公司，曾经是江苏省 2014 年第一批通过信用管理贯标验收企业。2016 年至 2018 年，该公司又因违规排放、违反固体废物管理制度等问题，6 次遭当地环保部门行政处罚。但行政处罚"与之非法偷排产生的利润相比，可以说是小巫见大巫了"。同时，该公司不仅有环保问题，更有安全生产问题。国家安全监管总局办公厅曾经于 2018 年 2 月 7 日发函给江苏省安全生产监督管理局，指出天嘉宜公司存在 13 项安全隐患问题。而据专家分析，"几乎每一条都属于重大生产安全事故隐患。"尽管如此，江苏响水县政府还是于 2018 年 8 月，贴出天嘉宜公司申请复产的公示。地方政府的直接监管尚且存在对经济强势企业的放纵，很难奢求政府主导的社会信用体系建设会对此类企业产生震慑作用。

　　制度信用的独立、公正难题，不仅在政府与市场主体、社会主体之间的关系维度上存在，更会在中国特有的社会信用体系建设之中凸显。这样的一个体系建设，目标是覆盖"政府—市场—社会—司法"，可是，政府主导的制度信用构建，会在多大程度上公正对待政府信用、司法信用问题？从目前该体系建设着重于市场、社会主体的失信惩戒，即可窥察，它并没有很好地利用声誉机制，如其所宣扬、主张的那样促进依法行政和司法公信。不仅理论上、逻辑上很难想象会有一个"自我"信用评价体系发挥功效，而且自2014年至今的五年实践，也没有经验证明存在这样的显著功效。

　　可见，作为一种制度信用的社会信用体系建设，其正面的功效虽有体现，但其也存在难以逾越的有效边界，因此，不应该对其寄予过高的期望。

失信惩戒的类型化规制研究

——兼论社会信用法的规则设计

王　伟①

我国社会信用建设蓬勃发展，社会信用立法正在进行。在国家立法层面，社会信用法已被全国人大列为三类立法，属于立法条件还不完全具备，需要继续研究论证的立法项目。在地方立法层面，上海、湖北、河北、浙江、陕西、厦门等地已制定信用信息管理条例或综合性的社会信用立法，广东、海南、贵州、江苏等地的综合信用立法工作也在不断推进。2017年以来，笔者牵头拟定了《中华人民共和国社会信用法（专家建议稿）》。值得注意的是，无论是在社会信用立法文本中还是在学界的社会信用立法建议中，失信惩戒机制都是不可或缺的重要内容，也是支撑整个社会信用立法的关键。严格地讲，失信惩戒只是一个抽象的实践用语，并非严谨的法律术语。因此，必须运用法律技术对失信惩戒进行精细化的界定，在厘清其内涵和外延的基础上予以类型化分析。唯有如此，才能对失信惩戒予以类型化规制。本文分析失信惩戒机制的法理逻辑和法理基础，并结合社会信用法的制定阐述失信惩戒法律规则的设计思路。

一、失信惩戒类型化规制的缘由与前提

失信惩戒机制是社会信用体系的基础和重点。然而，近年来信用惩戒领域出现的过罚不相当、连带惩罚等现象，使社会公众对信用惩戒措施（尤其

---

①　王伟，中共中央党校（国家行政学院）政法部民商经济法室主任、教授。

是行政"黑名单"措施）的滥用产生了极大的担忧，甚至引发了国际社会对中国社会信用建设之正当性的无端指责。鉴于此，尽快将失信惩戒机制纳入法治轨道，构建法治化的失信惩戒机制，是中国社会信用体系建设具有更强的正当性、合法性的重要前提。

从地方社会信用立法实践来看，一些地方立法机关试图将失信惩戒机制纳入法治轨道，在规则设计方面进行了很多有益的尝试，但由于其立法权的有限性，相关尝试更多停留在"地方试验"层面，未能形成统一的失信惩戒法制体系。构建体系化的失信惩戒机制，关键在于对失信惩戒的内涵和外延有充分的法律认知。严格地讲，失信惩戒、守信激励等概念都来源于相关信用政策并为实务操作中采用，属于相对抽象的实践用语，而非严谨的法律概念。

如果仅仅基于一个抽象的实践用语，就试图构建法治化的失信惩戒机制，并不是一种现实主义路径。在建构失信惩戒规则体系的过程中，始终应当强调运用类型化思维，进行类型化研究和法律规制。类型化思维是介于抽象概念和具体事实之间的桥梁。类型化的实质是弥合高度抽象的概念与具体琐碎的事实之间裂隙的一种思维方式。概念与类型之间的关系之所以重要，恰如考夫曼所说："概念没有类型是空的，类型没有概念是盲目的。"因此，将失信惩戒机制类型化、具象化，是研究失信惩戒机制的一个重要法律技术。失信惩戒机制的类型化需要关注以下两个基本前提。

（1）构建失信惩戒机制，不能局限于传统的经济信用，还应立足于中国社会信用建设的现实场景。在市场经济国家，"信用"作为一个概念有其特定语境，主要是指以经济债权债务关系为核心的信用关系（credit），而失信行为主要是指不履行约定义务的行为，失信惩戒则主要指交易对手或其他社会成员对失信人抱持不信任的态度或者拒绝与其合作。传统的失信惩戒更多是一种经济治理状态。在当今中国的信用建设中，"信用"的内涵已经远远超出了经济信用的范畴，既包含传统意义上履行合同义务的状态，还包含遵守法定义务的要求。例如：《上海市社会信用条例》第2条规定，社会信用是指具有完全民事行为能力的自然人、法人、非法人组织等主体在社会和经济活动中遵守法定义务或者履行约定义务的状态。就此而言，当前中国语境中的"社会信用"包含对法律的遵循和对合同义务的履行两层含义，同时具有经济治理和社会治理两方面内容，属于广义的诚信概念（大体可以对应于英文中的 integrity，reputation，honor 等词语的含义），而不再仅指经济信用（cridit）。因此，对失信惩戒机制需要分别从经济领域和社会领域进行构建。

（2）构建失信惩戒机制，需要分别从公权、私权角度将失信惩戒类型化。失信惩戒机制既包含多元化的惩戒主体（公权力主体与私权利主体高度交融），也包含多元化的惩戒方式（禁止性、限制性、警示性的惩戒乃至一般管理活动），可以细分为道德惩戒、社会惩戒、市场惩戒、公权力机关的惩戒等类型。也有论者将失信惩戒方式概括为人身自由惩戒、财产惩戒、资格惩戒、道德惩戒。笔者认为，目前在我国，实践层面的失信惩戒可以称作广义的失信惩戒。这个层面的失信惩戒可以界定为，有权惩戒主体（国家机关、社会组织、交易对手等）通过法律惩罚、经济制裁、道德谴责等手段对失信行为人实施惩戒的过程和行为。也有论者从相对宽泛的层面，认为失信惩戒机制的作用是运用法律手段、经济手段和道德手段惩罚市场活动中的失信者，将有严重失信行为的企业和个人从主流市场排除出去。这一看法比较符合我国社会信用体系建设的实际情况。综上，必须按照失信惩戒机制的法律属性，对其进行精细化的分解。只有将信用惩戒的内涵和外延放在特定语境中讨论，才能真正将法学方法论运用于体系和规则的构建中。按照类型化的法律技术和思维方式，概念化的方法在内核确定层面占主导地位，类型化的方法在边界划定层面起主要作用，二者相辅相成，构建起一个内部有机联系的类型系统。

在本文中，失信惩戒大体分为平等民商事主体之间的信用惩戒和依靠公权力实施的信用惩戒两大类。其中，公权力机关实施的信用惩戒可能涉及减损他人权利、增加他人义务等惩戒措施，是法律规制的重点，需要纳入严格的法治轨道。平等民商事主体之间的信用惩戒，可以由民商法、社会组织法、征信法等予以调整。

二、失信惩戒类型化规制的法理逻辑

（一）我国失信惩戒机制体系梳理

从历史上看，信用制度的发展和完善为西方国家经济发展打下了坚实基础，而失信惩戒机制是信用制度得以有效发挥作用的基石。构建有效的失信惩戒机制也是我国信用建设和信用法治的重要内容。通过多年的社会信用建设实践，我国逐渐形成了体系化的失信惩戒机制。在党的十八届三中全会上，中央就提出"惩戒失信"的重要方针。"十三五"规划也明确提出"健全守信激励与失信惩戒机制"。党的十九大报告提出的"健全环保信用评价、信息强制性披露、严惩重罚等制度"等要求，也重在强调构建信用惩戒体系。我国还有诸多关于信用建设的政策性文件以及有关部门签署的联合惩戒备忘录，其中都细化了失信惩戒规则，这些规则在实施中也取得了较为显著的成效。近年来我国制定或修订的《反不正当竞争法》《电子商务法》等法律都对信用惩戒作了规定。目前，我国已经以中国人民银行征信系统、全国信用信息共享平台、国家企业信用信息公示平台等为基础，搭建了失信惩戒信息平台，为失信惩戒的实施提供了强大的技术支撑。从党和国家的信用政策以及相关实践来看，我国的失信惩戒措施大体涉及以下 5 个层面。

一是市场性惩戒。在市场交易中，交易对手可以对失信主体实施拒绝交易、提高交易条件等方面的惩戒。例如，商业银行对借款人、保险公司对保单持有人实施的信用惩戒。

二是行业性惩戒。行业协会、商会等社会组织可以基于行业自律规则，对其会员实施相应的信用惩戒。我国《资产评估法》第 36 条规定，行业协会应建立会员信用档案，将会员遵守法律、行政法规以及评估准则的情况记录在案并向社会公开。据此，行业协会可对其会员实施信用惩戒。

三是社会性惩戒。社会组织、社会公众可以通过失信举报、媒体监督、公益诉讼等机制实现有效的社会参与和监督，对失信行为进行惩戒。我国《环境保护法》中的信息公开和公众参与制度、《民事诉讼法》中的公益诉讼制度等，都是实施社会性惩戒的重要法律根据。

四是行政性惩戒。我国已构建中央和地方之间、横向部门之间的行政性惩戒机制，在公共服务、市场监管等环节实施信用惩戒。例如：原国家工商行政管理总局、国家发展和改革委员会、最高人民法院等 38 个部门签署的《失信企业协同监管和联合惩戒合作备忘录》，对失信主体在享受部分高消费服务、出任相关行业企业高级职务的资格等方面作出限制，实行联合惩戒。地方层面也在探索失信惩戒制度创新，如江苏省出台的《自然人失信惩戒办法（试行）》对失信行为及惩戒措施做了规定；南京市出台的《招标投标不良行为认定及处理办法》要求对招标投标领域的失信行为进行公示。

五是司法性惩戒。在我国失信惩戒机制中，实际上还包括来自司法机关的惩戒。司法机关应当通过开展专业的司法活动，对失信行为进行打击。有关司法性惩戒的现行法律和政策主要是：《民事诉讼法》以及中共中央办公厅、国务院办公厅发布的《关于加快推进失信被执行人信用监督、警示和惩戒机制建设的意见》《关于对失信被执行人实施联合惩戒的合作备忘录》、最高人民法院发布的《关于公布失信被执行人名单信息的若干规定》。最高人民法院还通过裁判文书公开、失信被执行人信息公开等措施，构建了对失信行为的司法惩戒机制。

总体来看，我国失信惩戒机制涉及一系列制度安排，零散地分布在各类法律法规或政策性文件中，尚未形成有内在逻辑的失信惩戒体系。同时，实践中失信惩戒机制的实施过于偏重行政性惩戒、司法性惩戒等源于公权力的惩戒，市场性惩戒、行业性惩戒、社会性惩戒的作用远没有得到发挥，社会力量难以真正对失信行为进行有效的监督与惩戒。

（二）对失信惩戒分类规制的法理逻辑

失信惩戒的实施主体大体可分为公权力主体和私权利主体，这两类主体对失信行为的惩戒有不同的权力（或权利）来源。实施信用惩戒的法律根据，既可以是公法规范，也可以是私法规范，还可以是不属于国家正式立法的社会规范（行业协会的章程、自律规定等）。因此，信用惩戒的法律渊源不尽相同。正如有论者分析指出：对失信行为的惩戒措施可分为私法类措施和公法类措施，前者如产权交易双方依法自愿协商达成赔偿、补偿的协议，对违约行为适用责任自负、过失相抵、自助免责、意定免责等民事归责方法；后者是指政府干预、制裁或惩戒，如依法披露失信者的诚信记录或对失信者施以警告、罚没财产、剥夺资格、限制权利等行政处罚。下文梳理不同类型失信惩戒机制的法理逻辑。

1. 基于信用惩戒权来源和本质的分析

信用主体处在特定的社会网络中，需要与公权力机关、市场主体、社会公众乃至相关行业组织进行交易或交往。对失信行为进行惩戒的重要目的，在于保障社会成员之间的信任与安全，维护社会团结，推动社会合作。有学者认为，当社会成员之间的信用承诺关系被破坏时，法律必须对这一关系予以重申，惩罚是实现这一目的的有效手段。从报应主义惩罚观来看，失信惩戒可以使失信者为其行为付出相应的代价，净化信用环境；从功利主义惩罚观来看，失信惩戒可以对失信人及其他社会成员产生一定的威慑力，以

"惩"的方式实现"戒"的目的，维护社会信用。值得注意的是，信用惩戒有其局限性。信用惩戒以降低失信者的名誉度为特征，其发挥作用的前提是名誉对行为人有极大价值，但对于那些根本不在乎名誉的人或者失去名誉也不会产生实质影响的领域，信用惩戒就没有用武之地。

笔者认为，信用约束和联合惩戒机制至少有两个层面的意义。一个层面的意义是法律主导（即法律明确规定）的惩罚机制通过民事、行政、刑事制裁，实现对失信行为的惩罚。另一层面的意义是市场因素（商业声誉等）主导的惩罚机制以信用信息数据库为纽带实现市场联防，市场主体根据信用数据对失信人采取任职、融资、契约等方面的限制，以提高失信成本的方式惩戒失信行为。有论者认为，市场、社会、行业如何运用失信主体的失信记录，如何对待曾经失信的主体，应该由其自行决定。以此观之，信用惩戒的法律渊源既可以是法律规定，也可以是当事人约定，甚至可以是市场交易中的规则、商业惯例等。具体到不同类别的信用惩戒措施，作出惩罚者的权利（权力）来源可做如下分析。

第一，市场性惩戒、社会性惩戒的权源。从传统的征信法律制度来看，交易相对方可以根据信用主体的相关信用信息记录，了解信用主体的信用状况，从而采取相应的防御措施（如提高交易条件、贷款利率、保险费率等），或者拒绝与其进行交易，从而确保交易安全。这类惩戒措施是基于市场声誉机制，由平等交易主体作出的理性选择。本质上，这是一种市场自组织形式，原则上应由民商法、征信法等法律予以调整。笔者认为，对于这类惩戒措施的规制，国家的主要功能和作用是提供相应的法律及市场化、社会化的信用机制，形成社会层面的信用法律机制。实践中，如果交易一方（如金融机构等）有较为优势的市场交易地位乃至有市场支配地位，或者属于垄断性的公共事业单位，则其行为必须符合反垄断法、反不正当竞争法以及公用事业法的有关规定。这方面的现行法律规定较多。比如：我国《反垄断法》第13条规定，禁止具有竞争关系的经营者通过垄断协议，实施联合抵制交易等行为；第17条规定，禁止具有市场支配地位的经营者从事滥用市场支配地位的行为。又如，《湖北省社会信用信息管理条例》第26条第2款规定，未经依法确认的公共事业及物业管理欠费信息不得作为实施联合惩戒的依据。社会性惩戒与市场性惩戒一样，都是平等主体之间实施的惩戒，因而有相同的法律基础。

第二，行业性惩戒的权源。在现代市场经济运行中，社会组织（行业协会、商会等）对其会员有相应的行业自律和监督管理责任，依据是会员之间签订的自律规章。关于行业协会惩戒权的性质，有学者主张是一种社会权利，即一定的社会主体凭借对所拥有社会资源的控制，使其他社会主体服从其意志的支配力。这种惩戒权明显不同于国家权力。行业组织对其违法失信的会员采取公布失信信息、公开谴责、处以违约金等措施，在性质上是基于自治规章的惩戒。例如：根据中国电力企业联合会发布的《信用电力自律公约（试行）》第6条及其他相关制度，公约成员单位违反诚信责任等自律条款的，其名单要向全体成员单位公布，并在信用评价中予以体现，必要时向社会公布；对列入"黑名单"的企业，还可以采取取消行业性评比评优资格等措施。

第三，行政性惩戒、司法性惩戒的权源。行政性惩戒是行政机关基于行政管理关系而实施的信用惩戒。公权力机关基于公权力，可以查询或者公开信用主体的相关信息，了解信用主体当前或过往的守法、履约情况，进而采取相应的信用惩戒措施。与平等主体之间的惩戒不同，行政性惩戒是借助于公权力实施的行政管理、行政处罚、行政强制等行为。司法性惩戒的权源是司法权力。由于司法权的行使有较高位阶的《民事诉讼法》作为法律根据，所以目前对这类惩戒措施的社会质疑较少。

2. 基于信用惩戒方式及法律后果的分析

市场性惩戒、行业性惩戒、社会性惩戒，这三类惩戒方式作为平等主体之间的信用惩戒，其法律根据主要是当事人之间的合同、会员之间签署的自治规章、征信法等，相应的法律后果是拒绝缔结合同、提高交易条件、减损失信人作为会员的权利或使其承担相应的损失等。这类信用惩戒的结果，更多的是民事上的不经济、不利益。

公权力主体实施的信用惩戒主要针对不遵循法定义务的失信行为，产生公法上的不利后果。张维迎教授认为，私人之间实施信用惩罚的力度是远远不够的，特别是对于具有霸权特征的人和企业而言，国家应当加入进来，帮助建立私人之间惩处不讲信用行为的制度，以达到整个社会的和谐。行政机关对失信行为的惩戒涉及面较广，对失信行为人的约束面更加广泛，如禁止或限制市场准入、加强管理、直接减损权利或增加义务、列入"黑名单"等。这些信用惩戒措施中，有的并不会对信用主体的活动产生直接限制，有的则会产生类似于行政处罚、行政强制的法律后果。对于后者，实施信用惩戒的机关或组织可能会承担相应的行政法律责任。因此，对这类惩戒措施进行法治化的要求更高，需要在公法范围内予以规制。

值得注意的是，从现代国家运行特征来看，政府不仅可以采取纵向的命令和管理的方式履行公共职责、提供公共服务，还可以采取平等的横向协商手段承担公共责任。这类协商的本质是政府在经济活动或经济管理中将其意志直接体现在原本属于私人自治的契约关系中，由此形成的合同关系可以适用合同法或者专门的政府合同法进行调整。例如：在信用承诺制度中，如果公权力主体与信用主体约定了失信惩戒措施，信用主体违反其承诺的行为就成为被施以信用惩戒的根据。

三、失信惩戒类型化规制的重点——行政性惩戒

我国当前实施的信用惩戒措施中，最值得关注的是公权力机关采取的惩戒措施，尤其是这类惩戒措施的合法性问题。对于行政机关实施的信用惩戒，需要探寻其法律基础，并加以相应的法律规制。

（一）行政性惩戒是否都构成行政处罚

现实中行政性惩戒的类型较多，但并非所有的行政性惩戒措施都是高强度的行政处罚、行政强制等。行政性惩戒措施的管理强度不同，包括加强管理类措施、不予授益类措施、"黑名单"措施、对资格权益的限制或减损类措施等。行政性惩戒措施是否构成行政处罚，应结合该措施的性质加以认定。下文以几类重要的行政性惩戒措施为例进行分析。

1. 加强管理类措施、不予授益类措施

加强管理类措施，如加大监管频率、取消相应的便利（如享受绿色通道服务）等，这类措施对信用主体的活动并不产生实质性的行政约束，也不构成对信用主体权益的限制或减损。不予授益类措施包括不授予荣誉称号等，这类措施是对企业非核心权益的限制，不属于行政处罚或行政强制的范畴，从性质上可以将其理解为对信用主体带来不利负担的行政处理行为。行政处理在学理上可理解为一种具体行政行为，指"具有行政权能的组织运用行政权，针对特定相对人设定、变更或消灭权利义务所作的单方行政行为"。此类行为虽不构成行政处罚，但因属于具体行政行为而具有可诉性。

2. 行政"黑名单"措施

行政"黑名单"措施是失信惩戒的一种重要形式，针对的是严重违法失信行为。有学者认为，"黑名单"制度作为一种行政监管模式创新，有利于实现行政监管的动态化，使政府对市场主体从直接监管转为间接监管，也促使政府在简政放权的同时由事前监管转为事后监管。此外，行政"黑名单"措施还有利于推动市场经济法治化，有利于强化对市场主体的信用约束，从而保障交易安全。从法律属性来看，行政"黑名单"措施在很大程度上是一种行政处罚措施。在学理上，行政处罚一般分为人身罚、财产罚、行为罚、声誉罚等类型。仔细考察会发现，有的行政"黑名单"措施类似于行政法上的声誉罚，其目的是让社会成员对失信主体的违法失信行为尽可能周知，从而在投资交易或民事交往活动中采取防范措施。有的行政"黑名单"措施则类似于资格罚，其通过信息共享，使更多行政机关或司法机关对列入"黑名单"者实施信用约束与信用惩戒。行政"黑名单"措施在本质上相当于行政处罚的主要理由如下：

（1）行政"黑名单"措施有强烈的负面评判性。行政"黑名单"是行政机关在所掌握的企业信用信息的基础上经过整理判断的结果，带有很强的价值判断色彩，对行政相对人和社会公众具有提示、警示的作用。行政"黑名单"措施的价值判断属性，使其完全不同于对企业等主体的基础信息或其他信用信息的公开反映。例如：根据国务院颁布的《企业信息公示暂行条例》，企业基础信用信息的公开并不涉及行政机关的价值判断。

（2）行政"黑名单"措施会产生降低市场影响力和社会声誉的结果，导致权利的减损。虽然"黑名单"本身不直接产生行政法上的限制、惩罚效力，但由于行政机关的优势地位和权威性，"黑名单"一经公布，就会对失信主体的信誉和舆论形象产生现实的减损效果，对其生产生活等方面产生极大影响和实质性限制。

（3）行政"黑名单"措施往往伴随公权力机关对失信人权利的减损、义务的加重等后续措施。行政机关公布"黑名单"以后，通常会对列入"黑名单"者附加更为严厉的监管或惩戒措施。可以说，"黑名单"既是行政机关对有关信用信息进行整合的结果，又是对失信行为人采取其他惩戒措施的基础。从实践效果来看，被列入"黑名单"甚至比受到警告、通报批评的后果更严重。

值得注意的是，我国信用体系建设过程中还出现了一类本质上属于非限权性的所谓"黑名单"措施。《企业信息公示暂行条例》规定的经营异常名录制度就属于一种典型的非限权性措施。因为该制度的根本目标不是实施惩戒，而是向社会公示企业未进行年报等轻微违法行为，督促企业尽快公示相关信息。从规则设计的初衷来看，该制度是一种"快进快出"的制度，只要企业更正其违法行为，就应被移出名单，而不发生惩戒的后果。因此，该制度本质上是非限权性的"黑名单"措施。然而在实践中，市场主体被列入经营异常名录之后，往往被施以较为严厉的信用惩戒措施，这实际上是将经营异常名录错误地理解为一种限权性措施，偏离了经营异常名录制度的立法本意。

3. 限制资格权益类措施

这类措施是对失信主体法律权利的实质性限制，也是对其核心权益的限制。这类惩戒措施尽管从形式上看不属于《行政处罚法》列举的处罚措施，但由于其对相关主体的资格和权益的限制带有明显的惩罚性，所以实质上构成行政处罚。例如：限制企业参与某类项目的资格、降低其资质评级、吊销其营业许可证甚至依法予以关闭等，对企业的生产经营活动都会造成较大的甚至严重的影响，涉及对企业的能力罚、资格罚等问题。这类措施的实施应当符合《立法法》的规定，并纳入具有可诉性的具体行政行为之中，接受相应的司法审查。

综上，行政"黑名单"措施、限制资格权益类措施构成行政处罚，而加强管理类、不予授益类等不以减损权利为目的的失信惩戒措施不构成行政处罚。

（二）构成行政处罚的失信惩戒措施是否违反"一事不再罚"原则

接下来需要讨论的一个重要问题是：构成行政处罚的失信惩戒措施是否违反"一事不再罚"原则？就"一事不再罚"原则的法律价值而言，其目的在于避免行政相对人因同一行为而遭受两次以上的行政处罚。目前，对于何谓"一事"、何谓"不再罚"乃至"一事不再罚"原则的法律内涵，理论界仍存在较大争议，由此导致对行政性惩戒的不同理解。一种观点是，行政性惩戒属于"一事不再罚"的情形。有学者认为，"一事不再罚"原则旨在防止重复处罚，体现"过罚相当"的法律价值，以保护当事人的合法权益；在信用主体的违法失信行为已被处以行政处罚的情况下，再实施信用惩戒，就构成双重惩罚，违反了"一事不再罚"原则。另一种观点是，行政性惩戒不属于"一事不再罚"的情形。该观点倾向于从狭义的角度理解"一事不再罚"原则，认为我国《行政处罚法》第 24 条规定的"一事不再罚"仅指"对同一事实不能两次罚款"，而没有限制或禁止对同一行政违法实施以罚款以外的其他行政处罚；对信用主体的违法失信行为实施的信用惩戒如果不是罚款类的处罚措施，就不属于"一事不再罚"的范畴。笔者认为，行政机关对失信行为人采取的限权性惩戒措施不违反"一事不再罚"原则，主要理由如下。

1. 从信用法的角度看，信用惩戒本质上是一种事后的社会评价

信用惩戒主要是用信人对信用主体履约、守法等方面信用信息进行综合判断后采取的对特定主体的社会评价，目的是预防或防止该主体对用信人的利益或社会公共利益造成损害，以及倡导守法守约的诚信精神。在作出这种综合性的信用评价和判断后所采取的惩戒措施，并不是针对某一次具体的违法或违约行为，其性质已经转化为对信用的社会化评价。对公权力机关而言，其所实施的信用惩戒是基于行为人不履行法定义务的判断，是维护社会公共利益的需要。原国家工商行政管理总局发布的《严重违法失信企业名单管理暂行办法》规定，2 年内累计受到 3 次以上行政处罚的企业将被列入严重违法失信企业名单管理，即属于此种情形。正如有论者所说，失信惩戒措施针对的是行为主体的信用状况（即违法失约状况）而非具体行为，而信用状况是诸多守信、失信行为信息的集成，是多行为、多事项的综合累积结果。因此，信用惩戒既不是针对同一个行为，也不是基于同一个事实或依据，不违反"一事不再罚"原则。

2. 从行政法的角度看，对"一事不再罚"原则宜进行限缩性解释

"一事不再罚"原则源于刑事诉讼法律。随着时代发展和社会进步，越来越多的国家将该原则的适用依据从早期的刑事诉讼法扩展至包括行政法在内的更为广阔的法域，甚至将该原则作为保障人权的一项重要原则。我国《行政处罚法》第 24 条将"罚"限于"罚款"固然有其不足，但无限扩大"一事不再罚"原则的适用范围并不能有效满足经济社会发展的需要。从域外立法情况来看，对于"一事不再罚"原则在行政管理领域的适用，通常采取相对谨慎、现实的做法，力求为政府管理留下必要的弹性空间。例如，德国立法限制"一事不再罚"原则的适用范围。德国《违反秩序法》第 19 条

规定，行政处罚中的"一事不再罚"原则是指，同一行为违犯数个行政法律规范（即违犯数个法律）的，依照罚款数额最高的法律规定行处罚款，并可同时处以其他法律规定的附加措施。又如，奥地利立法规定不适用"一事不再罚"原则。奥地利《行政处罚法》第22条规定：行政被告以各种独立行为违反不同的行政义务，或同一行为牵涉数个罪名时，应分别处罚。借鉴域外立法经验，结合我国失信惩戒的实施情况，笔者认为，对"一事不再罚"原则宜进行限缩性解释。行政机关对违法失信行为实施的惩戒，是"多罚"，而不是"再罚"，并不违反"一事不再罚"原则。

3. 其他法律中存在大量的事后评价或再评价规范，均不违反"一事不再罚"原则

我国《公司法》第146条规定，因贪污、贿赂、侵占财产、挪用财产或者破坏社会主义市场经济秩序，被判处刑罚，执行期满未逾5年的，不得担任公司的董事、监事、高级管理人员。《证券投资基金法》第15条规定，因违法行为被吊销执业证书或者被取消资格的律师、注册会计师和资产评估机构、验证机构的从业人员、投资咨询从业人员等，不得担任公开募集基金的基金管理人的董事、监事、高级管理人员和其他从业人员。《政府采购法》第22条规定，供应商参加政府采购活动应当具备良好的信用和品德，并列举了良好的信用和品德的具体情形。依据这些规定，行政机关在金融企业运行、政府采购、涉及公共利益的重大交易活动等领域，对相关主体的信用和品德状况提出较高要求的，也属于失信惩戒的范畴，但不属于违反"一事不再罚"原则的情形。

（三）行政机关是否可以基于信用惩戒目的进行信用评价

在经济领域，信用评价是一种常见的信用管理手段和方法，是对评估对象是否有如约还本付息的能力及其可信任程度的综合评价。从域外信用立法及我国社会信用建设的实际情况来看，市场主体、行业协会、征信机构、评级机构等可以根据法律法规或其内部规则，对有关信用主体的信用状况进行专门评价和认定。当然，除了法律要求公开信用评价结果（如评级机构对拟发行债券的评级）的情形，相关机构对信用主体的评价主要是满足内部经营管理和风险控制的需要或帮助客户了解交易对方的信用状况。

那么，是否可以将经济领域的信用评价机制引入信用监管、信用惩戒等行政管理活动中？换言之，行政机关是否可以根据其掌握的信用信息，按照

一定的指标体系对信用主体进行分等级的信用评价？有学者认为，从信息管理的角度讲，信用信息本身是中立、中性的，政府负责如实记录信息，不应对信息主体的信用情况进行好或坏的主观评价。笔者赞同这样的见解。行政机关作为社会利益的代表，是公共信用信息的掌握者和信用监管者，其基本职责主要是站在中立的立场，客观完整地提供相关信用信息。除了某些特殊情况（如公布行政"黑名单"），行政机关对信用主体的信用状况原则上不应作出评价，尤其不应作负面评价。政府在社会信用建设中的主要责任是提供有关主体的基础信息、经营情况信息及重大违法信息，以便公众利用这些信息形成对特定主体信用的正确认知和评价。行政机关应以客观归集、依法共享、披露基础信用信息为基本导向，原则上避免为信用主体的信用状况进行"背书"，尤其不应对其整体信用状况进行评价。

四、失信惩戒类型化规制的立法变革——社会信用法的规则设计思路

制定社会信用法已经列入全国人大立法规划，而失信惩戒机制是信用立法的重要内容。在制定社会信用法的过程中，应当理清不同性质的失信惩戒措施的法治逻辑，在将其类型化的基础上确立不同的规制原则和规则，从而使各类失信惩戒机制各就其位，发挥各自的功能。这是中国特色社会信用法的重要使命和任务。

（一）关于失信惩戒机制的类型化调整

对失信主体实施惩戒须有法律根据。我国《立法法》《合同法》《征信业管理条例》及其他相关立法，为失信惩戒提供了重要的法律根据。笔者建议，社会信用法应当对失信惩戒机制进行系统、全面的规定，将市场性惩戒、行业性惩戒、社会性惩戒、行政性惩戒、司法性惩戒等惩戒机制纳入类型化调整的范畴，并明确相关惩戒权利（权力）的来源。其中，有关市场性惩戒的规定应注意与民商事、征信、反垄断等相关法律衔接；有关社会性惩戒的规定应与现行法律中有关信息公开、社会参与、社会监督的规定以及《民事诉讼法》等法律的有关机制相衔接；有关行业性惩戒的规定应当明确行业章程或其他自律性规则可以规定必要的信用惩戒措施。

来自公权力机关的惩戒应当遵循法无授权不可为、法定职责必须为的法

治原则。公权力实施信用惩戒应当符合法定要求，包括惩戒标准法定、惩戒对象法定、惩戒主体法定、惩戒措施法定、惩戒程序法定、惩戒期限法定、救济机制法定等方面要求。公权力机关实施惩戒的法定要求既要彰显诚实信用、公平正义等价值理念，也要确保法的安定性，以满足社会公众的合理预期。在法律未对信用惩戒的相关问题予以明确的情况下，社会公众会对失信的法律后果缺乏合理预期，进而认为信用惩戒缺乏合法性、正当性。解决这个问题，就要实现信用惩戒机制的法治化、规范化、程序化。信用惩戒机制法定化以后，由于法律标准事前公开，法律规则具有普遍约束力，社会成员对失信后果有合理的法律预期，法律的安定性就得以强化。

（二）关于行政性惩戒中失信行为的法律界定

对于纳入行政性惩戒范畴的失信行为，应按照惩戒法定性的要求，考察信用主体违法行为的严重性和主观故意性。其一，对违法失信主体实施惩戒，应当指向具有一定严重程度的违法失信行为。对于轻微的违法失信行为或者已经纠正的一般违法失信行为，不应直接实施信用惩戒。这是由于信用惩戒的管理强度较大，必须考虑其所带来的严重不利后果，确保过罚相当。其二，应当受到惩戒的违法失信行为，行为人在主观上应具有故意。对过失行为尤其是一般过失行为不宜实施信用惩戒，可采取其他方式使行为人承担相应的民事、行政、刑事法律责任。这主要是考虑到，从信用法治的要求来看，守信主要是强调人们主观上应有守法或履约的意愿，不应故意违法或违约。在过失的情况下，失信行为与行为主体诚实守信意愿之间的关系并不密切。行为人对其过失行为尽管也要承担相应的法律责任，但不应被施以过于严厉的信用联合惩戒。

笔者认为，社会信用法应当明确规定：有权实施信用惩戒的机关和组织，应当根据信用主体违法行为的严重程度、主观过错等因素，在法定权限范围内依法对信用主体是否存在失信行为进行认定。经认定的失信信息，应当依法进行归集、共享和披露，并作为实施失信惩戒的重要根据。

（三）关于行政性惩戒机制的体系化

行政机关实施的失信惩戒会对信用主体的权利、义务、责任产生较大影响，故应当遵循相应的法治原则，实现惩戒权力法定、惩戒措施法定、惩戒程序法定。为此，应当通过立法对以下三个方面作出制度安排。

1. 分类建立行政性惩戒机制

对于行政性惩戒措施，应当根据其法律性质分别予以规制。社会信用法应重点针对限制或减损权利类行政性惩戒措施，明确其法律属性，规定相应的实施程序及必要的救济程序。对于非限权类"黑名单"措施（如《企业信息公示暂行条例》中的经营异常名录等），应当明确规定不得将其作为实施行政性惩戒的根据。

在实施行政性惩戒的过程中，信用主体实际上处于相对弱势、被动的地位。为有效约束公权力，防止其对信用主体造成不必要的损害，有必要对行政性惩戒进行相应的法律规制。根据我国《立法法》第 82 条的规定，行政性惩戒不得违法减损权利或增加义务，并且应属于本级政府的事权范围。因此，对公民政治权利的剥夺、限制人身自由的强制措施和处罚，只能由法律规定。地方立法也无权规定对信用良好的企业和个人予以税收减免。

2. 重点规制行政"黑名单"措施的实施

限权类的行政"黑名单"措施对信用主体的权利施以诸多限制，对其利益有重大影响，因而是信用法规制的重中之重。与实施行政处罚相比，设立行政"黑名单"应受到更严格的限制，并实行"法律保留"。应当对限权类行政"黑名单"措施予以严格的法定化，除有关法律统一规定该措施的适用情形外，还要通过信息公开、民主决策、有效救济等机制保证该措施在法治轨道内运行。笔者认为，对于限权类行政"黑名单"措施进行规制的法治要求是：标准法定、实施主体及惩戒方式法定、列入及移出程序法定、救济机制法定。

3. 联合惩戒机制不得违法设定限权性行政惩戒措施

在信用建设实践中，通过国务院部委以及地方有关部门签署联合惩戒备忘录以形成信用联合惩戒格局，是较为普遍的做法。公权力机关联合起来对相关信用主体实施制约，可以加大对信用主体的约束力度，增强信用联合惩戒的有效性。但就联合惩戒备忘录的法律性质而言，其可归属于规范性文件的范畴，效力层级较低。实践中的联合惩戒机制往往包含较多限制权利或增加义务的内容，加上公权力机关的联合惩戒在更大范围内减损行为人的权利，因而联合惩戒除遵循《立法法》的要求外，还应按照行政惩戒法定的要求，遵循法定的惩戒方式、惩戒程序、救济程序等。一些地方通过发布联合惩戒目录清单，列出失信行为种类、失信惩戒措施、主要法律根据等，使联合惩戒措施显性化、公开化、可预期，从而厘清公权力与私权利之间的边界，取得了较好的法治效果。总结地方信用立法经验，笔者建议社会信用法作出如下规定：国家构建跨地区、跨部门、跨领域的守信联合激励和失信联合惩戒机制。县级以上人民政府依法建立守信联合激励和失信联合惩戒措施清单制度，完善强制性惩戒措施和推荐性惩戒措施。除法律法规另有规定外，不得在清单规定的措施之外实施行政性惩戒。

（四）关于行政性惩戒措施的正当性

行政性惩戒措施要具有正当性，就不能一味追求对失信行为人的报应，也不能单纯基于维持信用秩序的目的而忽视个人利益。行政性惩戒措施应当平衡惩戒与保障之间的关系，确保实施的正当性。

1. 行政性惩戒与违法行为之间应有合理关联

行政机关实施信用惩戒须符合合理行政的法治要求。按照现代行政法"不当联结之禁止"原则，公权力主体对私权利进行限制时，必须证明限制基准有事理上的必然性、实质性、正当性、关联性，不能肆意作为。具体到信用法治领域，公权力机关对行为主体的违法失信行为进行惩戒时，必须依法确定违法失信行为与惩戒措施之间有合理的关联。根据行政惩戒法治化的要求，对在 A 处违法失信的信用主体在 B 处施以信用惩戒，需要确立 A 处与 B 处的关联性。例如：某公司的机动车辆存在多次违章行为，交通管理部门可在办理交通类事项时予以必要的限制，商业保险公司可因此提高其车辆的保险费率；但若该公司申请股票上市，则有关部门不应以其车辆曾交通违章为由拒绝其申请。

社会信用法应当确立信用信息关联性标准，增强该标准的透明度与可预期性。为避免行政管理受不正当因素影响，社会信用法应当要求行政机关按照合理行政的原则，确定与本部门行政管理事项相关联的信用信息的范围，作为开展分类管理的依据并向社会公布。笔者认为，社会信用法应确立失信惩戒关联性原则，尤其应规定惩戒措施清单目录制度，由信用管理部门牵头设定明确的惩戒措施并向社会公示。通过该清单目录制度，一方面为行为人提供更加清晰的法律指引，使其明了行为的法律后果；另一方面增强信用惩戒的透明度，约束行政机关的惩戒裁量权。

2. 行政性惩戒措施的实施应符合比例原则

行政机关实施信用惩戒应符合行政法上的比例原则，体现过罚相当。加强管理类信用惩戒措施一般不会对信用主体的核心权益造成损害，故不具有行政法上的可诉性。但对于市场准入限制、任职资格限制、使用公共资源限制等有可能对信用主体的权益产生实质性限制，带有行政处罚性质的措施，则应当进行严格的法律规制，并提供相应的行政复议、行政诉讼等救济途径。为此，笔者建议社会信用法作出如下规定：行政机关对信用主体实施的信用惩戒措施应当符合比例原则，与失信行为的性质、情节、社会影响程度等相适应，不得超越法定条件、法定处罚种类和幅度。

3. 行政性惩戒的非连带性

根据现代民法中过错责任和自我责任的原则要求，有行为能力的主体应当自行承担其行为的法律后果。因此，除法律特别规定外，信用惩戒不能及于与失信行为无关的主体。在信用建设实践中，个别地方存在违法实施连带惩戒的现象。例如：个别公立学校在录取学生时，要求学生的父母若属于失信被执行人，则其清偿债务并从失信被执行人名单中移出之前不予录取其子女。笔者认为，以普通基础教育为主的公立学校不应实施这样的连带惩罚，这种做法有违自我责任原则的要求。当然，如果该学校是收费高昂的私立学校或"贵族学校"，则此种做法属于限制高消费，有助于保障债权人利益。又如：有的地方公积金管理机构对被市场监管部门列入经营异常名录的企业，对其职工申请公积金贷款施加限制，这相当于让员工为企业的违法失信行为承担责任，违背了自我责任原则。笔者建议，社会信用法应当基于"不当联结之禁止"的法治原则，明确规定行政性失信惩戒措施直接针对失信行为人，不得扩展至其他主体。当然，根据有关法律的规定，在个别法定情形下可以将违法失信行为的惩戒范围进行必要的延伸。例如：公司或者社会组织在经营管理中被认定存在严重违法失信行为时，其主要经营管理人员应为此承担相应的责任，此类人员的失信信息可以依法予以记录、共享或披露，对此类人员的任职资格可给予必要的限制。

（五）关于失信行为人的信用修复制度

失信惩罚措施和纠错机制是一个硬币的两面，二者密不可分。在社会信用建设中，失信惩戒是核心制度，但其目的不是把失信主体永久地钉在耻辱柱上，而是让其有纠正错误、改过自新的机会。长远来看，这对整个社会信用的重建是有益的。社会信用建设实践中的信用修复主要有两类：一类是对违约失信行为的修复，另一类是对违法失信行为的修复。笔者建议社会信用法在构建类型化惩戒机制的同时，全面构建信用修复体系，形成专门的信用修复法律规则。相关规定包括但不限于：其一，对于不履行约定义务的行为，信用主体可以通过偿还债务、提供担保、与债权人达成和解等方式纠正其违约失信行为。其二，对于违反法定义务的行为，若属于可修复的情形，则应由信用主体申请信用修复，作出遵守法律的承诺，实施整改等修复行为。相关部门经审查认为符合信用修复条件的，作出信用修复决定。信用修复决定应当进行公示，接受社会监督。其三，失信行为人纠正其失信行为时，可以请求信息提供者出具信用修复证明或请求债权人出具谅解声明。有关机关和组织可以依法采取删除失信信息、对信用信息进行注释等方式，为失信主体修复信用。

后 记

2019 年 7 月 6 日，第九届中国社会治理论坛在北京师范大学举行。本届论坛由北京师范大学中国教育与社会发展研究院主办，北京师范大学中国社会管理研究院承办，中共北京市委社会工作委员会、中国社会工作联合会协办。在迎接中华人民共和国 70 华诞之际，论坛以"中国社会治理现代化：70 年回顾与前瞻"为主题，以习近平新时代中国特色社会主义思想为指导，回顾新中国成立 70 年来推进社会治理现代化的历程、进展、成就，总结宝贵经验与启示，对于我们在新时代深入推进社会治理体系和治理能力现代化，全面建设社会主义现代化国家，具有重要的意义。

"中国社会治理论坛"是北京师范大学中国教育与社会发展研究院和中国社会管理研究院/社会学院持续建设的重要品牌活动之一，是建设新型社会治理高端智库的重要依托。从 2011 年起至 2019 年已连续举办九届，历届论坛有关领导和知名专家云集，成果丰硕，社会影响广泛。本届论坛更加彰显特色，整体呈现内容高水平、成果高质量。为进一步总结传播论坛成果，我们收录了本论坛上与会者致辞、演讲和发言，共计 42 篇。本书编辑和出版过程中，北京师范大学中国社会管理研究院/社会学院赵秋雁、李建军、朱瑞、杨婷、李可等同志做了大量工作，李慧敏等同学参与了相关工作，中国言实出版社的编辑付出了大量心血，在此一并致谢。

本书出版得到了国家社科基金特别委托重大项目"中国社会管理创新研究信息库建设"（13@ZH013）、"新中国 70 年社会治理研究"（18@ZH011）和中国行政体制改革研究会委托项目"40 年社会治理改革历程和深化改革任务研究"的支持，也致以谢忱。

编者
2019 年 10 月